Collective Illusions

집단 착각

TODD ROSE

《평균의 종말》《다크호스》의 뒤를 잇는
하버드대학 교수 토드 로즈 3부작의 완결판!

집단착각

인간 본능이 빚어낸 집단사고의 오류와 광기에 대하여

Collective Illusions

Conformity, Complicity and the Science of
Why We Make Bad Decisions

21세기북스

내가 아는 가장 조화로운 사람,

퍼리사 로하니에게

차례

6장 오류의 왕국

3부 회복력 수업

7장 일관성이라는 미덕

진정한 질문은 더 밝은 미래가 언제나 정말 그토록 멀리만 있느냐는 것이다. 만약 그렇지 않다면, 오히려 정반대로 그 미래는 이미 여기에 오래전에 와 있었는데, 우리가 나약한 채 눈뜨지 못하고 있어서 우리 주변과 우리의 안에 있는 미래를 보지 못하고 있자면, 그래서 그 미래로 향해 나아가지 못하고 있는 것이라면 어떻게 해야 할까?

— 바츨라프 하벨

엘름 홀로우의 비밀

우리는 현실보다 상상에 의해 더 자주 고통받는다.
— 세네카

뉴욕주 이턴Eaton의 우체국에는 매력적인 가짜 등대가 딸려 있다. 우체국 건물이 타워 주유소Tower Gas Station였던 시절의 영광한 자락을 간직하고 있는 상징물이다. 빨간색과 흰색으로 마치 이발소 간판처럼 칠해져 있는 등대는 눈길을 확 잡아끈다. 뉴욕주의 깊숙한 녹지 한가운데 고작 수천여 명이 살고 있는 도시다 보니, 이 2층 건물은 유독 도드라져 보인다. 약 100여 년 전, 이 등대는 역사상 가장 유명한 대중 심리 실험을 목격한 산 증인이기도 하다. 아마 독자 여러분들은 들어본 적도 없을 것이다.

1928년, 시라큐스대학교 박사과정 학생인 리처드 섕크Richard Schanck가 이 마을로 이사를 왔다. 섕크는 사회심리학이라는 최신 학문 분야를 연구하던 초창기 인물 중 하나로 '어떻게 사람들은 개인적 견해를 형성하는가'를 연구 과제로 삼고 있었다. 섕크는 이턴을 연구 대상으로 택했는데, 서로 숟가락 개수까지 알만큼

끈끈한 관계를 맺고 있으며 도시 생활의 번잡함과 거리가 있는 이 작은 마을이야말로 본인의 연구에 안성맞춤이라 여겼기 때문이었다(그는 128쪽에 달하는 박사 논문에서 이턴을 '엘름 홀로우 **Elm Hollow**'라고 불렀다.). 작은 마을이 흔히 그렇듯 엘름 홀로우 사람들은 서로에게 관심이 지대했다. 모두가 모두를 입방아에 올리고 살았다. 뒤 집 자식이 학교 끝나고 혼자 집에 걸어온다거나, 누가 옆집 나무에서 사과를 따서 사과청을 담갔다거나, 아무개가 밤에 허둥대다가 나무 둥치에 걸려서 넘어지거나 할 때, 다른 누군가가 그 장면을 반드시 목격하고 있는 그런 곳이었다.

3년간 그곳에 살면서 샹크는 엘름 홀로우의 주민들과 친근해졌고 지역 사회의 일원으로 녹아들어갔다. 엘름 홀로우 사람들은 샹크가 그들의 사회적 행동 양식을 연구하고 있다는 것을 알고 있었지만, 오래지 않아 샹크와 그의 아내를 대도시에서 온 학자가 아닌 토박이 주민처럼 대하기 시작했다. 샹크 부부는 매주 교회에 출석하며 세례식, 결혼식, 장례식에 참석했고 마을 사람들의 집에서 저녁 식사 대접을 받으며 속 깊은 대화를 주고받기도 했다.

샹크는 노트를 들고 다니며 마을 사람들의 행동을 관찰하고 기록했다. 그의 질문은 공적인 행위와 사안들에 대한 것이었다. "세례는 머리를 물에 담가야 할까요, 아니면 물을 뿌리는 걸로 충분할까요?", "일요일에 영화관에 가도 괜찮다고 보시나요?", "트럼프 카드놀이를 해도 될까요?" (트럼프 카드는 영국 왕실을 떠올리게 하며 불결한 도박과도 무관하지 않다는 이유로 청교도들은 트럼프 카드놀이를 금지해온 역사가 있고, 엘름 홀로우는 독실한 기독교 마을이었다.) 공적인 답변은 거의 이론의 여지없이 일치했다. 샹크가 조사한 사람 대부분은 심지어 '브릿지'처럼 머리를 쓰는 게임조차도 트럼프 카드를 쓰니까 안 된다는 입장이었던 것이다.

그러나 엘름 홀로우에서 1년을 보내고 나니 샹크의 눈에는 다른 것이 보이기 시작했다. 엘름 홀로우 사람들의 실상은 그들이 교회에서 이야기하는 것과 영 딴판이었다. 공적인 영역에서 뭐라고 말하고 다니든, 엘름 홀로우의 성인 대부분의 사생활은 술과 담배와 트럼프 카드놀이로 흥겹게 얼룩져 있었다. 이러한 위선적 행태는 샹크에게 커다란 질문으로 다가왔다. 본인들이 해보고 아무 문제도 없다는 걸 잘 알면서, 공동체가 특정 행위를 금기시하거나 배척하는 이유는 무엇일까?

샹크는 마을 사람들을 따로 만나서 허심탄회한 이야기를 나눠보았다. 이 표리부동한 태도의 실체를 규명하기 위해 샹크가 던진 질문은 실로 대단했다. 공공의 의견에 대한 우리의 이해를 송두리째 뒤엎을 뿐 아니라, 내가 이 책을 쓰게 만들었으니 말이다.

"이 마을 사람들에게 대체로 담배, 술, 브릿지 게임에 대해 묻는다면 뭐라고 할까요?"

대답은 이랬다. "다들 그런 건 죄를 짓는 일이라고들 하겠죠."[1]

이렇게 실상이 드러났다. 엘름 홀로우 사람들 중 무려 77퍼센트는 본인이 카드놀이를 즐기는 게 별 문제가 아니라고 생각하면서도, 마을 사람들이 엄격하게 금지하고 반대하리라고 보고 있었던 것이다.[2] 하지만 그렇게 '침묵하는 다수'가 누구냐고 물어보면 똑부러지게 대답하는 사람도 없었다. 마을 사람들 중 3분의 2가 동일한 '악행'을 즐기고 있으면서도, 그들끼리는 서로 비밀에 부치고 있었다. 심지어 젊고 열성적인 침례교 목사 팩슨Fagson씨도 그랬다. 공적으로는 아주 강한 근본주의적 태도를 역설하면서 사석에서는 브릿지 게임을 즐기는 자유주의자 같은 태도를 고수했다.

종교나 그 밖의 여러 주제에 대해 물어봐도 비슷한 행태가 발견됐다. 가령 이웃 마을과 공동으로 고등학교를 세울지 여부를 두고는 논쟁이 과열되어 주먹다짐이 벌어지기도 했는데, 그런 주제에 있어서도 마찬가지였다. 공적 의견과 사적 의견 사이의 이 심각한 괴리를 두고 고심하던 샹크는 사람들이 적당히 마을의 대세를 따라 의견을 정하는 것이라는 잠정적 결론을 내려보았다. 하지만 그렇다 해도 개인적으로, 또 집단적으로 좋아하지 않는 규칙을 수용하고 있는 것인데, 그 이유가 대체 뭘까? 이토록 작은 마을 사람들이 어쩜 이렇게 서로를 모르고 또 오해하고 있는 걸까?

샹크가 솔트 여사의 존재와 그 영향력을 알게 된 건 그 무렵의 일이었다. 솔트 여사는 부유한 미망인으로, 팩슨 목사 이전에 마을 교회를 이끌었던 목사의 딸이기도 했다. 이 지역의 역사와 윤리를 한 몸에 담지하고 있는 인물이었던 셈이다. 교회 재정 중 가장 큰 부분이 솔트 여사의 헌금에서 나오고 있었으므로 팩슨 씨는 솔트 여사로부터 월급을 받고 있는 것이나 다름없었다.

솔트 여사는 꼬박 한 세대에 걸쳐 마을 사람 모두를 자기 손아 귀에 틀어쥐고 있었다. 특유의 강력한 카리스마를 지닌 솔트 여사가 행동 지침을 결정하면 마을 사람들은 그대로 따랐다. 샹크는 이렇게 서술했다. "솔트 여사는 열정적인 여성으로 공적 사안에 대해 본인의 의사를 거리낌 없이 표출해 왔다. 사람들은 교회에서 솔트 여사의 말을 들은 후, 실제로 그 주장에 동의하는 이가 얼마나 되는지 살펴보지도 않은 채 마치 신탁을 받기라도 한 것처럼 행동했던 것이다."[3]

하지만 솔트 여사가 세상을 뜨고 나니 많은 것들이 달라지기 시작했다. 얼마 지나지 않아 근본주의적인 사람으로 보였던 목사와 그의 아내는 브릿지 게임을 하는 파티에 참석해 대놓고 트럼프 카드놀이를 했다. 마치 산불처럼 이 놀라운 일에 대한 소문이 엘름 홀로우에 번져나갔다. 목사가 브릿지 놀이를 하는데, 그럼 다른 사람들은? 사람들은 서로 터놓고 이야기를 하기 시작했고, 트럼프 카드를 가지고 게임을 해도 괜찮다는 걸 서로 확인했다. 이는 지금까지 자신이 뭔가 잘못 생각하고 있었다는 깨달음으로 이어졌다. 솔트 여사의 마법이 깨지고 만 것이다.

리처드 샹크의 결론은 다음과 같았다. 엘름 홀로우 주민들은 솔트 여사가 다수의 뜻을 대변하고 있다고 (잘못) 알고 있었기 때문에 자발적으로 솔트 여사의 말에 복종하고 있었다. 이런 작은 마을에서조차 사람들은 스스로 생각하는 것만큼 서로에 대해 잘 알지 못 한다는 것을 생생하게 보여준 것이다. 목소리 큰 소수(이 경우에는 단 한 명이)가 집단 전체를 잘못 대변하고 엉뚱한 방향으로 이끌 수도 있다. 이 책의 주제는 학술적 연구 소재로서 동료

학자의 검토를 받은 최초의 사례다.

샹크 박사는 앞으로 우리가 '집단 착각Collective Illusions'이라 부르게 될 현상을 탐구한 최초의 학자 중 한 사람이다.* 집단 착각이란 한 마디로 사회적 거짓말이다. 어떤 집단의 구성원 중 다수가 특정한 의견을 거부하고 있다고 해보자. 그런 판단을 내리는 이유는 대부분의 사람들이 거부하고 있을 것이라고(부정확하게) 넘겨짚기 때문이다. 이러한 경우가 바로 집단 착각이다. 이렇게 사람들이 다들 원한다고 착각하는 답을 따르기만 할 경우, 결국 모든 이가 아무도 원치 않는 방향으로 향할 수도 있다. 집단 착각이 만들어내는 흑마술인 셈이다.

집단 착각의 가장 유명한 사례로는 안데르센이 1837년 발표한 동화 《벌거벗은 임금님》을 떠올려볼 수 있다. 독자 여러분도 아는 이야기다. 허영심이 강한 임금님에게 임금님을 위한 멋진 옷을 마련했다며 사기꾼 두 사람이 찾아왔다. 사기꾼들은 그 옷이 매우 아름답지만 오직 똑똑한 사람들의 눈에만 보인다고 주장했다. 물론 그 누구도 멍청한 사람으로 여겨지고 싶지는 않았기에 다른 모든 이들이 사기꾼의 장단에 입을 맞추기 시작했다. 그 옷은 심지어 존재하지도 않았는데 말이다. 결국 임금님은 거

* 지금까지 학자들은 이와 비슷한 현상을 '다수의 무지pluralistic ignorance'로 불러왔지만 이 개념은 부정확할 뿐 아니라 혼란을 불러일으킬 수 있다. 집단 착각에 빠진 개인들은 집단이 무슨 생각을 하는지 모르지 않는다. 알고는 있다고 생각하지만, 잘못 알고 있을 뿐이다. 이것은 무지가 아니라 착각이다.

의 벌거벗은 채 위풍당당한 태도로 마을을 가로질러 행진하기 시작했고, 그때 한 소년이 나타나 진실을 말하면서 주문은 깨진다.[5]

만약 집단 착각이 그저 동화 속의 일이라면 그 현상은 중요할 리 없을 것이며 나는 이 책을 쓸 필요도 없다. 불행하게도 현실은 그렇지 않다. 오늘날의 사회에서 집단 착각은 보편적으로 발생하고 있을 뿐 아니라 점점 더 위험하게 변하는 중이다.

집단 착각에 빠진 현대인

성공적인 인생이란 무엇일까? 여러분은 다음 중 무엇을 정답이라 택할 것인가?

A. 본인의 관심과 재능에 따라 자신이 가장 좋아하는 분야에서 최고의 성취를 이룰 때 성공적인 삶을 산 것이다.
B. 부자가 되고 사회적으로 높은 커리어를 쌓거나 유명인사가 될 때 성공한 것이다.

여러분은 **대부분의** 사람들이 무엇을 답이라 택할 것이라 생각하는가? 만약 여러분이 스스로는 A를 답이라 생각하면서도 대부분의 사람들은 B를 택할 것이라 생각한다면, 여러분은 집단 착각에 빠져 있는 것이다.

이 질문은 2019년, 내가 운영하는 싱크탱크 '포퓰레이스Populace'에서 실행한 연구에서 가져온 것이다. 우리는 미국인들이 성공에 대해 어떻게 생각하는지 알아보기 위해 5천2백 명을 대상으로 설문조사를 진행했다. 결과를 보니 응답자 중 97퍼센트는 A가 성공한 삶이라고 생각하고 있었지만, 동시에 92퍼센트는 대다수가 B를 답으로 택할 것이라고 응답했다.

이건 시작에 지나지 않았다. 우리 연구진은 사회적 압력의 영향을 벗겨내고 진정한 마음속 의사와 우선순위를 드러낼 수 있는 방법론을 적용해 보았다. 그러자 대다수의 사람들은 인격, 인간관계, 교육처럼 삶의 질과 밀접한 요소를 성공의 가장 중요한 척도로 여긴다는 사실이 드러났다. 하지만 바로 그 사람들이 남을 바라볼 때는 달랐다. 다른 사람들은 부나 지위, 권력 같은 경쟁적 요소를 중요하게 여긴다고 믿었다.

좀 더 세심한 논의를 위해 '명성'이라는 요소에 대해 생각해 보자. 이 연구는 성공의 요소로 총 76개의 선택지를 제시했고, 응답자들은 그 중 '유명해지는 것'을 가장 중요한 성공의 요건으로 보았다. 대부분의 미국인들은 그렇게 생각하리라는 것이었다. 하지만 본인이 개인적으로 어떻게 생각하느냐고 물었을 때, 명성의 순위는 거의 끝으로 굴러 떨어졌다.

사실이 그렇다. 개인적으로 보면 미국인들은 유명해지고자 연연하는 사람들이 아니다. 하지만 미국인들은 본인을 제외한 다른 미국인들이 모두 유명해지는 것을 인생의 궁극적인 목적인 양 추구하고 있다고 믿는다.[6] 포퓰레이스가 실행한 이 연구의 함의는 분명하다. 우리는 거의 대부분이 의미 있고 목적에 충실한 삶을 살고자 한다. 하지만 우리는 동시에 대다수의 사람들이 우리와 같은 가치관을 공유하지 않고 있다고 생각한다. 결과적으로 우리는 나 자신을 제외한 다른 사람들이 추구하고 있다고 잘못 생각하는 가치관에 맞춰, 스스로를 마치 꽈배기처럼 꼬아대고 있는 것이다.

포퓰레이스의 연구에 따르면 집단 착각은 개인적 성공 외의 분야에서도 발견되었다. 연구진은 우리가 살아가는 방식, 우리가 살고 싶어하는 나라의 성격, 다른 이들에 대한 신뢰감, 심지어 형사법 체계와 교육, 의료 등 공적 제도의 목적에 대한 관점에서 집단 착각이 엄청난 영향을 미치고 있다는 사실을 발견하고 그에 대한 관심을 불러일으켰다. 미국인들의 사회적 삶에서 중요한 모든 영역에서 집단 착각이 난무하고 있었다.

이런 연구를 수행한 곳은 포퓰레이스만이 아니었다. 요즘 들어 학자들은 지구 곳곳 모든 사회의 다양한 구석에서 집단 착각을 발굴해내는 중이다. 집단 착각은 전쟁, 기후 변화, 정치 등 모든 것에 대한 우리의 눈에 색안경을 씌운다. 우리의 윤리적 행동양식뿐 아니라 심지어 어떤 음식을 선택할지도 집단 착각의 영향을 받는다.[7] 가령 미국의 경우 대부분의 사람들은 가족에 높은 가치를 부여하며, (예컨대 근무 시간을 유연하게 조정한다거나, 미취학 아동에 대한 사회적 보호를 강화한다거나, 육아 보조금을 주는 등의) 가족 친화적 정책을 선호하고 있다. 하지만 동시에 미국인들은 '남들은 그렇게 생각하지 않겠지'라고 생각한다.[8] 결국 모든 사람들은 이러한 집단 착각에 의해 고통 받고 있으며 사실은 모두가 원하고 있는 복지 혜택을 제대로 누리지도 못한다.

'편견Stereotype'은 집단 착각에 의해 엄청나게 부풀려지는 경향이 있는데, 이 또한 나쁜 소식이다. 그런 이유로 중국인들은 다른 중국인들이 일본인에게 부정적인 감정을 지녔다고 여기는데, 이는 물론 그들이 개인적으로 품고 있는 감정보다 훨씬 부정적인 것이다. 이런 현상으로 인해 중국인들은 반일 감정을 더욱 공격적으로 드러낸다.[9] 일본의 경우, 대부분의 남자들이 출산 휴가를 쓰고 싶어 하지만, 사회적으로 대부분의 일본 남자들이 출산 휴가 사용을 원치 않는다고 생각한다. 결국 실제로 훨씬 적은 숫자만이 출산 휴가를 이용한다.[10] 캘리포니아 주에서는 민주당과 공화당 양당 지지자들이 서로 상대방이 실제보다 훨씬 극단적인 입장을 지니고 있다고 단정 지으면서, 정치를 양극화하며 갈등을 더욱 키워나가고 있는 실정이다.[11] 또한 대부분의 미국 학생 운동선수들은 높은 성적을 받는 것에 대해 긍정적인 입장을 지니고 있지만, 다른 학생 선수들은 성적에 개의치 않고 운동만 한다는 생각에 사로잡혀 있기 때문에 공부를 등한시하고 성적을 망친다. 이런 식으로 집단 착각이 강화되고 있는 것이다.[12]

지난 20여 년간 집단적인 편견의 빈도와 강도는 점점 더 커져갔고, 급기야는 오늘날 우리가 살아가는 현대 사회를 규정짓는 수준에 이르고 말았다. 게다가 그 영향은 실로 막대하다. 가령 정치에서 벌어지는 남녀 갈등 문제를 살펴보자. 인구 절반을 차지하고 있음에도 불구하고 미국의 정치에서 여성들은 심각하리만치 과소 대표되고 있다. 성차별 때문이라는 쉬운 답은 이 문제의 일부만을 설명해줄 뿐이다. 포퓰레이스가 사람들에게 개인적인 의견을 물었을 때, "여성은 남자와 마찬가지로 좋은 미국 대통령이 될 자질이 있다"는 문항에 응답자 중 79퍼센트가 동의한 바 있다.[13] 질문의 범위를 지역, 주, 혹은 국가 단위의 선거 전반으로 넓혀보니 여성들이 받는 지지는 남자들과 마찬가지의 수준으로 올라왔다.[14]

하지만 "여자 후보는 남자만큼 당선 가능성이 있는가?", 이렇게 질문을 바꾸니 모든 것이 달라졌다. 왜냐하면 당선 가능성이란 근본적으로 '다른 사람들은 저 후보에 대해 어떻게 생각할까'를 묻는 것이지, 내가 좋아하는 저 후보의 능력을 따지는 게 아니기 때문이다. 정치학자 리자이나 베이트슨Regina Bateson 역시 비슷한 사실을 확인했다. 대부분의 사람들이 개인적으로는 후보자의 성별을 신경 쓰지 않았다. 하지만 같은 자질을 지닌 상대편 후보자가 백인 남자라는 사실을 알고 나면, 그 백인 남성 후보가 더 당선 가능성이 높다고 판단했다.[15]

선거는 승자독식 게임인 만큼 유권자들은 '누가 이길 수 있는 후보냐'를 묻고 따지는 게임을 벌이는데, 그 과정에서 우리의 사회적 편견이 적나라하게 드러난다. 사람들은 이렇게 생각하는 것이다. "나는 아니지만 다른 사람들은 성차별주의자지. 그러니 우리 당이 승리하기 위해서는 백인 남자를 후보로 내세워야 해." 집단 착각의 문제를 이보다 더 잘 보여주는 사례는 찾아보기 어렵다. 어쩌면 그렇게 생각하는 본인은 이 세상에서 가장 성차별과 거리가 먼 사람일지라도, 다른 사람들의 생각을 그런 식으로 넘겨짚으며 결국에는 본인도 깨닫지 못한 채 성차별에 일조하고 마는 것이다.

이 문제는 이론적인 차원에 머물러 있지 않다. 우리는 2020년 미국 대선 과정을 통해 이 문제를 현실에서 확인할 수 있었다. 민주당 경선을 앞두고 아발란체 인사이트Avalanche Insights는 민주당 지지자들을 상대로 설문조사를 진행했다. "만약 오늘 당장 선거가 치러진다면 누구를 지지할 것인가?" 응답자들은 1위로 조 바이든, 2위로 버니 샌더스, 3위로 엘리자베스 워런을 꼽았다. 하지만 조사 기관이 질문을 바꾸자 결과가 다르게 나왔다. "만약 요술 방망이를 쥐고 누군가를 단번에 대통령 자리에 앉혀줄 수 있다면 누굴 대통령으로 만들고 싶은가?" 그러자 사람들은 압도적으로 엘리자베스 워런 대통령을 원한다고 응답했던 것이다.[16]

베이트슨은 이 현상에 '전략적 차별Strategic Discrimination'이라는 이름을 붙였다. 베이트슨의 설명에 따르면 여기서 문제가 되는 것은 후보를 향한 비호감이 아니다. 직접적인 편견과 달리 전략적 차별은 어떤 후보의 정체성 때문에 다른 사람들이 그 후보에게 기부하지 않거나, 자원봉사를 통해 돕지 않거나, 투표하지 않을 것이라는 관념으로 인해 발생한다. 그리하여 미국인들은 같은 자질을 지니고 있음에도 백인 남자가 흑인 여자나 백인 여자보다 당선 가능성이 훨씬 높으며, 흑인 남자보다는 좀 더 낫다고 생각한다.[17]

불행하게도 집단 착각의 영향력은 정치에만 국한되어 있지 않다. 우리의 사회적 생활과 관련되어 있는 거의 모든 것에 집단 착각은 부정적 영향을 미친다. 독자 여러분이 중요하다고 생각하는 주제를 아무거나 꺼내보시라. 그러한 주제들 중 적어도 절반 이상에 대해, 사람들은 '다른 사람들의 생각'을 잘못 넘겨짚고 있다는 것을 어렵지 않게 보여줄 수 있다. 그나마도 이러한 집단 착각의 수준을 과대평가하지 않았을 때 그렇다.

그 파괴적인 힘을 놓고 볼 때, 우리가 집단 착각을 손봐야 한다는 점은 분명해 보인다. 그러기 위해 우리는 집단 착각이 **왜** 존재하는지 근본적으로 이해해야 한다.

다수는 왜 침묵하는가

"화장실을 이용한 후 손을 씻으십니까?"

1989년, 59명의 여자 대학생을 대상으로 진행한 도서관 화장실 이용 설문조사의 핵심 질문이다. 이들 중 31명은 연구자가 자신을 바라보고 있었다는 사실을 알고 있었다. 반면 28명은 설문에 응답했지만 연구자가 자신을 바라보고 있다는 것을 알지 못했다. 이들 모두는 화장실 이용 후 손을 씻는다고 응답했지만 실제로 손을 씻은 비율은 달랐다. 연구자가 바라보고 있다는 것을 아는 이들 중에는 77퍼센트가 손을 씻은 반면, 연구자가 보지 않는다고 생각한 이들은 고작 39퍼센트만이 화장실에서 손을 씻고 나갔다.[18]

별 한심한 실험도 다 있다고 생각하겠지만, 집단 착각의 원인이 무엇인지 이보다 잘 보여주는 실험도 드물다. 우리 인간은 너무나 사회적인 동물이며 다른 이가 지켜보고 있느냐 아니냐에 따라 우리의 행태에 변화가 발생하는 것이다. 다른 이들과 행동을 조율하고 싶은 충동, 사회학자들이 흔히 '순응 편향Conformity Bias'이라 부르는 이 현상은 우리가 선택할 수 있는 것이 아니다. 우리에게 각인된 생물학적 본능이다.

2016년, 연구자들은 피실험자에게 150개의 각기 다른 음식 사진을 보여주면서 뇌에 어떤 반응이 나타나는지 기능적 자기공명영상Functional Magnetic Resonance Image, 즉 fMRI 영상을 이용해 확인하는 실험을 진행했다. 음식은 브로콜리처럼 영양이 풍부한 것에서 사탕 같은 정크푸드까지 다양했다. 피실험자들은 이런 이미지를 보는 즉시 그 음식에 대한 호감을 1에서 8까지 숫자로 불러야 했다.

그렇게 항목에 점수를 매기고 난 후 피실험자들은 그들보다 앞서 2백 명의 피실험자가 매긴 점수를 보는 과정을 거쳤다. 피실험자가 매긴 점수가 집단의 점수와 같으면 '같음'이라는 단어가 화면에 떴다. 그렇지 않을 경우에는 그들이 매긴 점수와 남들이 매긴 점수가 얼마나 다른지 제시되었다. 이렇게 모든 음식에 점수를 매기고 그것이 전체 집단의 점수와 얼마나 다른지 확인하고 나서 피실험자들은 다시 한 번 음식에 대해 평가하는 시간을 가졌다.

독자 여러분도 짐작할 수 있겠지만, 두 번째 평가 과정에서 피실험자들은 본인들이 가지고 있던 음식에 대한 선호를 집단의 평균과 가까운 방향으로 끌고 가는 순응 편향성을 보여주었다. 더 흥미로운 것은 그들의 행동만 달라진 게 아니었다는 것이다. 음식에 평가를 내리는 것은 두뇌에서 내측 전전두엽 피질Ventromedial Prefrontal Cortex의 역할인데, 이 반응 역시 집단 순응에 따라 달라졌다. fMRI 영상을 통해 확인된 바, 처음에는 건강한 음식인지를 판단하는 영역이 활성화되었던 반면, 두 번째 실험에서는 사회적 관계와 선호도를 판단하는 영역이 활성화되고 있었다.

사실 그들에게 제시된 집단의 선호도는 완전히 날조된 것이었다. 사람들이 집단의 성향에 따라 어떤 반응을 보이는지 알아보기 위해 연구자들이 만들어낸 숫자에 지나지 않았다. 하지만 피실험자들은 이 사실을 전혀 알지 못했다.[19] 이것은 우리의 순응 편향이 지닌 본질을 보여준다는 점에서 대단히 중요한 발견이다. **진실 따위는 중요하지 않다**. 좀 더 정확히 말하자면, 우리의 뇌는 우리가 집단에 대해 가지고 있는 '믿음'에 반응한다. 그 믿음이 사실에 근거하는지 아닌지 여부는 상관이 없다.

마치 우리를 무차별적으로 끌고 들어가는 지구의 중력마냥 군중과 함께하고자 하는 우리의 본성은 무의식적으로 작동하며, 이것이 세상이 돌아가는 방식이고 인간은 여기서 탈출 불가능해 보인다. 설령 '집단의 선호'라는 것이 완전한 허구에 지나지 않는다 해도 마찬가지다. 우리가 다른 사람들의 뜻을 오해할 위험이 있을 뿐만 아니라 다른 이들의 생각이나 기대를 잘못 알고 거기에 순응해버릴 위험을 끌어안은 채 살아갈 수밖에 없는 이유이기도 하다. 가장 근본적인 차원에서 볼 때, 우리는 다수에 순응하는 편향성을 지니고 있으며, 우리는 집단 환상의 손쉬운 먹잇감이 되기 십상이다.

고백하건대 나 또한 짧게나마 집단 환상에 빠진 적이 있다. 코로나19가 처음 퍼져나갈 당시 화장지 사재기 행렬에 동참했던 것이다. 소셜 미디어를 통해 퍼졌던 잘못된 소문을 믿고 나를 비롯한 많은 이들이 마트에 줄을 서서 화장지 재고를 동냈지만, 사실 그때만 해도 북미 지역의 화장지 생산자들이 재고 부족 사태에 빠지거나 하는 일은 벌어지지 않았다. 하지만 사람들이 집에 휴지를 쌓아둬야 한다며 달려들기 시작하자 경쟁이 시작되고 말았다.[20]

그러한 집단 착각 속에 빠져 있으면서도 나는 '화장지가 부족할 일은 없을 거야'라고 속으로 생각하고 있었다. 하지만 나를 제외한 다른 모든 사람들이 그렇게 생각하고 있는 건 분명해 보였다. 그러니 멍하니 있을 수만은 없는 일이었다. 나처럼 생각하는 수만여 명의 사람들이 나처럼 행동하면서 집단 환상은 순식간에 눈덩이처럼 불어났다. 눈 깜빡할 사이에 온 나라가 휴지 사재기에 들어갔다. 그러자 사재기를 해야 할 정당한 이유가 눈에 보이기 시작했다. 마트의 매대가 **정말로** 텅 비어 있었던 것이다! 이렇게 집단 착각은 현실이 되어버렸다.

사회학의 핵심 원리 중 하나로 여겨지는 아래 문장을 통해 우리는 사람들이 집단 착각에 빠져들 때 무슨 일이 벌어지는지 정확히 짚어볼 수 있다. 사회학자 윌리엄 아이작 토머스William Isaac Thomas와 그의 부인인 도로시가 1928년 제시한 이른바 '토머스 정리Thomas Theorem'는 다음과 같다. "만약 사람들이 어떤 상황을 현실로 정의한다면, 결과적으로 현실이 된다."[21] 다시 말해, 주근깨가 났고 한쪽 발로 콩콩거리며 뛰어다니는 사람들을 우리가 마녀라고 믿는다면, 혹은 코로나19로 인해 화장실 휴지가 남아나지 않게 될 것이라고 우리가 믿는다면, 그러한 믿음에 실질적인 근거가 있건 없건 상관없이, 그러한 믿음에 따르는 **결과**만큼은 현실화될 수 있다.

우리에게 내재된 순응 편향으로 인해, 우리는 일상적으로 크고 작은 집단 착각과 연루되어 있다. 하지만 다른 모든 사람들이 같은 집단 착각 속에 놀아나고 있다는 사실은 잘 실감하지 못한다. 다른 이들을 따라 행동하고자 하는 내적인 충동이 너무도 강렬한 탓에 우리는 개인으로서 지녀야 할 판단력을 내팽개치는 결과를 초래하곤 한다. 이렇게 우리는 손에 손을 잡고 엘름 홀로우 사람들이 걸었던 어리석은 길을 따라 가고 있는 것이다.

소셜 미디어 시대의 여명이 밝아올 무렵, 페이스북의 CEO 마크 저커버그는 신기술이 우리를 다원주의와 표현의 자유의 시대로 인도할 것이라고 주장했다. "페이스북의 초창기 시절 동안 제게는 모든 이에게 목소리가 주어지고 힘없는 자들도 발언권을 갖게 하는 것이 우리 사회를 좀 더 나은 곳으로 만들어준다는 신념이 생겼습니다." 2019년 10월 저커버그가 인터뷰에서 한 말이다.[22] 저 논리에 따르자면, 훨씬 더 많은 사람들이 제 목소리를 낼 수 있게 된 지금, 집단 착각은 완전히 박멸되었어야 마땅하다. 물론 그런 일은 벌어지지 않았다. 프로메테우스가 신들에게서 불을 훔쳐낸 이래, 새로운 기술은 언제나 의도치 않은 결과를 불러오곤 했다.

오늘날 집단 착각은 전 지구적 규모로 과열되어 있다. 그렇게 된 데에는 페이스북이나 트위터 같은 플랫폼의 영향도 어느 정도 있을 것이다. 엘름 홀로우에 살던 솔트 여사의 시절에는 집단 착각을 만들어내는 방법이라는 게 기껏해야 낡은 종교적 전통과 지역의 역사에 매달리는 것 정도였지만, 지금은 누구나 스마트폰만 가지고 있다면 그때는 꿈도 꾸지 못했을 일을 해낼 수 있다. 소셜 미디어로 인해 기존의 관점이 빠르게 변화하고 있는 관계로, 열혈 추종자를 통해 실제로는 존재하지 않는 다수의 의견을 만들어내는 것이 충분히 가능해졌으니 말이다.

트위터에 수십만 명의 솔트 여사가 있다고 상상해보자. 일이 어떻게 돌아갈지 여러분도 충분히 짐작할 수 있을 것이다. 그들은 우리 자신의 판단을 의심하게 만든다. 우리가 다수의 견해로부터 멀어져 있다고 회의하게 한다. 그런 분위기 속에서 집단 착각은 더욱 증폭되고, 스스로 침묵을 택하면서 우리는 무의식적으로 집단 착각의 공범이 되어버리고 마는 것이다.

국가적 차원에서 볼 때, 집단 착각은 우리 사회가 어딘가 잘못되고 있다는 깊고도 불안한 감정을 부추기고 있다. 지난 몇 년간 우리는 마치 이상한 악몽에 사로잡힌 것 같은 기분을 느끼고 있다. 위아래가 뒤바뀌어 있고, 왼쪽은 오른쪽이 되고 오른쪽은 왼쪽이 된 것만 같다. 우리 사회의 가치관이 마치 하루아침에 전부 뒤집힌 듯하다. 우리는 방향을 잃고, 좌절하고, 서로에 대해 불만이 가득한 채 신뢰를 잃어갔다. 세상이 미친 건지 우리가 미친 건지, 아니면 둘 다인지 의심한 채로 살 수밖에 없다. 미국인들이 음모론의 성채를 쌓아올린 채 우리의 개인적 행복과 국가적 번영을 위험에 빠뜨리며 신뢰에 대한 전쟁을 벌이고 있다는 것은 놀랄 일이 아니다.

이는 전 세계적인 현상이다. 민주주의는 현재 곤경에 처해 있는데, 이 문제는 사회적 문제로 어떤 법을 만들거나 신기술을 도입하여 해결될 수 있는 것이 아니다. 아주 현실적으로 보자면 집단 착각은 자유로운 사회에 가장 큰 해악을 끼친다. 자유로운 사회는 제 기능을 하기 위해 현실을 공유하고, 공통의 가치관을 나누며, 서로 다른 관점을 지닌 사람들도 함께하고자 하는 의지 등에 기반을 두고 있기 때문이다. 내가 집단 착각을 우리 사회의 현존하는 위험이라고 보는 이유이기도 하다.

지금 벌어지는 이 상황에 대해 우리 모두는 책임이 있다. 나쁜 소식이다. 하지만 좋은 소식도 있다. 그 말을 반대로 생각해보면, 집단적이든 개인적이든, 우리 모두가 문제를 해결할 힘이 있다는 뜻이기도 하니 말이다. 집단 착각은 결국 거짓말에 뿌리를 두고 있으며 우리 개개인의 노력으로 거짓을 밝혀낼 수 있다는 점은 그 중에서도 가장 좋은 소식일 것이다. 올바른 도구를 손에 들고 현명하게 휘두른다면 우리는 집단 착각을 무력화시킬 수 있다. 나는 그 방법을 알고 있다고 생각한다.

흔들리는 당신을 위한 세네카의 조언

기원 후 1세기, 자부심 넘치는 공화국이었던 로마는 몇몇 이기적이고 타락한 황제를 거치며 냉소적인 독재국가로 전락해갔다. 로마인들은 폭력으로 불만을 찍어 누르거나, 아예 미쳐버린 황제 몇 명을 겪었다. 그러고 나니 법의 지배란 지배자에게 복종하는 것 외에 다른 뜻이 아니라는 걸 알게 되었다. 말 한 마디 잘못하면 생계가 박살나고 심한 경우 생명을 대가로 치러야 했던 것이다. 그리하여 사적인 영역에서야 아무 말이나 해도 상관없지만 공적인 자리에서는 본심을 드러내지 말아야 하는, 자기 검열의 시대가 열리고 말았다. 당시 로마 사람들의 심리 상태는 요즘 우리와 크게 다르지 않았을 것이라고 상상하게 된다.

로마의 정치가, 극작가, 철학자인 세네카에 대해 알아볼 시간이다. 루키우스 안나이우스 세네카, 혹은 '아들 세네카'라 불리는 그는, 기원전 4년 아우구스티누스 황제 치하 로마에서 태어나 티베리우스 황제의 폭정과 클라우디우스의 광기, 칼리큘라의 만행, 네로의 자아도취를 모두 가까이에서 목격한 장본인이다. 세네카가 볼 때 이 황제들은 모두 '벌거벗은 임금님'이었다. 물론 감히 황제를 면전에서 비판하지는 못했지만, 세네카는 희곡을 창작하고, 수필을 쓰고, 연설을 했다. 그렇게 세네카는 황제를 둘러싸고 있는 이들이 방관하거나, 공모하거나, 순응하고 있었던 끔찍한 행위의 해악을 중화시키고 있었던 것이다.

인류 역사상 수많은 위인 중 누군가와 함께 식사를 할 수 있다면 나는 세네카와 함께하고 싶다. 세네카는 내게 영원한 관심 대상이다. 그가 수많은 모순으로 뭉쳐 있는 존재라는 것이 그 이유 중 하나다. 세네카는 높은 학식을 지니고 미적인 삶의 가치를 역설하던 사람이었지만 로마에서 가장 부유한 사람 중 하나이기도 했다. 그는 현자였지만 천국에 관심이 없었다. 엘리트주의자였지만 그의 동료들이 보여주는 끝도 없는 방탕을 비난했다. 또한 공리주의자였으면서도 인간의 정념에 관심을 기울였고, 본인 스스로도 정념에 휩싸였다.

세네카는 스토아주의 철학자로 가장 잘 알려져 있다. 스토아주의는 근엄한 표정을 유지한 채 감정을 억누르는 철학이라고 폄하되곤 한다. (우리는 흔히 누군가 어떤 상황에서도 흥분하지 않으면 '스토아적'이라고 부른다.) 하지만 세네카가 말한 스토아주의는 훨씬 풍부하고, 더 깊은 의미를 지니고 있으며, 훨씬 실용적인 철학이었다.

스토아 철학자들이 다들 그렇듯 세네카는 우리의 고통을 해결할 방법이 외부 세계에 있다고 보지 않았다. 그보다는 우리의 내면을 들여다보아야 한다. 만약 우리가 만족스러운 삶을 추구한다면 감정을 억누르지 말아야 한다. 대신 그러한 감정에 대해 인격적인 대응을 해야 한다고 보았다. (세네카는 이러한 작업을 '자아 형성'이라 불렀다.[23]) 우리는 스스로 생각하는 것보다 훨씬 더 큰 인격적인 힘과 자율성을 지닌 존재라는 것이 가장 중요하다.

세네카는 공포, 원한, 질투, 욕망, 그밖에 다른 감정들이 솟구쳐 올라와 자기 파괴로 향할 때, 그것들을 어떻게 다스릴 수 있는지 보여주었다. 그런 감정들로 인해 스스로 망가지고 여러 사람들을 해쳤던 로마 황제들을 목격했기에 내놓을 수 있던 통찰이었다.[24] 세네카는 감정을 다스리기 위한 실용적인 지식과 단순한 프로그램을 제시했다. 누구나 어떤 상황에서건 실천 가능한 감정 통제의 방법을 보여주었던 것이다. 그러한 방법을 따를 경우 정념에 휘둘리지 않을 수 있다고 세네카는 주장했다.

가령 돈을 잃게 될까봐 걱정하는 사람이라면 어떻게 해야 할까? 재산 중 일부를 아예 보이지 않는 곳에 치워둔 후 살아가다 보면 훗날 돌이켜볼 때 그런 게 없어도 완벽하게 잘 살 수 있었다는 것을 깨달으면서 평온을 얻게 된다. 스스로의 잘못을 부드럽게 교정하기 위한 방법도 있다. 감정을 통제하지 못했다는 사실로 스스로를 가혹하게 자책하는 대신, 하루가 끝났을 때 침대에 누워 분노나 공포 같은 부정적인 감정에 사로잡혔던 순간을 차분하게 되짚어보는 것이다. 이렇게 하면 나중에 얻은 지식을 바탕으로 스스로를 용서하면서 그 순간 본인의 감정이 격발된 이유를 되짚어보게 되고, 다음에는 같은 잘못을 되풀이하지 않을 수 있는 것이다.[25]

거의 2천 년 전의 조언이지만 세네카의 말은 여전히 유용하다. 실은 나는 세네카의 조언이야말로 우리가 집단 착각과 집단 순응에 맞설 수 있는 방법이라고 생각한다. 세네카의 조언에서 '감정'이나 '정념'을 '사회적 영향'으로 바꾸기만 하면 되는 것이다. 우리의 사회적 본능은 마치 감정처럼 우리에게 내장되어 있다. 감정이나 사회적 영향에 둘러싸여 있으면서도 그 사실을 의식하지 않는다면 위험하고 큰 피해를 입을 수 있다. 하지만 세네카가 감정을 다스렸던 것처럼 우리는 사회적 영향의 고삐를 쥘 수도 있다.

인간의 사회적 본능은 생물학적인 것이지만, 사회적 본능에 대한 대응은 우리 스스로가 통제할 수 있다. 올바른 지식과 기술로 무장하고 있다면 천둥벌거숭이처럼 날뛰거나 겁쟁이처럼 숨는 극단적 선택 사이에서 양자택일할 필요가 없다. 이 책의 목적은 우리가 왜 그리고 어떻게 집단에 순응하는지, 그러한 순응이 어떻게 집단 착각을 낳는지 이해하고, 사회적 영향력이 작동하는 방식을 완전히 파악하여 휘둘리지 않도록 하는 것이다. 그러한 목적을 이루기 위해, 이 책은 세 부분으로 이루어져 있다.

독자 여러분들은 '구멍의 제1법칙'을 들어 보셨을지도 모르겠다. 영국의 재무장관이었던 데니스 힐리가 남긴 명언이다. "구멍에 빠져 있다면, 삽질을 멈춰라."

우리 사회가 하는 짓이 바로 그렇다. 서로에 대한 체계적인 오해를 간직한 채 삽을 들고 스스로를 더 깊은 구멍으로 몰아넣는 중이다. 1부 '순응의 함정'에서 우리는 맹목적 순응의 함정에 얼마나 쉽게 빠지는지 살펴본다. 우리가 스스로에게 유익한 방향으로 생각하지 못하고 집단 착각에 굴복하고 마는 집단적 상황에 대해 알아보는 것이다. 또한 순응의 함정 중 세 가지 종류를 살펴볼 것이다. 우리는 그런 함정 때문에 자신의 진정한 선호나 가치를 저버린 채 서로에게 해를 끼칠 수 있는 나쁜 결정을 내리게 된다. 이러한 순응의 함정을 알아채는 법, 몇 개의 단순한 해법을 적용하는 법을 배움으로써, 우리는 사회적 영향이 끼칠 수 있는 최악의 결과로부터 벗어날 수 있을 것이다.

그럼에도 불구하고 집단 착각은 여전히 온 세상에 난무하고 있다. 책의 2부에서 나는 우리의 두뇌가 가지고 있는 생물학적 한계를 통해 왜 우리가 애초에 집단 착각에 취약할 수밖에 없는지 제시하고자 한다. 집단 착각을 진정으로 다스리고자 한다면 그것이 어떻게 형성되는지, 그리고 우리가 어떻게 집단 착각에 힘을 보태고 있는지 이해할 필요가 있다. 특히 우리의 사회적 본성을 이루는 중요한 재료인 모방과 동정으로 인해 구시대적인 규범에 따르거나, 마치 솔트 여사처럼 극단적이고 가장 목소리 큰 사람이 다수의 의견을 참칭하여 우리를 속이도록 하는 우를 범하곤 한다. 2부의 막바지에 이르면 우리는 보다 큰 규모로 집단 착각에 맞설 수 있는 지식으로 스스로를 지킬 수 있게 될 것이다.

1부와 2부는 개인적인 생활 속에서 사용할 수 있는 지식들을 담고 있다. 3부는 우리 사회 전체에 적용될 수 있는 이야기로 논의의 범위를 확장한다. 또한 우리가 단번에 사회적 영향력을 통제하여 집단 착각으로부터 자유로운 세계를 만들 수 있는, 그런 변화에 기여할 수 있는 방법을 살펴본다. 내적인 조화와 사회적 신뢰를 회복함으로써 우리의 목적을 달성할 수 있다. 이러한 과정은 집단 착각을 역사의 쓰레기통으로 쓸어버릴 수 있는 문화적 예방접종이라 할 수 있겠다.

우리는 어려운 시대에 살고 있다. 다른 이들과 함께하고, 침묵을 지키며, 다른 이들과 함께하기 위해 스스로의 신념을 배신하고 억누르라는 엄청난 압력 속에 살아가고 있는 것이다. 그러나 맹목적인 순응은 그 누구에게도 도움이 되지 않는다. 우리의 행복을 빼앗아갈 뿐 아니라 개인적이든 집단적이든 우리의 잠재력을 온전히 발휘할 수 없게 만든다. 이 책을 통해 독자 여러분은 우리를 집단 착각으로 이끄는 순응의 함정에서 한 발 벗어날 수 있을 것이다. 우리는 보다 나은 선택을 할 수 있다. 보다 나은 관계를 맺을 수 있다. 보다 의미 있는 삶을, 우리 자신의 뜻에 따라 살아갈 수 있다. 모든 사람들이 더 큰 만족을 얻고 세상에 큰 기여를 하며 살아갈 수 있는 것이다.

옮긴이의 글

"혼자 꾸는 꿈은 그저 꿈일 뿐이지만, 함께 꾸는 꿈은 현실이 된다." 존 레넌이 남긴 명언이다. 감동적이다. 수많은 이들의 가슴을 뛰게 했고, 앞으로도 뛰게 할 것이다.

하지만 이 명언을 뒤집어 본다면 어떨까? 함께 꾸는 꿈이 좋은 꿈이 아니라면? 악몽이라면? 그 악몽이 현실이 되는 것을 우리는 어떻게 막을 수 있을까? 우리가 함께 꾸고 있는 꿈이 악몽이라는 사실을 깨닫는 것부터 시작해야 할 것이다. 그런데 악몽이 현실이라고 착각하고 있다면, 대체 그것을 어떻게 떨쳐낼 수 있단 말인가?

《집단 착각》은 바로 그 질문을 던지고 답을 찾기 위한 책이다. 우리에게 《평균의 종말》과 《다크호스》로 잘 알려진 하버드 교육대학원 교수 토드 로즈는 우리를 '엘름 홀로우'로 불리는 미국의 한 작은 마을로 인도한다.

1928년, 엘름 홀로우 사람들은 신앙심 깊은 이웃의 눈치를 보며 몰래 술을 마시고 트럼프 카드놀이를 즐겼다. 시러큐스 대학에서 박사과정을 밟고 있던 대학원생 리처드 샹크가 볼 때 이것은 정말 이상한 현상이었다. 엘름 홀로우 사람들은 '나를 제외한 모든 사람들은 음주와 카드놀이를 싫어한다'고 생각하면서 스스로의 행동을 단속하고 있었던 것이다.

토드 로즈는 이러한 현상에 '집단 착각Collective Illusion'이라는 이름을 붙였다. 집단 착각은 집단적 무지와 다른 현상이다. 집단적 무지는 무언가를 몰라서 벌어지는 일인데 반해, 집단 착각은 잘못 알고 있기 때문에 벌어지는 일이다.

많은 경우 그런 오해는 부정적인 방향으로 향한다. 나는 착한데 남들은 악하다. 나는 정치적으로 극단적인 사람이 아니지만 남들은 맹목적 지지자다. 나는 좋은 이웃이 되려고 하지만 남들은 타인의 호의를 이용해먹으려 든다.

이런 오해는 일종의 자기실현적 예언이 되고 만다. 서로를 향한 불신의 벽을 높게 쌓을수록 상대방의 진면목을 바라보는 일은 점점 더 어려워지기 때문이다. 그렇게 집단 착각에 빠진 우리는 엘름 홀로우 사람들을 청교도적 강박관념에 빠뜨렸던 '솔트 여사' 같은, 몇몇 선동가들의 먹잇감으로 전락해버린다.

인터넷이 발명되고 SNS가 사람들의 일상을 담아내는 그릇 역할을 하면서 세상은 수많은 '솔트 여사'들이 판치는 곳이 되고 말았다. 그 결과 우리는 두 진영으로 갈리어 극한 대립을 하는 정치, 양극화된 경제, 각자의 우물 속에서 자기 귀에만 메아리치도록 소리 지르는 문화적 고립의 시대를 살게 되었다. 스마트폰을 쳐다보며 이어폰을 낀 파편화된 개인들이 함께 악몽을 꾸고 있는 것이다.

대체 우리는, 인류는, 왜 이러는 걸까? 토드 로즈에 따르면, 원래 그렇다. 현대인인 우리의 조상인 원시 인류는 다른 동물보다 월등히 뛰어난 사회성을 지니고 있었고 덕분에 험한 세월을 거쳐 살아남았다. 주변 사람들이 좋아하는 것을 좋아하고, 싫어하는 것을 싫어하며, 내가 아는 것과 네가 아는 것을 구분하지 않는 집단사고가 우리의 두뇌에 내장되어 있다.

생물학적 결정론. 집단 착각에 빠질 수밖에 없는 인류. 퍽 우울한 이야기다. 하지만 《집단 착각》은 거기서 멈추지 않는다. 집단 착각의 현실과 원인을 분석하는 것에서 시작해, 집단 착각을 해체할 수 있는 작지만 확실한 대안의 제시로 나아가고 있다.

이 책의 교훈을 한국 사회에 적용해 보면 어떨까. 오래도록 지속된 유교 문화의 영향을 받았고, 최근에는 스마트폰과 SNS의 발달로 인해 끝없는 '동료 압박Peer pressure'에 시달린다. 덕분에 모든 영역, 특히 정치가 극도로 양극화되고 말았다. 집단 착각에 휘둘리기 딱 좋은 여건을 스스로 만들며 고통받고 있는 우리, 한국인은, 말하자면 '우리'에 갇혀 있는 셈이다.

하지만 절망하기에는 이르다. 앞서 잠깐 언급했듯, 《집단 착각》은 원인을 지목하는 것에서 끝나지 않는다. 작다면 작지만 구체적으로 손에 잡히는 희망의 실마리를 제시한다. 집단 착각을 낳는 바로 그 원인, 우리의 생물학적 본능과 문화적 관성을 거꾸로 이용하는 것이다. 자세한 내용을 여기에 다 쓰는 대신, 독일의 철학자 하이데거가 즐겨 인용했던 횔덜린의 시구를 인용하는 것으로 갈음해야겠다. “위험이 있는 곳에 구원의 힘도 함께 자란다.”

토드 로즈는 문화적으로 낙후된 지역의 가난한 가정에서 태어났다. ADHD 환자였지만 그 사실을 알지도 못한 채 학창 시절 내내 학교에 적응하지 못했다. 그랬던 토드 로즈는 어느 날 마음을 다잡고 검정고시를 봤으며 야간 대학에 들어갔고 하버드 대학교의 대학원생으로 뽑혔다. 한번 하버드의 문턱을 넘은 후로는 중요한 연구 프로젝트를 연이어 성사시키며 교수가 되었고, 지금은 미국을 넘어 전 세계에 긍정적 영향력을 발휘하는 글로벌 지식인이 되어 있다.

《집단 착각》은 말하자면 ‘토드 로즈 3부작’의 결론에 해당하는 책이라 할 수 있다. 《평균의 종말》은 학교, 더 나아가 사회 전체 시스템에 대한 비판을 담고 있다. 개인의 특별한 소질을 알아보지 못한 채 그저 모든 것을 평균 내고 줄 세우는 것으로는 제2의, 제3의 토드 로즈를 찾아낼 수 없다는 내용이다. 우리는 그렇게 넓힌 시야를 바탕으로, 자신만의 분야를 개척하여 성과를 낼 수 있는 ‘다크호스’들을 찾아내야 한다. 토드 로즈가 쓴 두 번째 책 《다크호스》의 주제다.

하지만 이 모든 성공은 토드 로즈 혼자 이루어낸 것이 아니었다. 오히려 정반대다. 가난하고 방황하던 청년 토드가 이루어낸 오늘의 성공은, 부끄러움을 무릅쓰고 세상을 향해 손을 벌려 도움을 받는 것에서 출발했다. 저자는《집단 착각》을 통해 자신의 인생을 되짚어본다. 더 많은 이들이 자신과 같은 기회를 누릴 수 있기를 희망하고 있다.

이 책을 누구에게 권해야 할까? 전반부만 놓고 보면 '집단 착각에 빠진 우리 모두', 특히 정치적 견해가 달라 서로 물고 뜯는 사람들에게 보라고 해야 할 것만 같다. 하지만 토드 로즈 스스로도 그런 조언의 한계를 잘 알고 있었던 듯하다. 책의 중반을 넘어 본인의 진솔한 경험을 털어놓으며《집단 착각》은 전혀 다른 메시지를 전달하기 시작한다.

세상에는 그런 유형의 아이들이 있다. 조숙하고 똑똑하지만 학교라는 곳에 적응하지 못하는 아이들. 영리한 머리를 어느 곳에 어떻게 써야 할지 몰라 겉도는 떡잎들. 그런 아이들을 바라보며 어떻게든 '평균'에 도달시키기 위해 애쓰는 선생님들도 적지 않을 것이다. 집단 착각에 속아 스스로의 '포텐'마저 무시하는 어린 영혼들과, 그들을 깨워서 넓은 세상으로 내보내고 싶은 멘토들. 이 책은 다른 그 누구보다 바로 그런 사람들을 위한 책이라고 생각한다.

책 한 권을 번역한다는 것은 그 책을 처음부터 끝까지 여러 차례 꼼꼼히 읽는다는 말과 같다. 하지만 원고는 역자의 손을 떠났고, 독자 여러분의 것이 되어 있다. 여기 적혀 있는 몇 줄의 짧은 서평에 구애받지 마시기를, 여러분 스스로 온전히 읽고 즐기고 배우는 독서가 되실 수 있기를 진심으로 희망한다.

노정태

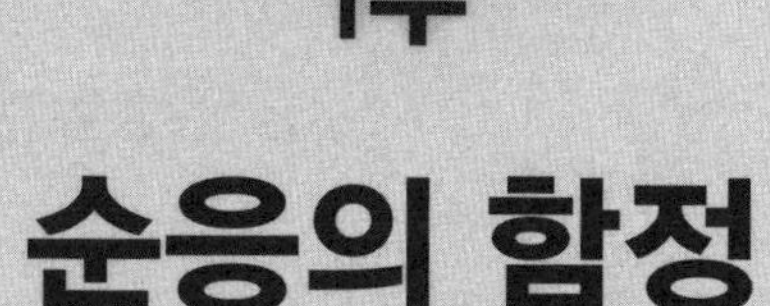

1부

순응의 함정

The Conformity Traps

일단 순응하고 나면, 다른 사람들이 다들 그렇게 한다는 이유로 남들처럼 하고 나면, 모든 섬세한 신경과 영혼의 요소들이 무기력에 잠식당한다. 그녀는 그저 겉으로 보이는 것만 남은 채 내면은 텅 비고 마는 것이다.

— 버지니아 울프

1장

벌거벗은 임금들

Naked Emperors

스스로를 믿어라. 자신을 위해 생각하라. 자신을 위해 행동하라.
자신을 위해 말하라. 너 자신이 되어라.

— 마바 콜린스

울혈성 심부전의 징후를 느낀 팀 마카베가 지역 병원을 방문했던 것은 2009년의 일이었다. 의사들은 팀의 심장과 폐 주변의 혈행에서 위험한 낌새를 감지했다. 5년 전 팀의 아내인 크리스티나는 남편에게 본인의 신장 하나를 기증했다. 팀은 그 덕분에 살고 있었다.[1] 그런데 갑자기 팀의 몸은 기증받은 신장을 송두리째 거부하고 있었고 심장에도 문제가 생겼다. 의사들은 팀에게 신장 투석을 권유하고, 투석으로 생명을 유지하는 동안 다른 신장을 이식받기 위해 장기 이식 대기 명단에 이름을 올렸다.

그리하여 팀은, 기다리고, 또 기다렸다.

훤칠한 키에 짧게 자른 갈색 머리. 갈라진 턱과 꿰뚫어보는 듯한 푸른 눈. 팀은 그런 사람이었다. 굵은 목소리에 영락없는 뉴욕 악센트를 구사했다. 2010년대 중반 팀은 텔레마케팅 전화를 받은 적이 있는데, 투석을 받던 중에 스피커폰을 켜놓고는 실실 웃었다. '바하마 해변으로의 공짜 여행'에 당첨되었기 때문이다.

병에 걸리기 전까지 팀은 야외 활동을 즐기는 사람이었다. 큰아들과 야구, 미식축구, 농구를 하며 가르쳤다. "저는 일이 끝나고 집에 오자마자 아들과 같이 밤낮을 가리지 않고 뛰었죠." 하지만 둘째 아들이 태어나자 그러기가 어려워졌다. "그럴만한 힘이 남아 있지 않더군요." 〈애틀랜틱〉과의 인터뷰에서 팀은 그 시절을 회고했다. "그런 것까지 의사들이 신경 쓸 일은 아니겠지만, 종종 기분이 나빠지는 건 어쩔 수 없었습니다." 투석을 하면서 팀의 삶의 질은 '바닥을 쳤다.' 그 어떤 신체 활동도 많이 할 수 없었고 급격하게 쇠약해져 갔다.

매일 팀은 전화를 기다렸다. "신장 이식 준비되었으니 수술 받으러 오십시오."라는 전화가 오길 꿈꿔왔던 것이다. 팀은 말했다. "그게 바로 엿같은 겁니다. 매번 전화가 울릴 때마다 뭔가 좋은 일이 있을 거라고 기대하게 되는 그런 게 말이에요."[2]

매년 10만 명이 넘는 이들이 팀처럼 신장 이식 대기줄에 올라 있지만, 실제로 수술 받을 수 있는 이식용 신장은 2만 1천여 개에 불과하다.[3] 대기자들 중 4명 중 1명은 1년 안에 사망한다.[4] 장기 이식 대기줄을 좀 더 가까이 들여다보면 사정은 더욱 열악하다. 매일 평균 장기 이식 대기중인 환자 중 7명이 사망하는 가운데, 9분마다 한 명씩 대기 환자가 새로 들어오고 있기 때문이다.[5]

그저 평범한 수요 공급 문제에 지나지 않는 것처럼 보이겠지만, 그렇지 않다. 기증된 신장 중 거의 5분의 1은 사실상 **버려지고** 있기 때문이다.[6]

어째서 이런 일이 벌어지고 있는 걸까? 장기 이식 대기 시스템, 그리고 우리가 다른 이의 선택을 해석하는 방식 때문이다. 미국의 경우 누군가 신장을 기증하면 그 신장이 맞는 사람들을 추려낸 후 선착순에 따라 대기 명단에서 차례로 제안이 들어간다. 그 말은 최우선 대기자가 신장 이식을 거부한다면 차순위 대기자가 그 신장을 받을지 말지 결정하게 된다는 말과 같다. 그 경우 차순위자는 우선순위자가 받지 않은 신장을 받는 셈인데, 그동안 귀중한 시간이 흘러갔을 뿐 아니라 기증된 신장은 '한번 거부된 신장'으로 여겨진다. 마치 부동산 매물로 너무 오래 나와 있던 집처럼, 기증된 신장은 이식 대기 상태에 오래 있을수록 질

낮은 물건으로 간주되고 마는 것이다. 만약 어떤 환자가 신장 이식 순위 20번이라고 해보자. 그 환자는 자신에게 온 신장을 '내 앞에 19명이 거부한 신장'으로 바라보고, 그럴만한 이유가 있다고 생각하게 마련이다. 이런 이유로 사망자가 기증한 신장 중 10개 중 1개가, 완전히 건강한 신장임에도 불구하고, 계속 거절만 당하다가 폐기처분 당하고 만다.[7]

자신들의 생명을 구해줄 무언가를 기다리면서도 신장 이식을 거부하는 19명, 그들은 착각에 빠져 있다. 나는 그러한 착각을 '따라쟁이의 함정 Copycat Trap'이라 부른다. 추가적인 정보가 부재한 가운데 그들은 그저 다른 사람들의 행동을 따라하고 있을 뿐이기 때문이다. 신장 대기줄에는 나보다 순위가 앞서는 사람들이 있는데 그들이 이식을 거부한 신장이라면 그럴만한 이유가 있을 것이고, 그러니 나도 이건 걸러야 한다고 쉽게 결론을 내려버리는 것이다. 실제로는 신장 이식 거부가 신장 자체의 문제 때문에 벌어지는 일은 거의 없다. 그보다는 운송이 어렵거나 수여자의 체질과 완전히 맞지 않기 때문에 거부하는 것이 일반적이다.[8]

우리는 스스로 생각하는 것보다 이런 식의 함정에 자주 빠져든다. 가령 내 눈에는 좋아 보이는데 그 전에 오래도록 팔리지 않았던 집을 발견했다고 해보자. 다른 사람들이 안 산 건 그럴만한 이유가 있어서인데, 내가 다락방의 유령이나 지하실의 물 새는 곳이나 그 외에 심각한 문제를 놓치고 있다고 지레짐작하게 마련이다. 공중화장실에서 손을 씻으려는데 어떤 세면대에는 사람들이 전혀 줄을 서고 있지 않다면 어떨까. 우리는 다른 사람들과 마찬가지로 그 세면대를 쓰지 않고, 배관에 문제가 있을 거라고 넘겨짚을 가능성이 크다. 직장을 잃은 후 실업 상태가 길어질수록 재취업이 어려워지는 이유도 마찬가지다. 잠재적인 고용주들 눈에는 뭔가 문제가 있는 사람, 그래서 오래도록 일자리를 찾지 못한 사람으로 보이기 때문이다. 이렇게 우리는 뭔가 문제가 있는 사람 취급을 당하고 만다.

스스로 판단할 만큼 충분하고 확실한 정보를 가지고 있지 못하다고 생각하거나, 우리 스스로의 판단에 대해 확신을 품지 못할 때, 그래서 다른 사람들을 추종할 때 우리는 따라쟁이의 함정에 빠지게 된다. 우리의 뇌는 우리가 보는 것을 무의식적으로 계속 검증하고자 하는 성향이 있다. 그래서 우리의 뇌는, 특히 불확실한 상황이라면, 우리보다 더 나은 지식을 가지고 있는 것처럼 보이는 이들을 지표로 삼으려 든다. 우리는 우리가 사적으로 지니고 있는 지식과 견해가 옳다는 것을 완전히 확신할 수 없다. 그런 일은 불가능하기 때문에, 다른 이들의 행태를 모방함으로써 그 차이를 메우고자 하는 것이다.

우리 인간은 특히 따라쟁이의 함정에 취약한데, 그건 두 가지 이유 때문이다. 첫째, 우리에게는 세계를 정확히 알고자 하는 욕구가 내장되어 있다. 막 걸음마를 뗄 무렵 우리는 호기심을 느낀다. "저 난로 뜨거울까?" 그리고 우리는 그걸 직접 확인하는 대신, 근처에 있는 어른들의 행동을 보고 답을 찾곤 한다. 모든 의문을 어려운 방법으로 해결하지 않아도 되니, 이러한 사회적 학습법은 우리 인류에게 연령대를 불문하고 매우 유용한 것이다.

둘째, 우리의 내면에는 사회적으로 망신당하는 것에 대한 공포가 깊숙이 자리 잡고 있다. 이런 공포심 때문에 우리는 진실을 말하는 것을 꺼리며, 임금님이 실은 벌거벗고 있다고 감히 이야기하지 못하게 되는 것이다. 이러한 두 가지 내적 동기와 아울러 우리는 종종 불확실한 상황과 맞닥뜨리게 되는데, 그러면 우리는 '대세'를 택하고 우리의 사적인 지식을 포기하는 쪽으로 이끌리곤 한다.[9]

마치 저 하늘의 기러기 떼나 바다 속 청어 떼가 그러하듯, 우리의 감정과 행동은 다른 이들과 연결되어 있고, 그래서 우리는 순응하고자 하는 충동에 저항하기 어렵다. 누군가 나보다 더 전문적이고 영향력 있거나 유명하다고 생각되면 우리는 그런 충동에 더욱 쉽게 허물어진다. 마치 홍수가 밀려오는데 모래주머니 한두 개를 쌓아놓는 것과도 같다. 게다가 따라쟁이 함정은 우리가 집단 착각에 빠질 때, 특히 무리에서 쫓겨나지는 않을까 근심할 때 걸려드는 첫 번째 난관에 불과하다.

사망률을 50퍼센트로 줄인 보고타의 교통 광대

대기실에 앉아 설문지를 작성하던 중 어디선가 타는 냄새가 난다. 주변을 둘러보니 벽 환풍구에서 회색 연기가 스며들고 있다. 가까이 가서 확인하고, 짐을 챙겨 나가면서 건물 관리자에게 그 사실을 알린다. 일반적인 사람이라면 다들 이렇게 할 것이다.

그렇지 않은가?

이제 다른 시나리오를 떠올려보자. 같은 방에 다른 사람들과 함께 앉아서 같은 설문지를 풀고 있다. 타는 냄새를 맡고 환풍구에서 나오는 연기도 확인했다. 하지만 그 누구도 놀라울 정도로 신경쓰지 않는다. 몇몇 사람은 마치 귀찮은 파리를 쫓기라도 하는 것처럼 손부채질을 하며 연기를 몰아내지만, 그들 중 그 누구도 뭔가 잘못되었다는 것을 어딘가에 알리려 하지 않고 있는 것이다.

이렇게 4분쯤 지나니 연기 때문에 눈이 따끔거리기 시작한다. 숨 쉬기도 어렵고 기침이 나온다. 옆자리에 앉은 사람에게 연기가 느껴지지 않느냐고 물어보지만, 그 사람은 그저 어깨를 으쓱하더니 설문지에 고개를 박는다. 의아한 기분에 휩싸일 수밖에 없다. "대체 뭐가 어떻게 되는 거지? 내가 이상한 사람인가?"

1960년대, 사회심리학자인 존 달리와 비브 라테네가 콜롬비아대학교 학생들을 대상으로 수행한 실험이 바로 이런 내용이었다. 첫 번째 조건, 그러니까 혼자 앉아 있다가 연기가 나오는 상황에서는 75퍼센트의 학생들이 자리에서 일어나 문제를 알리러 갔다. 하지만 두 번째 조건에서 학생들은 연기에 반응하지 않기로 하고 그 자리에 앉아 있던, 다른 실험 참가자들의 행동과 보조를 맞췄다. 자리에서 일어나 문제를 알리러 간 사람은 38퍼센트에 지나지 않았던 것이다.[10] 왜일까?

간단한 답부터 살펴보자. 우리는 곤혹스러운 상황에 놓이는 걸 꺼리기 때문에 종종 순응하곤 한다. 조롱당하거나 무능하다고 여겨질 것이라는 생각을 하면 우리의 스트레스 지수는 상승한다. 그럴 때 우리의 뇌에서는 공포에 반응하는 부분이 활성화된다.[11] 혼란에 빠지고 확신을 잃은 우리는 스트레스를 줄이기 위해 군중에게 굴복하고 만다. 다수 의견을 추종하는 것은 우리의 결정에 대한 책임을 희석시킴으로써 실패를 쉽게 감당할 수 있게 해준다. 스스로 결정을 내릴 때 우리는 고립된 기분을 느끼며, 개인적인 책임 역시 무섭게 다가온다. 우리의 행동이 옳건 그르건 우리는 다른 사람들과 함께할 때 더 나은 기분을 느끼게 되는 것이다.

1990년대 말, 전직 수학 교수로 당시 콜롬비아 보고타의 시장직을 역임하고 있던 안타나스 모쿠스는 사회적으로 어색한 상황에 놓일 것 같다는 공포심을 공적으로 유익하게 사용할 수 있는 영리한 방법을 찾아냈다. 모쿠스가 갓 시장이 되었을 무렵 보고타는 콜롬비아에서 사망률이 가장 높은 도시 중 하나였다. 1991년에서 1995년 사이 교통사고로 인한 사망률은 22퍼센트나 상승했다.[12] 특히 무단횡단이 문제였다. 1996년부터 2000년까지 콜롬비아의 도시 지역 교통사고 사망자 중 절반 이상이 보행자였던 것이다.[13] 당시를 돌이켜보며 모쿠스는 콜롬비아의 교통이 혼란스럽고 위험했다고 묘사했다. 교통경찰의 부패는 그런 상황을 한층 더 복잡하게 만들고 있을 뿐이었다. 그래서 모쿠스는 극단적인 해법을 취하기로 했다. 교통경찰들을 몰아내고 대신 그 자리에 광대들을 데려다 놓았던 것이다.

형형색색의 옷과 펑퍼짐한 바지에 나비넥타이를 맨 스무 명의 전문 광대가 동원되어, 횡단보도를 잘 지키는 보행자들을 조용히 칭찬하고 교통규칙을 어기는 보행자들은 놀려대기 시작했다.[14] 번잡한 교차로에서 횡단보도를 침범하는 운전자들을 놀림감으로 만들기도 했다. 얼굴을 하얗게 칠한 채 과장된 몸짓과 동작을 하며, 광대들은 오토바이 운전자들에게 헬멧을 제대로 쓰고 차선을 지키라고 훈계했다.[15] 흔히 저지르는 교통규칙 위반을 공개적인 구경거리로 만들어버림으로써, 광대들은 지적받고 싶지 않아 하는 우리의 본능을 자극하고 있었던 것이다. 모쿠스는 이렇게 공개적으로 망신을 당하는 게 집에서 혼자 벌금 용지를 받아들고 아무도 모르게 벌금을 내는 것보다 더 참기 어려운 일일 것이라고 생각했다.[16] 모쿠스가 옳았다.

수치스러운 일을 혼자 겪을 것인가 다른 사람들 앞에서 당할 것인가. 보고타 시민들 중 대다수에게는 후자가 더욱 설득력 있게 다가왔다. 머잖아 전직 도로경찰들 중 일부가 재교육을 받고 교통 광대가 되어 현장에 투입되기 시작했다. 이 캠페인은 큰 성공을 거두어, 나중에는 교통 광대의 숫자가 4백여 명으로 늘어났다. 모쿠스에 따르면, 말도 하지 않고 무기도 들지 않는 광대들은 두 배로 비무장 상태였던 셈이었다. 이렇게 힘없는 광대들이 사회의 위험한 행태를 바꿀 수 있었던 것은 사회적 영향력을 동원했기 때문이다.[17] 도로 안전을 증진하기 위해 고안된 다른 프로그램들과 맞물려, 교통 광대 프로그램은 실로 마법과도 같은 결과를 낳았다. 10년 동안 보고타의 교통사고 사망률이 50퍼센트 이하로 내려온 것이다.[18]

이는 따라쟁이의 함정에 빠지는 게 꼭 나쁜 일은 아니고, 사회적 정보를 통해 우리가 사적으로 아는 것보다 더 명확한 결과를 얻을 수 있다는 것을 보여주는 사례다. 하지만 불행하게도 이런 일은 그리 자주 벌어지지 않는다. 게다가 집단의 행동에 대한 오해는 너무도 자주 벌어지고 있다.

집단 지성은 왜 집단 무지성으로 전락하는가

2010년 8월의 오후, 영국인 파일럿과 한 명의 승무원이 탑승한 작은 쌍발 프로펠러 비행기가 20명의 승객을 싣고, 콩고 민주공화국의 수도 킨샤사의 뜨겁고 맑은 하늘을 뚫고 날아왔다. 여러 기착지를 거쳐 킨샤사에서 260킬로미터 떨어진 반둔두 공항을 향하는 비행기였다. 비행기가 반둔두 공항에 착륙하기 직전, 승무원은 무언가가 기내 뒷편으로 달려가는 것을 발견했다.

살아있는 악어였다.

겁에 질린 승무원은 기장에게 이 사실을 알리기 위해 조종석으로 뛰쳐 들어갔다. 뒤이어 한 승객이 깜짝 놀라 펄쩍 뛰어올라 승무원의 뒤를 따라 비행기의 앞쪽으로 달려왔다. 순식간에 다른 승객들도 같은 행동을 하기 시작했다. 그렇게 앞으로 달려나간 사람들의 체중은 쌍발 프로펠러 비행기의 균형을 망가뜨리기 충분했다. 기장은 여러모로 애를 썼지만 비행기는 공항에서 몇 킬로미터 떨어진 주택에 추락하고 말았다. 모든 이들이 목숨을

잃었다. 훗날 목격자가 된 단 한 명의 승객을 빼고. (그 악어는 살아남았다.)[19]

비극적이지만 동시에 멜 브룩스 감독이 만들었던 헐리우드 고전 코미디 영화의 한 장면처럼 보이기도 하는 실화다. 그 비행기의 승객들이 앞서가는 사람을 쫓아가야겠다는 충동에 이토록 빨리 사로잡히게 된 것은 무슨 이유 때문일까. 공유된 행동은 증폭되는 경향이 있기 때문이다. 승무원은 악어를 보고 깜짝 놀랐고, 승무원을 쫓아간 첫 번째 승객은 다른 이들에게 '비행기의 뒤쪽에 뭔가 끔찍한 일이 벌어졌다'는 인상을 자연스럽게 심어주었다. 하지만 다른 쪽에 앉아있던 사람들은 왜 그랬을까?

그들은 눈앞에서 벌어지는 일을 모방한 것이다. 무슨 문제가 벌어졌는지는 모르지만 누군가 승무원을 따라 달려가자 다른 이도 그 행동을 따라 하기 시작했고, 남은 승객들 역시 남들처럼 해야 한다는 충동에 휩싸이고 말았다. 이렇게 많은 사람들이 하는 행동이니 잘못되었을 리 없다고 생각한 승객들은 겁에 질린 채 스스로 판단하기를 거부하고 집단의 권위에 몸을 맡겼다.

다른 이들의 행동을 자신의 행동 기준으로 삼는 것은 생존의 문제가 될 수 있다. 특히 우리가 시간의 압박을 받고 있거나 불확실하고 모호한 상황일 때라면 더욱 그렇다. 게다가 대부분의 경우 세상을 둘러보고 힌트를 얻어서 부족한 정보를 채워 넣는 방식은 그럭저럭 잘 작동한다. 코드곶Cape Cod에서 파도를 타며 놀고 있는데 갑자기 주변에 있던 사람들이 물 밖으로 나가고 있다고 해보자. 일단 무슨 일이 일어난 건지는 모르지만 커다란 백

상아리가 나타났을 수도 있다고 가정하고 서둘러 해변으로 올라가는 것이 좋은 생각일 것이다. 내가 가지고 있는 정보, 내 뇌가 처리할 수 있는 용량 등을 따져볼 때, 이런 식의 추론은 완전히 논리적인 행동이다.

게다가 사실, 군중이 옳을 때도 있다. 오래도록 인기리에 방송된 TV 퀴즈 쇼 〈누가 백만장자가 되고 싶습니까?〉에서, 출연자들은 선택지가 여러 개인 문제를 풀어나가며 100만 달러의 상금을 향해간다. 문제 각각에는 정해진 만큼의 상금이 걸려 있다. 그 중 한 꼭지인 '관객에게 물어보세요'는 현장에 있는 관중들에게 문제에 대한 정답을 물어보는데, 관중들은 손에 들고 있는 리모콘을 통해 자신이 생각하는 답을 입력하면 그것이 실시간으로 화면에 반영되는 방식이었다. (집에서 TV를 보는 시청자들 역시 유료 문자 메시지를 통해 참여할 수 있다.) 놀랍게도, 관중들이 정답을 맞힐 확률은 91퍼센트에 달한다.[20] 이런 경우라면 집단 지성이 옳다고 할 수도 있을 것이다.

불행하게도 이런 일이 현실에서는 거의 벌어지지 않는다. 집단에 속하는 개인들이 개인으로서 판단을 내려야 집단 지성이 올바르게 발현될 수 있기 때문이다. 사람들이 다른 이의 선택을 볼 수 있을 때, 그래서 다른 사람의 선택을 보고 흉내 낼 수 있을 때, 집단 지성은 순식간에 '집단 무지성'으로 전락하고 만다.

우리 스스로의 판단을 의심하고 순응을 기본 태도로 장착하면서, 우리는 개인에서 집단의 구성원으로 변모한다. 이렇게 심어진 오류의 씨앗이 발아하게 되면, 모든 지식을 뒤덮어버린 채 오직 집단 착각만을 남겨놓는 연쇄 반응과 무한 복사로 이어지게 되는 것이다.

모방의 연쇄Copying Cascade는 소름끼칠 정도로 쉬운 일이다. 경제학자 아비짓 바네르지가 개발한 모델에 따르면 연쇄 반응의 가장 앞에 있는 이는 언제나 뭐가 됐건 자신의 개인적 생각을 따르고, 두 번째 사람도 그렇게 행동한다. 하지만 세 번째 사람까지 오면 앞에서 보인 행동을 고스란히 따라하는 경향을 크게 드러낸다. 특히 앞의 두 사람이 똑같은 행동을 했다면 더욱 그렇다.[21] 바네르지가 관찰한 바, 자신들보다 앞서 어떤 행동을 하는 걸 목격한 이들이라면 스스로의 개인적 판단을 미뤄두고 다른 사람들의 행동을 모방하는 것이 합리적이라고 여긴다. 이유는 앞서 우리가 신장 이식의 사례에서 지적한 것과 같다. 우리는 우리의 지식에 대해 100퍼센트의 확신을 갖지 못하기 때문이다. 우리는 그 신장이 좋은 신장인지 '알지' 못한다. 그 신장이 좋은 신장이라는 걸 추측할만한 정보는 가지고 있지만, 그것은 우리가 가지고 있는 사회적 지식과 어우러지지 않는다. 나보다 앞서 열두어 명의 사람들이 같은 행동을 하고 있는 상황이라면, 그 사람들은 내가 못 본 뭔가를 봤을 것이라고 넘겨짚고 싶은 유혹은 한없이 커질 수밖에 없다.

이렇게 한 번 시작되면 모방의 연쇄는 위험할 뿐 아니라 비생산적인 결과를 낳고 만다. 마치 생명을 구할 수 있는 건강한 신장을 폐기해버리는 것과 같은, 엄청난 착각과 실수를 유발할 수도 있는 것이다.

착각하지 마시라. 그 누구도 이 함정으로부터 자유로울 수는 없다. 설령 보다 나은 지식을 가지고 있어야만 하는 사람일지라도 마찬가지다.

대중의 미망과 광기

1841년, 스코틀랜드의 언론인 찰스 맥케이가 모방의 연쇄에 대한 책, 《대중의 미망과 광기》를 펴냈다. "사람들은 집단 속에서 생각한다"는 것, 그리고 "집단 속에서 광기에 휩싸이며 오직 천천히, 한 사람 한 사람씩 지각을 되찾는다"[22]는 것이 그의 주장이었다. 그가 탐구한 사례 중 하나가 그 유명한 네덜란드의 1634년 '튤립 광란'이었다. 네덜란드의 엘리트들이 어느 날 갑자기 튤립 구근의 독창적 컬렉션을 절대적 필수품인 양 여기기 시작하면서 벌어진 일이었다. 그 꽃에는 어떤 내재적 가치도 없었지만, "튤립을 소유하고자 하는 광기는 곧 네덜란드 사회의 중산층을 덮쳤고, 심지어 무역상과 상점 점원들마저도 어느 정도 손을 댈 정도가 되었다"[23]고 맥케이는 기록하고 있다. 오늘날 한 학자의 추산에 따르면 튤립 광기가 절정에 달했던 1635년, "튤립 구근의 평균 가격은 같은 무게의 금의 가격을 뛰어넘었고, 희귀한 튤립 구근 단 하나가 오늘날의 돈으로 5만 달러 이상에 거래되는 경우도 어렵지 않게 볼 수 있었다."[24]

맥케이에 따르면, 가격이 요동치다 떨어지기 시작하자 시장의 자신감은 무너졌고, 딜러들은 전반적인 충격에 사로잡히고 말았다. 거대한 튤립 열풍은 막대한 튤립 거품 붕괴로 이어지고 말았던 것이다. 이 광기가 일시적인 것을 파악한 네덜란드 당국은 선언했다. "이 광란의 정점에서 맺어진 모든 계약은 무효로 선언되어야 한다."[25]

하지만 맥케이 본인도 머잖아 바로 그 함정에 빠져들고 말았다.

책을 낸지 몇 년 후, 투자자들은 영국의 새로운 철도 시스템의 주식을 사기 위해 달려들기 시작했다. 건실한 회사들이 4퍼센트의 배당금을 주는 것이 일반적이었던 그 무렵 무려 10퍼센트의 배당금을 기대할 수 있었기 때문이었다. 당대의 내로라하는 지식인들, 가령 찰스 다윈이라거나, 존 스튜어트 밀이라거나, 브론테 자매 같은 사람들도 그 행렬에 참여했다. 1847년 정점에 도달했을 때, 철도 건설에 고용된 인원은 영국 육군의 두 배에 달할 정도였다.

이 현상이 투기이자 광란이라는 것을 알아차리기에 충분한 모든 정보가 맥케이의 손에 있었다. 하지만 맥케이는 열광의 도가니에 함께 뛰어들고 말았다. 맥케이는 신문에 줄줄이 기사를 쓰며 철도를 찬양하는 대열에 앞장섰다. 심지어 주가가 하락하기 시작했음에도 독자들의 확신을 북돋워주기 위해 애썼다. 기술, 자유 시장, 경제 발전을 확고하게 지지하는 사람이었던 그는 철도 네트워크의 대대적인 확장은 국가와 투자자 모두에게 이익을 가져다줄 수 있다[26]는, 철도 광란의 핵심적인 착각으로 쉽사리

빨려 들어가고 말았던 것이다.

하지만 건설 비용은 나날이 높아져만 갔고, 기대했던 10퍼센트의 배당금은 온데간데없이, 철도 주식은 그저 평균적인 2.8퍼센트의 이익을 내는 것에서 끝나고 말았다. 현실적으로 의회에서는 신규 노선 중 고작 1만 3천킬로미터 정도만 허가해준 것으로 드러났다. 결국 수천여 명의 투자자들이 파탄 나고 말았다.[27]

철도 광란이 끝나고 3년이 지난 1849년, 맥케이는《대중과 미망의 광기》를 대대적으로 수정 증보하여 제2판을 출간했다. 하지만 그는 본인이 관여했던 영국 철도 광란에 대해서는 언급하지 않기로 했다. 그와 뜻을 함께했던 많은 이들과 마찬가지로, 맥케이 역시 본인의 맹점을 인정하지 못했고, 본인 역시 광란에 취약한 존재라는 점을 몇 년이 지난 후에도 쉽게 받아들이지 못했던 것이다.

이런 식의 연쇄 작용의 이야기는 언제 들어도 친숙하게 들린다. 왜냐하면 금융 시장에서 벌어지는 대부분의 소동의 근원이 바로 그것이기 때문이다. 1990년대의 닷컴 열풍 같은 비이성적인 주식 폭등부터, 2008년 주택 시장 붕괴 같은 폭락까지, 이러한 연쇄 작용은 대체로 버블이 터지면서 끝난다. 하지만 그 중 일부는 훨씬 오래도록 살아남아, 우리가 살아가는 삶의 법칙을 바꿔놓기도 하는데, 그 경우 훨씬 더 큰 해악을 끼치기도 한다.

생수에 대해 생각해 보자. 하루에 여덟 잔의 물을 마시는 게 건강에 좋다는 건 의심할 나위 없는 사실이다. 최근에는 투명하고 영롱한 플라스틱 병에 담긴 생수에 대한 수요가 더욱 늘어났다. 왜냐하면 우리는 수돗물보다 생수가 더 깨끗하고 안전한 물이라고 생각하고 있기 때문이다.

생수 광란의 기원은 1994년 미국으로 거슬러 올라간다. 미국 환경보호청은 우물물 음용에 대한 안전 경고를 발령했다. 우물 펌프에서 막대한 양의 납이 유출되었기 때문이었다. 그래서 정부는 사람들에게 우물 펌프를 스테인리스제로 교체할 때까지 생수 구매를 강력히 권고했다.[28]

하지만 머잖아 생수가 수돗물보다 전반적으로 안전하다는 생각이 퍼져나갔고 널리 자리 잡기 시작했다. 음료수 회사들과 생수 업체들은 여기서 큰 사업 기회를 보았다. 아무튼 물이라는 건 결국 하늘에서 떨어지는 것인 만큼 다들 공짜로 여기고 있었는데, 그것을 소비재로 바꿀 수 있는 기회였던 것이다. 4월 나무에 새 이파리 돋아나듯 생수 브랜드가 등장했다. 오늘날 세계에서 가장 많이 팔리는 생수 브랜드 두 개는 각각 10억 달러가 넘는 가치를 인정받고 있다. 생수는 한때 우물물 오염 문제의 해법으로 동원된 한시적 해결책이었다. 그러나 지금은 엄청난 사업으로 급성장해 2026년이면 총 4천억 달러 규모의 시장을 이룰 것으로 예상된다.[29]

그런데 과연 생수가 정말로 더 깨끗하고 안전한 물이 맞긴 한 걸까? 물론 그렇다. 만약 독자 여러분이 미시건 주 플린트에, 2015년 수돗물 오염 파동을 겪었던 그곳에 살고 있다면. 하지만 플린트처럼 극히 예외적인 곳을 제외하고 나면 수돗물은 양호하다. 미국의 경우 99퍼센트의 수돗물은 음용 가능할 뿐 아니라,

사실 많은 사람들이 생수라고 생각하며 마시는 물은 수돗물이다.[30] 병입되어 판매되는 물 중 절반 이상이 약간의 처리 과정을 거친 수돗물이며, 양대 생수 브랜드인 아쿠아피나Aguafina와 다사니Dasani는 (참고로 이들은 펩시와 코카콜라의 상품인데), 그저 디트로이트시가 제공하는 물을 한번 걸러서 플라스틱 병에 담아 넓은 시장에 판매하고 있는 것에 불과하다.[31] 병에 들어 있는 물을 생수라고 마실 때마다 우리는 이런 엄청난 사기극에 속는 동시에 거들고 있는 셈이다.

하지만 우리는 여전히 만족하지 못하고 있는 듯하다. 2019년, 미국인들은 1,900억 리터의 생수를 마셨는데, 이는 탄산음료의 전체 소비량을 능가하는 것이다.[32] 주유소에 딸린 슈퍼마켓이나 상점에서 생수를 구입하면 4.5리터짜리 한 병에 평균적으로 1.5달러를 내게 되는데, 이는 우리가 같은 양의 수돗물을 사용할 때 내는 돈의 2천배에 육박한다.[33] 가장 저렴하게 구입할 때가 그렇고, 생수의 가격은 그 후로 더 올라갈 뿐이다. 화산 활동으로 만들어진 현무암 지반으로 걸러졌다는 등, 구름까지 뚫고 올라가는 일본의 명산에서 채취했다는 등, 숫제 천사의 눈물을 받아왔다는 등, 온갖 이유를 붙인 고급 생수들은 고작 세 컵 분량에 5달러를 훌쩍 넘기기 일쑤다. 캐나다의 아쿠아 데코 생수는 한 병에 12달러다. 하와이안 코나 니가리 생수의 신선한 맛을 보고자 한다면 402달러를 내야 한다. 진짜 물맛을 아는 사람이라면 순금병에 담긴 아쿠아 디 크리탈로 트리부토 아 모디기리아니 생수를 마시기 위해 6만 달러를 지불할 수도 있을 것이다.[34]

생수를 둘러싼 현상은 오늘날의 튤립 광란과 다를 바 없다. 우리는 사실상 거짓말이나 다를 바 없는 무언가에 수천억 달러를 쓰고 있는데, 그런 소비를 별개로 하고 보더라도 그 막대한 플라스틱 병 사용으로 인한 환경적 영향이 실로 엄청나다. 생수 한 잔에는 같은 양의 수돗물에 비해 2천 배나 더 많은 에너지가 소비된다. 한편 미국만 놓고 보더라도 플라스틱 생수병의 70퍼센트는 곧장 매립되며 그리하여 토양을 오염시키고 물길을 막는 것이다.[35] 이러한 연쇄 작용의 결과 캘리포니아와 하와이 사이의 어딘가에는 텍사스주의 두 배 정도 크기를 이룰 정도로 넓은 플라스틱 부유물 군집이 만들어지고 말았다.[36]

환상의 연쇄 작용은 마치 생수 광란처럼 떨쳐내기 어렵다. 다른 이들과 깊숙이 연결되어 있는 우리의 감정적 요소와 맞닿아 있기 때문이다. 그런 이유로 착각의 연쇄에 빠져드는 것은 거짓말처럼 쉽다. 반대로 한번 착각의 연쇄가 발생하고 나면 빠져나오기란 극도로 어렵다.

이성적 판단을 방해하는 인간의 모방 본능

1990년대 중반, 사회학자 니콜라스 크리스타키스Nicholas Christakis는 시카고 대학에서 호스피스 의사로 근무하고 있었다. 그의 환자들 중에는 죽음을 앞둔 여성 치매 환자가 있었다. 그 환자의 딸은 몇 년에 걸쳐 어머니를 돌보느라 비쩍 마르고 정신적으로도 고갈된 상태였다. 딸의 남편은 육체적으로도 정신적으로도 한계에 달한 아내를 보살피면서 본인도 지쳐가고 있었다. 어느 날 그 남편의 친구가 크리스타키스를 불렀다. 친구의 상태가 걱정된다는 것이었다. 마치 어둠의 악령이 기어 나오는 것처럼, 한 여성의 병으로 인한 무거운 감정은 점점 더 퍼져가는 중이었다.

이러한 전염 현상을 목격한 크리스타키스는 의문을 느꼈다. 마침 그는 사람들이 낙담하고 상심하여 죽을 수도 있다는 점에 대해 조사하고 있던 중이었다. 그러던 중 배우자가 사망하면 오래 지나지 않아 남은 사람도 사망할 확률이 높아진다는, 이른바 '미망인 효과Widower Effect'라는 오래된 개념을 발견했다. 크리스타키스는 추가 연구를 깊게 파고들어간 끝에, 사람의 감정과 행동은 실제로 상호 결부되어 있으며, 사람들은 서로 비슷한 집단으로 묶인다는 사실을 발견했다. 한마디로 '끼리끼리 모인다'는 말은 사실이었던 것이다.

연구자들은 이러한 사회적 영향력이 무의식적으로 작동한다는 것을 보여주었다. 예컨대 크리스타키스가 발견한 바에 따르면, 누군가가 비만일 경우 그 사람이 속한 집단이 비만일 가능성은 57퍼센트에 달했다. 그 반대도 마찬가지였다. 비만이 아닌 사람들끼리 모여 있는 집단의 구성원들은 계속 날씬한 몸을 유지하고 있을 가능성이 평균보다 높았다.[37] 다시 말해 우리는 어떤 정보나 이유를 제공받지 않은 채, 다른 사람들의 행동이나 생활방식을 모방하는 일에 쉽게 빠져들고 만다.[38]

이러한 흐름은 결국 우리를 집단 착각으로 끌어들이며, 그리하여 우리는 조작당하고 관리당하기 쉬운 처지로 전락해버린다.

이러한 현상의 우스꽝스러운 사례로 우리는 박수부대를 떠올려 볼 수 있을 것이다(박수부대를 뜻하는 영어 단어 'claque'는 본디 '박수'를 뜻하는 프랑스어다.). 고전 학자 매리 프랜시스 자일스**Mary Francis Gyles**에 따르면 로마의 황제 네로는 불안정한 사람이었다(네로는 세네카에게 자살을 명령한 장본인이기도 하다.). 네로는 노래했고 리라를 연주했고 자신을 세계 수준의 배우라고 생각했으나 실제로는 그렇지 않았다. 본인의 섬세한 영혼을 달래기 위해 때로는 종종 노래 경연 대회에 참여했고 언제나 우승했지만 그 이유를 말하자면 그가 황제였기 때문이었다. 경연 대회에 나갈 때면 네로는 언제나 관중의 환호를 이끌어내기 위해 자기편을 동반했다. 마치 본인이 진정한 노래의 신이라도 되는 양 가짜 반응을 만들어내고자 했던 것이다.[39]

16세기 프랑스, 장 도라**Jean Daurat**라는 이름의 극작가가 이런 아이디어를 떠올려 친구들을 끌어들였다. 그는 공짜 표를 받고 무대에 환호해주는 박수부대를 조직했던 것이다. 극장에서는 누군가 박수를 치기 시작하면 전염되는 경향이 있다. 도라의 아이디어는 제대로 먹혀들었다. 심지어 박수부대 노릇을 하는 것이 배우 지망생들의 수입원으로 격상되었던 것이다. 극장이나 오페라의 관리자는 박수부대원들을 유심히 살펴본 후, 눈물을 잘 흘리는 사람들을 불러 우는 연기를 시키기도 하고, 정확한 시점에 크게 웃음을 터뜨리는 사람들에게 높은 값을 쳐주기도 하며, 평범하게 박수만 치는 사람들을 따로 관리하기도 했다. 때로는 앞자리에 앉아서 기절하는 여성과, 그 여성을 돕기 위해 허둥대며 달려가는 역할을 맡은 남자가 나타나기도 했는데, 이들 모두가 매니저를 통해 일종의 가짜 오디션을 거쳐 고용한 박수부대원이었다.[40]

박수부대의 활약은 우리가 다른 사람의 행동을 모방하기 때문에 가능한 것이었다. 박수부대로 활동하는 사람들 역시 사람들이 서로 어떻게 연결되어 있다는 것이 얼마나 중요한지 잘 이해하고 있었다. 하품을 하건, 웃건, 연기를 보며 환호하건, 우리는 다른 이들을 모방하는 경향이 있다. 이런 반응은 우리 내면의 깊숙한 연결에서부터 솟구쳐 나온다. 그렇게 우리는 연결되어 있기에, 연쇄 반응으로 빨려들고 마는 것이다.

연쇄 반응은 모든 결정에 영향을 미친다. 선거에서 누구를 뽑을지, 무엇을 입고, 먹고, 어떤 학교에 다닐지, 그 모든 것이 그 영향권 하에 있다. 연쇄 반응은 또한 우리의 내면에 타인을 모방하는 잘못된 경향이 있다는 점을 보여준다. 우리는 개인적으로 우리가 이성적으로 행동하고 있으며 자기 이익을 지키고 있다고 생각하지만, 실제로는 따라쟁이의 함정에 빠지곤 한다.

마치 대부분의 유행이 그렇듯, 이런 식의 연쇄 반응이 때로는 상대적으로 해롭지 않을 때도 있다. 하지만 가령 생수라던가 신장 이식 대기줄처럼 그렇지 않은 경우, 실질적일 뿐 아니라 치명적인 결과를 불러오기도 한다. 신장 이식 수술을 기다리고 있던 사람은 내 앞의 19명이 이식을 거부한 것을 보고 그 신장을 받지 말아야 할 19개의 이유를 떠올릴 수도 있다. 하지만 우리가 실제로 아는 것은 그저 첫 번째 사람이 나름의 이유로 신장 이식을 거부했다는 사실뿐이다. 그나마 그 이유라는 것 역시 특정한 날에 수술을 받기 곤란했다는 것일 수 있지만, 이런 사실을 알지 못하는 대기열의 두 번째 사람은 이식을 위해 제공된 신장 자체에 문제가 있다고 생각할 수도 있다. 그렇게 일이 반복되다 보면 대기열의 모든 사람들이 자기 앞사람을 따라하는 일이 벌어진다.[41] 이렇듯 집단 착각은 나 혼자만이 아니라 모든 사람에게 영향을 미치고 만다.

불행하게도 우리가 언제나 연쇄 반응의 수동적 피해자이기만 한 것은 아니다. 첫 행위자를 모방하면서, 특히 첫 행위자를 모방한 첫 번째 추종자가 되면서, 우리는 부지불식간에 집단 착각을 형성할 뿐 아니라 굳건하게 만드는 결과를 불러오곤 하는 것이다.

후광효과를 경계하라

박사과정을 밟던 시절, 동료 대학원생이 여름날의 와인과 치즈 파티를 열었다. 나 역시 초대받았고, 잘 갖춰 입은 후 내가 가장 좋아하는 와인 중 하나를 골라서 들고 갔다. 포도향이 싱그러운 말보로 쇼비뇽 블랑Marlborough Sauvignon Blanc이었다. 갓 피어나는 등나무꽃의 향기가 가득한 정원의 뒤편으로는 분수가 솟아오르고 있었다. 모든 이들이 즐거운 대화를 나누며 진지하게 와인을 따르고 예쁘게 잘린 치즈를 맛보고 있을 때, 익숙한 목소리가 들렸다. "이봐, 모두들! 내가 왔어!"

"오, 젠장." 나는 생각했다. "올 게 왔구만."

암브로스가 정원으로 수면 위의 백조처럼 미끄러져 들어왔다. 공포의 암브로스. 심지어 성 뒤에 로마 숫자 III이 따라붙는 그는, 행색과 행태 모든 면에서 사람들이 아이비리그에 품고 있는 선입견을 고스란히 의인화한 듯한 인물이었다. 암브로스는 단지 돈이 많고 문화적으로 풍족하기만 한 게 아니었다. 본인이 그런 존재라는 걸 잘 알고, 남들이 그것을 알아주어야만 한다고 생각하는 타입이었다. 짙은 남색의 맞춤 양복에 새하얀 손수건을 꽂고 온 그는, 늘 그렇듯 나비넥타이를 매고 있었다.

도착한지 얼마 되지 않아 암브로스는 본인의 와인잔을 칵테일 포크로 두드리며 우리의 관심을 끌었다. "자, 여러분! 이제 이걸 맛볼 테니까 잠시 기다리세요! 소노마 지방에 있는 우리 집안 친구분 와인 농장에서 나온 아주 귀한 빈티지입니다. 새 잔을 쓰시는 걸 추천드려요."[42]

우리가 모두 지시를 따를 때까지 암브로스는 기다렸다. 그리고는 화색을 띄며 자신이 가져온 루비처럼 빨간 와인을 각각의 잔에 따랐다. "마시지 마세요." 암브로스는 시음 절차를 안내했다. "잔을 돌려서 잔에 생기는 줄무늬를 보셔야죠. 그리고 향을 맡고요."

나 또한 시키는 대로 잘 따르고 있었다.

"이제 한 모금 머금고 삼키기 전에 입 안에서 굴려보세요." 우리의 와인 선생님의 말씀이 이어졌다.

"음." 누군가가 암브로스와 눈을 마주치며 이야기했다.

"맛있군요!"

나는 한 모금 들이킨 후 다른 사람들의 반응을 살폈다. 다들 암브로스의 말에 수긍한다는 듯 고개를 끄덕이고 있었다. 도저히 믿을 수가 없었다. 이 와인은 식초 같은 맛이 났다. 내 미각에 뭔가 문제라도 생긴 걸까? 어쩌면 내가 감기라도 걸린 탓에 내 미뢰가 제대로 작동하지 않고 있는 건 아닌지 의심스러울 지경이었다. 혹은 내 미각이 충분히 단련되어 있지 않은 탓에 이 고급스러운 맛을 제대로 받아들이고 있지 못한 것은 아닐까?

그때 우리 학과의 교수님 중 한 분이 오셨다. '스미스 박사님'이라 통하는 분이었다.

이 자리에 참석한 사람들은 모두 스미스 박사님의 통계학 수업을 들었던 학생들이었다. 스미스 박사님은 진정한 와인 애호가로, 심지어 박사님은 프랑스의 와인 산지 중 가장 저평가된 곳이 어디인지 '다중 회귀'라는 통계적 방법을 통해 연구하기까지 했다. (혹시 독자 여러분이 궁금해하실까봐 가르쳐 드리자면, 랑그독Languedoc이다.) 나는 스미스 박사님이 이 와인을 어떻게 평가할지 궁금했다.

"오, 스미스 박사님. 어서 오세요!" 암브로스는 박사님을 부르며 잔에 와인을 따랐다. "오늘 제가 가져온 특별한 물건입니다."

스미스 박사님은 맛을 보더니 즉시 잔디에 내뱉었다. "코르크 때문에 변질된 와인이에요." 담담한 어조로 내린 진단이었다.

('코르크 변질'이란 2, 3, 6 트라이클로로아니솔, 혹은 TCA라는 입자 때문에 와인이 상하는 것으로, 와인에서 젖은 개나 더러운 화장실 냄새가 나게 만든다.[43])

나는 웃음을 억눌렀다.

우리 동료 학생들이 냄새와 맛에 무감각했거나, 아니면 그저 암브로스가 약을 판 것에 홀랑 넘어갔거나, 분명 둘 중 하나였을 것이다. 하지만 스미스 박사님이 진실을 말하기 전까지 모든 사람들은 암브로스가 뭘 알고 이야기하는 것처럼 행동하고 있었다.

우리 자신보다 더 잘 알고 있을 것이라고 여겨지는 이가 무슨 말을 할 때, 우리는 종종 그 의견을 따른다. 만약 초등학교 6학년 학생이 "세상은 멸망할 것이다"라고 말한다면 우리는 아마 믿지 않겠지만, 의사나 과학자가 같은 말을 한다면 그 말에는 좀 더 무게가 실릴 것이다.[44] 만약 훈련된 기상학자인 날씨 예보관이 오늘 오후 이 지역에 폭풍우가 칠 확률이 75퍼센트라고 말한다면 우리는 현관을 나설 때 우비를 챙길 것이다.

하지만 이런 식으로는 암브로스의 경우를 설명할 수 없다. 암브로스는 본인이 와인 전문가라고 말한 적이 전혀 없으니 말이다. 우리는 그냥 그가 우리보다 와인에 대해 더 많이 알고 있을 것이라고 단정 짓고 있었다. 부자인데다가 교양 넘쳐 보이는 암브로스가 나비넥타이를 매고 어딘가에서 잘 다듬어진 손톱을 과시하며 관심과 존중을 요구한다면, 아마 그들은 암브로스가 전문가가 아님에도 불구하고 무언가의 전문가인 것처럼 받아들일 것이다.[45]

우리는 왜 이렇게 행동하는 걸까? 전문성 그 자체를 알아내는 것은 정말 어렵기 때문이다. 그래서 우리는 전문성과 관련 있어 보이는 것에 의존한다. 암브로스의 경우라면 그의 화려한 옷차림과 사립 고등학교에서 쓰는 것 같은 말투가 그런 것들이다. 과학자들은 이런 것을 '특권 편향Prestige Bias'이라고 부르는데, 그 주문에 걸린 우리는 부, 직업, 외모, 옷, 소유물처럼 특권을 나타내는 지표들을 진정한 전문성의 지표와 착각한다. 많은 경우 그런 것들이 서로 무관하다는 것은 신경 쓰지 않는 것이다.[46] 그리하여 우리는 기네스 펠트로처럼 되고 싶다는 생각에 그가 만든 브랜드인 구프Goop의 충성스러운 고객이 되는 길을 택하곤 한다.

특히 우리는 권위를 나타내는 시각적 표상에 취약하다. 1984년 수행된 한 심리학 연구를 살펴보자. 연구자들은 차를 세운 후 주차기에 동전을 넣는 젊은이에게, 나이 많은 남성을 보내 동전 하나만 달라고 요구했다. 나이 많은 남성 실험자는 때에 따라 홈리스로, 잘 차려 입은 '사업가'로, 마지막은 '유니폼을 입은 소방관'으로 분장했다. 피실험자 중 홈리스에게 동전을 준 사람은 45퍼센트, 사업가에게 동전을 건넨 사람은 50퍼센트였지만, 소방관의 말을 들은 사람은 82퍼센트에 달했다.[47]

대중을 따르고자 하는 우리 인류의 태생적 성향과 마찬가지로, 이렇듯 권위 있는 무언가를 향한 복종 역시 깊숙한 곳에 자리 잡고 있다. 직함 같은 단순한 것으로 인해 특권 편향에 빠지는 일은 사실 어렵지 않게 벌어진다. 1966년, 연구자들은 간호사들을 대상으로 실험을 했다. 친숙하지 않은 '의사'가 전화로 지시를 통해 환자에게 허용되지 않은 약물을 '명백히 초과 주입' 하도록 지시했던 것이다. 충격적이게도 95퍼센트의 간호사들이 지시를 따랐다. 인정받는 권위가 지니는 엄청난 힘을 잘 보여준 사례다. 의사라는 직함은, 심지어 상대가 그 직함을 가지고 있는 게 확인되지 않았을 때조차 큰 힘을 가지고 있는 것이다.[48]

우리가 흔히 생각하는 것보다 현실은 더욱 좋지 않다. 우리는 진짜 전문가를 파악하는데 매우 서툴 뿐 아니라, 누군가 자신감을 드러낸다는 이유만으로 그 사람에게 굴복하는 경향이 있다. 누군가 자신감을 드러내면 우리는 그 사람이 우리가 모르는 무언가를 알고 있다고 여기곤 하는 것이다.[49] 19세기 중반 뉴욕 맨해튼에 새뮤얼 톰슨Samuel Thompson이라는 사기꾼이 멀끔한 옷차림을 하고 나타났다. 그는 뭐든지 알고 있는 척하면서 남을 속여 넘겼다. 톰슨은 다른 이들의 신뢰를 얻은 후에는 돈이나 시계를 빌려달라고 하고는 종적을 감춰버렸다. 〈뉴욕 해럴드〉의 기자는 톰슨을 '확신에 찬 남자'라 불렀고, 그 별명은 공식적인 이름이 되고 말았다.[50] 확신과 착각은 언제나 환상의 커플인 셈이다.

다행히도 우리는 꼭 필요한 올바른 정보를, 그러니까 그 와인이 상했다거나 튤립 구근의 가치가 5만 달러일 수는 없다는 것 등을 접하고 나면, 대부분의 연쇄 작용을 스스로 교정하곤 한다. 하지만 언제나 그런 것은 아니다. 어떤 결과를 기대하면서 마음을 쏟아놓았다거나, 특히 어떤 사실의 진위 여부 등에 우리의 명예가 달린 경우, 우리는 희망사항에 맞춰 현실을 뜯어고치려 든다. 찰스 맥케이가 그랬듯 우리는 진실을 바라보고 싶어 하지 않을 수도 있다. 그럴 때 우리는 눈앞에 닥쳐온 현실을 부정하기 위해 말 그대로 무슨 일이건 해버린다. 걸리기 쉬울 뿐 아니라 한번 걸리면 빠져나오기 힘든 덫이다.

착각과 확신은 종이 한 장 차이

1996년, 뉴욕 대학교 물리학과 교수인 앨런 D. 소칼은 한 편의 논문을 발표했다. 〈경계의 침범: 양자중력의 변형해석학을 위하여〉라는 그 논문은, 포스트모던 학술지인 〈소셜 텍스트〉에 게재되었다. 저자는 본인의 저술 의도를 아래와 같이 설명하고 있다. 여러분은 어떤 생각이 드시는지?

> 내가 이 글을 쓰는 목적은 양자중력학 분야에서 최근에 이루어진 발전을 감안하면서 이들의 깊은 분석을 한 단계 더 진전시키자는 것이다. 양자중력학은 하이젠베르크의 양자역학과 아인슈타인의 일반상대성 이론을 종합하면서 동시에 폐기하는 물리학의 떠오르는 분과다. 차차 살펴보겠지만 양자중력학에서는 시공간 다양체가 객관적인 물리적 현실로서 더 이상 존재하지 않는다. 기하학은 맥락과 관계에 의존하게 되며 전통적 과학의 기초를 이루던 개념적 범주들 – 그중에는 존재 자체도 포함된다 – 은 문제시되고 상대화된다. 이 개념적 혁명은 자유지상주의를 추구하는 미래의 포스트

모던 과학의 내용에도 함의하는 바가 크다.[51*]

그저 학술적인 용어로 뒤범벅된 혼란스러운 헛소리에 지나지 않는다고 본다면, 100퍼센트 정답이다. 소칼은 자기들끼리 쓰는 용어로 가득한 이 논문을 문화 연구 학술지에 투고했고, 6명의 편집자가 검토한 끝에 게재를 허용했으며, 그 학술지는 이 논문을 과학에 대한 특집호의 중요 논문으로 다루었던 것이다.

그리고 소칼은 이 모든 것이 사기극이었다는 사실을 밝혔다. 소칼은 그저 학술 저작물 체계가 갖는 어떤 허점을 보여주기 위해 가짜 논문을 쓰는 고통을 무릅썼을 뿐이었다. 그가 드러낸 바, 상당수의 학자들은 조너선 스위프트가 1726년 펴낸 풍자 소설인 《걸리버 여행기》에 등장하는 라퓨타의 주민들처럼, 아무 뜻 없는 소리를 주절거리는 대가로 돈과 자리를 유지하고 있는 사람들이었다. 하늘을 떠다니는 섬 라퓨타의 주민들처럼, 좁은 시야로 세상을 바라보는 이론가와 학자들은 쓸모없고 실용적이지도 않은 연구를 하며 인생을 허비하고 있었다. 물론 그들이 하는 일은 현실과 아무 접점이 없었기에, 소칼에게는 그저 놀림감일 뿐이었다.

스위프트가 그랬듯 소칼은 장난 같은 표현들을 많이 만들어냈다. 포스트모던 철학자들의 용어라도 되는 양 '연속체', '반헤게

* 옮긴이 주: 이 번역은 국역본을 참고하였다. 앨런 소칼·장 브리크몽 지음, 이희재 옮김, 『지적 사기』, 한국경제신문, 2013, 249~250쪽.

모니', '인식론적' 같은 단어를 논문 위에 팍팍 뿌려댔던 것이다. "저는 가장 유명한 학자들이 수학이나 물리학에 대해 내놓은 가장 멍청한 표현들로 제 논문을 구성했습니다. 그리고 그 학자들을 칭송하면서 그들을 연결 짓는 주장을 지어냈죠." 〈뉴욕타임스〉와의 인터뷰에서 소칼이 한 말이다. "저는 그 어떤 증거나 논리도 따를 필요가 없었으니 이 모든 일을 꾸며내는 건 너무도 쉬운 일이었습니다."[52]

소칼이 문화 연구와 문학 비평 학술지를 채우고 있는 이런 허풍을 조롱하기만 한 것은 아니었다. 동시에 그는 학자들이 경쟁적으로 사용하고 있는 관용구의 특징을 참고해 일부러 복잡한 용어와 개념을 엉터리로 조합해냈다. 실제로 이런 현상이 너무도 심해지면, 해당 분야의 전문가들끼리도 대체 이 저자가 무슨 말을 하려는지 이해하지 못하는 일이 종종 벌어지고 말 것이다.

〈소셜 텍스트〉의 책임 편집자들은 쓴 입맛을 다시며 소칼에 대해 부정적인 반응을 돌려주었다. 〈소셜 텍스트〉의 공동 발행인이자 뉴욕 시립 대학교의 교수인 스탠리 아로노위츠Stanley Aronowitz는 이렇게 말했다. "소칼 박사는 우리가 인식론적 상대주의자라 말했습니다. 그렇지 않습니다. 그는 잘못 짚었습니다. 그가 잘못된 주장을 하는 이유는 제대로 알지도 못하고 엉터리로 읽었기 때문입니다."[53] 소칼은 되받아쳤다. "〈소셜 텍스트〉가 내 논문을 수용한 것은 이론, 그러니까 포스트모던 문학 이론이라는 것이 논리적 파탄에 이르러 있고 그들이 지적으로 무지하다는 것을 보여주는 사례라 할 수 있습니다. 실제 물리학자와 논의

한 적이 없을 테니 전혀 놀랄 일이 아니죠." 소칼의 말을 마저 들어보자. "이해할 수 없는 글을 쓰는 게 미덕이 되어 버렸습니다. 간접적인 언급, 은유, 말장난이 증거와 논리를 대체해 버렸어요. 제가 쓴 논문은 포스트모던 이론이라는 완성된 장르의 가장 모범적인 사례 그 이상도 이하도 아닙니다."[54]

학계, 법조계, 의료계 같은 분야의 화이트칼라 전문직일수록 이러한 명성의 연쇄작용에 특히 취약한 경향이 있다. 명성이 모든 것을 지배하는 분야에서 전문직 계층 사다리의 꼭대기에 있는 이들의 목소리는 확성기처럼 울려 퍼지기 때문이다. 물론 그것은 이들이 주장하는 모든 것이 옳다는 것을 뜻하지는 않으나, 우리는 그런 사람들이 자기가 하는 말을 다 잘 알고 있을 것이라고 기대하고 있다.[55] 전문직을 가지고 있지만 꼭대기에 있지 않은 대다수는 자신의 경력을 지키기 위해 조용히 입을 다물고 따라가는 편을 택해버린다.

가령 한때 널리 성행했던 편도선 절제술Tonsillectomy에 대해 생각해 보자. 그 결과에 대한 과학적 논거가 부족했음에도 불구하고 편도선 절제술은 '전문가의 의학적 소견'이라는 변덕스러운 관점만을 근거로 수십여 년 넘도록 시행되어 왔다. 20세기에 편도선 절제술의 시행이 정점에 이르렀을 때, 수백만 명의 어린이가 그 수술을 받았고 그들 중 일부는 부상을 당하거나 심지어 죽음에 이르기도 했다. 결국 편도선 절제술에 대한 재평가가 이루어졌고 과학적 증거가 부족하다는 것이 명백히 드러나면서 빠른 속도로 역사의 뒤안길로 사라졌다.[56]

우리는 명예를 잃거나 얻을 것 같다는 생각 때문에 권위에 굴복하는데, 그럴 때 우리는 한쪽의 이야기를 충직하게 따르면서 새로운 정보를 받아들일 수 없게 된다. 그리하여 전문가의 권위로 인한 연쇄 작용은 되돌리기 어렵게 진행되는 것이다. 우리가 동참하고 있는 이야기가 참인지 거짓인지 여부 따위는 전혀 중요하지 않다. 이렇게 함께하고 있는 우리 모두가 잘못될 리 없다는 생각에 다들 사로잡히고 마는 것이다.

겉보기에는 견고해 보이지만, 이렇게 만들어진 연쇄 작용은 한쪽 구석이 허술해진 젠가 블록 무더기처럼 운 좋게 버티고 있을 뿐이다. 만약 중요한 블록 하나가 빠지기라도 하면 모든 것이 허물어져 버린다.

"왜?"라는 질문의 힘

이제 앞에서 던졌던 끔찍한 문제로 돌아가 볼 때다. 버려지는 신장들, 이 문제를 어떻게 해결할 것인가?

믿거나 말거나 말도 안 된다고 느껴질 정도로 간단한 해법이 있다. 너무도 간단한 나머지 MIT의 장쥐안쥐안Juanjuan Zhang이라는 연구자가 찾아낼 때까지 완전히 간과되고 있었던 해법이다. 대기열에서 신장을 기다리는 사람은 신장을 거부할 때 **왜** 거부하는지 그 이유를 밝히도록 규정을 바꾼 것이다. "저는 다른 주로 여행하고 있습니다." "심각한 감기에 걸렸네요." "신장이 충분히 잘 맞지 않아요.” 뭐 이런 것들. 이렇게 아주 작은 정보를 추가하는 것만으로도, 대기열에 있던 사람들은 보다 현실을 잘 파악하면서 결과적으로 더 나은 개인적 선택을 내릴 수 있게 되었다. 이렇게 우리는 완벽하게 좋은 신장을 확보하고도 그것을 집단 착각의 제물로 바치는 어리석은 행태를 멈출 수 있게 된 것이다.[57]

게다가 이 해법은 신장 이식 대기열에만 적용할 수 있는 게 아니다. “왜?”라고 묻는 것은 우리를 그 어떤 연쇄 반응의 위험으로부터도 벗어나게 해주는 간편한 다목적 도구다. 이 간단한 질문 하나는 우리가 다른 사람들의 의견을 따르기 위해 우리가 개별적으로 지니고 있는 지식을 포기하지 않아도 될 수 있게 해준다. 그런 힘을 지닌 질문이 바로 “왜?”다. 오히려 필요에 따라 우리의 시각을 다른 사람들의 것과 융합하면서, 더 나은 정보를 얻고 궁극적으로는 더 나은 결정을 스스로 내릴 수 있게 해준다.

어떤 사람들은 “왜?”라는 질문의 형식이 나쁘다고 지적한다. 사실 그렇게 직접적으로 물어보면 공격적으로 받아들일 사람들이 있을 것처럼 보이기도 한다. 그러나 현실은 그렇지 않다. 사람들은 자신의 의견과 선호를 두고 그 이유에 대해 남들과 이야기하는 것을, 사실은 **좋아한다**. 하버드 대학에서 진행한 한 연구에 따르면 우리는 서로 관점을 교환할 때 본능적으로 만족을 느낀다. 심지어 “낙태에 대해 어떻게 생각하세요?” 같은 민감한 주제에 대해서도 그렇다. 그저 누군가로부터 질문을 받고 서로 견해를 교환하는 것만으로도 대화 참여자들 사이에는 호감이 생긴

다.[58]

가족이나 가까운 친구와 가장 최근 나누었던 대화를 떠올려 보자. 무슨 이야기를 했는가? 대화가 끝난 후 어떤 기분이 들었는가? 통계적으로 볼 때 우리는 전체 대화 중 40퍼센트 정도를 본인의 기분이나 경험을 공유하고 토론하는데 사용하며, 상대방 또한 마찬가지다.[59] 일단 대화의 균형이 잘 맞았고 누구 한 사람이 전화통을 붙들고 혼자만 떠들지는 않았다고 해보자. 그럴 때 우리는 기분전환이 된 것 같은 상쾌한 느낌과 함께 다른 사람과 연결되었다는 행복감을 맛본다.

실제로 우리는 자기 자신에 대해 다른 사람과 대화할 때, 마치 돈이나 음식 등 객관적인 보상을 얻었을 때와 다를 바 없는 만족을 느낀다. 그러니 다양한 소셜 미디어 플랫폼에 올라오는 내용 중 사람들의 개인적인 생각이나 경험을 담은 것이 무려 80퍼센트에 달하는 것은 전혀 놀랄 일이 아닌 것이다. 과학자들에 따르면 우리의 두뇌에는 실제로 개인적 정보를 노출하고자 하는 신경 회로가 자리 잡고 있다. 사생활과 개인적인 정보를 한 조각씩 노출할 때마다 우리의 뇌에서는 보상 기제가 작동하면서 우리의 몸에 순수한 기쁨을 안겨준다. 말하자면 우리는 불안하거나 긴장해서 속에 있는 것들을 쏟아내는 게 아니다. 우리는 본능적으로 속마음을 꺼내도록 만들어진 존재들이다.[60]

이렇듯 개인적인 정보를 공개하는 경향은 우리를 인간으로 만드는데 일정 정도 기여했을 뿐 아니라 우리 인류가 장기적으로 생존해온 것에도 도움을 주었다. (게다가 덕분에 페이스북도 튼튼하게 운영될 수 있다.) 그러한 경향성이 있기에 우리는 보다 수월하게 서로 관계를 맺고 유대감을 형성한다. 그 경향성은 공유된 지식을 통해 지식을 교환하고 축적하도록 도와주며, 우리가 다른 이를 지도하고, 가르치며, 배울 수 있도록 돕고 있는 것이다.[61]

궁극적으로 볼 때 "왜?"라고 묻는 일에는 너무도 많은 장점이 있기에, 실질적인 단점이 없다. "왜?"라는 질문은 사회적 접촉을 길러낼 뿐 아니라 집단 착각의 연쇄가 벌어질 가능성을 조기에 차단하고 근절해준다. 만약 누군가가 자신의 생각이나 행동에 대해 제대로 설명하지 못하면서 그저 "왜냐하면 그건 원래 그런 거고 그래서 그런 거니까" 따위 소리나 하고 있다면, 그는 그저 무리를 따라 집단 착각에 빠질 위험에 처한 것이다. "왜?"라는 질문은 무지의 장막을 걷어낸다. 다른 사람의 행위와 주장의 이면에 무엇이 있는지 드러내어 보여준다.

우리는 그저 즉각적인, 많은 경우 잘못된 전제에 기반을 두고 판단을 내리며, 그 결과 연쇄 작용을 만들어내곤 한다. "왜?"라는 간단한 질문 하나가 그런 과정을 효과적으로 차단해줄 수 있다. 다른 사람들의 선택의 바탕에 깔린 이유를 드러내고 설명하면서, 우리는 그 사람들의 행동을 정당화하는 것이 무엇인지, 그것이 우리 스스로의 가치관 및 우선순위와 부합하는지, 더 나아가 내가 그 사람의 입장이라면 같은 방식으로 행동할지 등에 대해서도 따져볼 수 있게 되는 것이다.

우리는 다른 사람들을 관찰하고 그들에게 귀를 기울임으로써 보다 정확한 판단을 할 수 있으며, 그래야만 한다. 또한 우리는 우리 스스로의 판단을 내던진 채 맹목적으로 다른 이들을 추종하고픈 악마의 유혹을 떨쳐내기 위해 노력해야 한다. 그런 유혹은 때로는 군중의 함성으로 들릴 수도 있고 아니면 권위자의 목소리를 통해 들려올 때도 있을 것이다. 물론 말처럼 쉬운 일이 아니겠지만, 우리 스스로 생각하는 것은 나와 너의 개인적인 판단을 지키기 위해서만 필요한 일이 아니다. 우리 사회 전체의 생존과 건강을 위해서도 필수불가결하다.

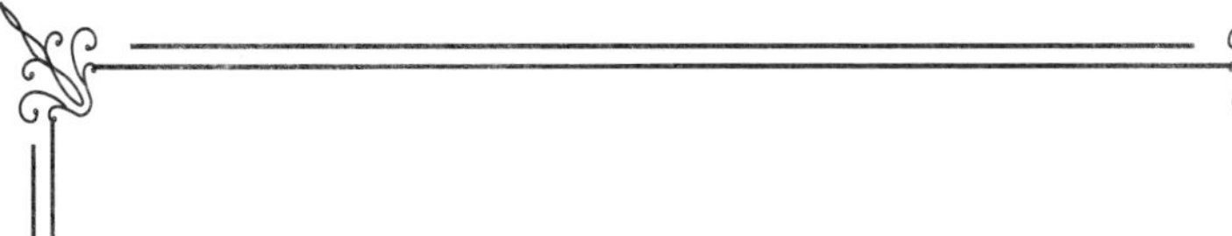

2장

소속감을 위한 거짓말

LYING TO BELONG

개인은 부족에게 짓눌리지 않기 위해 언제나 안간힘을 써야만 한다.

— 프리드리히 니체

가이아나의 존스타운. 가장 가까운 활주로에서 지저분한 비포장도로를 타고 8킬로미터는 더 달려야 하는 남아메리카의 정글 깊숙한 곳에, 인민사원People's Temple이 세워져 있었다. 인종차별에 맞서며 소련식 공산주의를 추구한다는 원칙에 따라 세워진 정착지 인민사원의 1천여 명 거주민은 대체로 노동 계급의 흑인, 그 중에서도 다수는 여성들이었다. 그들은 짐 존스Jim Jones라는 이름의 카리스마적 지도자를 추종하고 있었다.[1] 인민사원의 한 복판에는 금속 재질로 지붕을 덮은 널찍한 건물이 자리 잡고 있었는데, 그곳에서 아이들은 학교를 다니고 사람들은 서로 모여 공동체 활동을 했다. 멀지 않은 곳에는 과일 나무가 자라고 있었고 신경 써서 가꾸는 농장도 있었다. 제재소, 1만여 권의 장서를 갖춘 도서관, 모기장을 완비한 탁아소도 마련되어 있었다. 그곳에 온 모든 사람들은 인민사원 공동체와 공산주의적 이상을 좇기 위해 자신의 직업과 개인 소유물을 포기한 상태였다. 인민사원의 구성원들은 존스타운을 유토피아라고 믿었다.

아마 여러분들은 다음에 펼쳐질 이야기가 뭔지 알고 있을 것이다. 1978년 11월, 캘리포니아의 하원 의원 레오 라이언Leo Ryan은 인민사원에 성적 학대와 고문 등이 벌어지고 있다는 소문의 진위를 확인하기 위해 그곳에 방문했다. 편집증적인 '예언자' 존스는 추종자들을 향해 라이언과 그의 일행이 존스타운에 폭력을 불러오고 이곳을 황폐화할 수도 있다고 말했다. 라이언이 존스타운을 떠날 때 공동체에서 이탈한 몇명이 그와 함께 길을 나섰다. 하지만 라이언 무리는 활주로에 도착하기도 전에 존스가 보낸 부하들에게 살해당했다.[2] 합숙소로 돌아온 존스는 추종자들에게 살인을 알리고 그로 인해 곧장 역풍이 불 것이라며 경고했다. 인민사원의 구성원들은 큰 처벌을 받을 것이며, 아이들과 노인들은 고문당할 수도 있다고 공포심을 심어주었다.[3] 또 인민사원 구성원들은 '하얀 밤White Nights'이라는 의식을 통해 집단 자살을 연습해왔다. 존스는 집단 자살만이 '존엄과 명예'를 지키며 죽을 수 있는 방법이라고, 그래야만 파시즘과 인종차별로부터 스스로를 지킬 수 있다고 주장했다.[4]

하지만 구성원 중에서 이런 존스의 주장에 동의하지 않는 몇몇 사람이 있었다. 그 중 가장 주목할 만한 사람은 크리스틴 밀러Christine Miller로, 밀러는 자리에서 일어나 존스를 향해 질문했다. "러시아로 탈출하는 것은 너무 늦은 건가요?" 인민사원의 연장자 멤버 중 하나였던 밀러는 존스타운에 오기 전 다양한 자선사업에 관대하게 재산을 내놓았던 사람이었다. 밀러가 존스에게 이의를 제기한 것은 처음이 아니었지만, 이번이 가장 중요하다는 건 분명해 보였다.

밀러는 그날 죽고 싶지 않았다. 그는 라이언을 따라 인민사원을 떠난 사람은 극소수이며, 남은 구성원들끼리 잘 살면 되지 않겠느냐고 주장했다. 심지어 밀러는 존스의 설교를 인용하기도 했다. "살아있는 한 희망은 있습니다." 밀러는 존스를 통해 가장 바람직한 삶을 살 수 있을 거라는 믿음을 가지고 존스타운에 들어왔던 사람들 중 하나였다. 그런 그가 존스타운 공동체의 어른과 아이들에게 호소하는 메시지를 던지고 있었다.[5]

밀러의 논리는 상식적이고 확고했다. 그는 존스에게 세뇌된 수천여 명과 맞서 싸웠지만, 그들은 부활을 믿으며 존스가 파놓은 죽음의 수렁으로 걸어 들어가고 있었다.[6] 만약 밀러의 말에 동조하는 이가 나타났다면, 어쩌면 밀러는 존스가 걸어놓은 사악한 주문을 깰 수 있었을지도 모르겠다. 하지만 밀러의 말은 사람들에게 일종의 반역으로 받아들여지고 말았다. 존스의 보디가드와 몇몇 사람들이 목청을 높이기 시작하자 밀러의 목소리는 곧 묻혀버리고 말았다. 존스의 옹호자들 중 일부는 존스를 향해 외쳤다. "만약 지금 우리의 목숨을 달라고 하신다면, 우리는 준비가 되었습니다."[7] 잠시 후 존스는 '약품'을 가져오라고 지시했다. 독극물인 사이안화물이 첨가된 후르츠 펀치가 한통 가득 등장했다. 존스는 추종자들에게 용기 있는 죽음을 맞이하라고 종용했다.[8] 아이들이 가장 먼저 독극물을 마신 가운데, 고통스러운 신음소리가 음악과 환호와 박수소리가 뒤섞였다.

얼마나 많은 사람들이 자발적으로 독약을 마셨는지, 얼마나 많은 사람들이 독약을 마시도록 강요받았는지, 혹은 주사기로 강제 주입 받았는지 확실한 숫자는 알 수 없다. 다만 그날 사망자가 900명이 넘는다는 것, 그리고 앞자리에 앉아 있던 밀러가 최초로 죽음을 맞이한 이들 중 하나일 것이라는 추측만이 가능할 뿐이다.[9]

크리스틴 밀러는 자신과 타인을 구하고자 했다. 하지만 결국 그는 인간 본성의 바닥에 깔린 두 가지 요소 앞에 무릎을 꿇고 말았다. 귀속집단에 받아들여지고 싶다는 욕구와 귀속집단으로부터 배척될까 하는 두려움 때문이었다.

우리 인간은 사회적 동물이기에 타인과의 연결을 즐겁게 받아들인다. 가족의 품에 있을 때나 이웃들 사이에서나, 온라인 그룹을 만들 때나 직장에서 동료들과 함께할 때나 모두 마찬가지다. 하지만 집단 착각이라는 문제를 놓고 보자면 모든 집단이 동일한 것은 아니다. 우리는 친밀감을 깊게 느끼는 집단의 사람들에게 가장 큰 신경을 쓴다. '귀속집단In-group'의 칭찬이나 비난이 가장 큰 관건인 것이다. 우리가 '나의 부족'이라고 느끼는 집단은 우리의 종교, 정치, 국적, 혹은 혈연관계 등을 공유하는 관계일 것이다. 혹은 학교나 직장에서 만나는 사람들일 수도 있다. 가장 좋아하는 뮤지션이나 스포츠 팀의 팬클럽일 수도 있고, 페이스북 그룹을 통해 이루어진 관계일 수도 있다. 이와 같은 귀속집단에 확실히 속해 있다고 느낄 때, 우리는 더 행복하고, 안전하며, 이 세상에서 자신이 있을 곳이 어디인지 확실히 알고 있다는 기분을 느낄 수 있다.[10]

우리는 가장 가까운 집단과의 결속을 다지기 위해 지속적으로 어떤 행동들을 하고 있다. 오늘은 무슨 옷을 입을지 고르는 것부터 시작해, 우리의 모든 대외적 행동은 우리가 속한 다양한 집단과의 관계를 드러내어 보여준다. 우리는 본능적으로 각 집단의 규범을 따른다고 할 수 있다. 어떤 장소에서 혼자만 어색하고 동떨어진 사람으로 보이는 대신, 사회적 환경에 맞춰 우리의 겉모습과 행동을 조율하는 것이 얼마나 중요한 일인지 잘 이해하고 있기 때문이다. 그렇게 주변에 스스로를 맞춰갈 때마다 우리는 스스로에 대한 인식을 새롭게 형성한다. 해당 집단에서 이상적으로 여기고 있다고 우리가 생각하는 그 지점에 우리 자신을 맞춰나가는 것이다.[11]

이런 식으로 우리는 만족감과 안정감을 긁어모은다. 소속 집단과 심리적, 정서적 일체감을 느끼고 싶은 우리의 깊은 욕망으로부터 비롯하는 현상이다. 그러니 그 일체감이 깨지는 소리가 들려오기만 해도 우리의 마음속에 의심이 시작되고 착각이 싹트는 것은 놀랄 일이 아니다. 거절당할까봐 두려워하는 게 나 혼자만일 거라고 걱정하기 시작하며, 스스로에 대해 두 번 세 번 생각하다가 다른 사람들의 행동과 방향을 엉뚱하게 이해해버린다. 그런 공포로 인해 우리는 소름끼칠 정도로 순응하는 존재가 되어버리고 만다. 그렇게 부족주의적인, '자신 대 그들'의 사고방식이 지배하게 되면서 우리는 집단의 이름으로 그 전까지 상상하기 힘들었던 짓을 저지르곤 하는 것이다. 실제로 적당한 조건 하에서 부족은 개인을 아주 강하게 견인한다. 내가 '정체성의 함정'이라 부르는 것이 작동하면서 우리는 자신만의 가치관을 저버린 채, 개인적으로 지지하지 않는 신념의 편에 서기도 하며, 결국에는 알고 보면 나와 같은 생각을 하고 있을 사람들에게까지 피해를 끼치고야 마는 것이다.

존스타운의 사례에서 봤다시피 정체성의 함정은 집단 착각을 만들고 유지시킬 뿐 아니라, 집단 그 자체를 파괴해버리는 결과를 낳기도 한다.

포기할 수 없는 소속감

우리는 탄생 직후 어머니와 연결된다. 그리하여 절대적인 안정과 안녕을 보장받는다. 만약 아기들이 보호자와의 유대를 형성하지 못한다면 아기들은 제대로 자라지 못할 것이다. 쉽게 말해 죽는다는 뜻이다. 애착장애Attachment Disorder는 어린 나이에 버림받은 고아들의 심리와 행동에 너무도 자주 다양한 문제가 발견되는 이유를 설명해 준다. 진화적 관점에서 볼 때, 무리에 속하고자 하는 이러한 갈망은 사람들이 서로 협력하고 보호하도록 도와줌으로써 우리 종의 생존과 번영에 기여했다. 제한된 자원을 놓고 경쟁할 때, 개인이 아니라 집단을 이룸으로써 우리는 보다 쉽게 수적 우위를 누릴 수 있게 된 것이다. 생존 차원에서 우리의 몸은 '어딘가에 속하는 것'을 갈망하도록 뇌과학적으로 진화해왔다.[12]

타인과 연결되어 있다고 느낄 때 우리의 뇌에서는 옥시토신이 분비된다. 옥시토신은 가족으로부터 출발하는 수많은 공동체에 대한 사랑의 감정을 증폭시켜주는 호르몬이다. 또한 옥시토신은 나 자신보다 공동체와 구성원들의 이익을 앞세우도록 해줄 뿐 아니라, 만약 필요하다면 다른 이들로부터 우리 집단을 보호하도록 이끌어준다. 2015년 수행된 한 연구에 따르면 옥시토신을 투여한 실험 참가자들은 그렇지 않은 이들에 비해 소속 집단 구성원의 실수를 너그럽게 용납하는 경향을 보이는 것으로 드러났다. 연구 수행자들은 옥시토신 투여의 효과에 대해 이렇게 결론을 내렸다. "옥시토신은 귀속집단을 향한 편애주의Favoritism, 같은 편을 위한 거짓말, 귀속집단의 복리를 위한 값비싼 헌신과 기여, 귀속집단의 선호를 향한 순응, 외부자가 가하는 위협에 대한 공격적 보호 기제 등을 촉진한다."[13]

다른 식으로 표현하자면, 옥시토신은 우리가 개인적으로는 선호하지 않는 입장에 순응할 가능성을 높이거나 적어도 일시적으로 따르게끔 한다. 옥시토신이라는 행복 호르몬을 보상으로 얻기 위해 우리는 우리의 관계에 도움이 되는 행동에 우선순위를 두게 되는 것이다. 우리는 설령 근거가 매우 희박하거나 사소하다 해도 공감대를 찾고자 하는 경향이 있다. 어딘가에 소속되어 있다는, 혹은 우리가 관심을 갖는 이들에게 존중받고 있다는 그 따스한 기분 때문만으로도 우리는 공동체가 기대하는 방향으로 기울고 마는 것이다.

이미 고전의 반열에 올라 있는 존 휴즈의 1985년 영화 〈조찬클럽〉은 이러한 귀속감이 무엇인지, 그리고 종종 그로 인해 희생하게 되는 것이 무엇인지에 대한 통찰을 안겨준다. 영화는 휴일에 학교에 나와 하루 종일 갇혀 있어야 하는 이런저런 고등학생들의 모습을 보여주며 시작한다. 무미건조한 도서관에 각자 자리를 잡고 앉은 학생들은 '내가 생각하는 나는 누구인가'라는 주제의 에세이를 쓰라는 지시를 받는다.

이 시점에서 관객들은 이미 이 영화의 주인공 다섯 명을 모두 소개받은 상태다. 그 학생들은 각각 전형적인 인물형을 띠고 있다. 모범생, 운동선수, 사고뭉치, 공주, 범죄자. 하지만 영화가 진행되면서 코믹한 상황 속에 종종 어두운 이야기가 섞이기도 하며, 이 학생들은 그들을 규정짓고 있는 전형성을 어느 정도 벗어던지게 된다. 운동선수는 자신이 나약한 존재일지 모른다는 두려움을 고백하고, 공주는 자신의 삶을 증오한다는 말을 털어놓게 되며, 공부벌레는 최근 자살을 시도한 적이 있다는 것을 인정하고 만다. 또 범죄자는 공부벌레의 바지에 대마초를 숨겨서 구사일생으로 위기를 모면한다. 그 뒤를 잇는 결속의 순간, 학생들은 모두 함께 대마초를 피우며 마음의 짐을 내려놓은 채 연기로 가득한 도서관에서 춤추고 웃는다. 결국 이렇게 결성된 '조찬 클럽'은 그 후로도 매주 토요일마다 모임을 갖기로 하고, 과제로 내려진 에세이에는 이렇게 도발적인 내용을 써내려가는 것이다. "우리는 우리가 누구인지 써내라는 이런 에세이를 시키는 당신들이 미쳤다고 생각합니다. 무슨 상관이에요? 당신들은 그저 당신들이 보고 싶은 대로, 가장 단순하고 편리한 규정에 맞춰서 우리를 보고 있을 뿐입니다."[14]

미국의 문화적 풍토 속에서 젊은이들은 '스스로를 찾으라'는 조언을 받곤 한다. 그리하여 자신의 잠재력을 극대화하고 사회에 독창적인 기여를 하라는 것이다. 개인적 욕망, 자신감, 독립심 등은 성공과 개인적 행복에 필수적인 요소로 여겨진다. 하지만 〈조찬 클럽〉은 보다 깊숙한 곳까지 풍자의 칼날을 들이댄다. 우리의 정체성에 대한, 인간 본성 전반에 대한 아픈 진실을 드러내는 것이다. 개인으로서의 자신에 대해 말하는 것으로는 '너는 누구냐?'라는 질문에 답하기에 충분치 않다. 내가 속한 집단이

어디인지 이야기해야만 하는 것이다.[15]

우리는 우리와 비슷한 관점으로 세상을 보고 비슷한 믿음을 지니는 이들에게 자연스럽게 끌리는 경향이 있다. 18세기의 도덕철학자 애덤 스미스에 따르면 우리는 '어떤 특정한 정신적 조화'[16]를 찾고자 한다. 의견을 공유하는 사람들과 시간을 보내면 집단적 정체성이 강화되고, 신뢰, 협조, 평등, 생산성이 튼튼해진다. 소속 집단과 현실을 공유함으로써 우리는 공통의 관점을 형성할 뿐 아니라 비슷한 감정 및 세계관까지 갖게 된다. 이는 우리의 핵심적인 가치관을 함양하며 우리 자신에 대한 믿음을 키우는데 도움을 준다. 또한 우리의 삶에 의미가 부여되며 자기 존중감을 얻게 되는 것이다. 게다가 우리의 행동과 상호작용이 우리가 속한 부족의 공통적 경험을 확인시켜주기에, 우리의 뇌는 갈망하는 행복 호르몬의 분비로 보상을 얻게 된다.[17]

자기 인식이란 우리가 지닌 고유한 특성과 함께 우리가 속한 귀속집단에의 감각이 결합되어 만들어지는 것이다. 사실 우리의 개인적 정체성은 우리의 사회적 정체성과 너무도 깊숙이 결부되어 있으며 그래서 우리의 뇌는 그 둘을 따로 떼어놓지 못한다. 누군가를 MRI 스캐너에 올려둔 채 스스로에 대해 설명해보라고 할 때와, 자신이 가장 가까운 귀속감을 느끼는 집단에 대해 이야기해보라고 할 때, 뇌신경을 들여다보면 사실상 같은 부분이 자극되는 것을 확인할 수 있다.[18] 어딘가에 속하고자 하는 욕망에 우리가 저항할 수 없는 이유를 설명해주는 실험이라 하겠는데, 이게 전부가 아니다.

우리는 본인의 개인적인 경험에 기반을 두고 입장을 정하기 전부터 특정한 관점에 정서적 선호를 드러내거나 호감을 느낀다. 이런 상황에서 순응 편향이 곧잘 작용한다. 귀속집단에서 이미 확립되어 있는 결론을 강화하는 것에 불과한 증거를 찾아내기 때문이다.[19] 또한 이렇게 공유하고 있는 감정이 클수록, 우리는 자신이 생각하는 귀속집단의 관점에 순응하기를 원하게 마련이다. 이미 특정 귀속집단에 시간과 에너지, 믿음을 투입한 다음이라면, 그래서 그 소속감이 우리의 정체성 중 일부를 구성하게 되었다면, 그 집단의 관점을 우리는 기꺼이 보호하고자 한다. 고통을 무릅쓰고서라도 집단적 관점을 강화하고자 하는 것이다. 귀속집단 바깥에 있는 이를 향해 더 적대적으로 대할 수 있게 되는 것은 물론이다.[20]

우리는 귀속집단의 경쟁자가 패배하는 것을 볼 때 실제로 즐거움을 느낀다. 신경과학적으로 확인된 사실이다. 프린스턴 대학교의 연구자들이 수행한 연구에서, 보스턴 레드삭스와 뉴욕 양키스의 열혈팬들은 fMRI 스캐닝을 받으며 자기 팀의 경기를 보았다. 좋아하는 팀의 선수가 훌륭한 플레이를 할 때 그들의 뇌에서는 보상 체계가 작동했는데, 이건 그다지 놀랄만한 일이 아니었다. 하지만 상대팀에 선수가 실책을 범할 때에도 같은 신경회로가 작동하는 것이 관찰되었다. 어떤 귀속집단에의 소속감을 갖는 사악한 부작용이 하나 있다면, 그것은 경쟁 집단의 실패를 보며 매우 큰 즐거움을 느끼는 것일 수 있는 것이다.[21]

귀속집단을 향한 인력이 이렇게 크고 강력한 것처럼, 그보다 더 큰 힘이 존재할 수 있다. 집단에서 쫓겨나는 것에 대한 공포가 바로 그것이다. 우리의 사회적 정체성은 우리의 부족과 너무도 긴밀하게 연결되어 있기에, 부족에서 추방당하는 것은 죽음의 키스처럼 느껴질 수밖에 없는 것이다. 우리가 충분히 주의를 기울이지 않는다면 그 공포는 우리를 집단 착각 중에서도 가장 최악의 집단 착각에 빠져들게 하며, 심지어는 우리를 그 공범으로 만들어버릴 수도 있다.

아테네 최고 시민이 추방당한 이유

'추방하다Ostracize'라는 동사는 그리스어의 단어 '도편추방Ostracon'에 유래를 두고 있다. 도편추방은 기원전 5세기, 탄핵이라는 정치적 절차가 발명되기 한참 전, 아테네인들은 그들이 가장 싫어하는 정치인, 허풍쟁이, 거짓말쟁이, 그 외에 사람들이 싫어하는 이를 아테네 밖으로 쫓아내기 위해 고안된 법으로, 깨진 도자기 조각(도편Ostraca)에 추방하고자 하는 사람의 이름을 적어내는 방식으로 원치 않는 자를 그들 속에서 솎아내기 위한 투표를 하고 있었다.

매년 아테네 광장에서는 도편추방 투표를 하는 사람들의 행렬이 이어졌다. 투표가 끝나고 나면 엄숙한 분위기 속에서 개표가 진행됐다. 여기서 가장 많은 표를 받은 사람은 누가 됐건 아테네를 떠야 했다. 도편추방 대상자에게는 짐을 싸서 떠나기 위한 열

흘의 말미가 주어졌고, 10년을 꼬박 채우기 전까지는 귀환이 허용되지 않았다. 하지만 일단 10년을 채우고 나면 돌아와서 아테네인으로서의 생활과 직업을 이어갈 수 있었다. 또한 그가 도시 내에서 보유하고 있던 자산은 안전하게 보존되도록 정해져 있었다.

도편추방자 중에는 아리스토텔레스라든가, 영웅적 업적을 남긴 페리클레스처럼 유명한 사람들도 있었다.

도편추방에 대한 이야기 중 나는 역사가 헤로도토스가 '아테네 최고의 가장 정직한 사람'이라 불렀던 정치가 아리스티데스Aristides에 대한 이야기를 가장 좋아한다. 도편추방 투표가 치러지고 있을 때 한 문맹인이 다가와 아리스티데스가 누구인지 알아보지 못한 채 그에게 도움을 청했다고 한다. 두 사람의 대화는 이렇게 흘러갔을 것이다.

"여보시요, 내 도편에 아리스티데스의 이름을 적어주시겠소?"

아리스티데스는 얼굴을 찌푸렸다. "어려운 일은 아니오만, 그 사람에게 뭐가 불만인 거요? 개인적으로 아는 사람입니까?"

"글쎄, 아니오. 아예 모르는 사람이오." 그 문맹인이 말했다. "하지만 아테네 사람들이 온통 '정의로운 아리스티데스'라고 칭송하는 걸 보고 있자니 짜증이 나서 말이오."

그 말을 들은 아리스티데스는 자신의 이름을 도편에 적었고, 그 남자는 그것을 항아리에 집어넣었다.[22]

독자 여러분이나 내가 조국에서 10년간 추방당하는 일이 벌어질 가능성은 극히 희박하겠으나, 우리는 언제나 추방의 공포

속에 살고 있다. 우리 뇌의 전체 영역(물리적, 사회적 고통의 모든 영역과 관여하는 전대상피질 Anterior Cingulate Cortex)은 우리를 향한 부정적인 판단의 아주 사소한 단초에도 늘 촉각을 곤두세우고 있다. 흥미롭게도 fMRI를 통해 실시간 스캔을 해보면 사회적 고통과 물리적 고통은 동일한 신경 메커니즘의 작용을 보여주는 것이다.[23]

다양한 연구를 통해 추방당한 이들은 혈압이 높고 스트레스 호르몬인 코르티솔의 농도 또한 높은 것으로 확인되었다.[24] 사회적 관계에 손상을 입든 물리적 부상을 입든, 우리의 뇌는 동일한 경고 신호를 발산한다.[25] 심지어 사회적으로 배척당한 고통은 허리와 척추의 통증 및 심지어 출산의 고통과도 관련성을 보인다.[26] 마음의 상처가 마치 다리의 골절상처럼 고통스러운 일일 수도 있는 것이다.

이러한 사회적 고통에 엄청난 사건이 필요한 것은 아니다. 사회적 추방에 대한 심리학적 연구에 따르면 아주 약한 수준의 냉대와 무시만으로도 고통을 야기할 수 있다. 일상적으로, 때로는 매일 경험하는 일로 인해 그런 고통이 벌어질 수 있다는 건 더욱 안 좋은 일이다. 40명의 참여자를 대상으로 일상 속에서 배척당한 경험을 할 때마다 일기에 기록하도록 한 연구에서 지시했다. 참여자들이 기록한 사건 중 7백여 건 이상은 (버스나 기차에서 낯선 이가 반가운 표정을 짓지 않았다거나, 친구가 이메일에 제때 답장을 해주지 않는 등) 비교적 흔한 것이었다. 하지만 (배우자로부터 싸늘한 침묵만을 돌려받는 등) 보다 심각한 경우도 있었다. 이렇게 특히 가족이나 친지들로부터 추방당한 경험을 하고 나면 참여자들은 귀속감, 자

기 통제감, 자존감 등의 하락을 보여주었다. 또한 자신의 존재를 더욱 의미 없게 느꼈다.[27]

거절에 대한 우리의 내적 감각은 너무도 예민하게 발달해 있는 나머지, 심지어 그 일이 멀리 떨어져 있거나 작위적인 상황이라는 걸 분명히 아는 경우에도 고통을 느낀다. 인터넷에서 무시당하거나 배제당하는 기분, 즉 사이버 도편추방은 사람을 만나서 거절당하는 일보다 훨씬 더 쉽게 벌어질 수 있다. 하지만 그로 인해 발생하는 물리적, 감정적 반응은 거의 유사하다. 문제는 우리가 '좋아요'가 낳는 즉각적인 만족의 세상 속에서 수천여 명의 가상 '친구들'과 함께 살아가고 있다는 것이다. 무시당하는 기분을 느끼기가 너무도 쉬운 세상이 되었다. 가령 누군가가 쓴 게시물에 댓글을 달아놓고 상대방의 반응을 기다리지만 돌아오지 않는 것처럼 사소한 경우를 떠올려 보자. 사이버 도편추방을 당하는 사람은 귀중한 소속감이나 자기존중감의 상실을 겪게 된다.[28] 사회적 단절에 대한 우리의 생물학적 반응은 연결을 추구하는 우리의 기술적 발전에 덜미를 잡힌 듯하다.

거절의 크기나 강도가 얼마나 큰지는 상관없다. 일단 거절당했다는 사실이 인식되고 스위치가 켜지고 나면, 우리에게 내재된 도편추방 경고등은 가장 큰 소리로 쩌렁쩌렁 울려 퍼지기 시작한다.[29] 심지어 사회적 거절이 아주 미세하게 벌어질 때조차 생명이 위협당할 때와 맞먹는 스트레스를 경험한다.[30] 여러 차례 반복된 한 실험을 살펴보자. 피험자는 방 안에서 다른 두 사람과 함께 공 넘기기 게임을 한다. 그러던 중 갑자기 두 사람은 제대로 된 이유도 가르쳐주지 않은 채 피험자를 따돌리고는 자기들끼리만 공을 주고받는다. 이 실험은 온라인에서 '사이버볼Cyberball'이라는 이름으로 전 세계 수천여 명을 상대로 진행되기도 했다. 온라인에서든 오프라인에서든 같은 패턴이 드러났다. 사회적 추방을 단 2분에서 3분 정도 경험한 것만으로도, 특히 슬픔이나 분노 같은 '강력하게 부정적 감정'이 발생한 것이다.[31] 낯선 이들과 공을 주고받는 인위적인 상황에서도, 심지어는 컴퓨터 앞에서 공을 넘기고 받는 게임을 하는 상황에서조차, 배제당한 참여자들은 감정이 격앙되고 말았다.[32]

심지어 내가 아닌 **다른 사람**이 추방당하는 것을 목격하는 것만으로도 우리는 마치 우리 자신이 쫓겨나는 것처럼 감정이 상할 수 있다. 이는 우리를 인간답게 만들어주는 보다 깊은 요소인 본능적 공감이 작용하고 있는 것이다. 그러나 실제로 추방당하는 이를 보며 우리가 그것을 직접 겪는 것과 유사한 사회적 고통을 느낀다는 사실은 우리의 신경 반응 체계가 추방에 대해 얼마나 취약한지를 잘 보여주는 것이기도 하다.[33] 마치 지나치게 민감한 쥐덫처럼, 추방에 대한 우리의 감각은 적당한 수준에서 멈추지 못하고, 우리 스스로에게도 도움이 되지 않는 것이다.

실제로 사회적 추방에 대한 우리의 자동화된 반응 기제는 너무도 강력한 나머지, 우리는 공동체에서 쫓겨나는 위협을 느낄 때면 또 다른 막강한 심리적 기제를 작동시킨다. 내집단과 외집단의 경계마저 흐려지는 것이다. 공포, 자기 의심, 심리적 고통에 짓눌린 우리는 우리를 배제한 자가 친구인지 적인지도 잊어버리고, 실제로 벌어지고 있는 일이 어떤 상황인지조차 올바로 인식하지 못하게 된다. 가령 2006년 연구에서 호주 출신의 피험자들은 나머지 두 사람이 KKK단(백인우월주의 단체) 멤버라는 안내를 받고 사이버볼을 진행했다. 피험자들의 입장에서 생각해보면 그런 인종차별주의자들로부터 따돌림을 받는 건 기분 나쁠 일로 받아들여지지 말았어야 할 것 같다. 하지만 실제로는 그 상황에서조차 피험자들은 마음의 상처를 입었다.[34]

추방을 두려워하는 이유는 심리적 비용 때문만이 아니다. 집단은 아무런 거리낌 없이 추방을 무기 삼아 집단의 의지를 관철시키고 목적을 이루고자 한다.

현대사회에서 벌어지는 도편추방

1930년대 미국 중서부 도시의 빈민가에서 태어나고 전전하던 비행 청소년 조니 로코Johnny Rocco는 자신의 삶을 '오늘은 여기, 내일은 저기'서 살았다고 묘사했다. 11남매 가운데 끝에서 두 번째로 태어난 조니는 언제나 얻어맞고 무시당하기 일쑤였다. 조니의 아버지는 폭력적인 주정뱅이에 도박꾼으로 건실한 일자리를 구하지 못했다. 어머니는 늘 아팠고 그래서 제대로 일할 수 없었다. 다섯 살의 조니는 아버지가 친구와 술 취한 채 싸우다가 죽는 모습을 지켜보았다. 조니의 형들 역시 살벌한 주먹 싸움을 벌이기 시작했다. 먹을 것은 귀했고, 집세는 그나마 낼 수 있을 때 간신히 내는 정도였다.

조니와 가족들은 '협잡꾼, 도둑놈, 말썽쟁이'들의 세상 속에 살아가고 있었다. 조니는 태어날 때부터 망한 패를 손에 들고 있었던 셈이다. 조니는 당시를 이렇게 언급했다. "나는 그 어느 곳에도 소속감을 느끼지 못했다. 누군가 나를 진심으로 좋아해주고 나 또한 상대를 그렇게 좋아한다는, 그리고 서로 신뢰한다는 기분 따위 느껴본 적 없다." 조니와 가족들은 여러 빈민가를 옮겨 다녔고, 조니는 처음 학교를 다니는 7년 동안 7번 전학을 가야했다. 조니의 선생님 중 한 사람은 이렇게 기록하고 있다. "조니는 내가 가르쳐본 학생들 중 가장 까다롭다. 학급에 어울리지 못하고 있다." 학교 친구들 역시 조니를 완전히 따돌리고 있었다. 생일 파티에 불러주지 않았고 발렌타인데이 선물 교환에서도 조니를 끼워주지 않았다.

열두 살이 되었을 때 조니는 상담사의 도움을 받아 교육과 치료를 겸하는 가톨릭 사립학교에 들어갈 수 있었다. 그제야 글을 읽고 쓰는 법을 배운 조니는 학년을 7년이나 건너뛰어 월반을 했다. 조니는 몸가짐을 바로 하기 위해 애를 썼지만 열심히 공부하고 똑바로 행동하는 일은 여전히 쉽지 않았다. 조니는 걸스카우트들이 모인 방에 뛰어들고, 공용 공간을 망가뜨렸으며, 아이들을 조직하여 어떤 집에 돌을 던지며 공격하기도 했다. 결국 공립학교로 되돌려 보내졌다. 하지만 모든 이가 조니에 대한 믿음을 거둔 것은 아니었다. 같은 학교에 다니던 조니의 누나 중 한 명이 상담사에게 간청했다. "이 아이를 포기하지 말아주세요. 우리가 알던 모습보다 훨씬 더 노력하고 있어요. 가끔 사고를 치는 건 아직 스스로도 어쩔 줄 몰라서 그러는 거에요."

불행하게도 조니는 형들이 그랬던 것처럼 경찰의 요주의 대상으로 올랐다. 인근에 뭔가 사고가 터지면 경찰은 조니가 연루되어 있을 것이라고 간주하기 시작했다. 그러던 어느 여름날 밤, 조니는 두 명의 친구와 함께 남의 집에 들어가 50달러 상당의 보석을 훔쳤다. 조니는 그 보석을 곧장 햇필드 여사에게 팔았다고 자백했다. 과부인 햇필드 여사는 인근 갱 두목의 어머니이기도 했다.

재판정에서 조니의 상담사는 조니를 용서해 달라고 간청했다. 심지어 지역 경찰관 중 한 사람도 조니의 편에 섰다. 최근 몇 달 동안 행동이 나아지고 있었다고 언급한 것이다. 하지만 판단은 궁극적으로 판사가 하는 일이고, 판사는 이 질문에 대답할 의무가 있었다. "조니 이 녀석을 대체 어찌해야 할까요?"[35]

1940년대 말 미시건 대학교 사회심리학과 박사과정 학생인 스탠리 샥터Stanley Schachter는 피험자들을 대상으로 질문했다. 위에서 우리가 읽은 조니의 이야기를 읽고, 조니를 어떻게 처분하면 좋을지 본인의 의견을 제시하라는 것이었다. 샥터의 목적은 사회적 설정의 변화에 따라 어떻게 의견이 달라지는지 탐구하는 것이었다. 샥터는 각각 8명에서 10명 정도로 구성된 4개의 사교 모임을 만들고, 피험자에게 그 중 하나를 골라 45분간 대화하며 회의를 하도록 했다. 하지만 실험 대상인 학생들이 모르는 사실이 있었으니, 이 모든 사교 클럽에는 비밀리에 투입된 세 명의

실험 보조자가 있었고, 그들은 특정한 역할을 연기하도록 정해져 있었다는 것이었다.[36]

조니의 이야기에 대한 토론이 시작됐다. 조니는 비행청소년들을 위한 특수학교에 가야 할까, 아니면 정부에서 감독하는 위탁가정에 맡겨져야 할까? 그도 아니라면 다른 형태의 처벌을 받아야 할까? 토론 참여자들은 이런 각각의 대안에 대해 1점에서 7점까지 점수를 매겼다. 1점은 조니를 완전히 사랑으로 감싸며 아무런 처벌을 하지 않는 것이고, 7점은 가장 단호한 처벌을 내리는 것이었다.

마지막으로 사람들은 자신이 매긴 점수를 다른 이들과 둘러보는 시간을 가졌다. 샥터가 고용한 세 명은 가장 마지막으로 자기 점수를 발표하게 되어 있었다. 그들 각각이 수행하는 역할 또한 정해져 있었다. '삐딱이'는 토론 모임의 대다수가 택한 답과 반대되는 의견을 가장 극단적인 형태로 제시하는 사람이었다. '중도파'는 가장 인기 있는 관점을 따라가는 역할이었다. '대세파'는 처음에는 극단적인 의견을 제시하지만 나중에 가장 인기 있는 관점으로 자기 생각을 바꾸는 역할을 수행했다.

토론 참여자들 대부분은 조니의 이야기를 읽고 연민을 느꼈으며, 2점에서 4점 정도의 입장을 택했다. 삐딱이(편의상 '톰'이라고 해 보자)는 언제나 (가장 가혹한 처벌인) 7점을 택했는데, 그에 대한 반응은 충격적이었다. 매번 토론이 벌어질 때마다 사람들은 일단 톰에게 집중했고, 그의 마음을 돌려놓고자 시도했다. 하지만 어느 정도 시간이 흐르면 사람들은 포기하는 모습을 보였다. 사람들은 톰을 가장 부적합한 인물이며 중요한 일을 맡기기에 부적합한 인물로 여겼다.

샥터는 누군가 집단의 의견을 거스를수록 사람들이 그를 덜 따른다는 사실을 발견했다.[37] 또한 샥터는 우리가 사회적 단위 내에서 이견을 다루고 단합을 이루는 방식에 대해서도 무언가를 알아냈다. 불편한 진실이 드러났다. 의견 일치가 잘 되는 집단일수록 더 빨리 그리고 자연스럽게 이견을 배제하는 모습을 보여주고 있었던 것이다. 그런 식의 의사 합의를 본 그룹 중 75퍼센트는 35분 이후로 톰을 아예 대화에서 배제하고 있었다.[38] 집단의 구성원들이 더욱 긴밀하게 연결되어 있을수록 그 속에서 인기 있는 견해와 다른 관점이 배제될 가능성은 더욱 높다는 것이 샥터의 결론이었다.[39]

다른 식으로 말하자면, 피험자들의 집단은 규율을 다잡고 불화를 최소화하기 위한 방법으로 도편추방을 이용하고 있었던 것이다. 그러니 본인의 내집단에서 돌출된 존재가 되는 것은 대부분의 사람들이 피하고자 하는 일이라는 게 놀랄 일은 아니다. 하지만 그런 충돌은 발생하게 마련이다. 사실, 진정 자기 머리로 생각하는 사람이라면 그런 갈등은 불가피하다. 그렇다면, 내집단이 추구하는 바에 은밀히 반대하고 있는 사람은 어떻게 해야 할까?

집단에 도전하거나, 제 발로 떠나거나

내게는 수잔이라는 친구가 있다. 얼마 전 그는 내게 전화를 걸어와 직장에서 겪고 있는 문제에 대해 이야기했다. 수잔은 기술, 금융, 에너지 분야의 굉장한 기업들을 상대하는 큰 컨설팅 회사의 선임 연구원이었는데, 최근 육아휴직을 마치고 업무에 복귀한 상태였다.

대학원을 마치고 그 회사에 취직했을 때 수잔은 내게 '꿈의 직장'을 찾았다고 이야기했었다. 그 컨설팅 회사는 유명할 뿐 아니라 급여와 복지 모두 굉장했다. 수잔은 동료들과 함께 일하는 것을 좋아했다. 적성에 맞고 의미 있는 일을 찾았다고 생각한 수잔은 회사가 본인의 성공을 도와줄 것이라 믿었다. 그가 다니는 컨설팅 회사는 지속가능한 에너지에 대한 관심과 헌신을 천명하였기에, 수잔은 본인이 세상을 더 나은 곳으로 만드는 사명을 지니는 회사에 다니고 있다고 생각했다.

일은 점점 더 수잔의 정체성에서 중요한 부분이 되어 갔다. 입사 후 첫 2년 동안 수잔은 대단히 모범적인 사원이었다. 첫 아이를 낳고 출산휴가를 떠날 때도 수잔은 열의에 가득 차 있었다. 엄마가 되기 전과 다를 바 없이 즐겁게 일할 수 있는 사람이라는 걸 증명해 보이고 싶었다.

그러나 회사로 돌아오자 수잔은 곧 실망하고 말았다. 윗선에서 갑자기 수잔을 에너지 업계의 새로운 고객을 상대하는 기술팀에서 빼내더니, 만나본 적 없는 상사와 일하도록 재배치했기 때문이었다.

수잔이 처음 맡은 일은 사암층에 소금 섞인 물을 고압으로 투입하여 석유와 천연가스를 캐내는 새로운 채굴법인 프랙킹 Fracking의 절차와 관행에 대한 장밋빛 백서를 만들어내는 것이었다. 내게 전화로 그 일에 대해 이야기하는 수잔은 사실상 남들에게 끌려 다니는 처지였다. "일단 사측에서는 나한테 말 한 마디도 없이 나를 새로운 부서로 옮기더니, 정말 나쁜 회사와 끔찍한 일을 하도록 하더라니까. 그러니까, 나는 지금 그 망할 프랙킹의 긍정적 측면을 다루고 있어!"

수잔이 350.org나 천연자원보호협회 Natural Resources Defense Council 같은 환경 보호 단체에 자주 기부하는 사람이라는 것을 알고 있었던 나로서는 수잔의 반응이 놀랍지 않았다. 화석 연료 채굴을 환영하는 노래를 부르라고 한다면 아마도 가장 끝까지 입을 다물고 있을 사람이기도 했다.

나는 물어보았다. "윗분들하고 이야기는 해봤어?"

"물론이지." 수잔이 대답했다.

"그런데 그러지 말았어야 했나봐."

"왜?"

"그러니까, 나는 이 클라이언트를 받아서 일하는 게 우리 회사의 이미지를 나쁘게 할 수 있지 않겠냐고 했거든. 이 에너지 회사는 모든 종류의 환경법을 어기고 있지만 솜방망이 처벌이나 받으며 넘어가는 곳이란 말야. 그러면서 펜실베이니아와 미주리의 지하수를 오염시키고 대기 중에도 매연을 뿌리고 있지. 이건 우리 회사가 공개적으로 말해온 가치와 상반되는 거야. 우리는 기업의 사명에 지속가능성을 명시하고 있으니 말이야. 그런 에너지 회사와 같이 일하는 건 옳지 않은 일의 공범 노릇을 하는 것처럼 보이고 홍보에 도움이 되지 않겠지."

나는 말했다. "그래, 그렇다면 다른 부서로 옮겨달라고 하는 건 어때?"

"그러고 싶지만 그러려면 시간이 걸리고, 일단 지금은 이 망할 백서를 만들어내야만 해. 토드, 그러니까 지금 나는 내가 옳지 않다고 생각하는 걸 도와주는 중인 거야. 이런 식으로 어떻게 살아갈 수 있을까? 나는 매일 밤 악몽을 꿔. 게다가 아기 때문에 푹 자지도 못하고 말야!"

두 사람 사이에 잠시 정적이 흘렀다.

나는 다시 천천히 입을 뗐다. "그러니까… 지금 혹시 그런 생각을…."

"퇴사 말야? 물론 생각하고 있지. 하지만 그럴 수가 없어. 적어도 지금 당장은 아니야. 다른 일자리를 알아보려면 시간이 필요할 테고, 우리는 돈이 필요하거든."

그런 수잔을 보며 정말 딱한 마음이 들었다. 수잔이 달리 어떤 선택을 할 수 있겠는가? 우리는 그 모든 일을 그저 묵묵히 견뎌야 할 뿐이다.

수잔의 문제는 우리 대부분이 겪는 것이기도 하다. 이런 상황 속에 갇혀버리는 일이 우리의 삶에서는 드물지 않게 벌어진다. 결국 수잔은 본인의 가치와 부합하는 일을 할 수 있는 회사를 찾을 때까지 자신의 개인적 윤리적 기준을 접어둔 채, 원치 않는 백서를 쓰고, 그 위에 자신의 이름을 서명하며, 일자리를 지켜야 할 것이다.

내가 어쩌다가 그런 상황에 놓이게 되었는지 따위는 중요하지 않다. 나의 패러다임이나 근본적인 가치관, 정체성이 달라졌는지 여부는 상관없다. 나의 개인적 가치가 나의 부족과 충돌할 때 우리는 세 가지의 선택지와 마주하게 된다. 쫓겨날 각오를 하고 집단에 도전하거나, 제 발로 떠나거나. (후자는 기본적으로 스스로 도편추방을 하는 것과 다르지 않다.) 혹은 세 번째 선택지를 고려해볼 수 있다. 그저 집단이 원하는 바에 항복해 버리는 것이다. 개인적으로는 동의하지 않을지라도.

경제학자 티머 쿠란Timur Kuran이 '선호 위장Preference Falsification'이라 이름 붙인 세 번째 선택지는 이상적이지 않을 뿐 아니라 종종 큰 불쾌감을 남긴다. 하지만 상황에 따라서는 이성적일 뿐 아니라 심지어 실용적인 선택지로 보이기도 한다.[40] 문제는 이런 경로를 택함으로써 발생하는 의도치 않은 결과다. 그 결과는 우리가 실감하거나 상상할 수 있는 것보다 훨씬 오래 지속되며 근본적인 영향을 미칠 수도 있는 것이다. 집단에 속하기 위해 다른 이들이 나의 진심을 오해할 수 있는 상황을 제공하고 나면, 그 행동으로 인해 집단 착각은 더욱 쉽게 강해질 수 있다. 결국 원치 않는 집단적 분위기가 강화되고 마는 것이다.

인지 부조화가 불러온 잘못된 선택

우리의 믿음과 행동이 상응하지 않을 때, 우리는 균형을 잃은 것만 같은 기분에 사로잡히게 된다. 사회심리학자 레온 페스팅거Leon Festinger는 이러한 현상을 '인지 부조화Cognitive Dissonance'라 불렀다. 인지 부조화는 불쾌한 상황이기에 믿음과 행동을 일치시키고자 하는 동기가 생긴다. 이때 우리는 우리의 행동을 바꾸거나 정당화할 수 있는데, 대체로는 후자의 길을 택한다.

페스팅거의 연구에 나오는 한 사례를 들어보자. 누군가에게 돈을 주고 거짓말시키는 경우다. 피험자는 길고 지루한 실험이 끝난 후 대학원생으로부터 제안을 받게 된다. 이 실험이 얼마나 짜릿하게 재미있는지 거짓말을 해달라는 것이다. 그 대가로 주어지는 돈은 1달러부터 20달러까지 다양했다. 실험이 끝난 후 피험자들의 생각에 대해 개별적인 인터뷰를 해보니 놀라운 현상이 발견되었다. 피험자들뿐 아니라 거짓말을 했던 통제 집단에서 20달러를 받은 사람들은 그 실험이 지겨웠다고 생각하는 반면, 1달러를 받은 이들은 그 실험에 대해 보다 긍정적인 기억을 품고 있었던 것이다.

이러한 현상을 페스팅거는 다음과 같이 설명했다. 20달러를 받은 이들은 자기가 돈 때문에 거짓말을 했다는 걸 어렵지 않게 인정할 수 있었다. 반면 같은 거짓말을 하고 1달러만 받은 이들은 자기가 거짓말을 했다는 것을 정당화하기 위한 논거가 더 필요했다. 그렇게 인지 부조화 상태에 놓인 이들은 부족한 정당화를 채워 넣기 위해 본인의 개인적 의견을 바꾸게 된 것이다. 내가 재미있다고 생각했기 때문에 재미있다고 한 것이지 그 외에 무슨 이유가 또 있단 말인가? 그래서 실은 그 실험이 지루하다는 걸 알고 있으면서도, 피험자들은 자신들이 내뱉어놓은 거짓말에 현실을 끼워 맞췄다.[41]

우리의 개인적 믿음에 대해 거짓말을 할 때 발생하는 첫 번째 위험이 바로 이것이다. 충분히 주의를 기울이지 않으면 우리는 스스로의 거짓말을 믿어버리게 된다. 하지만 상황은 더 악화될 수도 있다. 거짓말을 하는 게 어려운 이유 중 하나는 다른 사람에게 진실을 이야기하지 않을 때 다른 이들이 그걸 알아챌지 모른다는 찝찝한 기분을 느끼기 때문이다. 설령 다른 사람들이 내가 거짓말을 한다는 걸 몰라도 우리는 그런 기분을 느낀다.[42] 이러한 현상의 연구에 있어서 선구자 격인 코넬 대학의 심리학자 토머스 길로비치Thomas Gilovich는 이것을 '투명성의 환상Illusion Of Transparence'이라 부른다.[43] 이런 환상으로 인해 우리는 실제로는 그렇지 않더라도, 우리 스스로를 끔찍하게 거짓말을 못하는 거짓말쟁이라고 **느끼게** 되는 것이다.

선물 준 사람이 속상할까봐 선물이 마음에 드는 척 해본 적이 단 한 번도 없는 사람이 과연 있을까? 친절한 말을 들으면 친절한 말을 돌려주는 것은 사회적 상식이다. 하지만 바로 그런 사고방식 때문에 우리는 꼬리에 꼬리를 물고 더 많은 거짓말을 하게 되며, 그런 거짓말이 드러나지는 않을지 걱정에 사로잡히고 만다. 그래서 우리는 다른 사람들이 우리의 생각을 읽어낼 수 있다고 믿으며, 스스로의 자발적 순응에 과잉 보상을 하는 경향이 있다. 특히 불안, 수치, 역겨움 같은 강한 내적 감정에 대해 다른 이들이 우리를 꿰뚫어보고 있을 것이라고 전제한다.

한 연구는 피험자들에게 15개의 작은 컵에 담긴 빨간 음료를 제공했다. 그것을 마시면서 중립적인 표정을 유지하라고 연구자들은 요구했다. 15개의 컵 중 10개에는 맛이 좋은 음료가 담겨 있었지만, 5개에는 확실히 불쾌한 맛의 음료가 담겨 있었고 그런 컵은 무작위로 배치되어 있었다. 실험의 전 과정이 녹화되고 있는 가운데 피험자들은 음료를 마셨고 질문을 받았다. 맛없는 음료를 마시면서 불쾌함을 감추는 걸 알아보는 사람이 열 명 중 몇 명이나 될까? 피험자들은 열 명 중 절반 정도는 알아맞힐 거라고 짐작했지만, 실제로는 역겨움을 감추는 사람을 알아보는 이는 열 명 중 세 명 정도에 지나지 않았다.[44]

우리 스스로의 투명성을 과장하는 경향은 어디에서나 나타난다. 다른 사람들이 얼마나 거짓말을 잘 알아채고, 타인의 열정을 이해하며, 개인적 선호를 이해하는지에 대해 과대평가하곤 하는 것이다.[45] 그런데 다른 이들이 자신의 거짓말을 알아챌 것이라고 생각하고 있으면, 선택지는 전혀 다른 방향으로 향하게 된다.

자신이 속한 집단의 가치관은 이러저러하다고 생각해서 거짓말을 하기로 한 상황을 떠올려 보자. 그럴 때 누군가 나에게, 모든 이들이 보는 앞에서 공개적으로 반대한다면 어떨까. 본인이 해왔던 거짓말을 부정하는 것이 선택지 중 하나다. (그 경우 지금껏 그 거짓말을 오래도록 해왔다는 게 드러날 뿐 아니라 위선자처럼 보일 것이다.)

하지만 집단 내에 머물기 위해 거짓말을 더 부풀리는 선택 역시 가능하다. 자신의 진짜 생각이 무엇인지는 아랑곳 않은 채 집단의 사고방식을 진심으로 믿는다는 환상을 유지해나가는 것이다. 그렇다면 우리는 우리의 충성심을 다른 이들에게 납득시키고 우리를 향한 의혹을 떨쳐내기 위해, 집단 내에서 점점 더 강경한 태도를 취하게 된다. 본인이 실제로는 반대하고 있는 집단의 사고방식을 열렬히 옹호하며 강화하는 사람이 되고 마는 것이다.

거짓말을 둘러대기 위해 애를 쓰다가 일이 꼬이고 마는 이런 일은 너무도 흔하게 발생한다. 테드 해거드Ted Haggard라는 잘 생긴 복음주의 교회의 목사의 사례를 떠올려 보자. 그는 대학에서 주님의 부름을 받아 다시 태어났다며 목사가 된 인물이다. 그는 1980년대 중반 콜로라도주의 콜로라도 스프링스에서 여남은 명의 신도와 함께 뉴 라이프 교회The New Life Church를 개척했는데, 2005년에는 신도가 1만 1천 명에 이를 정도로 번창했으며, 미국의 가장 강력한 초대형 교회Mega Church 중 하나로 꼽혔다.[46] 2000년대 초 그 힘이 절정에 이르렀을 때 뉴 라이프는 연간 예산이 1천2백만 달러에 달했고 해거드는 전미복음주의협회National Association Of Evangelicals의 회장 자리에까지 올랐다. 미국 전역의 4만5천여 교회를 대표하는 자리에 오른 것이다.[47]

복음주의 계열의 목사들이 대체로 그렇듯 해거드 역시 동성혼에 반대했다. 그러나 해거드의 비난은 말로만 끝나지 않았다. 그는 동성혼 반대에 너무도 진심이어서 콜로라도주 헌법을 개정하여 동성혼 금지를 명문화하고자 했다. 해거드는 선포했다. "동성애 행위에 대해 어떻게 생각해야 할지 논쟁할 필요가 없습니다. 성경에 다 적혀 있습니다."[48]

해거드와 그의 추종자들에게는 불행하게도 이 모든 것은 2006년 허물어지고 말았다. 그해 말, 개인 트레이너이자 성매매 남성인 마이크 존스가 해거드의 실체를 폭로한 것이다. "무대 뒤편에서는 동성애를 하는 사람이 동성혼 반대 설교를 해대고 있다는 사실이 저를 화나게 합니다." 존스는 〈로키 마운틴 뉴스〉와의 인터뷰에서 말했다.[49] "저는 이 위선을 폭로해야만 합니다. 해거드는 수백만 명도 넘는 신도들에게 영향을 줄 수 있는 자리에 앉아 동성혼 반대 설교를 하고 있습니다. 하지만 그 모든 사람들 모르게, 본인은 설교와 반대로 행동하고 있죠."[50] 이 사건이 터진 후 해거드는 자신이 설립한 교회의 선임 목사 자리에서 해직되었고, 전미복음주의협회의 회장 자리에서도 물러나야 했다.[51]

나는 개인적으로 거짓말을 해가며 동성애 반대 운동에 힘을 실어준 해거드의 결정은 해거드 본인이나 그의 가족, 그를 따르던 복음주의 교회의 신도들에게만 상처를 준 게 아니었다고 생각한다. 해거드는 그런 행동을 통해 그가 은밀하게 소속되어 있던 집단인 남성 동성애자들에게도 상처를 줬다. 해거드는 너무도 유명하며 큰 힘을 지닌 인물이었기에, 그 한 사람의 겉과 속이 다른 대가를 미국이라는 나라 전체가 치르고 있었다.

집단에 소속되기 위해 스스로를 속이고 내적 분열을 감추는 행동은 조용히 사람을 갉아먹는다. 단기적으로, 또 장기적으로,

자존감을 해칠 뿐 아니라 건강에도 부정적 영향을 미치는 것으로 드러난 것이다.[52] 한 가지 분명히 해둘 일이 있다. 만약 우리가 본인이 싫어하는 관점을 지닌 내집단에 머물러 있기로 마음을 먹는다면 그것은 스스로의 선택이다. 하지만 우리가 다른 사람들의 생각을 잘못 읽고 있었고, 다른 사람들 역시 실은 그런 관점을 좋아하지 않는다면 어떨까? 만약 우리가 이런 종류의 실수를 하고 있으며, 그래서 우리의 선호나 정체성에 대해 속이고 있다면, 우리는 좀 더 복잡한 상황에 놓인다. 집단 착각을 만들면서 강화하기 때문이다. 이러한 상황은 더 큰 규모로 진행될 수도 있다. 내가 다른 이들을 속임으로써 집단에 그 영향이 미치고, 그렇게 오해가 공유되면서 사회의 진보적 변화가 멈추는 결과로 이어질 수도 있는 것이다.

남부의 인종차별 철폐의 역사는 이 점에서 흥미로운 사례라고 할 수 있다. 법이 바뀌었고 법원 판결도 내려지면서 인종차별은 공식적으로 끝났지만 실질적인 변화는 매우 더뎠다. 매우 분명하고도 구체적인 한 가지 이유 때문이었다. **다른** 백인들이 인종차별 철폐에 반대한다고 생각하고 있었던 것이다. 웨슬리언 대학교의 사회학과 교수 휴버트 오고먼Hubert O'Gorman 교수가 1960-70년대에 발견한 바에 따르면 그렇다. 인종차별 철폐에 반대하는 백인들은 자기 주변의 다른 백인들도 인종차별 철폐에 반대한다고 생각하고 있었다. 다른 식으로 말해보자면, 현 상태에서 벗어나 변화를 추구하자고 주장하는 이들은 본인들이 외로운 처지에 놓여 있다고 생각하고 있었다. 실은 그렇지 않은데도 말이다. 오고먼 교수는 이렇게 말했다. "백인이 엄격한 인종차별을 지지하는 입장에 가까울수록 그 백인들은 본인 거주 지역 백인들 중 대다수가 인종차별을 지지하고 있다고 간주하고 있었다."[53] 다른 이들의 생각을 오해하면서 본인의 진정한 시각을 감춤으로써, 사람들은 스스로의 내적 일관성을 해칠 뿐 아니라 실은 본인이 원하는 사회적 변화의 실현을 가로막고 있었던 것이다.[54]

인종차별 문제에서 다른 사람들의 의견을 잘못 해석하는 문제는 그 뿐만이 아니었다. 이는 수많은 연구를 통해 거듭 확인된 바 있다. 백화점의 백인 관리자들은 고객들이 좋아하지 않는다는 착각 속에 흑인을 판매원으로 고용하지 않고 있었다. 1969년 설문조사에 따르면, 디트로이트의 백인들 중 75퍼센트는 백인 아이가 흑인 아이와 어울려 놀게 해도 좋다고 생각하고 있었지만, 다른 백인들도 비슷한 생각을 하고 있을 거라는 응답은 3분의 1에 지나지 않았다. 이렇듯 현실을 잘못 파악함으로써 현존하는 구조적 인종주의는 더욱 튼튼해지며, 흑인뿐 아니라 다른 소수 인종 집단들이 겪는 건강, 교육, 주거, 여타 기회에서의 차별은 대를 이어 존속하게 된다.[55] 이러한 집단 착각은 다른 이들을 대하는 태도의 문제에도, 의식적으로든 무의식적으로든, 오늘날까지 영향을 미치고 있다.

1976년, 오고먼이 쓴 글은 우리가 살고 있는 현재의 맥락에도 잘 들어맞고 있는 것이다.

> 다른 이들의 가치관이나 태도에 대해 잘못 판단하는 일은 작은 규모의 친밀한 집단에서도 빈번하게 발생한다. 유사한 사회적 정체성을 지니는 이들과 알고 지내기도 하고 모르고 지내기도 하는 상황에서, 집단의 규모가 더 커지고 직접적인 접촉이 줄어든다면 이와 같은 무지는 더욱 쉽게 발생할 것이며, 사회적 변화가 가속화되는 시점에 그런 현상은 더욱 강하게 벌어질 것이다. 이러한 상황에서는 다수의 의견을 반영하고 있다고 오해받음으로써, 상대적으로 덜 지지받고 있는 도덕적 원칙의 영향력이 과대평가될 수 있다.[56]

결과적으로 이것은 해로운 자기실현적 예언으로 귀결되고 만다. 주변 사람들이 지닌 의견에 대해 맹목적으로 잘못된 전제를 깔아 놓는 우리는 자신이 소수 의견을 가지고 있다고 걱정하면서, 당신은 물론 그 누구도 가지고 있지 않은 의견이 지속되는데 힘을 보태고 마는 것이다. 더 나쁜 건 현 상태를 지속하는 데 반대하는 이들이 현 상태를 지속한다는 데 있다. 집단 착각을 깨는 일이 완전히 불가능해지는 것이다. 정체성의 함정은 바로 이런 식으로 어딘가에 속하고 싶은 우리의 욕구를 무기로 삼는다. 우리가 다른 이들에게 해를 끼치고 사회적 변화를 늦추도록 만들고 있는 것이다.

흑백으로 변해버린 세계

짐 존스는 추종자들이 자신에게 완전히 의존하게 만들었다. 크리스틴 밀러와 다른 이들을 본인의 숭배 집단으로 끌어들일 때도 마찬가지였다. 심지어 깊은 정글에 고립된 주거지를 만들기 전부터, 그는 추종자들에게 소유물과 집 등을 희생하라고 요구했고, 심지어는 자녀 양육권을 포기하라고 했다. 일단 존스타운에 들어가고 나면 사람들은 여권을 내놓아야 했고 의료적 접근도 차단됐다. 외부 세계와의 모든 의사소통은 검열의 대상이었다.[57] 존스가 거느린 경호원들은 무장 상태인 반면 밀러와 다른 존스타운 거주자들은 그 어떤 사회적 접점도 없었으니, 그들에게 선택의 여지는 남아 있지 않았다.

이 이야기를 통해 우리는 경각심을 잃어버린 집단이 얼마나 쉽게 맹목적인 숭배에 빠져들 수 있는가에 대한 교훈을 얻을 수 있다. 대체로 동질적인 구성원으로 이루어진 집단에 속해 있고, 그 집단을 신뢰하는 사람의 사회적 정체성은 단순해진다. 그의 사회적 정체성은 덜 유연해지고, 사회적 차이에 대한 민감도가 떨어지게 된다. 자신의 부족에 순응하는 것이 자기 인식과 불가분의 관계를 맺으면서 어떤 대가를 치르더라도 순응하게 되는 것이다. 또한 그런 기준에 맞지 않는 이들을 점점 더 곱지 않은 눈으로 바라보게 된다.[58]

이런 종류의 정체성의 덫에 걸리고 나면 우리는 '우리와 다른' 자들과 경계선을 긋고 그들을 배제하기 위한 이유를 찾아 나선다. 우리는 다양성에 대해 덜 관용적이고 근친교배적인 집단이 되며, 다른 이들에 대해 고정관념을 품는다. 우리의 사회적 세계를 흑백으로 칠함으로써 편안함을 보장받고자 하는 것이다.[59] 심리학자 마릴린 브루어Marilynn Brewer와 그 동료인 캐슬린 피어스Kathleen Pierce는 이렇게 예견한 바 있다. "개인이나 사회적 조직은 심리적, 경제적, 정치적 손실을 입을 것이 우려되는 상황"에 놓이면, 불확실성을 줄여야 한다는 절박한 필요에 쫓기게 된다. 그리하여 전에 비해 더욱 외부를 배척하고, 세계를 단순하게 바라볼 수 있게끔 해주는 단순한 범주로 이루어진 사회적 정체성으로 스스로를 규정하려 들 것이다. 그로 인해 차별은 더욱 강화되며 변화에 대한 저항도 커진다."[60]

이런 함정에 빠지지 않기 위해 우리는 무엇을 해야 할까? 단순하지만 예방 효과까지 있는 방법이 있다. 정체성의 함정에 빠지고 싶지 않다면 자기 정체성의 복잡도를 높여야 한다. 말하자면, 마치 컬트 조직에 빠진 이들이 그렇듯 단 하나의 집단에 모든 것을 쏟아 붓지 말라는 것이다. 우리는 다양한 집단에 속함으로써 정체성의 함정에 빠지는 것을 예방할 수 있다. 즉 사회적 정체성의 포트폴리오를 건강하게 다각화하는 것이다. 이때 어떤 집단에 애착을 느끼고 소속되는지는 그리 중요하지 않다. 그저 나름의 긍정적 면모를 지니고 본인에게 끌리는 면이 있다면 그것으로 충분하다. 스포츠나 음악 팬클럽일 수도 있고, 도서 모임일 수도 있으며, 같이 경기를 보러 다니거나 공부하는 단체여도 좋다. 취미로 하는 밴드나 성가대 활동 역시 바람직하다. 주기적으로 내가 참여할 수 있고 나에게 기쁨을 주는 곳이라면 어디든 괜찮다. 가령 내 아내는 일주일에 두 번씩 함께 개를 산책시키는 노인들의 모임에 가입했는데, 놀랍게도 그곳에서 정말이지 따스한 새 친구들을 사귈 수 있었다.

사회적 포트폴리오를 넓게 가져가는 것은 단일 그룹에만 속할 때 벌어지는 '우리 대 그들'의 저주로부터 우리를 해방시켜주지만, 그 효과는 오직 그것만이 아니다. 당신과 나, 그리고 우리 사회 전체에 직접적인 긍정적 혜택을 주는 것이다. 연구에 따르면 사회적 정체성 중 하나가 거부당하거나 취약해졌을 때, 우리는 다른 사회적 정체성에 더 많은 에너지를 투입함으로써 자존감을 지탱해나갈 수 있다. 유럽계 미국인 여성들을 대상으로 한 어떤 실험에서, 인종과 성별 양쪽에 정체성의 가치를 동등하게 부여하는 이들로 피험자 집단을 구성했다. 그러고는 그들에게 어떤 시험을 보게 한 후, 어떤 아시아계 미국인 여성이 그들보다 더 좋은 점수를 받았다고 가르쳐 주었다. 그러자 유럽계 미국인 여성들은 그들의 성별보다 인종적 정체성을 더 강조하기 시작했다.

이렇듯 다양한 정체성을 지니고 있으면 우리는 스스로의 자아상을 정교하게 재조정할 수 있다. 그렇게 우리는 우리의 자기존중감을 지키면서 사회적 비교를 통해 받게 되는 충격을 중화시켜 나가는 것이다.[61] 또한 우리는 자신의 부족으로부터 인정받았다고 느낄 때마다 작고 긍정적인 보상 신호를 받는다. 따라서 우리는 다양한 부족에 속함으로써 그런 보상을 얻을 가능성을 극

대화하는 전략을 추구해볼 수 있다(물론 어느 정도까지 한계가 있을 것이다.).[62]

그러나 정체성 다각화의 혜택은 거기서 멈추지 않는다. 2000년대 초, 소나이 로카스Sonia Roccas와 마릴린 브루어는 다양한 부족에 속할 때 발생하는 또 다른 효과를 발견했다. 누군가가 다양한 집단에 속해 있다고 생각할수록 그는 더욱 큰 회복탄력성, 관용도, 포용력을 지니게 된다. 또한 이는 그 사람의 전체적인 세계관에도 영향을 미친다.[63] 다양한 집단에 속하는 이들과 상호작용하는 것은 더욱 폭넓은 정보를 제공하며, 균형 잡힌 관점을 통해 단일한 집단이 품고 있는 환상에 빠질 가능성을 줄여주는 것이다.[64]

이렇듯 사회적 정체성의 포트폴리오를 확장하는 것은 우리가 스스로를 위해 할 수 있는 일 중 가장 값진 것이라 할 수 있다. 게다가 잊지 말아야 할 점이 있다. 정체성 복잡도를 높이는 것은 우리가 속한 집단을 위해서도 좋은 일이라는 것이다. 마치 다양한 미생물과 접촉함으로써 면역력을 높이듯, 우리가 속하는 집단 역시 변화를 받아들일 때에만 생존하고 번창할 수 있다. 이해의 지평을 넓히고 생각의 다양성을 늘리는 것은 우리 모두를 튼튼하게 만들어주는 것이다.

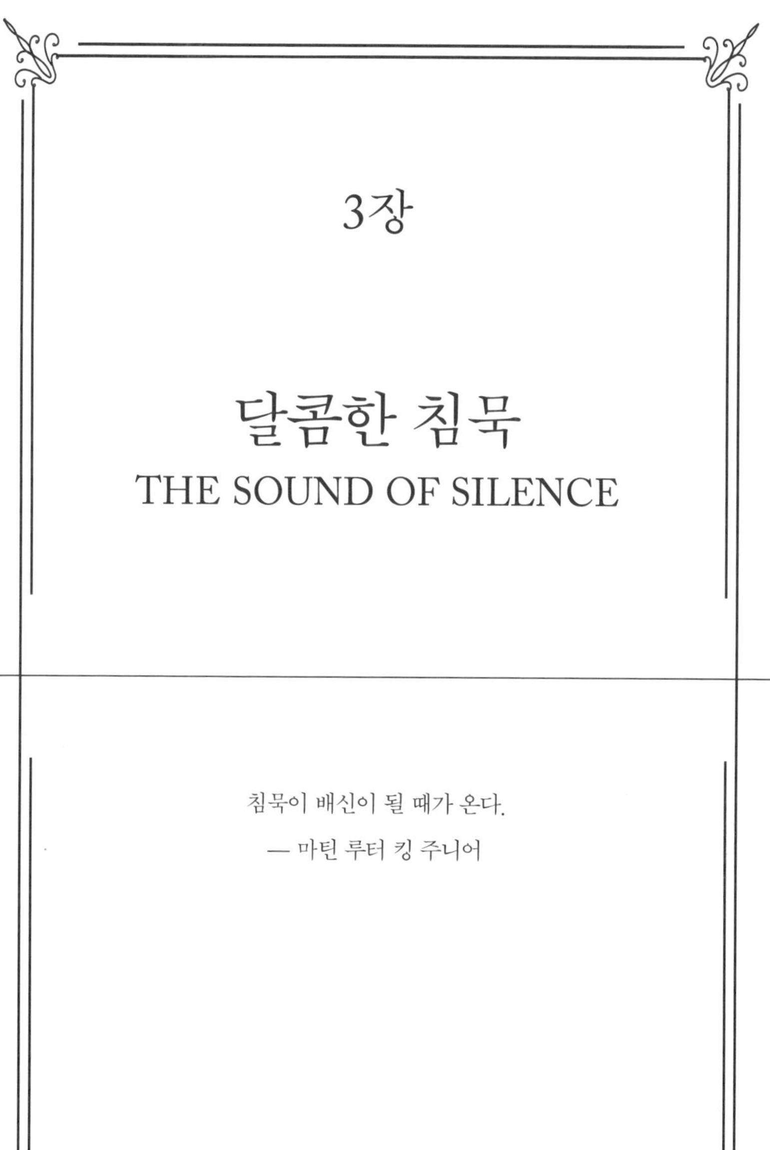

3장

달콤한 침묵

THE SOUND OF SILENCE

침묵이 배신이 될 때가 온다.

— 마틴 루터 킹 주니어

2000년대 후반, 네덜란드의 대학생이 되었다고 상상해보자. 어느 날 수업을 듣기 위해 사회학과 건물을 지나가던 중, 실험 참가자를 모집하는 전단지가 눈에 띈다. '아름다움 보기'라는 제목 아래에는 사람들이 얼굴의 외적 매력에 어떻게 반응하는지 살펴보기 위한 사회심리학 실험이 있을 예정이라고 적혀 있다. 평소 패션 잡지를 즐겨 훑어보는 당신은 본인이 나름 미적 감각이 있는 편이라고 생각하고 있다. 게다가 전단지 내용을 보면 이 실험은 프랑스와 이탈리아에서도 일제히 수행되는 프로젝트의 일환이다. "멋지군." 이렇게 생각하며 당신은 참여 신청서를 제출했다.

며칠 후, 당신은 건강과 질병 이력 등을 조사하는 설문지를 작성했다. 그 중에는 폐소공포증 여부를 확인하는 문항도 들어 있었다. 그리고 연구실에 방문 일정을 잡았다. 실험 내용은 퍽 단순해 보였다. 두뇌를 스캐닝하는 가운데 다양한 여성들의 얼굴을 화면으로 보며 매력도를 평가하기만 하면 된다. 사실상 틴더(데이팅 애플리케이션)를 켜놓고 시간을 보내는 것과 다를 바 없는 일을 하면서 과학 발전에 기여할 수 있다니, 괜히 기분이 좋아졌다.

실험 당일, 하얀색 실험실 가운을 입은 조교 한 사람이 당신을 방으로 인도한다. 좁은 침대가 놓여 있고 그 침대의 한쪽 끄트머리는 무지막지하게 커다랗고 하얀 플라스틱 도넛 속으로 연결되어 있다. 도넛의 구멍은 그 침대와 한 사람만 가까스로 들어갈 수 있을 정도의 크기다. 조교가 설명해 주었다. "이게 fMRI

예요.” 침대에 누운 당신에게 조교는 각각 네 개의 버튼이 달린 두 개의 리모콘을 쥐어주었다. “이 리모콘으로 사진을 볼 때마다 1점에서 8점까지 점수를 매기면 됩니다. 1점이 낮은 점수고 8점이 가장 높은 점수죠.” 리모콘에 붙어 있는 점수 버튼을 가리키며 조교가 말했다. “답변은 3초에서 5초 정도 사이에 하면 됩니다.” 그리고 조교는 당신의 머리에 헤드폰을 씌워주고 뭔가 장치를 조작해 머리가 움직이지 않도록 고정시켰다. 눈 앞 몇 센티미터 위치에는 거울이 설치되어 있고, 그 거울을 통해 도넛 바깥의 스크린을 볼 수 있다.

헤드폰을 통해 조교의 목소리가 들렸다. “기분이 어떠세요?”

약간 긴장되고 왠지 오싹한 기분도 들었지만, 당신은 “좋아요”라고 대답했다.

조교는 당신에게 가능한 한 움직이지 말라고 일러두었다. 침대가 움직이면서 도넛 속으로 들어가는 것이 느껴진다. 잠시 후 거울에 비춘 화면에 불이 들어오고, 어떤 여자의 얼굴이 보인다. 눈 화장을 짙게 하고 반쯤 미소를 짓고 있는 그 여성은 머리카락도 윤기 있고 풍성하다. 이제 사진은 사라지고 화면 아래에 점수표만 남은 상황. 당신은 6점을 주었다. 그런데 몇 초 후, 여덟 개의 숫자 위로 ‘+2’라는 숫자와 함께, ‘밀라노와 파리의 평균적인 여성 실험 참가자들’은 이 얼굴에 대해 당신보다 2점을 더 주었다’는 내용이 전달되었다.

당신은 생각한다. “흠, 이상하군. 내가 뭔가 놓친 게 있었나?”

fMRI는 뭔가 퉁퉁거리고 울리는 소리로 시끄럽다. 그것을 무시하며 당신은 다음 이미지에 집중한다. 50분에 걸쳐 화면에 떠오르는 얼굴들을 바라보고 점수를 매긴다.

그 후 당신은 휴게실에서 잠깐 쉬고 있는데, 갑자기 다른 조교가 들어온다. 조교는 같은 이미지들을 두고 다시 한 번 점수를 매겨봐야 할 것 같다고 이야기한다. 단, 이번에는 fMRI 기계에 들어가지 않는다. 조교는 당신을 다른 방으로 인도해 편안하게 앉혀 두고는 같은 이미지들을 순서만 바꿔서 다시 한 번 평가해 보도록 질문한다. 이번 실험에서는 유럽인들의 '평균' 점수가 화면에 뜨지 않는다. 응답을 할 때까지 시간제한도 없기 때문에 마음 편하게 자기 호흡대로 시간을 쓸 수 있다.

실험이 끝나면 짧은 인터뷰를 한 후, 과학 발전에 이바지했다는 작은 만족감과 함께 실험실을 떠날 수 있다.

여기서 실험 참여자는 과학 발전에 이바지하긴 했다. 하지만 본인이 생각하고 있던 그런 방향은 아니었다. 실험자에게 제시된 모든 실험 과정과 목적이 완전히 거짓말이었기 때문이다. 이 실험의 진짜 목적은 따로 있다. 다른 사람들의 평가의 존재와 인식은 누군가의 평가에 어떤 영향을 미치는지 알아보는 것이다. 유럽인들의 '평균적' 인식 역시 완전히 지어낸 것으로, 사전에 정해진 방법에 따라 실험자의 관점과 전혀 다른 극단적 의견을 제시하도록 고안되어 있다. 그리고 이렇게 알아낸 내용은 실로 흥미로웠다.

실험자들은 fMRI 스캐닝을 통해 피험자의 뇌의 반응을 실시간으로 확인할 수 있었다. 자신의 의견이 집단의 의견과 다를 때

뇌에 나타나는 현상을 관찰할 수 있었다는 것이다. 신경생리학적 차원에서 볼 때, 그 반응은 본인이 기대했던 것과 다른 결과를 맞닥뜨렸을 때 나타나는 반응과 동일했다. 다시 말해 내 생각이 집단의 의견과 다르다는 것을 알게 되었을 때, 우리는 뭔가 실수를 했을 때와 동일한 반응을 하게 된다. 우리의 뇌는 그 실수를 기억해 두었다가 나중에 같은 실수를 반복하는 위험을 피하기 위해 스스로의 행동을 바꾸게 된다. 자동차를 몰고 있거나 스키를 타고 있는 경우라면 뇌의 이러한 기제는 완벽하게 말이 된다. 하지만 사회적 집단과의 관계 속에서 이와 같은 작용 반작용 방식은 자신이 지닌 다른 입장을 수정해야 할 오류로 취급하는 결과를 낳는다. 말하자면 우리에게는 집단의 합의된 의사로 여겨지는 무언가에 맞춰 순응하고자 하는 무의식적 본능이 깔려 있는 것이다.

실험의 두 번째 단계를 통해 확인할 수 있었던 내용도 바로 그것이다. 피험자의 점수는 바뀌었다. 유럽인들의 '평균' 점수에 가깝도록 본인의 점수를 움직였던 것이다. 이 실험이 뜻하는 바가 무엇일지 생각해보기 바란다. 이 피험자들은 유럽인이 아니었고 그 유럽인들과 마주하고 있지도 않았다. 내집단의 압력을 직접 겪고 있지 않았다. 실험자들은 그저 유럽의 다른 두 나라의 여성들은 생각이 다르다는 문구를 제시했을 뿐이었다. 그런데 그 자리에 없고 익명인 (게다가 허위로 날조한) 집단이 있다는 것만으로도 피험자들의 순응을 이끌어내기에는 충분했다.[1]

슬픈 진실이다. 굳이 신경 쓸 필요가 없을 때조차, 심지어 그 집단이라는 것이 지어낸 무언가에 지나지 않을 때조차, 우리는 다수의 존재를 의식한다. 사회적 맥락 속에서 본능에 따라 움직이는 우리의 두뇌는 그럴듯하게 보이는 것과 실제 현상의 차이를 섬세하게 구분할 필요를 느끼지도 않는다.

우리가 빠질 수 있는 이러한 현상을 나는 '합의의 함정 **Consensus Trap**'이라고 부르고 있다. 합의의 함정은 집단 착각의 유형 중 하나다. 거짓말이 아니라 침묵을 타고, 오해의 먹구름이 우리 모두를 잠식할 때까지 퍼져나가는 것이다. 침묵의 합의는 극히 위험하다. 우리 스스로 뭔가 잘못하고 있다는 생각을 하지도 못한 채 집단을 따라가게 되니 말이다. 합의의 함정에 빠질 때 우리는 맹목적으로 집단을 따라하거나 우리 스스로의 생각을 속이고 있지 않다. 하지만 합의의 착각에 빠져 침묵하는 것은 집단 착각의 다른 두 유형만큼이나, 혹은 그보다 더 큰 사회적 해악을 끼칠 수 있다. 게다가 정말 나쁜 건 우리가 이 모든 함정에 동시에 빠질 수도 있다는 것이다.

정치판의 판도를 바꾸는 집단 착각

물고기는 포식자를 피하기 위해 본능적으로 물고기 떼의 중심 부분을 향해 파고든다. 우리가 다수에 붙어 있으려 하는 것 역시 생존 확률을 높이고 위험을 피하기 위한 본능적 행동이다.[2] 설령 앞서의 실험에서처럼 그 군중이 전적인 허구에 지나지 않을지라도, 우리는 우리가 다수의 군중이라 생각하는 것에서 벗어나 있을 때 매우 취약한 상태라고 느끼게 된다.[3] 이와 같은 다수 지향 편향성은 인간이 아주 어린 나이부터 드러내는 속성이기도 하다. 특정 장난감에 대한 경험이 없는 19개월령 아기들을 대상으로 한 실험에서, 영아들은 수적으로 많은 어른들을 보고 어떤 장난감을 가장 좋아할지 선택하는 경향을 보였다.[4] 의도적인 압력이나 보상이 없는 상황에서도 우리는 집단적인 합의가 있다고 여기는 쪽을 따르고자 하는 경향이 있다. 이유는 간단하다. 인간은 생물학적으로 그렇게 행동하도록 되어 있기 때문이다.

우리의 마음속 깊숙한 곳에 도편추방의 공포가 자리 잡고 있듯이, 우리에게는 사회적 고립에 대한 생물학적 공포가 내재되어 있다. 사회적 고립은 도편추방에 비하면 훨씬 섬세하고 은밀하게 이루어지지만, 그럼에도 사람에게 심리적으로 또한 육체적으로 큰 타격을 입힌다. 사회적 고립은 인지능력의 저하와 치매, 스트레스 상승, 수면의 질 저하, 우울증, 잠재적 위협에 대한 과민 반응 등을 불러오는 것이다.[5]

반면 우리는 큰 집단의 일원이 됨으로써 그 어떤 개인보다 큰 그물망에 연결되어 있다는 기분을 느끼게 된다. 그로 인해 얻게 되는 혜택은 분명하다. 다수의 힘이 우리를 지켜주며, 우리는 보다 확실한 정체성을 갖게 된다. 집단에 순응하고자 하는 동기가 점점 커지는 것만큼이나 집단에 영향력을 키우고자 하는 욕구 또한 상승한다. 그렇게 다수 집단의 일원이 되는 것은 자기통제감을 선사하며, 그러한 기분은 집단의 힘이 커짐에 따라 동반상승한다. 집단과 공유하는 신념과 규범 덕분에 우리는 '이 집단이 똑바로 되어 있다면 나 또한 그렇지'라고 생각할 수 있다는 것이다. 이러한 자기확신은 우리 뇌의 보상 시스템을 가동시킨다. 마치 아기가 젖병을 보고 달려드는 것처럼 우리의 뇌는 집단적 자기확신을 갈구하게 된다. 게다가 내가 속한 집단이 수적 우위를 차지하고 있다는 것은 우월감을 선사하며 내 영향력이 커진 것만 같은 만족감마저 준다. 이렇게 우리의 마음은 든든해진다.

고립을 두려워하는 본능과 다수에 속할 때 누릴 수 있는 혜택, 이 조합은 우리가 사회적 합의라고 여겨지는 것을 무턱대고 따르고자 하는 유인동기를 제공한다는 점에서 특히 위험하다고 할 수 있다. 하여 우리는 사회적 결정에 대한 입장이 충돌할 때, 많은 경우 겨우 두 개에 지나지 않음에도 불구하고, 각각의 입장을 지닌 이들이 자신이야말로 다수의 관점이라고 주장하는 모습을 보게 된다. 그리고 대부분은 누가 다수인지 판명될 때까지 기다리며 지켜보게 되는 것이다. 일단 방향이 분명해지고 나면 우리는 보다 숫자가 많은 물고기 떼의 일원이 되어 다수의 혜택을 누리고자 한다. 우리는 고립을 피하며 가장 다수인 집단에 들어가 그 구성원으로서 혜택을 공유하는 것이다.[6]

1965년 독일, 이런 현상의 사례가 하나 발생했다. 그해 내내 기독교민주당(기민당)과 그에 맞서는 사회민주당(사민당)은 서로 45대45로 지지율 동률을 이루며 맞서고 있었다. 이러한 교착상태는 몇 달이 넘도록 지속됐다. 하지만 선거를 몇 주 앞둔 시점부터 뭔가 달라지기 시작했다. 기민당의 지지율이 갑자기 10퍼센트포인트나 올랐던 것이다. 실제로 선거를 치러보니 기민당은 9퍼센트포인트의 지지율을 더 얻은 것으로 드러났다.

이런 일이 왜 벌어졌는지 아무도 이해하지 못했다. 처음에는 다들 여론조사가 잘못되었다고 생각했다. 하지만 독일의 여론조사 및 커뮤니케이션 연구자인 엘리자베스 노엘-노이만Elisabeth Noelle-Neumann은 투표를 앞둔 6개월간의 변화를 분석한 끝에 이러한 지지율 변화의 원인을 짚어냈다. 몇몇 특정한 사건들로 인해 부동층이 움직였고, 균형이 깨졌다는 것이다. 노엘-노이만은 그 기간 동안 영국의 엘리자베스 2세 여왕이 독일을 방문한 것과 지지율 변화가 관련이 있을 수 있다는 가설을 세웠다. 당시 독일의 총리는 기민당의 루드비히 에르하르트Ludwig Erhard였는데, 영국 여왕 방문 당시 에르하르트 총리가 동행했다. 그런 모습을 보며 기민당 지지자들은 좀 더 거리낌 없이 자신의 정치적 성향과 지지를 드러낼 수 있었다. 반면 사민당 지지자들은 기가 죽었고 위축되었으며 전에 드물게 조용해졌다. 기민당 지지자들은 자신들의 정당의 미래에 대해 좀 더 크게 목소리를 내고 있었고, 그런 모습은 기민당의 승산이 더 크다는 인상을 남겼다. 결과적으로 부동층은 기민당을 대세라고 보고 거기에 올라탔다. '밴드웨건 현상(어떠한 선택이 대중적으로 유행하고 있다는 정보를 인식하면, 그 선택이 옳다고 믿는 경향)'이 발생한 것이다.[7]

노엘-노이만은 밴드웨건 현상이라는 용어를 창안하고 현실에 적용한 최초의 학자다. 특히 정치에서, 실제로 이런 일은 언제나 어디서나 벌어지고 있다. 선거를 앞둔 여론조사를 보면, 여론

조사를 자주 접하는 사람일수록 지지 후보나 정당을 바꿀 가능성이 높다. 이길만한 사람이 누구인지 짐작해서 그쪽에 붙으려 하는 성향이 크기 때문이다.

가령 2019년 봄, 조 바이든은 민주당 대선후보 경선을 치르고 있었다. 그의 주요 경쟁 상대는 버니 샌더스와 엘리자베스 워런이었다. 샌더스와 워런은 민주당의 좌파들, 젊은이들에게 인기가 있었던 반면, 중도적인 고령의 유권자들은 샌더스와 워런을 마땅찮게 여기고 있었다. 그러던 2월의 추운 어느 날, 사우스캐롤라이나의 한 고등학교 체육관에서 바이든은 연설을 했다. 그는 자신이 아프리카계 미국인들의 열성적인 지지를 받고 있다는 것을 강조했다. 그들은 사우스캐롤라이나 민주당에서 큰 지분을 차지하고 있었다. 바이든의 이러한 주장은 뉴스와 소셜미디어를 통해 증폭되었다. 사우스캐롤라이나 경선 투표를 집계해본 결과 바이든은 아프리카계 미국인의 표 중 64퍼센트를 얻은 것으로 드러났다. 하루아침에 경선의 흐름이 뒤바뀌었다. 바이든은 그 후로 연전연승했다. 일단 한번 탄력을 받고 나니 게임은 퍽 일방적으로 흘러가게 되었던 것이다.[8]

독자 여러분이 에이미 클로버샤Amy Klobuchar의 열성 지지자라고 상상해보자(클로버샤는 사우스캐롤라이나 경선 투표 이후 사퇴한 후보들 중 한 사람이다.). 당신은 그래도 여전히 친구와 가족들에게 클로버샤가 주장한 핵심적인 공약과 가치를 설득하고 다닐 것인가? 아니면 민주당이 가진 최선의 후보가 되어버린 바이든을 지지하는 쪽으로 돌아서서 안주할 것인가?

밴드웨건 효과가 발생하기 시작하면 이런 일들이 계속해서 벌어진다. 지지 후보를 바꾸거나 하는 일이 필연적으로 발생하는 것은 아니다. 하지만 선두 자리를 차지하지 못한 후보를 계속해서 공개적으로 지지하는 것도 그리 쉽지 않게 되어버린다. 말하자면 밴드웨건 효과로 인해 우리는 인기 없는 주장을 공개적으로 드러내는 것을 꺼리게 되는 것이다. 우리는 어떤 당이든 좀 더 인기 있는 쪽을 지지하고자 하는 경향을 지니고 있으며, 그것은 결과적으로 정치에 크나큰 영향을 미친다. 여론조사와 언론이 우리의 민주주의가 정상 작동하는 과정에 막강한 힘을 행사하게 되는 것이다.[9]

물론 밴드웨건 효과가 정치에만 국한되는 것은 아니다. 우리 편에 확신이 없기 때문에 잠시 침묵을 지킨다거나, 분위기가 우리 편이 아니라는 생각에 잠시 저자세를 취하는 등의 일은 일상에서 수도 없이 반복해서 벌어지고 있다. 고립에 대한 공포와 다수가 되고 싶다는 욕망 때문에(혹은 이 경우라면 정치적 패배에 대한 절대적 공포 때문에) 판단이 흐려질수록 우리는 점점 더 목소리를 내지 않게 된다. 반면 다수의 일원이 될 때, 우리는 '바깥에' 있는 다른 사람들 대부분이 우리와 뜻을 함께하리라는 확신을 갖고 우리의 시각을 공개적으로 드러내는 일에 그리 큰 부담을 느끼지 않는다.[10]

불편하지만 안전한 침묵을 택하다

당신은 새로 선출된 시의원이다. 시의회의 의장이 당신의 멘토 역할을 해주고 있다. 시정에 참여하며 중요하다고 생각하는 일을 해나갈 기회를 얻게 된 당신은 흥분한 상태다. 하지만 첫 번째 회의부터 시의회는 난항에 부딪혔다. 수요가 높은 임대아파트 지역에서 범죄와 마약 사건이 치솟고 있다고 주택사업부가 경고하고 있는 것이다. 임대아파트에 입주해 보조금을 받고자 하는 신청자들의 명단은 길게 줄을 서 있다. 그중에는 고령층과 장애인도 많다. 그러니 주택사업부는 임대아파트 사업의 대상자여야 마땅할 다른 신청자들을 위해, 현 거주민 중 마약 관련 범죄에 연루되어 체포된 경력이 있는 사람들을 내보내고자 한다.

얼핏 보면 합리적인 계획 같다. 특히 그런 식으로 쫓겨나는 사람이 독신자라면 더욱 합리적일 것이다. 하지만 좀 더 자세히 들여다보니 기소된 마약 범죄자들은 대체로 18세 미만의 미성년자들이다. 이제 당신을 비롯한 도시의 공직자들은 까다로운 문제를 마주하게 되었다. 이 청소년 마약 딜러들을 강제 퇴거함으로써 가족을 갈라놓을 것인가, 아니면 아이의 행동 때문에 가족 전체를 강제 퇴거시킬 것인가? 그렇다고 아무런 처벌도 하지 않는다면 성인 마약 딜러들이 미성년자들을 총알받이로 내세우도록 조장하는 꼴이 되지 않겠는가?

당신은 개인적으로는 시가 더 많은 재정을 써서 이런 가족들을 돕고 미성년자 범죄자들의 재활에 힘을 쏟았으면 하는 생각이 있다. 대부분의 시의회 의원들도 속으로는 비슷한 생각일 거라고 짐작한다. 당신은 그런 생각을 품고 강제 퇴거 정책의 득과 실에 대해 은근히 주변에 떠보기도 한다. 하지만 그때 당신의 정치적 멘토 역할을 해주고 있는 시의회 의장이 당신에게 다가와 한 마디 건넨다. "그 꼬마들이 마약 거래를 하고 있었다면, 이미 가족으로부터 분리된 거나 다름없겠지."

체포된 아이가 12살 미만이라 해도 퇴거 명령을 내려야 한다는 것이 시의회 의장의 생각이다. "사실 내 하고 싶은 대로 하라고 한다면, 가족이 헤어질 일은 없을 거야. 가족 전체가 퇴거되어야 할 테니까."[11]

강경하고도 단호한 시의회 의장의 입장을 듣고 놀란 당신은 회의실을 둘러보는데, 사람들이 무슨 생각인지 읽어내기가 쉽지 않다. 다른 시의회 의원들이 나와 같은 생각일지 이제는 확신할 수가 없는 것이다. 어쩌면 사람들은 의장님처럼 생각하고 있을지도 모른다. 게다가 주택 정책은 당신의 전문 분야라고 할 수도 없다. 여기서 뼈를 묻을 각오로 싸움에 임할 생각은 들지 않는 것이다. 결국 당신은 이런 결론에 도달한다. "목소리를 낸다고 해도 달라질 건 없겠지. 내 의견 때문에 투표 결과가 달라질 리도 없고, 정치판에 들어서자마자 반대자로 낙인찍히고 싶지도 않아."

그래서 당신은 침묵을 택한다.

실제로 우리는 스스로 인정하는 것보다 훨씬 더 많이, 자주, 불편한 침묵을 택한다. 특히 그런 침묵을 통해 얻게 되는 혜택이 있는데, 그런 혜택에 대해 딱히 언급하고 싶지는 않을 때 침묵하곤 한다. 만약 당신의 아이가 어떤 스포츠 팀에 들어가고 싶어 한다거나, 그 속에서 주전 선수가 되고파 한다거나, 유명 대학에 진학하고자 하는데 바로 그 시의회 의장이 해당 고등학교 이사회의 일원으로 앉아 있다고 해보자. 어떤 주제로 투쟁을 벌여야 할지에 대해 당신은 심각하게 고민하게 될 것이다. 아무 말도 하지 않는 것이 현명한 경우는 그뿐만이 아니다. 중요한 승진을 앞두고 있다면 상사가 부적절한 농담을 하고 있다 해도 문제 삼지 않는 게 좋은 생각일 테니 말이다.

이런 이야기를 들으면 사람들은 대체로 이런 반응을 보인다. "그래, 무슨 말인지 알겠습니다. 하지만 그저 침묵을 지키며 일이 어떻게 되는지 바라보는 게 정말 나쁜 일이라고 할 수 있나요? 내가 옳다고 생각하는 것에 대해 지금 내가 말하지 않고 있다는 건 인정합니다. 하지만 입을 다물고 있는 건 죄라고 해도 소극적인 죄지, 적극적인 공범이 아니잖아요. 무슨 실질적인 해를 끼친다는 거죠?"

침묵은 실질적인 해를 **끼친다**. 그것도 다양한 방면에서 해를 끼친다. 단기적으로 볼 때 침묵의 거짓말은 우리 스스로에게 상처를 남긴다. 또한 침묵은 우리가 속한 집단을 새롭고 중요한 정보로부터 차단하며, 어쩌면 우리와 다른 이들에게 부지불식간에 해를 끼치고 있었을지 모르는 기존의 정설을 강화하고 만다. 그리하여 장기적으로 볼 때 우리의 침묵은 집단 착각을 만들고 유지하는 원동력이 되고 마는 것이다.

나사의 우주왕복선이 73초 만에 폭발한 이유

이반 벨트라미 박사는 얼굴 가득 웃음을 지을 줄 아는 잘 생긴 젊은이였다. 1940년대 초반을 살았던 프랑스인 의사로서 그는 나치와 그에 협력하는 비시 정권을 혐오했다. 그에게는 가톨릭으로 개종한 유대인 친구가 있었다. 이미 그는 자신의 마르세유 아파트와 인턴으로 일하고 있는 병원 등에 유대인을 숨겨주고 있기도 했다. 벨트라미 박사는 목숨을 걸고 레지스탕스 그룹들 사이의 메시지를 전달해 주었고, 검문검색과 단속이 있을 때는 유대인들에게 먼저 알려주기도 했다. 수용소로 끌려갈 뻔했던 이들을 구해준 일도 있었다. 벨트라미의 형은 나치에게 체포되어 부헨발트 수용소로 보내졌는데, 그러자 벨트라미는 비시 정권의 협력자와 게슈타포를 죽이기 위해 구성된 지하 특공대의 일원으로 참가했다.[12]

당신이 1942년의 벨트라미 박사가 되었다고 상상해보자. 당신은 마르세유의 경찰관이 유대인 수용자들을 둘러싸고 있는 모습을 목격하고 있다. 그 경찰과 당신은 서로 아는 사이이다. 당신과 다른 이들은 그 경찰관이 유대인들에게 소리를 지르고 있는 동시에 그의 뺨이 눈물로 젖어 있다는 것도 보았다. 그는 내적 갈등을 겪고 있지만, 그럼에도 겁에 질린 이들을 강제수용소 호송 차량으로 몰아넣고 있는 것이다.

'샤론 씨는 어떻게 저렇게 살 수가 있지?' 당신은 의문에 사로잡힌다. '왜 그는 이 끔찍한 상황에 맞서지 않고 있는 걸까? 나처럼 레지스탕스에 가입할 수도 있을 텐데. 본인이 저 유대인들에게 하는 짓이 옳다고 생각하거나, 본인에게 주어진 선택지가 없다고 믿고 있을 뿐인가?' 다른 질문들이 꼬리에 꼬리를 물고 따라온다. '그 광경을 지켜보고 있던 다른 사람들은 어떻고? 설마 그 모든 사람들이 전부 유대인을 이렇게 취급해도 된다고 생각하고 있는 걸까? 어쩌면 다들 나와 같은 의문을 품고 있었을지도 모르지. 하지만 그 자리에서 내가 한 마디라도 했다가는 나 역시 체포되었을지 몰라. 그런 식으로 레지스탕스 조직을 위험에 빠뜨릴 수는 없지.'

물론 이것은 극단적인 경우다. 하지만 방에 연기가 가득 찼고 불이 났을지도 모르는데, 단지 다른 사람을 당황하게 하고 싶지 않아서 가만히 앉아 있던 실험도 있었다. 우리는 침묵을 지킴으로써 안전과 평온을 보장받는 경향이 있다. 심지어 목소리를 내는 비용이 매우 약소하거나 아예 없는 경우마저도 그렇다. 하지만 우리 자신과 다른 이들을 향해 실질적인 위협이 가해지고 있을 때조차 입을 다물어버린다면, 이런 습관은 실로 파괴적인 결과를 낳을 수도 있다.

사소하지만 분명히 나쁜 행동들이 있다. 게다가 우리에게는 그런 걸 반복하는 경향이 있다. 다른 이가 저지르는 나쁜 일을 목격하지만 제대로 목소리를 내서 반대하지 못하는 일 또한 종종 벌어진다. 누군가 아이를 때릴 때, 동물을 학대할 때, 재정적으로 남을 속일 때, 인종차별이나 성차별을 목격할 때, 직장 내 갑질을 볼 때 우리는 그냥 넘어가곤 한다. 그렇게 우리는 일상적인 삶을 지속해 나가지만 우리가 만들어내는 집단 침묵은 어딘가에 분명한 피해를 낳고 있다. 그런 폭력의 직접적 피해자만 피해를 입는 게 아니다. 목격하면서도 가만히 있는 모든 이들이 상처를 받는 것이다. 한 걸음 더 나아가 본다면 사회 전체가 피해자가 된다. 우리가 침묵함으로써 나쁜 행동에 대해 괜찮다는 메시지를 전하는 꼴이 되니 말이다. 사람은 서로의 행동을 모방한다. 그러니 이런 행동은 기하급수적으로 불어날 수밖에 없다. '다들' 같은 행동을 하거나 같은 행동을 보며 침묵한다면, 우리는 그런 나쁜 행동이 사회적으로 용납되는 것인 양 생각할 수밖에 없는 것이다.

나치가 점령하고 있던 프랑스에서 그랬던 것처럼, 심각한 권력 불균형을 비롯한 전반적인 불평등은 사람들을 침묵으로 이끄는 경향이 있다. 우리는 우리보다 더 큰 힘을 가진 이들을 향해 반대의 목소리 내기를 꺼린다. 그랬다가 발생할 결과를 우려하여 스스로를 지키고자 하는 것이다. 우리는 그저 누군가 더 용감한 이가 먼저 나서주기를, 그래서 손쉽게 그의 뒤를 따를 수 있기만을 조용히 희망할 뿐이다. 고압적인 CEO가 주재하는 회의실의 풍경을 상상해보자. CEO가 특별히 총애하거나 CEO의 눈 밖에 날 위험을 기꺼이 무릅쓰는 성격이 아닌 다음에야 감히 반대 의견을 내놓지 못할 것이다. 그렇지 못한 이들은 그저 눈치를 보며 핸드폰만 힐끗거릴 뿐이다. 힘과 권위를 가진 누군가의 비판을 당할지 모르는 상황이라면 그저 입을 다물고 있는 것이 언제나 더 쉬운 선택지다. 게다가 우리는 어린 시절부터 그렇게 행동하도록 교육받아오지 않았던가. 하지만 더 높은 곳으로 올라가기 위해 동료들과 경쟁을 벌여야 하며, 권력자에게 진실을 말하는 것이 까다로운 과제일 수밖에 없는 기업 환경 속에서, 침묵의 법칙은 위험을 끌어안고 있다. 기업의 의사소통 부재를 다룬 한 연구에 따르면, 응답자 중 85퍼센트는 윗사람들에 대해 심각한 걱정이 드는 경우에도 말하지 못했던 경우가 적어도 한 번 이상 있다고 응답했다. 다른 연구에서는 무려 93퍼센트의 응답자가 사람들이 문제가 있다고 말하지 못하거나 말하려 하지 않은 이유로 조직이 큰 위기에 빠지거나 사고의 위험을 경험한 바 있다고 응답하기도 했다.[13]

직원들이 상위 관리자에게 사고 가능성에 대해 언급하거나, 조직이 뭔가 잘못되어 있다고 말하는 것을 꺼리면 어떤 일이 벌어질까. 조직 행동에 대한 논문들을 펼쳐보면 이런 이야기들이 풍성하게 차려져 있다.[14] 나사NASA의 엔지니어들은 윗분들에게 기가 죽은 탓에 오링에서 연료가 새어나올 수도 있다는 우려를 제대로 전달하지 않았고, 결국 우주왕복선 챌린저호는 예정대로 발사됐다. 1986년 1월 28일의 추운 아침, 이렇게 치명적인 결함을 안고 있던 챌린저호는 발사된지 고작 73초만에 폭발해버렸고, 승무원 전원이 사망했으며 세계는 충격에 빠졌다.[15] 폭스바겐의 엔지니어들이 디젤 엔진 배기가스 저감 장치의 성능을 속인 것은 억압적이고 권위적인 문화 때문이라는 주장이 있다. 이러한 사실이 알려지면서 폭스바겐은 수십억 달러의 벌금을 내게 되었을 뿐 아니라 기업 이미지에 돌이키기 어려운 타격을 입었다.[16] 심지어 다들 할 말은 하는 것을 기업 문화인 양 이야기하는 실리콘밸리에서도 너무 입바른 소리를 하는 사람들은 직장에서 쫓겨나는 경향이 있다. 아프리카계 미국인 여성이며 전직 구글 연구원인 팀니트 게브루Timnit Gebru가 겪었던 일이다. 그는 구글에 비판적인 내용이 담긴 연구 논문을 발표한 후 직장을 잃고 말았던 것이다.[17]

권력에 맞서 진실을 이야기하는 것은 대단히 고통스러운 일일 수 있다. 특히 직장에서라면 더욱 그렇다. 우리의 소득, 명성, 기업 가치 등이 걸려 있으니 말이다. 킴벌리 잭슨Kimberly Jackson의 사례를 살펴보자. 코로나 19 팬데믹이 한창일 때, 잭슨은 의아한 현상을 발견했다. 메디케이드 의료보험 대상자인 노령 혹은 장애인 환자들이 원래 있던 요양원에서 밀려나 그가 일하던 정신병원으로 이송되는 사례가 급증하고 있었던 것이다. 잭슨은 말했다. "요양원들은 의도적으로 환자들의 치매 증상을 정신질환 증상으로 취급하고 있었습니다."

잭슨이 발견한 현상은 미국 전역에서 두루 벌어지고 있었다. 요양원들은 환자들이 정신질환을 앓고 있다고 주장함으로써 높은 수익률을 유지하고, 환자들이 병원에서 요양원으로 돌아오지 못하도록 막고 있었다. 흔히 '환자 떠넘기기'라 불리는 이러한 관행은 법에 의해 금지되어 있다.[18] 하지만 잭슨이 〈뉴욕타임스〉와의 인터뷰에서 자신이 목격한 바를 이야기하자, 잭슨이 일하던 인디애나주의 크라운 포인트 신경 행동 병원NeuroBehavioral Hospital Of Crown Point은 병원의 미디어 정책을 어겼다는 이유로 잭슨을 해고해버렸다. 잭슨은 실로 단순한 원칙에 따라 행동했을 뿐이었다고 말한다. "잘못된 것을 보았으니 잘못되었다고 말한 거죠."[19] 그 단순한 행동을 하기 위해서는 실로 엄청난 용기가 필요하다. 또한 우리 사회는 잭슨이 모범을 보인 덕분에 엄청난 혜택을 누릴 수 있었다.

광산업이 활발한 지역에서도 비슷한 사례가 발생한 바 있다. 1970년 이래 연방 정부는 광부 건강 관리 프로그램의 일환으로 광부들에게 무료 엑스레이 촬영 및 기타 건강 검진을 제공한다. 하지만 꾸준히 검사를 받는 광부들은 전체의 3분의 1에 지나지 않는다. 진폐증의 확산을 막으려면 특히 젊은 광부들일수록 꾸준히 검사를 받아 발병 초기에 대응하는 것이 중요하다. 그런데 실제로는 은퇴를 앞두고 있는 늙은 광부들이나 검사를 받으러 오는 경우가 대부분이다. 왜일까?

정부에 공적으로 제출된 의견들을 종합해본 결과, 광부들은 신체검사를 받았다는 사실을 비밀로 지킬 수 없을 것이라고, 회사의 주목을 끌게 될 것이라고 우려하고 있었다. 건강상의 이유로 직원을 해고하는 것은 규정상 불법이긴 하나, 누군가를 직장에서 따돌리고 괴롭히며 내쫓을 수 있는 다른 이유를 찾아내는 것은 회사 측에서 마음만 먹으면 그리 어려운 일이 아니다. 이러한 상황을 한 노동조합원은 이렇게 언급하고 있다. "일을 시켰더니 그 광산에서 일하다가 나중에 진폐증에 걸렸다는 것을 입증해 보이는 사람…. 그 어떤 회사에서 고용하려고 하겠어요."[20] 보복을 당할 걱정 없이 건강이나 안전상의 위험을 보고할 수 있느냐는 질문에 대해 '그렇다'고 대답한 광부는 고작 20퍼센트에 지나지 않았다. 반면 광부의 관리자 중 95퍼센트는 그들이 관리하는 인력들이 언제나 잠재적 위험에 대해 자유롭게 이야기할 수 있다고 응답했다.[21] 마치 동상에 걸린 손가락이나 발가락에 감각이 아예 사라지는 것과 마찬가지다. 의사소통이 사라지면 개인과 조직 모두에 치명적인 영향을 미칠 수 있다.

아주 아득한 옛날부터 그랬다. 가장 큰 권력을 지닌 이들은 사람들을 통제하고 침묵을 강요하기 위해 압박과 위협을 가해 왔다. 하지만 오늘날은 소셜 미디어의 출현으로 인해 이 공식이 달라졌다. 정보가 민주화되면서 완전히 새로운 유형의 막강한 무기가 출현한 것이다. 그 새로운 무기는 많은 경우 더욱 믿을 수 없을 뿐더러, 과거의 무기에 비해 보다 광범위하게 퍼져 있다.

소셜 미디어가 주는 권력의 맛

로리 포레스트는 작은 마을의 동네 치과에서 일하는 치과의사다. 길고 곱슬거리지 않는 갈색 머리를 기르고 있지만 잘 땋아서 파란색 치과 의사 모자 속에 감춘 채, 같은 색깔의 덴탈 마스크를 쓰고 환자들을 맞이할 때, 보이는 것은 오직 그의 지적인 초록색 눈동자뿐이다. 파스텔 톤의 수술복과 하얀 고무장갑을 낀 치과의사는 많은 이들에게 공포의 대상이지만, 포레스트는 언제나 미소를 잃지 않는다. 차분하고 편안한 목소리로 환자들을 맞이하면서, 우리의 몸에서 가장 중요한 도구 중 하나인 치아를 관리, 수리, 치료해준다. 사람의 입, 그 어둡고 눅눅한 동굴을 헤집고 다니는 것이 포레스트가 낮에 하는 일이다. 하지만 밤이 되면 포레스트는 그것과는 매우 다른, 한층 더 화려한 세계로 모험을 떠난다.

포레스트는 영 어덜트 판타지 소설을 쓰는 작가다. 열 살도 채 안 된 딸들이 졸라댄 덕분에 이 장르를 처음 접하게 되었다. "그 전까지는 판타지 소설을 읽어본 적도 없었죠. 그런데 아이들이 계속 해리 포터를 읽어달라고 하더라고요." 포레스트는 그때의 일을 이렇게 회상한다. "결국 아이들에게 읽어주기 시작했는데 제가 더 빠져버렸어요. 그 후로 아이들이 읽어달라는 판타지는 가리지 않고 읽어줬죠."[22] 영 어덜트 판타지의 열렬한 팬이 된 포레스트는 곧 자신만의 이야기를 만들기 시작했다. 본인이 살면서 겪었고 목격해온 차별과 동성애 혐오 등에 영감을 받은 작품이었다. 2017년 초, 마법, 드래곤, 용기, 로맨스가 골고루 섞인 포레스트의 첫 소설은 출간을 앞두고 있었다. 하지만 《검은 마녀》는 흑마술의 공격 대상이 되어 있었다.

예정된 출간일을 몇 주 앞둔 시점, 영 어덜트 판타지 커뮤니티에서 마치 솔트 여사를 연상시키는 유명 리뷰어가 날선 리뷰를 남겼다. "《검은 마녀》는 내가 읽어본 책 중에서 가장 위험하고 공격적인 책이다. 이 책은 궁극적으로 백인들을 위해 쓰여진 책이다. 스스로를 인종차별주의자라고 생각하지 않는, 유색인종들을 인격적으로 대우한다는 이유로 남들에게 인정과 존경을 받고 싶어 하는 그런 유형의 백인들을 위해 쓰여진 책이라 할 수 있다."《검은 마녀》는 인종주의적 신념을 지닌 집단을 묘사하면서 '순혈', '혼혈' 같은 용어를 사용하는 방식으로 인종 갈등과 차별을 그려내고 있었다. 그런데 문제가 있었다. 그 리뷰 블로거는 책 속의 단어들을 맥락 없이 인용하면서 작품 전체를 분노의 불쏘시개로 전락시키고 있었던 것이다.[23]

이 평론가는 수천여 명의 트위터 팔로워들을 향해 자신의 트윗을 리트윗하라고 부추겼다. 정치적 올바름에 민감하고 예민하며 차별을 허용하지 않는다는 자부심을 품고 있는 영 어덜트 판타지 독자와 창작자가 모인 트위터 생태계를 들쑤시고 있었던 것이다. 며칠 지나지 않아 온라인 세상의 시비꾼들은 작가와 출판사의 계정을 향해 책의 출간을 중단하라고 요구하기 시작했다. 게다가 심지어 책을 읽지도 않은 사람들이 온라인 서점에서 《검은 마녀》 리뷰에 별점 1개를 던지는 테러를 가하고 있었다. 《검은 마녀》에 대한 비판이 담긴 블로그 게시물의 조회수가 수만 뷰를 넘어서면서, 그에 동조된 비평가들은 《검은 마녀》에 긍정적인 리뷰를 남긴 이들을 찾아가 마치 성난 벌떼처럼 쏘아대기 시작했다. "어떻게 그럴 수가 있죠?" 그렇게 많은 이들은 침묵에 사로잡혔다. 분노와 욕설을 퍼붓던 이들은 점점 더 고조되어, 급기야 작가를 혐오주의자에 나치와 백인 우월주의 동조자로 매도하기까지 했다.[24]

차별과 혐오에 맞서 목소리를 내고자 했던 신인 작가로서, 이런 공격을 받게 된 포레스트는 충격에 빠졌고 깊은 상처를 받았다. 하지만 이 문제에 대해 고민해본 끝에, 포레스트는 그들이 허락하려 들지 않는 것을 해버려야겠다는 결론에 도달했다. 포레스트는 들리지 않던 목소리들을 찾아내 귀를 기울이기 시작했다.[25] 실제로 책을 읽어본 사람들은 사이버 비평가들 대다수가 내뱉던 성난 함성과는 다른 이야기를 하고 있었다. 포레스트는 그런 이들의 목소리를 들으며 위안을 얻은 후, 출간을 감행하기로 결정했다.

내가 이 책을 쓰고 있는 지금, 아마존의《검은 마녀》별점 평균은 4.5점에 달한다. 별점 테러를 당했던 온라인 서점에서는 평균 4.08점을 얻고 있다. 이런 후기가 달리기도 했다. "지금은 2017년인데, 인종 순수주의 신화가 내재되어 있는 이런 책이, 특히 어린 독자들을 대상으로 어떻게 비판적 접근 없이 출간될 수 있느냐"는 것이었다. 그러자 27개의 댓글이 달리며 응답했다. "이 책이 바로 그런 비판적 접근이다", "제발 책을 좀 읽고 말해라"는 것이었다.[26]

그러자 최초의 댓글을 단 사람은 아무런 응답을 하지 않았다. 부끄러움과 침묵은 이제 그의 몫이 되고 만 걸까? 2017년 5월 에밀리라는 사람이 쓴 별 4개 짜리 리뷰는 1,971명으로부터 '좋아요'를 받았는데, 그 내용을 조금 읽어보자. "내 생각에《검은 마녀》는 사람들이 품고 있는 편견에 대한 사려 깊은 고민을 담고 있다. 저자는 모든 인종을 복합적이고 종합적으로 잘 제시한다." 그러니 모두 여섯 권으로 이루어진《검은 마녀 연대기》가 다양한 언어로 번역되어 세계 수십여 개 국가에서 팔리고 있는 것은

전혀 놀랄 일이 아니다.[27]

포레스트의 일화가 잘 보여주고 있다시피, 다른 이들의 입을 다물게 하는 함성은 자가발전하며 인근의 모든 것을 불태워버린다. (심지어 포레스트의 책에 대해 비판한 사람 역시 다른 이들의 고함 소리 속에서 입을 다물어야 했다.) 이 사례를 통해 얻을 수 있는 교훈은 그뿐만이 아니다. 우리는 종종 실제 다수가 아니라 목청 큰 소수에 이끌려, 그들을 마치 다수라고 착각하고는, 다수를 따라 침묵해야 한다고 스스로를 납득시키곤 한다는 것이다.

하지만 가장 중요한 교훈은 따로 있다. 우리는 집단적인 괴롭힘 속에서, 상대방이 하는 것처럼 폭력적으로 굴지 않더라도, 목소리를 내고 자신을 지켜낼 수 있다.

극단적인 사고방식은 사람들을 끌어들이기 어려웠다. 디지털 기술이 등장하기 전까지는, 상대적으로 그랬다. 극단적 사고방식의 지지자들이 직접 다른 이들에게 그런 가치관을 설득해야 했으니 말이다. 하지만 이제는 소셜 네트워크 계정 하나만 있어도 충분하다.

누구라도 소셜 미디어 플랫폼을 개설하면 디지털 세상의 권력 놀음에 끼어들 수 있다. 다수로 여겨지는 이들을 쥐락펴락하며 정제되지 않은 폭력성을 과시함으로써 모든 반대자들을 겁에 질려 침묵하게 만들 수 있다. 이것이 바로 포레스트를 비롯하여 셀 수 없이 많은 이들이 겪었던 일이다. 소셜 미디어를 통해 증폭된 사이버 불링은 침묵뿐 아니라 격렬한 반발도 불러온다. 궁극적으로는 우리가 정말이지 원치 않는 사회적 불화와 양극화, 그리고 공포를 야기하는 것이다.

하비 와인스틴 같은 성착취자를 가로막기 위해 SNS를 통해 미투 운동이 벌어지는 것은 의심할 여지없이 공공의 이익에 도움이 되는 일이다. 하지만 마치 과거에 권력을 지닌 남성들이 그 힘과 권위를 이용하여 사회에 해를 끼쳤듯이, 오늘날의 소셜 미디어는 집단 괴롭힘을 확산시키고 있다. 손가락을 몇 번 까딱하는 것만으로도 누군가를 증오의 대상으로 만들어버릴 수 있는 것이다.[28]

좌파 학자이며 저자인 마크 피셔Mark Fisher는 이러한 온라인 문화를 '흡혈귀의 성The Vampire Castle'이라 부르며 눈부시게 맞서 싸웠다. 트위터에 논란의 폭풍이 불기 시작하면 보이지 않는 선을 넘은 이들을 향해 끝없는 비난이 쏟아진다. 유명인사들을 악마화하며 (마치 땀에 절어 있는 병원 침대에 묶여 정맥 혈관에 주사바늘이 꽂혀 있는 환자처럼) '학대의 정맥 주사'를 놓는 '공개적 야만'이자 가혹한 비난극이 벌어진다는 것이 그의 주장이었다. 누가 실제로 잘못을 했느냐 아니냐와 상관없다. 이런 식의 온라인 공격이 남기는 바는 분명하다. 그의 말에 따르면, 사악한 양심과 마녀사냥하는 도덕 심리의 악취라는 끔찍한 잔여물과 함께, 공포를 잉태하며 집단 학대를 가능케 하는 유독한 구름을 남기는 것이다.[29]

소셜 미디어는 이런 식으로 더욱 엄선된, 자기들끼리 깐깐하게 따지는 환경을 만든다. 그로 인해 사정은 더욱 악화된다. 사안의 일면만 보고 순간적으로 판단하며 사람을 다면적인 인격체로 취급하지 않는 분위기가 형성되는 것이다. 우리가 누군가에 대해 알 수 있는 것은 그저 댓글 몇 개, 사진 몇 장, 혹은 몇 개의 비디오 클립뿐이다. 그들의 인격 전체가 알록달록하게 상투적인 방식으로 꾸며진 채 작은 상자에 담겨 우리에게 제시되는 것이다. 이렇듯 우리는 타인에 대해 지나치게 단순한 생각을 갖게 되고, 그들이 실제로는 누구인지 알지도 못하면서 온라인에서 타인을 비난하고 몰아가는 이들은 사이버 세상의 그늘에 숨어 희생자들을 우롱하고 무력화하고 마는 결과가 이어진다. 피셔의 말에 따르면 이렇게 사람들은 '순간의 판단 실수나 입에 붙은 말버릇으로 판단되는' 신세가 되고 마는 것이다.[30]

실제 인간들이 벌이는 사이버 불링으로는 충분치 않았다는 듯, 지난 몇 년 사이에 그 판에는 새로운 선수가 끼어들었다. 온라인 세상에서 활동하는 일종의 로봇인 소셜 봇Social Bot이 등장한 것이다. 그로 인해 다수를 지향하고자 하는 편향성을 지니는 우리는 더욱 더 쉽게 극단적인 관점으로 쏠릴 우려를 안게 되었고, 이는 위험한 무기가 될 수 있다. 소셜 봇은 마치 놀이동산에 설치된 매직미러처럼, 우리가 이미 생각하고 있는 것에 맞는 세상을 보여주고 나와 같은 생각을 지닌 사람들이 많은 것처럼 보이게 만든다. 그리하여 우리가 **실제로** 다수의 지지를 받고 있다고 생각하게 하는 것이다. 가령 내게는 트럼프만은 절대 안 된다고 생각하는 정통 공화당 지지자 친구가 있다. 그 친구는 어느 날 전직 대통령에 대한 입장을 트위터에 올렸다가 증오심 어린 부정적 반응의 쓰나미를 맞닥뜨리고 말았다. "이 부정적인 반응을 만드는 사람들을 다 합쳐봐야 수천 명뿐이라는 걸 나도 머리로는 알고 있었지. 하지만 마치 온 세상이 나를 잡으러 덤벼드는 것 같더라고." 이런 일을 겪고 난 후 그는 트위터를 그만 두었다.

이렇듯 자동적으로 반응하는 가짜 소셜 미디어 계정들의 목적은 무언가에 '좋아요'를 누르고, 공유하고, 기타 게시물을 올리면서 인간의 활동을 흉내 내는 것이다. 어떻게 프로그래밍 되어 있느냐에 따라, 소셜 봇은 그럴듯해 보이는 논쟁을 벌이면서 주장을 펼쳐나갈 수도 있고, 특정한 사람이나 게시물의 좋아요 수를 폭발적으로 늘려서 그런 주장이 인기 있는 것처럼 환상을 불어넣을 수도 있다(이런 식의 조작을 흔히 '분위기 대량생산'이라고 한다.). 한 연구자가 지켜본 바에 따르면, 소셜 봇은 사람들의 생각을 움직이고 싶어 하는 이에게 매우 큰 힘이 되어줄 수 있다. 페이스북에서 허구한 날 정치 논쟁을 벌이는 짜증나는 친구를 떠올려 보자. 만약 그 친구에게 소셜 봇 5천 개가 있다면 상황은 더욱 나쁜 방향으로 흘러갈 것이다. 그렇지 않을까?[31] 소셜 봇은 바로 그런 목적으로 만들어졌다.

소셜 봇이 만들어내는 가짜 다수는 사람들에게 잘못된 정보를 제공한다. 그리하여 이른바 '침묵의 나선Spiral Of Silence'을 촉발시킬 수도 있다. 침묵의 나선이란 사람들이 자기 검열을 하기 시작할 때 벌어지는 일을 묘사하는 개념으로, 노엘-노이만에 의해 처음으로 제시되었다.[32] 러시아는 블라디미르 푸틴과 그의 정책에 대한 반대 의견을 몰아내기 위해 오랜 기간 동안 소셜 봇을 사용해 왔다. 가령 베네수엘라의 니콜라스 마두로Nicolás Maduro 대통령처럼, 다른 지도자들 역시 소셜 봇의 정치적 잠재력을 간파하고 있었다. 2013년 10월 31일 트위터는 6천 개 이상의 소셜 봇 계정을 예고 없이 폐쇄했는데, 이 봇들은 마두로가 올린 트윗을 리트윗(재확산)하도록 프로그래밍 되어 있었다. 이러한 봇은 '어떤 계정이나 게시물이 실제보다 더 인기 있거나 활발한 것으로 보이게 하기 위한 부정 활동'[33]에 해당하는 것으로, 트위터의 사용 계약을 위반한 것이다. 마두로의 전체 팔로워 숫자에 비하면 봇들이 차지하는 비중은 고작 0.5퍼센트에 지나지 않았지만, 소셜 봇이 차단되고 나자 마두로 트윗의 리트윗 수는 평균 81퍼센트 폭락하고 말았다.[34]

경제학자 후안 모랄레스Juan Morales는 이 사건을 보다 깊게 연구해 보았다. 우리가 온라인 세상에서 무언가 혹은 누군가를 인기 있다고 여기는 현상에서 소셜 봇이 미치는 영향을 이해하고자 한 것이다. 6개월 이상 올라온 20만 개 이상의 트윗을 분석한 결과, 마두로가 소셜 봇을 이용해 만들어낸 가짜 인기가 사라진 것과 대통령에 대한 비판이 증가하고 야당에 대한 지지가 높아진 것에는 상관관계가 있었다. 반대로 생각해 보자면 소셜 봇을 통해 인위적으로 부풀려진 '다수 의견'으로 인해 베네수엘라의 정치적 토론은 침묵의 나선으로 빨려 들었다고 볼 수 있다. 그 가짜 다수의 거품이 꺼지고 나자 소셜 봇이 만들어낸 환상이 무너진 자리에 현실이 보이기 시작했고 대중적 의견은 그에 맞춰 영점 조절을 다시 할 수 있었다. 이렇게 현실 인식이 재조정되자 베네수엘라 사람들은 설령 정치적 다수가 아니라 하더라도 자신의 본심을 좀 더 거리낌 없이 드러낼 수 있게 되었다.[35]

오늘날 소셜 네트워크에서 벌어지는 의사소통 가운데 사람 대 사람이 아니라 사람 대 봇에서 오가는 것의 비중이 얼마나 될까? 19퍼센트다. 그리 많은 이들이 알고 있지 않은 소름 끼치는 현실이다. 소셜 미디어의 통계적 모델링을 분석한 연구에 따르면 전체 계정 중 5~10퍼센트 정도의 봇을 확보하고 있기만 하면 자신들의 입맛에 맞도록 다수 의견을 형성하고 주무를 수 있다. 그것만으로도 자신들의 입장을 지배적인 것으로 만들어, 결국 모든 참여자들 중 3분의 2 이상이 동의하게 할 수 있는 것이다.[36]

세상에는 엘름 홀로우의 솔트 여사처럼, 실은 다수의 의견이 아니지만 다수 의견을 대변하는 것처럼 주장하며 권력을 행사하는 사람들이 있다. 그들은 다수의 무지에 힘입어, 혹은 어느 방향이 대세가 될지 지켜보자는 생각으로 입을 꾹 다물고 있는 이들을 적절히 길들인다. 사회적인 에너지를 왜곡된 방향으로 순식간에 강화하고 고착시키는 것이다. 실제로는 소수의 지지를 받고 있을 뿐이지만 마치 다수가 된 것처럼 영향력을 행사하는 그런 의견은 집단 착각으로 이어진다. 결국 우리는 입에 재갈을 문 채 위험하기 짝이 없는 침묵의 나선에 갇히고 마는 것이다.

역병처럼 퍼지는 자기 검열의 덫

1965년 독일로 시계를 되돌려 보자. 사회민주당의 지지자들은 그들이 침묵함으로써 기독민주당이 이기고 있다는 착각의 확산에 기여하고 있다는 것을 깨닫지 못하고 있었다. 그렇게 만들어진 침묵의 나선은 노엘-노이만에게 영감을 주어, 침묵을 지키는 것이 얼마나 큰 위험을 품고 있는지 고찰하게 했던 것이다.[37]

현상유지를 지지하는 사람들은 늘 있다. 때로는 우리의 가족이나 친구, 이웃들일 수도 있다. 우리가 품고 있는 생각 때문에 그런 이들과 불화하게 될지도 모른다는 생각에 빠져들수록, 우리가 공유하는 사고방식은 점점 더 뒤틀릴 수밖에 없다.[38] 진실은 점점 더 공공연한 거짓말과 비밀이 되어 곪아 들어가면서 마치 벌거벗은 임금님 이야기처럼 되어버리고 만다. 하지만 진실을 말할 만큼 용감한 이가 아무도 없는 상황은 너무도 흔하다. 그래서 결국 아무도 아무 말도 하지 않는다. 그렇게 우리가 입을 다물어버리면서, 실은 소수에 불과한 임금님 주변의 아첨꾼들이 마치 다수인 것처럼 보이게 된다.

어려운 질문을 회피하며 갈등을 피하는 것이 더 쉬운 선택인 것처럼 보이는 순간을 우리는 늘 맞이한다. 그러고는 침묵을 택한다. 하지만 인간관계나 이해득실을 이유로 한 발 물러서는 우리는 세상 모든 곳의 불한당들에게 힘을 실어주는 것이나 다를 바 없다. 추수감사절 가족 식사 자리에서 인종차별적인 발언을 늘어놓는 삼촌을 제지하지 않을 때, 동료 직원을 부당하게 대하는 직장 상사에게 의문을 제기하지 못할 때, 혹은 시장이나 시의회에서 나쁜 결정을 내릴 때 반발하며 항의하지 않을 때, 이런 작은 선택들은 그 자리에서 의견의 일치가 이루어지고 있다는 분위기를 만드는데 조금이나마 일조하게 되며, 결국은 더 크고 광범위한 집단 착각에 힘을 실어주게 되는 것이다.

오해하지 말아야 할 사실이 있다. 여러분과 나는 지금 이 순간에도 집단 착각에 휩쓸려 다니는 중이다. 마치 물고기 떼가 투명한 그물에 걸려드는 것처럼 우리는 순응과 자기검열의 덫에 아무런 생각 없이 빨려들고 있다. 특히 소셜 미디어에 힘입어 자기 검열이라는 우리의 나쁜 본성은 더욱 급격하게 전이되는 중이다.

연방 상원 의원 조지프 매카시(위스콘신주)가 수백여 명의 미국인들을 공산당의 조직원이거나 반역죄를 저지르고 있다며 몰아가던 1950년대 초와 오늘날의 상황을 비교해 보자. 그는 미국 사회의 기층에 '공산주의자 일당들'이 독을 풀었고 사회가 그 근본부터 흔들리고 있다는, 이른바 '적색 공포Red Scare'를 불러 일으켰다. 매카시가 주도하여 세워진 하원비미활동위원회HUAC는 국무부, 학계, 영화 산업, 노동조합, 그 외 수많은 곳에서 일하던 무고한 사람들 수백여 명을 희생자로 만들며, 미국 정부의 깊숙한 곳에 유독한 영향을 끼쳤다. (동성애자들은 사생활 노출을 꺼린 탓에 곧잘 공산주의자 취급을 받곤 했다.[39]) 그런 분위기 속에서 괴롭힘을 당한 유명인사들의 명단을 살펴보자. 찰리 채플린, 오손 웰스, 루실 볼, 대니 케이 같은 유명 배우나 감독들, 러너드 번스타인과 피트 시거 같은 음악가, 앨버트 아인슈타인을 비롯한 과학자, 랭스턴 휴즈, 베르톨트 프레히트, 달턴 트럼보 같은 작가들이 포함되어 있었다.[40]

그러나 적색 공포가 최고조에 이르렀을 때에도 미국인들은 생각을 자유롭게 이야기할 수 없게 되었다고 특별히 걱정하지는 않았던 것으로 보인다. 당시의 설문조사를 보면 이전에 비해 더욱 자유로운 목소리를 제약받고 있다고 응답한 이는 전체의 13퍼센트 정도에 지나지 않는다.[41] 매카시즘은 미국 사회에 시커먼 멍 자국을 남겨 놓았다. 게다가 표현의 자유가 위축되었다고 느끼는 이들이 13퍼센트나 되는 것은 민주주의 사회에서 퍽 높은 수치다. 하지만 지금 미국에서 벌어지는 일을 놓고 보면 저 숫자는 그저 사소해 보일 뿐이다.

지금 우리는 자기 검열이 역병처럼 번져나가는 시대를 살아가고 있다. 2020년 7월, 카토 인스티튜트의 연구자들은 개인적 견해를 공적으로 발표할 때 사람들이 느끼는 감정에 대한 설문조사를 진행했다. 자신의 생각을 드러내면 그걸 누군가 공격적으로 받아들일까봐 걱정된다고 응답하는 사람들은 총 62퍼센트로 전체 미국인 중 3분의 2에 육박했다. 민주당 지지자들 중에서는 52퍼센트, 제3당 지지자들은 59퍼센트, 공화당 지지자들은 77퍼센트가 그런 기분을 느끼고 있었으니, 이러한 분위기는 정치적 성향을 넘어서는 문제다.[42]

스스로 침묵을 택하고 마는 사람들. 이런 이야기를 들으면 많은 이들은 거의 반사적으로 억압과 권위에 짓눌린 소외된 노동계급의 모습을 떠올린다. 그러나 오늘날의 자기 검열은 '정치적으로 올바르게' 이루어진다. 인종, 경제적 상황, 정치적 성향, 종교 수준 등을 막론하고 침묵을 강요당하고 있다.

가령 우리는 고학력자들이 폭넓은 지적 사고를 하며 실험을 통한 사실의 확인과 검증을 선호하는 만큼 다양한 소수 견해를 보호하는 오픈 마인드를 지니고 있을 것이라고 여기는 경향이 있다. 그러나 나 자신의 경험에 비추어 보자면 학문의 전당은 다른 그 어느 곳과 마찬가지로 자기검열이 횡행하는 곳이다. 2019년 수행된 조사에 따르면 고졸 이하 학력자의 경우 자기 검열을 한다는 사람이 27퍼센트에 지나지 않았다. 하지만 고졸자와 대학 재학생들은 각각 34퍼센트와 45퍼센트가 자기 검열을 한다고 응답하였던 것이다.[43] (나는 개인적으로 대학원 졸업생들은 아마 더 높은 숫자가 자기 검열을 하고 있을 거라는 데 돈을 걸고 싶다.)

우리는 종종 소수자 그룹에 속해 두려움을 느끼는 건 나 혼자만이라고 느낀다. 그럴 때 우리는 다른 이들의 행동에 대해 잘못 해석하고 다른 이들은 다수 의견에 동의하고 있다고 가정하는 우를 범하곤 한다. 그렇게 침묵 속에 머물면서 우리는 "이렇게 많은 사람들이 틀렸을 리가 없어"라고 생각해버리는 것이다. 이런 행동은 다른 이들에게도 비슷한 메시지를 전하게 되며, 사람들은 서로의 행동을 모방하고 추종하게 된다. 이렇듯 우리는 스스로 깨닫지 못한 채 모두 같은 이유를 들이대며 자기 검열의 거대한 놀이판에서 장기말이 되어버리고 만다. 사람들의 침묵을 먹고 사는 어떤 괴물이 있다고 상상해본다면, 집단 착각이 바로 그런 괴물일 것이다. 집단 착각은 이렇게 태어나고 급속도로 커진다.

목소리를 내고 항의했다가는 목숨을 대가로 치를 수도 있는 권위주의적 체제 하에 살고 있는 사람이라면 침묵을 지키는 것은 필수적인 일일 수도 있다. 하지만 집단 착각을 위해 침묵을 택한다면, 우리는 우리 스스로와 다른 이들에게 적극적으로 해를 끼치는 것이나 다를 바 없다. 특히 민주주의 사회는 그 구성원들이 어떤 입장을 지니고 있건 자신의 견해를 공개적으로 드러내지 않는다면 건강과 활력을 유지하기 어렵다는 점에서, 그러한 침묵의 유해성은 더욱 커진다고 할 수 있다. 또한 침묵은 생산적인 논쟁을 가로막으며, 긴급하게 필요한 대화마저도 이루어지지 못하게 한다. 가령 연구자들은 사람들이 기후변화에 대해 그냥 아무 말도 하지 않는 쪽을 택하는 일이 종종 벌어진다는 사실을 확인했다. 왜냐하면 사람들은 다른 이들이 의견 교환을 원치 않거나 해당 주제에 대해 잘 모르는 것처럼 보일까봐 겁을 내고 있기 때문이었다.[44] 그 결과 기후 변화에 대한 대화는 사라지고, 이는 문자 그대로 우리의 지구를 위협하고 있는 이 사안에 대해, 다른 사람들은 별로 관심이 없다고 오해하게 만드는 결과를 초래한다.

물론 자기 의견을 드러내고자 하는 의지와 수준은 사람마다 다르다. 또한 사람들은 자기편을 들어주는 사람이 있거나 자기 말을 들어주는 사람이 얼마나 친한지 여부에 따라 쉽게 입을 떼기도 한다.[45] 자신의 생각이 다수의 지지를 받고 있다는 걸 확인하기 전까지는 입을 열지 않는 사람들도 많이 있다. 무슨 일이 있어도 발언권을 놓지 않는 사람은 소수에 불과하지만, 어떤 사람들은 자신의 입장이 거의 만장일치에 가까운 지지를 받고 있을 때에야 자기 생각을 꺼내놓기도 하는 것이다. 어떤 이들은 다

수의 지지를 원한다. 그 와중에도 꿀 먹은 벙어리처럼 구는 사람들도 있다.[46]

침묵을 깨고 입을 여는 전환의 시점이 언제인지는 사람마다 다르지만, 그게 어느 때가 됐든 잊지 말아야 할 점이 있다. 발언하는 대신 입을 다물어 버리겠노라 마음먹는 순간 우리는 침묵의 나선으로 다른 이들을 끌어들인다는 것이다. 침묵의 나선은 천천히 만들어진다. 한 번에 한 사람씩 끌어당기다가 점점 더 많은 이들이 말끝을 흐리며 핑계를 대도록 만든다. 비윤리적인 행동이나 명백한 억압, 불공정한 관행과 규칙 따위에 보이지 않는 찬성표를 던지고 마는 것이다. 침묵의 나선은 이렇게 커진다. 이렇듯 구조화된 현실 부정은 결국 너무도 일반화된 나머지 사회의 규범이 되어버리고 만다. 불의가 용납되는 세상이 되는 것이다. 그러니 침묵하는 우리는 모두 적극적 공범이라고 할 수 있다.

의심의 씨앗을 키워라

남북전쟁이 결말로 향하고 있을 무렵, 로렌스 웨어Lawrence Ware라는 해방 노예가 조지아에서 사우스캐롤라이나까지 걸어왔다. 그는 노예 생활을 하는 동안 잃어버린 아내와 가족을 찾고자 했다. 성공 가능성은 희박하고 극히 위험한 여정이었다. 설령 그가 목적지에 당도한다 한들, 전쟁이 끝난 직후의 혼란 속에서 그 흑인 가족은 또 어딘가로 쫓겨나거나 심지어는 구타당하고 목숨을 잃을 수도 있었다. 로렌스 웨어의 증손녀인 타라나 버크Tarana Burke는 이렇게 말하고 있다. "이 이야기를 들을 때마다 저는 생각했어요. 할아버지는 어떻게 그런 일을 해낼 수 있었을까? 나쁜 백인들에게 붙잡히거나 죽을까봐 겁나지 않았을까? 사우스캐롤라이나에 갈 수 있을지, 가족들이 계속 거기 살고 있을지 두렵지 않았을까?" 그래서 저는 언젠가 할머니께 여쭤봤습니다. 왜 할아버지가 그 여정을 거쳐 오실 거라고 생각하고 있었냐고요. 할머니는 대답하셨죠. "증조할아버지는 그게 가능할 거라고 믿고 있었을 거라고, 나도 그렇게 생각했단다."[47]

오늘날을 살아가는 버크 역시 꿈을 꾸고 있다. 성폭력과 성적 학대를 둘러싼, 수 세기에 걸친 침묵의 공조를 깨뜨릴 수 있으리라는 꿈이다.[48] 그는 전 세계로 퍼져나간 '미투' 운동의 창시자로서 우울한 통계 수치를 종종 인용한다. 가령 여아는 넷 중 하나, 남아는 여섯 중 하나가 매년 성폭력을 경험한다. 트랜스젠더 여성의 경우는 매우 대다수가 성폭력 피해자다. 유색인종과 장애인들이 겪는 고통 역시 통계적으로 도드라져 보인다. 흑인 소녀들 중 60 퍼센트는 18세 이전에 성폭력을 경험한 바 있다.[49]

브롱스 출신인 버크는 약 30여 년간 활동가로 살았다. 사회적으로 소외된 젊은이들을 조직하고 지원하는 것이 그의 주된 역할이었다. 그는 알라바마의 한 유스 캠프에서 일할 때 어떤 13세 소녀를 만났고 그 만남이 '미투' 운동으로 이어졌다. 어느 날 버크와 단 둘이 있던 자리에서 소녀는 브롱스에서 자신이 겪었던 성폭력에 대해 털어놓았고, 버크는 할 말을 잃은 채 얼어붙어 버리고 말았던 것이다. 훗날 버크는 이렇게 회상했다. "저는 진실을 마주할 준비가 되어 있지 않았어요." 뭔가 도움을 주고 싶었지만 버크가 할 수 있던 건 그저 그 소녀를 다른 누군가에게 소개해주는 것뿐이었다. 그 소녀는 이후 다시는 유스 캠프로 돌아오지 않았고, 버크는 언제나 궁금했다. 소녀는 그 후에 어떻게 되었을까. 도저히 떨쳐낼 수 없었던 죄책감이 솟아났고, 버크는 스스로에게 묻고 묻고 또 물었다. "왜 저는 '나도 그런 일을 겪었어'라고 말하지 못했을까요?"[50]

2006년, 버크는 입을 열었다. 자신이 만들고자 한 사회 운동을 위해 SNS인 마이스페이스에 페이지를 개설했다. 그 페이지는 점점 조회수를 높이며 이목을 끌었다. 하지만 진짜로 불이 붙기 시작한 것은 2017년 10월의 일이었다. 영화 제작자인 하비 와인스틴이 지속적이고 광범위한 성폭력과 성적 착취로 고발당한 다음이었다. 소수의 유명인사들이 호응하는 가운데 '미투' 운동이 소셜 미디어를 뒤흔들기 시작한 것이다.[51] 배우 알리사 밀라노Alyssa Milano는 이런 트윗을 게시했다. "만약 성희롱이나 성폭력을 당했던 여성들 모두가 프로필에 '#MeToo'라고 써놓는다면 사람들은 이 사안의 무게를 곧장 알 수 있을 것이다."[52] 곧 수백만이 넘는 사람들이 호응하여 자신이 겪은 이야기를 공유하기 시작했다. 훗날 버크가 말했듯 이 운동은 공감의 전파력에 대한 운동이었던 것이다.[53]

잘못된 것에 맞서 목소리를 내는 사람들은 이 세상을 보다 나은 곳으로 바꿀만한 힘을 가지고 있다. 그래서 우리는 종종 그들을 용감한 이들이라 추켜세운다. 물론 이상적으로 보자면 우리는 모두 스스로의 신념을 믿고 중요한 문제에 대해 절대 침묵하지 말아야 할 것이다. 하지만 때로는 우리들 중 가장 용감한 이들조차 물리적, 경제적, 사회적 대가를 두려워하며 목소리 내기를 주저한다. 가령 성적 괴롭힘에 맞서 목소리를 낸 여성들은 본인과 가족의 안전에 대해 걱정하고 있었던 것이다. 폭스 뉴스의 앵커 빌 오라일리Bill O'Reilly의 성적 괴롭힘에 대해 문제를 제기한 여성 중 한 사람인 웬디 월시Wendy Walsh는 이렇게 털어놓기도 했다. "나는 아이들이 걱정됐고, 보복을 당하지 않을까 걱정했습니다. 남자들이 화났을 때 어떤 짓까지 할 수 있을지 아니까요." 그저 직장을 그만둘 처지가 아니라는 이유로 '좋게 좋게 잘 지내는' 힘겨운 결정을 내린 이들도 있었다.[54]

하지만 침묵만이 유일한 선택지일 리는 없다. 그것은 사실과 거리가 멀다.

합의의 함정Consensus Trap에서 벗어나기 위해 할 수 있는 한 가지 간단한 일이 있다. 합의된 견해라고 여겨지는 것을 의심할 수 있을만한 작은 힌트를 제공하는 것이다. 진짜건 아니건 다수로 여겨지는 사람들의 의견이 사실이며 올바른지 알아보기 위해서는 아주 작은 의심의 씨앗만 있어도 충분하다. 가령 이런 말을 해보는 것이다. "아직 마음을 정하지 않았어요." 혹은 "한편으로는 A라고 볼 수 있지만 다른 한편으로는…." 다른 선택지가 있다는 것을 드러내기 위해서라면 이런 화법도 가능하다. "저는 …

한 친구가 있는데요", "…라고 하는 글을 어딘가에서 읽었거든요." 이렇게 말함으로써 우리는 대화의 주제에서 벗어나지 않으면서도 집단 착각을 부정할 수 있는 여지를 남겨둘 수 있다. 또한 기꺼이 반발 의사를 드러내지는 못하는 다른 이들 또한 한숨 돌릴 여지를 갖게 되는 것이다. 사안에 양면성이 있거나 의견이 혼재되어 있다는 것을 드러내는 것만으로도 도화선에 불꽃이 붙는 경우도 종종 있다. 일단 문틈이 열리고 나면 다른 사람들이 용기를 내어 뒤따라오게 되는 것이다.

주류 의견과 대립되는 입장을 드러낸다고 해서 반드시 집단의 분노가 우리의 머리 위로 쏟아질 것이라고 볼 수는 없다는 점 또한 잊지 말아야 한다. 사실 그보다는 정반대의 상황이 벌어질 가능성이 더 높다. 비행청소년 조니 로코에 대한 사고 실험을 떠올려보면 알 수 있다시피, 실험 참가자들 중 다수는 일부러 삐딱한 의견을 내는 '톰'을 즉각 추방하거나 하지 않았다. 대신 그들은 톰이 생각을 바꾸도록 설득하고자 노력했다. 다수 의견과 대치되는 생각을 드러내는 것은 다른 이들의 진심을 파악할 수 있는 탁월한 방법 중 하나인 것이다. 일부러 반대 의견을 내보았을 때에도 사람들이 반대편에서 강한 입장을 드러낸다면, 우리는 그 의견을 낸 사람들이 해당 집단의 진정한 관점을 반영하고 있다고 간주할 수 있다. (물론 그렇다고 해서 우리가 그 다수의 관점에 반드시 따라야 한다는 뜻은 되지 않지만, 다수의 지지를 받는다는 것은 적어도 그 의견이 공허하지는 않다는 뜻으로 여겨진다.) 반면 적잖은 사람들이 우리가 제시한 새로운 입장에 쉽게 따라오고 있다면 우리는 그동안 이

집단이 침묵의 나선에 빠져 있었다는 것을 알 수 있으며, 이제는 더 넓게 대화의 물꼬를 틀 때가 된 것이다.

물론 여전히 주의를 기울여야 할 부분이 몇몇 군데 남아 있다. 의혹의 씨앗을 심을 때는 진실한 태도로 접근해야 한다는 점이 중요하다. 본인이 믿지 않거나 그다지 중요하게 생각하지 않는 반대 의견을 집단 앞에 제시하는 것은 그리 큰 도움이 되지 않는다. 다른 사람들이 스스로의 정직한 견해를 드러내도록 돕는 것이 핵심이다. 모든 훌륭한 토론 참여자가 그렇듯, 우리는 반대 견해에 뭔가 긍정적인 면이 있을 것이라는 점을 인식하고 있어야 한다. 다수 견해에 그 어떤 바람직한 면도 없지만 해당 주제가 본인에게 매우 중요하다고 느끼는 사람이라면 왜 내가 기꺼이 발언하고 있지 않은지 스스로 물어봐야 한다.

신체적·경제적 탄압을 받을까 우려된다면 익명으로 의견을 제시할 방법을 알아보아야 할 것이다. 또는 그 문제가 대단히 중요하다면 같은 생각을 지닌 이들을 규합할 필요가 있다. 위에서 언급한 이유 때문에 침묵하게 된 것인지 스스로에게 질문을 던져보고, 자신의 행동 동기가 무엇인지 민감하게 따져보아야 한다.

일단 침묵의 봉인이 깨지고 나면 집단의 입장이 무엇인지 알 수 있다. 우리가 만들어놓은 소수 의견의 탈출구를 다른 이들도 사용하기 시작하면서 집단 착각은 허물어지기 시작한다. 그리고 우리는 정직한 태도로 진실에 가깝게 해당 주제를 탐구해나갈 수 있는 것이다. 또한 우리는 집단 착각으로 인해 어둠 속에 묻혀 있던 것이 무엇인지도 밝혀낼 수 있게 된다. 이런 토론은 우리가 집단의 분위기에 순응할지 아닐지 여부를 결정하는 데에도 도움을 줄 수 있다. 또한 우리는 스스로의 관점에 대해 정직하게 이야기할 수 있게 되며, 그런 효과는 다른 이들에게도 마찬가지로 적용된다. 개인으로서 우리는 명백한 다수에 포위되어 있을 때 무력감을 느끼기 쉽다. 하지만 집단 착각의 먹구름이 걷히고 새로운 집단 착각이 생기지 않도록 예방하며 보다 정확한 현실 인식이 공유되는 경우도 있다. 때로는 진실을 말하는 단 한 사람이 그런 일을 해내곤 한다.

2부

사회적 딜레마

Our Social Dilemma

우리는 혼자서는 살 수 없다. 우리의 삶은 보이지 않는 수천 개의 끈으로 이어져 있으며, 그 공감의 선을 따라 원인이 되는 우리의 행동이 나가고 결과가 되는 무엇이 되돌아온다.

— 허먼 멜빌

4장

작은 카멜레온

LITTLE CHAMELEONS

우리는 순응으로 인해 반쯤 망가지지만,
순응하지 않는다면 완전히 망가지고 만다.
— 찰스 더들리 워너

아래 제시된 두 그림을 살펴보자. 오른쪽 그림의 세 직선 중 왼쪽 그림의 직선과 길이가 같은 것은 무엇인가?

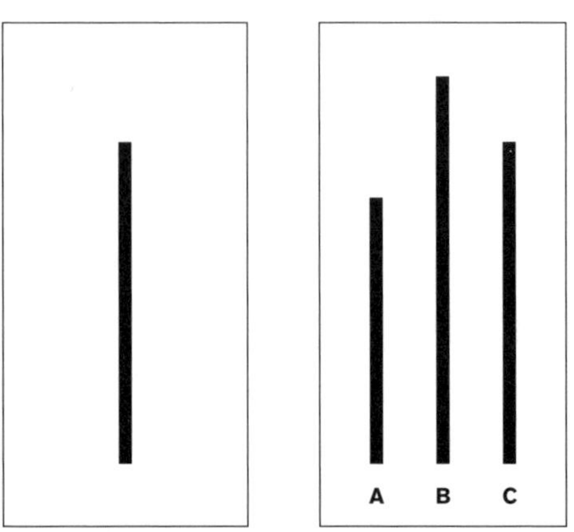

정답은 너무도 뻔해 보인다.

하지만 이 문제를 다른 사람 일곱 명과 같이 풀고 있다고 해보자. 이제 당신이 어떤 대답을 하느냐도 실험의 일부다. 두 그림을 유심히 바라본 당신은 첫 번째 그림에 그려진 직선의 길이가 두 번째 그림의 C의 길이와 같다는 결론을 내렸다(실제로도 그게 정답이다.). 하지만 여기 함정이 있다. 실험이 수행되는 방에는 사람들이 줄지어 앉아 있고, 그들은 각자의 의견을 순서대로 제시하며, 당신은 그 줄 제일 끝에 앉아 있는 것이다.

당신이 대답 순서를 기다리는 동안 다른 이들이 하나씩 답을 해나가는데, 그들은 모두 확신이 넘치는 목소리로 B가 정답이라고 이야기한다고 해보자.

이제 당신의 차례다. 당신은 굵은 선이 그어져 있는 두 장의 그림을 뚫어져라 쳐다본다. 내가 지금 남들이 다 보고 있는 걸 놓치고 있는 걸까? 이 사람들이 다 틀렸단 말인가? 당신은 스스로의 지각을 의심하기 시작했다. 정신이 아득해진다. 내 생각이 옳다고 고집하면서 다른 사람들이 모두 틀렸다고 이야기해야 하는 걸까? 아니면 어찌어찌해서 결국 B가 맞는 걸까? 내 줏대를 지키는 게 옳을까, 아니면 내 눈으로 보이는 증거를 무시하고 다른 사람들의 의견에 따라야 할까?

물론 대부분의 심리학 실험이 그렇듯 실험 대상인 당신이 모르는 사실이 몇 개 있다. 첫째, 당신과 같은 실험군에 속한 다른 사람 일곱 명은 이른바 협조자Confederate들이다. 이 연구를 기획한 연구자들과 같은 편이라는 소리다. 둘째, 이들은 모두 명백한 정답(C)이 마치 명백한 정답이 아닌 것처럼 행동하라는 지시를 받은 사람들이다.

아는 사람이 나 혼자뿐인 진실은 과연 진실일까? 우리 대부분은 저 질문에 '그렇다'고 답한다. 진실은 사람에 따라 움직이지 않는다고 말이다. 하지만 솔로몬 애쉬Solomon Asch라는 심리학자가 1950년대에 진행한 사회심리학 실험 결과는 그렇지 않았다.

이것이 바로 그 유명한 여덟 명의 대학생 그룹 실험이다. 피험자가 된 123명의 학생들은 모두 같은 조건 하에 두 장의 카드를 받았는데, 그 중 3분의 2가 적어도 한 번 정도는 다수의 의견에 따라 잘못된 답을 내놓았다. 물론 일부는 다수의 압력에도 불구하고 끝까지 자기 눈으로 본 내용을 고수했지만, 본인이 오답을 말하고 있다는 걸 알면서도 잘못된 답을 이야기한 경우 역시 약 37퍼센트에 달했다. 이 실험의 결과를 두고 애쉬는 이런 결론을 내렸다. "피험자들은 전반적으로 자신감의 결여를 보였으며, 그들은 그런 자신감 부족을 어떻게든 숨겨야만 했다. 다수의 일원으로 묻어가고자 하는 욕망이 기본적으로 절박하게 깔려 있었고 그런 자기 기만이 장기적으로 미치는 영향에 대해서는 깨닫지 못하고 있었다."[1]

실험을 되짚어 보면, 모든 참가자들은 자신들이 얼마나 순응하고 있는지 과소평가하는 경향을 보였다. 심지어 더욱 이상한 경우도 있었다. 다수에 항복한 이들 중 일부는 본인들의 눈에 보이는 것을 믿지 않고 대신 큰 집단이 이야기한 것을 철석같이 믿고 있었던 것이다. 이 현상은 애쉬를 의아하게 만들었다. 그들은 본인들이 택한 답이 오답이라는 걸 끝내 모르고자 했던 것일까? 아니면 집단의 힘에 밀린 나머지 인식 자체가 왜곡된 걸까? 애쉬는 이 질문에 대한 답을 찾지 못한 채 세상을 뜨고 말았다.[2]

먼 훗날인 2005년 에모리 대학의 심리상담사 겸 신경과학자인 그레고리 번스Gregory Berns는 애쉬의 실험을 재현했다. 번스에게는 애쉬가 활동하던 시절까지 세상에 존재하지도 않던 새로운 도구가 쥐어져 있었다. fMRI라는 새로운 기술을 통해 번스는 피험자가 결정을 내릴 때 그들의 뇌에서 어떤 일이 벌어지고 있는지 관찰할 수 있었다. 번스는 피험자들이 집단에 순응할 때마다 확신과 보상에 관련된 뇌의 영역이 활성화된다는 것을 발견했다. 반면 피험자들이 집단의 의견에 동의하지 않을 때면, 불쾌한 감정과 연관되어 있는 뇌의 영역인 소뇌 편도가 피험자에게 '오류 신호'를 보냈고 그로 인해 피험자들은 불편함을 느끼게 되었다. 더 흥미로운 점도 있었다. 집단의 의견에 순응한 사람들의 뇌의 시각 시스템에 실제로 **물리적** 변화가 일어났던 것이다. 이는 그 사람들이 실제로 보고 있는 내용 자체가 달라질 수 있음을 시사했다. 그러니 집단에 순응한 사람들 중 일부는 그들 눈에 보이는 그대로의 진실을 이야기하고 있던 셈이다. 일부 전문가들이 '통제된 환각Controlled Hallucination'이라 부르는 그런 착시를 경험하고 있었던 것이다.[3]

애쉬와 번스가 모두 확인했다시피, 우리 인간은 집단과 달라붙어 있도록 생물학적 차원에서 결정된 존재다. 우리가 순응의 함정에 빠져드는 이유도 바로 그렇게 설명된다. 우리가 아는 한, 우리 인류는 지구상의 모든 생물 중 가장 사회적인 동물이다. 이 독특한 사회적 성향 덕분에 우리 인류는 다른 그 어떤 종과도 비교 불가한 수준의 협력을 해내며 번창할 수 있었다. 우리는 외톨이가 되는 것을 피하기 위해서라면 자기 눈으로 볼 수 있는 증거마저 믿지 않을 정도로 사회적인 동물인 것이다. 우리는 심지어 스스로 원치 않더라도 자신을 다른 이들과 비교하면서 그들처럼 행동하도록 생물학적으로 프로그래밍 되어 있다고까지 이야기할 수 있다. 우리가 집단 착각에 극히 취약한 이유 중 하나다. 그러므로 순응의 함정에 빠지지 않고자 않다면, 순응의 함정의 바닥에 깔린 사회적 본능에 대해 보다 잘 이해해야 하는 것이다.

호모 사피엔스의 사회적 기술

인간 유아, 성체가 된 침팬지, 그리고 원숙한 오랑우탄 한 마리가 있다고 해보자. 이들 중 도구를 사용하고, 어떤 장난감이 더 큰지 알아내고, 보상이 있는 곳을 알아내는 일을 가장 잘 하는 건 누구일까?

인간 유아라고 생각한다면 오산이다.

2세 이상 어린이를 대상으로 한 종별 교차 실험 결과를 살펴보자. 앞서 말한 것처럼 물리적 환경과 관련되어 있는 테스트에서 인간 유아는 인류의 친척이라 할 수 있는 침팬지와 오랑우탄들과 그리 다를 바 없는 점수를 기록했다. 하지만 의사소통을 하며 다른 이의 생각을 추측하는 것과 관련된 사회적 능력 실험에서 유아들은 유인원을 최소한 두 배 이상의 점수로 따돌리고 있었다. 물리적 세계를 다루는 능력에서 인간이 기타 유인원보다 반드시 더 똑똑하다고 할 수는 없다. 하지만 인간처럼 사회적 지향성을 지니고 있으며 다른 이의 반응을 관찰하고 따라하는데 있어서 침팬지나 오랑우탄은 인간과 비슷한 수준에 절대 도달하지 못한다는 것이 연구자들의 결론이었다.[4]

이러한 사회적 기술은 어떻게 진화한 것일까? 인류학자들은 약 2백만 년 전, 수렵 채집 단계에 있던 우리의 조상들이 거대한 가족 집단을 이루고 살며 생존에 도움을 받았을 것이라 생각한다. 이렇게 우리의 조상님들은 예측 불가능한 환경을 헤쳐 나가며 포식자를 물리치고 식량을 비롯해 생존에 필요한 자원을 확보해 나갔던 것이다.[5] 이 초기 인류들은 또한 시간 감각 및 의사소통 능력을 발전시켜 나갔고, 그 결과 인류는 가장 가까운 사촌인 침팬지와 다른 길을 걷게 되었다. 지금까지 확인된 바에 따르면 침팬지는 엄청나게 더웠던 지난 여름 날씨라던가 다음 주에 눈이 올지 말지 따위를 놓고 다른 침팬지와 잡담을 나누지 못한다.[6]

우리 호모 사피엔스가 복잡한 언어를 구사할 수 있게 되면서 모든 것이 달라졌다. 우리는 물리적인 사물이나 상황과 맥락이 주어져 있지 않더라도 복잡한 설명을 해낼 수 있다. 가령 "이 딸기는 먹어도 괜찮아, 이 도구는 짐승의 가죽을 벗겨내기에 제격이야, 저곳에서는 강을 건널 수 있어, 이렇게 불을 피우면 돼" 같은 이야기를 할 수 있게 된 것이다. 우리는 과거와 미래를 상상할 수 있게 되었을 뿐만 아니라 우리가 지금 하는 것을 근거로 다른 이들의 생각 역시 추측하기 시작했다. 그렇게 우리의 사회적 생활이 점점 더 복잡하게 얽혀 들어갈수록 우리의 뇌 또한 집단화되고 있었다.[7]

그 후로 수천 세대가 이어져 왔다. 우리의 사회성을 지탱하고 의사소통을 가능케 해주는 뇌 신경은 점점 더 커졌고, 현재는 침팬지의 세 배에 달한다. 사회적 두뇌가 발달하는 방향으로 진화한 인류는 또한 자손들에게 지식을 전수하기 시작했다.[8] 우리는 추상적인 기호에 대한 공통의 이해 방식을 개발해냈다. 들소를 쫓고 말과 함께 달리는 그림을 동굴에 벽화로 남기고 있었던 것이다. 우리는 인위적인 장례 의식을 만들고 점점 더 복잡한 문제를 함께 해결해 나갔다. 우리는 문화와 종교를 개발했다. "인생이란 무엇인가?", "우리는 왜 여기 있는가" 같은 공통의 질문에 대답할 필요를 느꼈기 때문이다. 이런 질문에 함께 대답을 찾아 나가는 가운데 인류는 심지어 유아들마저도 다른 동물이 따라오지 못하는 사회성을 지니는 동물이 됐고, 이 행성을 지배하는 종으로 거듭났다.

살아남기 위한 몸부림

갓 태어난 기린이나 말의 모습이 담긴 영상을 틀어보자. 양수가 채 마르지도 않은 이 갓 태어난 생명체들이 네 다리로 딛고 일어나 걸어가려 하는 모습을 보며 우리는 경탄하게 된다. 이것은 본능에 따른 것이다. 핥아주고 일으켜주는 엄마의 도움을 받아 갓 태어난 동물은 한 시간 내로 걷게 되고 최대한 빠른 속도로 달리는 법을 배운다. 포식자에게 잡아먹히지 않기 위해 DNA에 새겨진 과정이다.

반면 우리 인간에게는 이런 능력이 결여되어 있다. 생후 6개월 된 아기들은 대체로 기어 다니는 법을 배우지만 거의 대부분은 생후 12개월까지 걷지 못한다. 인간은 모든 생물종 가운데 가장 긴 유아기를 지니는 동물이라는 자랑스러운 기록을 보유하고 있다. 아기들은 최소한의 생존 능력을 갖기 위해 임신 기간보다 더 오랜 기간을 어른들에 의존해야 한다. 인간 아기의 의존 기간이 이렇게 기이하리만치 길어진 이유는 우리 인류가 이족 보행을 하고 있기 때문이다. 이족 보행으로 인해 우리의 머리 크기에 비해 골반의 크기가 좁아졌다. 인간 여성의 엉덩이는 우리가 자궁에서 더 긴 기간 성장할 수 있을 정도로 크지 않다. 그래서 우리는 어쩔 수 없이 다른 동물에 비해 일찍 태어나게 된 것이다. 그 대신 우리는 유독 돋보일 정도로 큰 두뇌를 갖게 되었고, 그 능력에 힘입어 환경에 적응하고, 배우며, 생존해 나갈 수 있게 되었다.

태어나는 그 순간부터 인간 아기는 모든 감각을 동원해 양육자에게 속절없이 의존하며, 울음을 터뜨림으로써 의사소통한다. 아기가 고개를 가누거나 자발적으로 팔과 입을 움직이기 위해서는 생후 몇 주의 시간이 더 필요하다. 그 전까지는 배가 고프거나, 기저귀가 축축하거나, 피곤할 때 아기는 그저 우는 것 외에는 달리 할 수 있는 게 없다. 하지만 아기 입장에서는 울기만 하면 문제가 해결되는 것이기도 하다. 양육자가 아기에게 애정과 애착을 느끼고 있다면 아기와 양육자는 모두 친밀감을 증대해주는 호르몬인 옥시토신의 분비를 경험하게 된다. 그 호르몬의 작용으로 어른은 아기를 지키고 싶어지며 아기는 안전과 편안을 느끼게 되는 것이다. 머지않아 아기는 양육자의 얼굴 표정을 인식하고 이해할 수 있게 되며, 곧 그것을 모방하기 시작한다. 미소는 미소를 낳고, 찡그린 표정은 찡그린 표정으로 이어진다. 이런 표정과 감정의 교환을 통해 더욱 공고한 유대가 형성된다.[9]

이러한 모방 행위는 우리를 사회적 존재로 형성하는데 있어서 핵심적인 기능을 수행한다.[10] 사실 다른 이를 따라 하고자 하는 신경학적 본능은 너무도 깊숙이 박혀 있는 터라 우리는 아무런 이유도 없이 딱히 의지를 동원할 필요도 없이 남을 따라한다. 대체 왜일까?

이른바 '거울 뉴런Mirror Neurons'이라 불리는 두뇌 속 신경에 그 답이 있을지도 모른다. 다른 누군가가 무언가를 하고 있는 모습을 볼 때 거울 뉴런은 활성화된다.[11] 거울 뉴런은 모방에만 관여하는 신경 회로가 아니다. 다른 이들의 경험을 이해하고 공감할 때에도 거울 뉴런이 관여한다.[12] 즉 거울 뉴런은 본래 우리가 보고 들은 것을 흉내 내는 것을 본래 기능으로 하고 있지만 실제로는 우리가 관찰한 것을 수용하는 역할을 담당하고 있다.[13] 어떤 동작을 관찰하면 우리의 두뇌는 자동적으로 근육을 움직여 방금 본 것을 모방하고자 한다. 이렇게 우리는 다른 이들을 통해 빠른 속도로 배워나가게 되는데, 이 모든 과정은 전적으로 무의식적 차원에서 이루어진다. 모방 충동은 사회적 연결망을 형성하는 역할도 한다. 누군가를 따라한다는 건 결국 그에게 찬사를 보내는 것과 크게 다르지 않으니 말이다.

워싱턴 대학에서 가르치고 있는 나의 동료인 앤드 멜트조프Andy Meltzoff는 이러한 학습 과정을 탐구하기 위해 아이들이 모방을 통해 배우는 과정을 관찰했다. 멜트조프는 14개월 된 아기와 엄마로 이루어진 피험 그룹을 70팀 확보하여, 엄마가 아기를 무릎에 앉혀놓고 있는 동안 뇌파의 변화를 관찰했다. 연구자는 아기를 마주 보는 위치에 앉아 있었고, 연구자와 아기 사이에는 깨끗한 플라스틱 돔 형태의 장난감이 놓여 있었다. 실험자는 손이나 발로 플라스틱 돔을 건드린다. 그러면 음악과 함께 장난감에서 화려한 색깔의 조명이 돌아가는 것이다.

결과는 예상대로였다. 실험자가 장난감을 발로 건드리면 아기의 두뇌에서도 지각 및 이동에 관련한 대뇌피질이 활성화되는 것을 확인할 수 있었다. 실험자가 플라스틱 장난감을 왼손으로 만지면 아기의 두뇌 중 왼쪽 관련 부분이 활성화되고, 오른손으로 만지면 오른쪽 관련 부분이 활성화되었다. 이 현상을 달리 표현해 보자면, 아기는 실험자의 손과 발을 마치 자신의 것인 양 연결 짓고 있었다. 어른의 행동은 모방을 통해 그 자녀들로 이어지게 되는 것이었다. 멜트조프는 이 현상을 이렇게 설명했다. "아기들은 당신을 보면서 동시에 스스로를 보게 된다."[14] 지각과 행동 제어 사이의 이 연결은 아기가 성장하면서 더욱 튼튼해진다.[15] 즉 양육자가 아이와 맺는 무의식적 상호 모방 관계는 양자 모두에게 친숙함과 애정에 기반을 둔 관계를 제공해주며, 이는 공유된 문화에 대한 적극적 참여로 이어지는 것이다.

우리는 아무리 자란다 해도 이 본능적인 모방으로부터 벗어날 수 없다. 모방은 우리 인간을 규정짓는 본질 중 하나가 되어 있다. 너무도 보편적인 현상이기 때문에 아예 따로 이름이 붙어있을 정도다. 이름하여 '카멜레온 효과Chameleon Effect'다. 마치 주변 환경에 따라 자동적으로 피부색을 바꾸는 카멜레온처럼, 다른 사람의 행동을 지켜보는 것만으로도 우리는 비슷한 방식으로 행동하게 된다는 것이다. 이렇게 우리는 춤추는 법, 글씨 쓰는 법,

공 던지는 법, 나이프와 포크를 사용하는 법, 언어를 통해 스스로를 표현하는 법, 그 외에도 헤아릴 수 없이 다양한 것들을 배운다.

내 친구 제니의 경우를 살펴보자. 제니는 음악가답게 소리에 예민하고, 낯선 발음을 민감하게 감지한다 (그래서 외국어를 여럿 구사할 줄 안다.). 몇 년 전, 제니는 아일랜드의 골웨이Galway로 몇 주간 휴가를 다녀왔다. 그러더니 골웨이 토박이처럼 말하고 있었다. '아이리시Irish'는 '오위리시Oyrish'로, '어언Earn'은 '아인Ayrn'으로, '앨러바머Alabama'는 a 발음을 약하게 하면서 단어 끝에는 미국인들이 (caught라고 발음할 때처럼) 묵음 처리하는 ts 발음을 넣고 있던 것이었다.

나는 제니에게 물었다. "대체 그 억양은 뭐야?"

제니는 웃음을 터뜨리며 대답했다. "오 그려, 나 완저언 모라써(나 완전 몰랐어)".

며칠 지나고 나자 제니는 그 전까지 쓰던 미국식 억양을 되찾았다. 그때 있었던 일을 나중에 회고하면서 제니는 이렇게 털어놓았다. "내 안에 어떤 사회적 단절이 생긴 것 같다고 느꼈어. 다른 나라에 갔다가 오면 그래. 어떤 사람이 '진짜 나'인지, 그걸 언제 보여주게 되는지, 헷갈리더라고."

독자 여러분은 이런 사회적 단절Social Fracture을 직접 경험했을 수도 있고, 다른 사람이 겪고 있는 걸 목격했을 수도 있을 것이다. 사회적 단절은 사회화, 친구 만들기, 자아 찾기의 일부로 여겨지기 십상이지만, 현실은 그보다 복잡하다. 우리는 우리의 사회적, 물리적 환경에 따라, 마치 카멜레온처럼 우리 행태의 '색깔'을 자동적으로 그리고 지속적으로 바꾸고 있는 것이다.

뉴욕대학교에서 1999년 진행된 한 실험은 바로 이 카멜레온 효과가 어떻게 작동하는지 적나라하게 보여준다. 연구자들은 서로 관련 없는 두 사람을 불러다 놓고 다양한 색깔의 사진을 보여주면서 사진의 내용을 묘사해보라고 지시했다. (여기서 한 명은 실험 협조자고 다른 한 명은 실험 대상자가 된다.) 실험 참여자들은 이 사진이 심리학 실험에 사용된다는 이야기를 들은 상태다. 하지만 이 실험의 진짜 목적은 따로 있다. 피험자의 행동에 실험 협조자의 행동이 얼마나 반영되는지 알아보고자 하는 것이다.

실험이 시작되면 실험 협조자는 그림을 보고 본인의 생각을 피험자와 나눈다. 그 그림을 보고 무슨 감정을 느끼는지, 어떤 이야기가 이어질 수 있을지 본인 생각을 털어놓는 것이다. 가령 이런 식이다. "남자가 치와와를 안고 있는 사진이네요. 개가 다리에 깁스를 하고 있어요. 그러니까 부러졌다는 건데…. 이 남자 인상이 좋아 보이네요. 그러니까 개를 딱하게 생각하면서 도와주려고 하는 거겠죠." 이제 피험자가 다른 사진을 보고 내용을 묘사할 차례다. 이렇게 두 사람은 총 12장의 이미지를 두고 본인의 생각을 이야기한다. 실험은 두 차례에 걸쳐 진행되고, 참여자는 실험 회차별로 각각 다른 두 명의 실험 협조자와 함께해야 한다. 실험 협조자는 때로 다리를 떨거나 두 손으로 얼굴을 비빈다. 한 번의 실험에서 협조자는 피험자와 눈을 거의 마주치지 않고 웃어주지도 않는다. 다른 실험에서는 눈을 마주치며 미소를 보낸다.

뉴욕 대학의 타냐 차트랜드Tanya Chartrand와 존 바그John Bargh가 확인한 바에 따르면, 피험자 중 3분의 1은 실험 협조자가 하듯이 다리를 떨고 얼굴을 비볐다. 이와 같은 행위 모방은 협조자가 웃고 있느냐 아니냐와 상관이 없었다. 우리는 특별한 이유가 없더라도 다른 사람들의 행동을 무의식적으로 모방한다는 것이 두 연구자가 내린 결론이었다.

카멜레온이 몸의 색깔을 바꾸는 이유는 분명하다. 열대우림 속에서 포식자를 피해 살아남기 위해 작은 도마뱀이 할 수 있는 일이 달리 무엇이 또 있겠는가? 반면 인간이 남을 흉내 내는 이유는 그보다 설명하기 어렵다. 차트랜드와 바그는 가설을 제시했다. 우리의 모방 본능은 환경 적응의 목적이 있을 수 있다는 것이었다. 그들이 진행한 두 번째 실험에서 실험 협조자들은 피험자의 행동을 따라했다. 그러자 상대가 자신을 따라하는 것을 본 피험자들은 상대가 자신을 따라하지 않을 때보다 훨씬 부드럽고 편안한 의사소통을 하고 있다고 느끼게 되었다. 기본적으로 우리는 모방의 대상이 되는 것을 좋아한다. 다른 이들이 우리를 흉내 내면 우리는 그들에게 보다 공감을 느끼게 되는 것이다. 그러므로 모방성은 일종의 '사회적 접착제' 역할을 하며, 그것은 그 어떤 의식적 행위보다 우리를 더욱 공동체에 끈끈하게 엮어줌으로써, 생존의 가능성을 높여준다.[16]

이는 십대 청소년들의 또래 집단을 보기만 해도 알 수 있는 일이다. 청소년들의 손놀림, 고개 까딱거림, 목소리 톤 등에 주의를 기울여 보자. 마치 물고기 떼처럼 움직인다. 아기나 어른들의 경우와 마찬가지로 청소년들의 행동 역시 주변을 반영한다. 누군가 웃는 것을 보면 자신들도 웃는 것이다. 이와 같은 상호 작용이 자주 벌어질수록 사람들은 소속감을 느끼며 서로를 보호하고자 하는 욕구를 느낀다. 모든 십대 청소년들이 원하는 것이 바로 그런 것이기도 하다. 사실 이와 같은 본능은 너무도 강력한 나머지, 낯선 사람과 만나기 전에 매우 정중한 사람과 접한 이는 낯선 사람을 만났을 때 보다 정중한 태도를 취한다는 실험 결과가 있을 정도다.[17]

하지만 이런 본능에 어두운 면이 없을 리 없다. 우리는 다른 이들의 **욕망** 역시 본능적으로 모방해버리고 마는 것이다. 바로 이 지점에서 우리는 원치 않는 문제로 빨려 들어가게 된다.

다른 사람의 욕망에 주목하다

지금 당신은 극장에 들어와 있다. 과자 코너로 한 걸음씩 다가갈 때마다 뜨거운 버터가 뿌려진 팝콘 냄새가 코를 찌르고 침샘을 자극한다. 카운터 너머에는 나초 한 바구니와 그걸 찍어먹기 딱 좋아 보이는 황금빛 치즈가 담긴 상자가 있고, 당신의 눈길은 그곳으로 향한다. 흠. 분명 그 나초를 보기 직전까지만 해도 당신은 팝콘 냄새에 끌려 이곳에 왔고 쫀득이 같은 것도 하나 먹을까 하고 있었다. 하지만 당신보다 앞서 과자 코너에 줄을 선 사람들 중 벌써 두 명이 나초를 시켰다. 한 걸음씩 다가갈수록, 당장 판매 가능하도록 세팅되어 있는 나초는 이제 하나밖에 없다는 사실이 자꾸 눈에 걸린다.

이제 당신이 주문할 차례다. 이미 마음은 정해졌다. "나초 하나에 쫀득이 하나 주세요." 신용카드를 건네는 당신은 웃음을 감출 수 없다. 다른 쪽 줄을 담당하는 직원이 "죄송한데요, 지금 나초는 다 떨어졌어요"라고 말하는 소리가 들려왔기 때문이다. 그 짧은 찰나의 순간에, 종이 바구니에 담긴 나초 세트 하나가 순식간에 치열한 경쟁의 대상이 되고 만 셈이다. 별 것 아닌 사소한 것, 방금 전까지만 해도 신경조차 쓰지 않았던 것이, 어째서 이렇게 중요한 가치를 지니게 되었을까?

프랑스의 역사학자이며 철학자인 르네 지라르는 인류의 광대한 역사를 통틀어 등장하는, 이와 같은 갈망을 추적하는데 오랜 세월을 바쳐 왔다. 그는 그것을 '모방 욕망Mimetic Desires'이라 불렀다. 우리는 자신의 내면에 있는 것을 추구하지 않는다. 우리는 다른 사람들의 행위를 해석하여 의미를 찾고 다른 사람들이 원하는 것을 원하고자 한다.

모방 욕망의 작동 방식을 살펴보자. 우리의 뇌신경은 누가 됐건 두 사람이 만나면 그들이 서로를 모방하고 싶어 하도록 만들어져 있다. 우리의 뇌는 그렇게 생겼다. 심지어 아무 의미 없는 추상적 기호를 선택하더라도, 남들이 더 선호한다고 여기는 기호를 골랐을 때 뇌는 더 많은 보상 신호를 내보내는 것이다.[18] (그러니 사람들이 나이키 같은 유명 브랜드에 끌리는 것도, 나이키가 마이클 조던

같은 스타를 모델로 기용해 값비싼 농구화 따위를 내놓는 것도, 모두 전혀 놀랄 일이 아니다. 우리가 중요하다고 생각하는 사람이 선택한 브랜드에 돈을 쓸 때마다 우리 뇌의 보상 체계는 작지만 즐거운 함성을 지르게 되는 것이다. 또한 그런 값비싼 운동화를 신으면 마치 우리도 마이클 조던이 된 것처럼 좀 더 빨리 달리고 좀 더 높이 뛸 수 있을 것만 같은 기분이 든다.) 지라르는 여기서 한 걸음 더 나아갔다. 우리는 다른 누군가의 욕망을 목격하면, **심지어 실은 자신이 그것을 원하지 않을 때조차** 다른 사람과 같은 것을 원하게 된다는 것이다. 그런 상황 속에서 우리의 뇌는 자동적으로 상상의 경쟁자에게 초점을 맞춘다. 그리고 시간이 지나면서 그 상상의 경쟁자는 점점 현실이 되어 간다.

가령 두 사람이 장난감 가게에서 각자 챙겨야 할 아이를 위한 장난감을 고르고 있다고 해보자. 편의상 그들에게 '해리엇'과 '빅터'라는 이름을 붙여보도록 하겠다. 빅터의 시선은 해리엇이 바라보고 있는 봉제 기린 인형을 향해 있다. 해리엇은 그 사실을 알고는, 서둘러 기린 인형을 집으려 든다. 그런데 바로 그 행동 때문에 빅터는 경쟁심이 생겨서 마치 본인이 그 기린 인형을 원하는 것처럼 행동하게 되는 것이다.

이러한 경쟁은 즉각적으로 환상을 불러일으킨다. 기린 인형에 대한 욕망은 점점 더 강해져서 결국 현실이 되고 만다. 빅터가 처음에 진짜 그 인형을 원했는지 아닌지는 이제 중요하지 않다. 지금은 두 사람 모두가 그 인형을 원하고 있다.[19] 그러니 우리의 욕망 중 스스로와 남에게 진실하고자 하는 것은 실현되지 않는다. 대신 우리는 마지막 남은 나초를 사겠다고 달려들고, 사랑의

삼각관계에서 골머리를 앓으며, 이상한 패션이 유행하는 것을 보게 되는 것이다.

모방 욕망이 낳을 수 있는 결과는 두 가지, 하나는 좋은 것이고 하나는 나쁜 것이다. 집단 구성원끼리 보다 나은 연결감을 얻을 수 있다는 것은 긍정적인 면이다. 목적물이 공유 가능하여 경쟁하지 않고도 두 사람이 같은 목표를 추구할 수 있다면, 그들이 가진 공통의 욕망은 확산 가능하다.[20] 특히 종교적 신앙심 같은 특정 사례는 바로 이런 공유된 욕망에 기반하고 있으며, 그 위에서 공통의 이해와 안정감이 나온다. 오래 전부터 이어져온 노래를 즐거운 마음으로 부르고, 서로를 끌어안으며, 옥시토신이 분비되고, 사랑과 공감을 키워나가는 것이다. 그럴 때 우리는 '다른 사람의 입장에서' 세상을 바라보면서 그들이 느끼는 감정과 욕망에 주목하게 된다. 다양한 관점을 지닌 이들에게도 같은 공감을 느껴서 그들의 차이를 인식하게 된다면 더 바랄 나위 없을 것이다.[21]

하지만 모방 욕망은 훨씬 어두운 결과를 낳을 수도 있다. 공유할 수 **없는** 것을 사람들이 함께 원하면 경쟁은 치열해지고 대립 구도가 형성되며 폭력이 분출되기도 한다. 모세가 받아온 십계명에 "네 이웃의 아내를 탐하지 말라"고 써있던 것만 보아도 알 수 있듯, 서구 문명은 출발부터 이러한 욕망을 금기시해 왔다. 다른 사례도 마찬가지다. 두 아기가 장난감 하나를 두고 싸우고 있다거나, 이혼한 부부가 자녀의 양육권 혹은 개를 누가 기를지 여부를 두고 싸운다거나, 이웃끼리 땅을 놓고 분쟁을 벌이거나, 누가 집권할지를 두고 두 정당이 서로를 악마화하는 경우 등을 떠올려 보자. 두 나라가 제한된 자원을 두고 전쟁을 벌이는 경우도 가능하다. 즉 우리는 원하는 것의 공급이 충분치 않을 때면 서로를 바라보고 대립하기 시작하는 것이다. 욕망의 대상이 희소하다는 잘못된 인식으로 인해 경쟁 본능이 더욱 치열해지는 경우도 있다. 가령 미국인들은 일자리와 재화가 한정되어 있으며 제로섬 게임(Zero-sum Game, 참가자가 선택하는 행동이 무엇이든지 이득과 손실의 총합이 제로가 되는 게임)의 경쟁을 한다는 생각 때문에 난민과 이주민들을 위협적인 존재로 받아들이곤 하는 것이다.[22]

지라르는 인류의 역사 전체를 놓고 이러한 경쟁 본능을 고찰했다. 그가 볼 때 경쟁을 향한 본능은 그저 다른 사람이 무언가를 원하는 것을 보는 것만으로도 촉발되는 것이었다. 태어날 때부터 죽을 때까지, 우리는 사회적 본능으로 인해 다른 이를 모방하고 유대감을 느끼며 다른 이들과 스스로를 비교한다. 이러한 과정 속에서 우리는 스스로의 믿음이나 생각이 아니라, 우리가 바라보는 다른 사람들의 모습에 맞춰 스스로를 교정해나가는 스스로를 발견하게 되는 것이다.

비교하는 뇌

1996년 대학에 입학한 나는 마치 작은 연못에서 벗어나 아주 큰 연못으로 뛰어든 물고기가 된 기분이었다. 유타주 오그던Ogden에 위치한 웨버 주립대Weber State University는 솔트 레이크 시티의 북쪽에 있는 와사치Wasatch 산 옆에 자리 잡고 있었다. 1889년 설립된 웨버 주립대는 매년 온 세상으로부터 2만 4천 여 명의 학생들을 끌어들이고 있었다. 고등학교 졸업장이 있거나 검정고시 자격을 취득한 이라면 누구나 웨버 주립대의 문을 두드릴 수 있지만, 4년제 교육 과정의 평균 합격률은 12퍼센트 정도였다.[23] 내가 입학할 당시 평균 수업료는 연간 6천 달러 정도였는데, 나는 가족과 친구들의 도움을 받아 그 돈을 가까스로 마련할 수 있었다.

나의 대학 생활은 야간 대학으로 시작되었다. 최저임금을 받는 일자리를 전전하며 생계를 이어나가야 했기에 수면 시간이 매우 부족했다. 나는 고등학교에서 썩 좋은 성적을 받지는 못했지만, 편입을 통해 더 좋은 대학에 갈 수 있다고 나 스스로를 끈덕지게 밀어붙였다. 심리학, 역사학, 영문학을 가르쳐주던 교수님은 언제나 나의 글솜씨를 칭찬해 주었다. 이건 퍽 놀라운 일이었다. 그 전까지 나는 내가 글을 잘 쓴다고 생각해본 적이 한 번도 없었기 때문이었다. 하지만 칭찬을 받아 부풀어 오른 나는 학부 졸업을 마칠 무렵이 되자 내가 진심으로 글을 썩 잘 쓰는 사람이라고 믿어 의심치 않을 지경에 이르렀다.

그리고 정말이지 놀라운 일이 벌어졌다. 하버드 대학교 대학원에 입학하게 된 것이다. “내가? 정말?” 하는 생각이 머릿속에 폭풍처럼 휘몰아치는 가운데, 나는 정신없이 삶의 터전을 옮겨야만 했다. 우리 가족은 미국 대륙을 가로지르는 여행을 하고 있었는데 매번 모텔에서 잘 수는 없는 터라 가끔은 이삿짐을 실은 차에서 잠을 잤다. 매사추세츠주 고속도로 이용료 1.5달러는 수표로 결제했는데, 물론 그 시점에 내 통장에는 그만큼의 돈도 없었다. 보스턴에 도착했을 때 내 주머니에는 말 그대로 몇십 센트밖에 남아 있지 않았고, 보스턴 사람들이 차를 정말 험악하게 운전한다는 사실을 알게 되었다. 이사 온지 며칠 되지도 않아 큰 교통사고를 당했는데, 덕분에 우리 차는 박살이 났고 세 살 먹은 내 아들은 대퇴골 골절상을 당했다.

집을 찾고 있는 하버드대학교 대학원생인 나에게는 돈도 친구도 없었고 대신 소리 지르며 우는 두 아이가 있었다. 나는 완전히 길을 잃고 벼랑 끝에 몰린 기분이었다. 신경이 온통 바싹 곤두서 있었다. 잘 차려입은 학생들과 담쟁이덩굴로 뒤덮인 고색창연한 벽이 아름다운 캠퍼스를 바라보고 있자니, 나는 임포스터 신드롬Imposter Syndrome의 최악의 사례를 경험하고 있는 것만 같았다. 스스로가 사기꾼처럼 느껴졌다는 소리다. 내가 지금 여기서 뭘 하고 있는 거지? 혹시, 내가 여기 낄 만한 사람이 아니라는 걸 다들 알아챈다면 어떻게 되는 거지?

나는 스스로에게 답했다. "글쎄, 적어도 나는 글은 잘 쓰니까."

대학원에서 처음 들은 수업 중 하나. 하버드에서 가장 유명한 교수들 중 한 분이 직접 가르치고 있었다. 인지와 상징적 발달에 대한 과제를 제출해야 했다. 나는 수업을 듣는 3주간에 걸쳐 엄청난 양의 조사를 하고 원고를 써냈다. 과제 제출일, 나는 자신감 넘치는 태도로 과제를 내밀었다. 내가 썩 잘 썼으리라는 확신을 품고 교수의 칭찬을 기다리고 있었던 것이다.

채점이 끝나고 과제를 돌려받은 나는 충격과 실망에 사로잡힐 수밖에 없었다. C+라는 점수가 매겨져 있었기 때문이었다. 첫 장의 제일 아랫부분에는 교수님이 손으로 갈겨쓴 총평이 있었다. "이 결과물을 놓고 볼 때, 학생이 지금 수업에 맞는 글쓰기 능력을 지니고 있는지 의심스러움."

강의실에서 나와 집으로 향하는 내 눈에서 눈물이 쏟아졌다. 내 자존감은 박살이 나고 말았다. 내가 스스로를 너무도 몰랐다는 것을, 나를 구원해줄 것이라고 생각했던 단 하나의 재능이 별것 아니라는 것을 곱씹자니 수치심이 폭풍처럼 밀려들어왔다. 나는 진지하게 자퇴를 고민했다. 하지만 결국 나는 글쓰기 과외를 받기로 했다. 마치 15세 소녀 같은 인상에, 학부생 글쓰기를 지도해본 적 있는 선생님이 내가 쓰는 글을 조목조목 따지고 들었다. 결국 그 학기가 끝날 무렵 나는 나 스스로를 회복했다. 바로 그 교수의 수업에서 A를 받아낸 것이다.

이 경험을 통해 나는 (비록 어려운 길을 통과해야 했지만) 단순하면서도 결정적인 진실을 배울 수 있었다. 자기 자신에 대한 이해는 궁극적으로 사회적 비교를 통해 달성된다는 것이다. '나는 글을 잘 쓰는가?'라는 질문에 답하려면 질문하는 사람이 스스로를 누구와 비교하고 있는지가 분명히 드러나야 한다. 웨버 주립대에서 나는 상대적으로 다작을 하는 학생이었고, 내가 쓰는 어휘와 만들어내는 문장은 그 학교의 교수님들의 눈에 괜찮아 보였다. 하지만 하버드에 오니 나는 평균 이하의 학생이었다. 나는 중학생들과 비교하면 상당히 뛰어난 농구 선수일 수 있다. 하지만 르브론 제임스 같은 사람들과는 애초에 비교조차 불가능한 것이다. 나는 고등학교 시절 장대높이뛰기를 썩 잘 하는 편이었지만, 대학생 시절 선수로 챔피언 자리에 올랐던 아버지에 비하면 그저 우스꽝스러울 뿐이다. 어머니의 시선 속에 우리는 '이성적이고 합리적으로 아무리 따져 봐도 세상에서 가장 완벽한 사람'일 수도 있지만, 그런 사고방식이 현실의 검증을 이겨낼 수 있을 것이라 기대해서는 안 된다.

그렇다면 우리는 본인의 수준과 위치를 어떻게 파악할 수 있을까?

'인지 부조화'라는 개념을 창안해낸 레온 페스팅거는 1940년대 말, 우리가 스스로를 타인과 어떻게 비교하는지 연구하면서 본인의 학문 경력을 시작했다. 페스팅거는 우리가 의견이 옳은지 아닌지 따져보고자 하는 충동을 보편적으로 지니고 있으며, 또한 다른 이들과 상대적 비교를 할 능력이 있다는 것을 전제로 하여 논의를 시작했다. 페스팅거의 결론에 따르면, 우리는 자연스럽게 우리의 의견과 능력을 평가할 수 있을만한 객관적 잣대를 찾고자 하지만, 그런 지표가 없는 상황에서 차선책을 도입한다. 우리 주변에서 얻을 수 있는 정보들을 활용하는 것이다.[24] 그래서 우리는 본능적으로 사물을 우리의 발 크기와 견주거나(그래서 야드-인치법의 기본 척도의 이름이 피트Feet다.), 우리가 받는 느낌을 통해 설명하거나, 다른 이들에 대해 우리가 받는 인상에 근거해 모든 것을 파악한다. 이러한 자체 평가는 우리의 행동과 세계 이해의 기준이 되는 것이다.

이런 이야기를 들으면 우리의 머릿속에는 우리가 스스로를 남과 의식적으로 비교하는 경우가 가장 먼저 떠오른다. 마치 내가 하버드에 들어가서 겪었던 일 같은 경우다. 하지만 타인과의 비교는 신경학적 차원에 근간을 두고 있기에 우리는 실시간으로 또 본능적으로 사회적 정보를 받아들이고 해석한다. 우리의 두뇌는 자신을 타인과 비교한 후 그 결과에 기반을 두고 보상을 내놓도록 만들어져 있다. 마찬가지로 무슨 일이 벌어질지, 무엇을 기대할 수 있을지 등에 대한 예측 작용 역시 타인과 스스로를 무의식적으로 비교하는 과정에 일정 부분 의존하고 있다. 좋건 싫건 우리보다 더 낫거나 열등한 사람을 바라보는 것은 자연스러운 자기 비교의 기폭제가 된다. 이 모든 과정은 완전히 무의식적이지만, 우리의 추론 방식에 직접적이고 즉각적인 영향을 미치며 그에 따라 우리의 행동 역시 영향을 받게 된다.[25]

2010년 진행된 한 실험은 이와 같은 과정을 정확하게 보여주고 있다. 피험자들은 그들이 영화 관람 경험에 대한 연구를 돕고 있다고 생각하고 있다. 피험자들에게는 영화를 보기 전 간식거리가 제공된다. 연구자들은 피험자들이 택하는 간식의 양과 종류가 그들의 사회적 환경과 밀접하게 연결되어 있다는 것을 발견했다. 실험자들은 그들 앞에서 누군가(즉 실험 협조자)가 많은 양의 간식을 가져가는 걸 보면 더 많은 간식을 챙겼다. 마찬가지로 협조자가 피험자 앞에서 적은 양의 간식을 가져가면 피험자들도 그 행동을 따라했던 것이다. 더 흥미로운 점도 발견됐다. 피험자와 협조자들은 각각 분리된 방에서 간식을 먹었는데, 피험자들은 대체로 그들이 가져온 간식을 모두 먹는 경향이 있었다. 심지어 혼자 있을 때 가져올 분량의 두 배를 들고 온 경우에도 마찬가지였다. 말하자면 피험자들은 다른 사람의 행동을 본 그 순간에만 타인의 욕망을 흉내 내고 있지 않았다. 그들은 다른 사람의 욕망을 목격한 후, 그에 맞춰 간식에 대한 본인의 욕망 자체를 바꾸어놓고 있었던 것이다.[26]

비교 본능은 특히 보상과 처벌의 신호에 민감하게 만든다. 바로 그 점이 우리를 퍽 위험하고 어두운 곳으로 인도하곤 한다. 우리가 무언가를 상대적으로 잘 한다고 느낄 때, 우리 뇌의 보상과 관련된 부분에 불이 들어온다. 그리고 우리의 뇌에는 도파민과 옥시토신이 쏟아지는 것이다. 가령 페이스북의 '좋아요' 기능이나 다른 소셜 미디어들은 이런 보상 기제를 활용한다. 그래서 그토록 많은 사람들이 자신이 받은 '좋아요' 숫자를 헤아리며 따봉을 받기 위해 애를 쓰는 것이다.[27] 정도의 차이는 있으나 우리는 모두 도파민 중독자인 셈이다.

반면 우리가 상대적으로 열등하다고 느낄 때 우리의 두뇌는 우리를 물리적 고통으로부터 보호할 때와 똑같은 성분의 마약성 화학 물질을 분비한다.[28] 여기서 우리는 각별히 주의를 기울여야만 한다. 자칫하면 어둠에 잡아먹힐 수도 있는 이야기가 시작되기 때문이다. 우리는 우리 자신에 대해 상대적으로 나은 기분을 느끼고자 다른 이들을 끌어내리거나 심지어 상처 입히는 선택을 할 수도 있다. 한 걸음 더 나아가, 본인이 가지고 있는 자아상이 공격받는 것 같은 기분을 느낄 때 우리는 우리가 열등하다고 여기는 존재들보다 스스로를 더 우위에 놓고자 하는 강한 열망에 사로잡힌다. 이는 단지 우월감만을 충족해주는 데서 그치지 않고, 같은 신경 보상 시스템으로 인해 우리는 마치 도박에서 돈을 따거나 경기에서 이긴 것과 같은 흥분을 느끼게 되는 것이다.[29]

심지어 상대적 우월감을 느끼기 위해서라면 자신이 소중하게 여기는 것을 희생하고자 하는 사람들도 적지 않다. 1995년 2월, 하버드 보건대학원 Harvard School Of Public Health은 257명의 교원, 학생, 직원들을 대상으로 설문을 진행했다. 두 개의 가상 세계를 놓고 둘 중 어디에 살고 싶은지 묻는 질문을 여러 개 제시했던 것이다. 그 질문지 중 하나를 살펴보자.

A. 당신의 연 소득은 5만 달러이며 다른 이들은 2만5천 달러를 번다.
B. 당신의 연 소득은 10만 달러이며 다른 이들은 20만 달러를 번다.

물가는 현재 물가와 동일하다. A와 B 두 나라의 물가도 동일하기 때문에 소득의 차이는 곧 구매력의 차이로 이어진다.

독자 여러분이라면 둘 중 무엇을 택하시겠는가?

당신의 답이 A라면, 여러분은 56퍼센트의 다수와 의견을 함께 하고 있는 것이다. 물론 B를 택한다면 당신이 버는 돈의 총액이 더 늘어난다. 하지만 A를 택할 경우 여러분은 다른 사람들보다 더 많은 돈을 벌 수 있다. 그리고 다수의 사람들은 우월감을 심지어 돈을 더 버는 것보다 중요하다고 대답하고 있었다.[30]

우리는 사회적 공감에 대한 생물학적 편향을 지니고 있다. 그런데 이 사례를 통해 알 수 있듯 그 편향에는 큰 비극이 내포되어 있는 것이다. 우리는 그저 남보다 나은 기분을 느끼기 위해 타인에게 해가 될 수도 있는 행동을 할 수 있다. 사회적 본능은 그런 최악의 이기적 성향에 군불을 지핀다. 린든 존슨 대통령은 남부 출신으로 특히 인종차별 문제와 관련해서 이 사악한 잠재력을 잘 알고 그 작용 방식까지도 꿰고 있었다. 1963년, 당시 존슨 밑에서 일하던 젊은 직원이었던 빌 마이어스의 회고를 살펴보자.

> 우리는 테네시에 있었다. 모터케이드*가 진행되는 동안, 존슨은 흉측한 인종차별 문구가 도로 표지판에 못으로 걸려 있는 것을 발견했다. 지역의 고관대작들이 모여 버번 위스키와 물을 섞어 마셔가며 마지막 병을 비우고 털고 일어나려던 늦은 밤, 존슨은 그 표지판에 대해 말하기 시작했다. "그런 인종차별의 바닥에 깔린 게 뭔지 알고 싶나? 내가 말해 주지. 밑바닥에 있는 백인들한테 단지 본인이 백인이라는 이유만으로 가장 훌륭한 흑인보다 나은 사람이라고 느끼게 만들어준다면, 그 백인들은 정치인들이 아무리 호주머니를 털어가도 알아채지 못한다네. 빌어먹을, 알겠나? 사람들한테

* 옮긴이 주: 아이오와주 사우스벤드에서 진행되는 자동차 퍼레이드

얕잡아볼 수 있는 만만한 대상을 제공하면, 사람들은 알아서 있는 것 없는 것 다 갖다 바친단 말이야."[31]

여기서 이상한 일이 벌어진다. 우리는 우리 각각의 모습을 다른 사람들과 개인적으로 비교하지 않는 것이다. 우리는 스스로를 추상적인 집단과 견준다. 집단 착각이 우리를 쉽게도 꿀꺽 삼켜버리는 이유가 바로 여기에 있다.

이 책의 서문에서 다루었던 음식 선호도 실험을 떠올려보자. 참여자들은 자신이 속한 집단에 맞춰 본인의 선호도를 바꾸고 있었다. 기억하는가? 2015년, 그 실험을 진행했던 스탠퍼드 대학 연구진은 그러한 결과가 발생하는 이유에 대한 설명을 제시했다. 사람들은 다른 이들과 의견이 일치할 때 뇌에서 신호가 발생하며 생물학적 만족감을 얻게 되는데, 사람들은 그에 따라 자신의 의견을 바꾸게 된다는 것이다.[32] 실제로 그렇다. 우리의 신경 체계는 주변인들과 의견의 조율을 해낼 때 긍정적 보상을 제공한다. 심지어 그 보상은 그러한 의견 일치가 그저 상상에 불과할지라도 제공된다. 너무도 큰 보상이기에 우리의 개인적인 자기 이익을 덮어버릴 정도로 강력하다.[33] 추수감사절 저녁 식사 자리에 모여 앉은 모든 사람들이 으깬 순무를 한 스쿱씩 크게 떠서 가져가는 모습을 보면 당신은 자신도 모르게 같은 행동을 하며, 본인도 모르는 사이에 그걸 다 먹어버리고 마는 것이다. 순무 특유의 씁쓸한 맛을 못 느끼는 것은 아니지만, 같은 식탁에서 같은 음식을 먹으며 느끼는 사회적 화합의 신경 보상은 입에서 느껴지는 쓴맛을 상쇄하고도 남는다.

물론 우리는 여러 가지 이유에서 큰 집단 또는 (애쉬와 번스의 연구에서 관찰한 것처럼) 어떤 흐름에 따라 관점이나 행동을 바꾼다. 우리는 때로 우리가 바라본 현실과 그 해석이 정말 맞는 것인지 아닌지 알고 싶을 수도 있다. 어쩌면 우리는 사회적 인정을 구하고 있을 수도 있다. 우리의 선조들에게 사회적 인정은 개인 단위건 부족 단위건 생존을 위한 필수 요소였다. 혹은 그저 자존감을 유지하기 위해 우리의 행동을 교정해나갈 수도 있다. 하지만 이 모든 요소들은 어딘가에 소속되고 싶은 욕망이라는 하나의 근본적인 필요를 충족해주는 것이다. 스스로를 귀속집단과 비교해본 후 스스로가 잘 맞고 있다는 것을 알게 되면, 우리는 보상 반응을 얻는다. 귀속집단에서 벗어나 있을 때 우리의 뇌에는 오류 신호가 발생하며 뭔가 잘못됐다는 기분을 느낀다. 그리고 우리는 자신의 행동을 바꾼다.

준거집단이 우리에게 미치는 사회적 영향력은 매우 강력하다. 심지어 상식이나 확인 가능한 사실마저 뒤엎어버릴 수 있다. 가령 말라리아가 흔히 발생하는 지역에 사는 사람에게 잘 때 모기장을 쳐야 한다는 것은 상식에 속한다. 모기장을 쳐놓고 자는 것은 말라리아의 확산을 막는, 경험적으로 증명된 좋은 해법이다. 그래서 말라리아 창궐 지역에서는 공짜로 모기장을 나눠주는 경우가 드물지 않은데, 그런 곳에서조차 모든 사람들이 모기장을 쳐서 스스로를 보호하고 있지는 않다. 우간다의 교외 지역 80개 마을을 대상으로 한 연구에 따르면 사람들이 모기장을 쓸지 아닐지는 그들의 집단적 합의에 따른 인식과 밀접한 관련을 맺고 있었다. '다들 모기장을 치고 잔다'고 생각하는 사람들은 그렇게 생각하지 않는 사람들에 비해 모기장을 치고 잘 가능성이 세 배 이상 높았다. 게다가 자신이 속한 공동체 사람들은 전혀 모기장을 쓰지 않는다고 믿고 있던 이들이 조사 대상자중 무려 23퍼센트에 달하고 있었다. 종합해보면 연구 대상자 중 3분의 1은 본인이 속한 공동체의 모기장 사용의 규범성에 대해 잘못 알고 있거나 확신을 품고 있지 못한 상태였던 것이다.[34]

서문에서 말했던 '토머스 정리'를 떠올려 보자. 많은 사람들이 무언가를 사실이라 믿으면 그것이 곧 현실이 된다. 모기장을 쓰지 않는 문제에 있어서도 마찬가지다. 모기장을 치고 자기만 해도 말라리아 감염 건수는 거의 70퍼센트 가까이 떨어진다.[35] 그러니 다들 모기장을 쓰지 않는다는 집단 착각은 개인들의 판단력을 흐리게 할 뿐 아니라, 실제로 사람들이 병에 걸리고 죽는 결과를 낳고 있는 것이다.

이 대목에서 놓치기 쉽지만 빠뜨려서는 안 될 중요한 논점이 있다. 집단 착각을 가능케 하는 것이 무엇인지에 대한 핵심적 통찰이다. 다른 이들을 집단으로 놓고 그 집단과 스스로를 비교할 때, 우리는 다른 이들이 진짜로 원하거나 믿는 것이 무엇인지 결코 알 수 없다. 그 결과 우리는 다른 이들이 믿는 것이 무엇인지에 대해 우리의 관념을 투사하는데, 아무리 잘못되어 있다 한들 그런 관념들은 곧 현실이 되고 만다.

지난 장의 도입부에서 언급했던 얼굴과 매력에 대한 연구를 떠올려 보자. 다수의 의견이 황당무계하다는 것을 알고 있을 때조차 우리에게는 집단 착각에 굴하고픈 욕구가 있다는 것을 우리는 확인한 바 있다. 또한 우리의 개인적 정체성은 사회적 정체성과 밀접하게 결부되어 있으며, 사실 우리의 뇌는 양자 사이에 엄밀한 구분선을 긋지 않는다. 게다가 이러한 편향성은 우리의 집단 순응성을 지금 당장 발현시키는 데서 멈추지 않는다. 과거의 집단들이 오늘날 우리에게 영향을 미치도록 하며, 우리가 전혀 눈치채지도 못한 사이에 무덤 속 망령들이 우리에게 손을 뻗쳐 오게끔 하는 힘이 되어 주는 것이다.

5장

사회적 규범을 따라

CHASING GHOSTS

내가 볼 때 우리 모두는 거의 유령과 다를 바 없다. . . 우리가 아버지와 어머니에 이끌려 이 세상에 초대받고 인생의 길을 걸어가기 때문만은 아니다. 죽은 이념과 생명 없는 낡은 믿음들, 그 온갖 것들이 우리와 함께하고 있기 때문이다. 그런 것들은 살아있는 것이 아니지만 언제나 똑같은 모습으로 우리에게 붙어 다니며, 우리는 그것들을 떨쳐낼 수 없다.

— 헨릭 입센

1986년 6월, 어느 따스한 저녁, 나는 포크 뒷면으로 완두콩을 떠서 먹는 법을 배웠다. 대체 이 식사 예절이라는 것을 왜 숙달해야만 하는지 도저히 이해할 수 없었다. 다 떠나서 완두콩을 먹고 싶다면 숟가락을 사용하면 될 일 아니겠는가. 하지만 나는 배워야만 할 입장이었고, 배우지 않을 수 없었다.

그날 저녁 식사 자리에는 인근 농가에서 태어나고 자란 초등학교 6학년 학생 30여명이 모여 앉아 있었다. 교회 체육관에 마련된, 매년 한 번씩 통과의례처럼 치러지는 '에티켓 디너' 자리였다. 일요일에 교회 갈 때 입는 가장 불편한 옷으로 차려입은 우리 어린이들은 음식을 썰고 씹는 보다 나은 방법을 배워나갈 참이었다. 물론 우리가 원하든 원치 않든 상관없이 말이다.

체육관은 일종의 가짜 고급 레스토랑처럼 꾸며져 있었다. 하얀색 식탁보를 덮은 둥근 테이블 여섯 개 위에, 테이블 가운데에는 화려한 꽃 장식이 놓여 있었다. 식탁에는 진짜는 아니어도 장식용 깔개가 손님 한 사람마다 마련되어 있었다. 컵도 두 종류나 준비되어 있었으며(하나는 물잔이고 나머지는 '와인' 역할을 하는 포도주스용 잔이었다.), 면 소재의 흰 냅킨도 준비되어 있었다. 각자 자리에 앉은 꼬마 야만인들은 다양한 크기와 모양의 접시와 커틀러리를 보며 어리둥절했다. 에피타이저용 포크는 아주 작았고, 스프용 수저는 큼지막했으며, 디저트용 스푼은 작았다. 버터 바르는 작은 칼과 음식 자르는 칼이 따로 있다는 점도 놀라웠거니와, 가장 희한한 것은 역시 포크의 뒷면에 콩을 올려서 먹어야 한다는 것이었다.

식당으로 쓰이던 체육관의 농구 골대 바로 아래에는 그날 저녁에 강사 역할을 하실 여성분이 서 계셨다. 그분의 이름을 '존스 여사'라고 부르도록 하자. 존스 여사는 우리가 조용해질 때까지 기다린 후 등받이가 없는 의자 위에 올라섰다. 밝은 꽃무늬 드레스를 입은 존스 여사는 아이들이 시시덕거리는 테이블들을 두루 둘러보고 있었다.

첫 코스는 토마토 스프와 작은 버터 조각을 곁들인 디너 빵이었다. 그것을 우리에게 가져다주는 멋진 아가씨들은 서빙을 하는 동시에 우리의 매너에 잘못된 부분은 없는지 매의 눈으로 감시하고 있었다. 그 무렵 애들이 그렇듯 나 또한 가만히 앉아서 음식이 다 나올 때까지 기다리는 게 쉽지 않았고, 그래서 내 앞에 놓인 디너 롤을 향해 손을 내밀었다. 그러자 누군가 내 손등을 즉시 찰싹 때리는 게 아닌가. "모든 사람들이 식사 준비가 끝날 때까지 먹으면 안 되죠!" 마치 자처럼 생긴 무언가를 명랑하게 휘두르면서 내 뒤에 있던 아가씨가 나를 꾸짖고 있었다. 다른 아이들의 구경거리가 된 나는 얼굴이 붉어진 채 자세를 고쳐 앉을 수밖에 없었다.

드디어 존스 여사가 입을 뗐다. "자, 오른손을 들고, 여러분 오른쪽에 있는 가장 큰 스푼을 집으세요. 연필 잡을 때처럼 쥐어야 해요." 우리는 그 말대로 따랐다. "스프를 숟가락으로 뜰 때는 몸에서 바깥쪽으로 수저를 밀면서 떠야 해요, 이렇게 말이죠." 존스 여사는 섬세한 몸놀림으로 시범을 보였다. "스프를 한 번에 너무 많이 뜨지 말아요. 넘칠 수도 있으니까. 스푼의 옆면으로 스프를 먹는 거랍니다. 후르륵거리면 안 되고요!"

스프 먹기 과제가 성공리에 마무리된 후, 다음에는 작은 핑크색 접시에 담겨 온 샐러드 차례였다. 이번에는 내가 앉은 테이블에서 나와 마주보고 있던 여자애가 손등을 맞았다. "음식을 포크로 쑤시지 마세요!" 음식을 날라주던 분이 불현듯 혼을 내고 있었다. "한 번에 조금씩만 떠서 한 입에 넣는 겁니다. 입에 음식이 들어있으면 모두 씹어서 삼켜야지, 다 먹지도 않고 또 포크질을 하면 안 돼요!"

목이 말랐던 나는 포도주스를 마시기 위해 가장 가까이 있던 와인 잔으로 손을 뻗었다. 그리고 내 잔은 왼쪽이 아니라 오른쪽, 나이프 뒤편에 있는 것이라는 사실을 단단히 배울 수 있게 되었다. 왼손잡이였던 나는 자연스럽게 내 왼쪽에 있던 옆 사람의 잔에 담긴 주스를 마셨다. 혼났다는 이야기다. 다 내 잘못이었다.

치킨, 매쉬드 포테이토, 완두콩으로 구성된 메인 메뉴가 나올 차례였다. 정작 메인 메뉴는 닭고기 없이 시작됐다. 닭을 먹기에 앞서 우선 식사 매너에 복종하는 법부터 배워야 했기 때문이었다. 입을 벌리지 않고 씹어야 하며, 식탁에 팔꿈치를 기대서도 안 됐다. 의자에 앉아 허리를 꼿꼿이 세운 채 나는 체육관 벽에 걸린 농구 시합용 시계를 멍하니 바라보며 생각했다. 이 얼마나 끔찍한 시간 낭비인가.

곧 메인 메뉴가 도착했다. "한 번에 한 조각씩, 닭고기를 한 입 크기로 잘라서 먹도록 하세요." 존스 여사의 지도가 이어졌다.

"완두콩을 먹을 때는 포크를 왼손에 쥐고 나이프를 오른손에 쥔 다음, 나이프를 이용해서 완두콩을 포크 뒷면에 얹어야 합니다." 말만 들어도 잘 안 될 것 같았고 역시나 고생을 좀 했지만, 결국 나는 완두콩을 살짝 짓이겨서 포크 뒷면에 안착시키는 법을 배우고야 말았다. 매쉬드 포테이토를 일종의 접착제처럼 쓰면 좀 더 편하게 먹을 수 있었다. 역시 난 천재야.

교회 체육관에서 단체로 식사 예절을 배운 그날 밤을 떠올려 본다. 그 자리에는 모든 질문에 대한 답이 미리 마련되어 있었다. 냅킨을 어디에 두어야 하는지, 다 쓴 식기는 어디에 어떻게 놓아야 하는지, 먹고 있지 않을 때는 내 두 손을 어디에 두어야 하는지, 모두 정해진 답이 있었다. 하지만 이 질문만큼은 내 머릿속에 도저히 떠오르지 않았다. 도대체 왜 20세기 미국의 농촌 지역에 살고 있는 소년 소녀들이 이 한심한 테이블 매너를 배우고 있어야 한단 말인가. 이런 식으로 격식을 갖춰 식사하는 것은 우리가 믿는 종교와도 무관하고 심지어 미국 문화의 예절과도 거리가 멀다. 대체 왜 이런 걸 배우는 걸까?

아득한 먼 옛날, 식기류가 등장하기 이전, 인류는 손으로 음식을 먹었다. 이런 저런 이유로 지금도 세상 곳곳의 많은 이들은 손으로 음식을 먹으며, 그것은 그들의 문화 속에서 완전히 예절 바른 일이다. 하지만 식기가 발명된 후 인류의 일부는 머잖아 나이프를 이용해 썰고 포크로 찍어가며 음식을 먹게 되었다. 포크는 중동 지역의 엘리트들 사이에서는 10세기 무렵 널리 사용되고 있었지만, 유럽에 도착한 것은 16세기 이후의 일이다.[1] 앙리

2세와 결혼하기 위해 1533년 이탈리아를 떠나 프랑스에 도착했던 카트린 드 메디시스Catherine De Medici는 '포크 전도사'처럼 활약했다. 1560년대에 그는 프랑스 전역을 돌며 대대적인 규모로 열린 축제를 벌이며 사람들에게 공짜 음식을 대접했다. 나이프, 스푼, 포크를 멋지게 사용하는 카트린의 모습은 그 축제의 중요한 볼거리 중 하나였다. 그녀는 심지어 본인만의 독창적인 식사 예법을 고안해냈다. 정치적 경쟁자들의 콧대를 식탁에서 납작하게 눌러주기 위한 방법이었다.

카트린이 식탁에 깔아놓은 세련되고 얄쌍한 포크는 프랑스 전역에서 약간의 비웃음을 샀지만, 공개적으로 시연을 보였던 카트린의 대범함으로 인해 그 특이한 식사법은 곧 확산되기 시작했다. 아티초크나 아이스크림 같은 새롭고 신기한 음식이 유럽에 퍼져나간 것도 그 무렵의 일이었다.[2] 1633년, 영국의 찰스 1세는 선언했다. "포크를 사용함이 바람직하니라." 이렇게 새로운 식사 도구의 서구 정복은 완료되었다. 손으로 음식을 먹는 행위는 상류 사회의 식사 예절에서 곧 사라지게 된 것이다.[3]

식탁에서의 몸가짐은 그 후로 '올바른' 이들과 '글러먹은' 자들을 구분하는 역할을 해왔다. '상석에 앉은' 이들은 음식에 뿌리는 소금에 먼저 손을 댈 권리를 지니고 있었고, 덜 중요한 손님이나 객식구 등은 '식탁 구석'에 앉아야 했다.[4] 찰스 왕의 식탁 예절은 지속적으로 변화해 왔지만, 한번 만들어진 식탁 예절은 마치 법정의 관례나 문명의 여러 규칙들이 그렇듯 신발 밑창에 붙은 껌처럼 떨어지지 않고 우리에게 달라붙어 있다.

오늘날까지 남아 있는 식사 예절들을 살펴보자. 우리는 거기에 어떤 목적이 있다고 가정하고 의례적으로 따르는 경향이 있다. 하지만 식탁 예절은 개인적인 차원의 위생, 음식의 조리나 서빙, 맛과 풍미를 돋우기 위한 행위 등과 전혀 상관이 없다. 복잡한 식탁 예절이 존재하고 그것이 지속적으로 사용되고 있는 이유는 우리가 그런 예절을 지키는 상류 사회 계급에 속한다는 것을 보여주기 위해서일 뿐이다.

에밀리포스트닷컴EmilyPost.Com에 실린 한 편의 글이 이런 맥락을 잘 보여준다. "다른 사람과 함께 식사하는 것은 잠재적 실수와 망신의 지뢰밭을 뚫고 가야 하는 위험천만한 일이다. 그러나 직장 동료, 상사, 혹은 고객과 같이 식사를 할 계획이라면 식탁 예절을 완전히 장착하고 가는 것이 현명한 일일 것이다. 업무의 연장인 저녁식사나 미팅을 겸한 점심식사는 수많은 중요 결정이 내려지는 자리이며, 사람들은 그런 사회적인 식사 자리에서 관계를 다진다."[5] 한마디로 '글러먹은' 자처럼 보여서는 안 된다는 소리다. 정중한 식사 예법은 왕정 시대만큼이나 오늘날까지도 그 사람이 사회적으로 높은 신분이며 특권을 지니고 있다는 것을 보여주는 핵심적 요소로 남아 있는 것이다.[6]

그런데 왜 완두콩은 굳이 포크의 뒷면에 얹어서 먹어야 하는 걸까? 영국에서는 여전히 많은 사람들이 완두콩을 포크의 뒷면으로 으깨서 먹는다. 포크의 오목한 부분으로, 혹은 스푼으로 떠서 먹지 않는 것이다.[7] 하지만 미국에서 누군가 중요한 비즈니스 식사 자리를 갖고 있을 때, 누군가 완두콩을 포크로 떠서 먹는다

해서 그게 큰 문제가 될 가능성은 별로 없다. 오늘날 우리에게는 초밥, 파엘라, 부리토처럼 완두콩보다 훨씬 더 먹기 까다로운 음식들이 잔뜩 있기 때문이다. 하지만 유타주 후퍼에 살던 어린 시절의 토드 로즈는 마치 영국 여왕께서 친히 그 마을에 방문하시기라도 한 양, 그 망할놈의 완두콩 먹는 법을 고통스럽게 배워야만 했다.

저항할 수 없는 사회적 힘

포크 뒷면으로 완두콩을 먹어야 한다는 이 준엄한 명령은 모종의 진실을 바닥에 깔고 있다. 어항 속의 물고기에 대한 농담을 통해 그 진실에 다가가 보자. 두 마리의 어린 물고기가 헤엄치고 있을 때 그 옆으로 늙은 물고기 한 마리가 지나가며 말했다. "꼬마들, 좋은 아침이야. 오늘 물이 좀 어때?" 그 늙은 물고기가 사라지자 어린 물고기 한 마리가 다른 물고기를 쳐다보며 말했다. "대체 물이라는 게 뭐지?"

사회적 영향력이라는 단어를 들으면 우리는 대체로 가장 어처구니없는 형태의 사회적 영향력을 떠올리는 경향이 있다. 또래 집단의 동조 압력Peer Pressure처럼 공공연한 형태의 무언가라든가, 혹은 TV 광고처럼 우격다짐으로 대중의 마음을 움직이려 하는 무언가를 연상한다. 여기서 우리는 사회적 규범Social Norm을 놓치고 있다. 우리가 다른 이들을 상대할 때 어찌해야 하는지 규정하고 있는 묵시적, 집단적 합의의 총체인 사회적 규범은 마치 우리가 숨 쉬는 공기처럼 너무도 자연스럽게 전제되어 있기 때문이다. 우리는 이런 규칙에 의문을 제시하지도 않는다. 하지만 사회적 규범은 실로 의문을 던져야 할 대상이다. 사회적 규범이야말로 집단 착각의 가장 근본적인 원천 중 하나라고 볼 수 있기 때문이다.

지금까지 우리가 살펴본 것처럼 인류는 서로를 모방하고자 하는 깊은 욕망을 지니고 있다. 생물학적으로 결정되어 있는 그 본능에 따라 우리는 집단에 속하기를 갈망하며, 다수의 일원이 되기를 원한다. 이러한 힘에 떠밀려 우리는 사회적 기준에 맞춘 규율에 크게 의존하게 된다. 우리는 회백색 뇌세포의 작용에 이끌려 태어날 때부터 가족, 친구, 부족과 어울려 살아가게 되지만, 우리를 집단으로 묶어주는 사회적 규범은 그보다 훨씬 더 수수께끼로 가득 찬 암흑 물질과도 같다. 사회적 규범은 심지어 우리를 서로 알지 못하는 사람들과도 하나로 엮어준다. 마치 태풍이 구름들을 끌어당기는 것처럼 저항할 수 없는 강력한 힘이다.

사회적 규범은 어떻게 옷을 입을지, 무엇을 어떻게 먹을지 등, 우리 삶의 모든 측면에 스며들어 있다. 우리가 스스로를 표현하는 방식, 우리가 서로 의사소통하는 방식, 심지어 기쁜 일을 축하하고 슬픈 일을 애도하는 방식까지도 사회적 규범에 의해 정해진다. 사회적 규범의 존재를 인식하는 것은 영화 〈매트릭스〉에서 '빨간 약'을 먹는 것과 다를 바 없다. 한번 눈을 뜨고 나면 모든 곳에 깔린 사회적 규범을 보지 **않는** 것은 불가능해진다.

가령 우리는 누군가를 만났을 때 자연스럽게 "안녕하세요"라며 안부를 묻는다. 실은 그 사람이 잘 지내든 말든 별로 궁금하지도 않고 상대가 정직하게 대답할 것이라 기대하지 않더라도 그렇게 인사를 나눈다. 우리는 상대와 눈을 마주치고 "부탁합니다"나 "감사합니다" 같은 말을 주고받는다. 식당에서 "저기요"라며 종업원을 부르고, 팁을 주고, (적어도 공공장소에서는) 큰 소리로 코를 풀지 않으려 노력한다. 입에 음식이 들어있는 상태에서는 말하지 않으려 하고, 화장실에서 볼일을 본 후에는 손을 씻으며, 파티에 초대받으면 살짝 늦어서 주목을 받으려 든다. 장례식장에서는 그 옷이 검정색이기만 하다면 아무 색깔 옷이나 입어도 되는 것은 물론이다. 반대로 결혼식장에 가는 여성은 본인이 신부가 아닌 다음에야 절대, 절대 흰 옷을 입어서는 안 된다. 다른 사람들을 난감하게 만들고 싶은가? 엘리베이터에 탄 다음 돌아서지 말고 다른 사람들을 빤히 쳐다보고 있으면 된다. 텅 빈 극장에서 굳이 다른 사람의 옆자리를 찾아가 앉는 건 또 어떤가. 남자만이 할 수 있는 일도 있다. 화장실 소변기에 다른 자리가 있는데도 굳이 다른 사람 옆에서 소변을 보는 것이다.

사회적 규범이라는 게 그렇다. 그 기원과 목적은 종종 뿌옇게 사라져 버리지만, 우리는 그것들을 신의 말씀인 양 맹종한다. 하지만 실상을 들여다보면 사회적 규범은 거의 언제나 자의적인 규칙일 뿐이다. 마치 카트린 드 메디시스가 어느 날 "그리 하라"고 선언하여 만들어진 식탁 예절처럼, 먼 옛날 어떤 높으신 분이 한 마디해서 만들어진 것일 수도 있는 것이다. 사회적 규범은 이렇듯 본질적으로 자의적이기에 시간과 장소에 따라 극적인 차이가 나는 경우도 드물지 않다. 한국인들은 남의 이름을 빨간 글씨로 쓰지 않는다. 예로부터 가족 중 누가 죽으면 그 이름을 빨간색으로 썼다는 이유에서다.[8] 브라질의 야노마미Yanomami 부족은 가족이 죽으면 그 영혼을 해방시켜주기 위한 특별한 의식을 거행한다. 유족들은 시신을 화장한 후 유골을 빻아서 바나나와 비슷하게 생긴 플랜테인Plantain이라는 과일과 섞어 스프를 만들고 함께 나눠 마신다. 이와 같은 의식을 통해 유족들은 망자와 연결고리를 갖게 된다는 것이다.[9] 이탈리아에서는 건배를 할 때 무조건 와인으로만 한다. 만약 물잔을 들고 건배를 한다면 모임이나 심지어 식당에서 쫓겨날 수도 있다.

각 문화별로 차이가 있겠지만, 규범은 세 개의 일반적인 범주로 구분될 수 있다. 협조 규범Coordination Norms은 우리의 개별적 행동이 모든 이에게 도움이 되는 방향으로 작동할 수 있도록 도움을 주기 위해 존재한다. 교통 신호를 떠올려보면 알 수 있듯, 협조 규범은 대체로 물리적 현실 속의 움직임과 조응하며 많은 경우 공공의 안전과 관련되어 있다. 나는 쿠바라는 나라의 여러 모습을 사랑하는 사람이지만, 내가 쿠바에서 겪었던 어떤 일을 떠올리지 않을 수 없다. 쿠바에서는 밤에 차를 몰고 다니는 것이 말 그대로 죽고 사는 문제일 수 있기 때문이다. 2018년 크리스마스 휴가 시즌 알게 된 사실이다. 쿠바의 교통 신호라는 것은 일종의 '제안' 수준에 지나지 않는 것으로, 많은 사람들은 많은 경우 그냥 무시해버린다. 교통 법규라는 것이 진짜 법이 아닌 곳에서 운전을 해보지 않는 한, 중앙선을 넘어가면 안 된다거나 하는 단순한 협조 규범이 우리에게 주는 평온함과 안정감이 얼마나 소중한지 깨닫는 것은 어려운 일이다.

또 다른 범주의 규범은 부족을 향한 소속과 관련된 것이다. 누군가가 특정 집단의 구성원 자격을 지니고 있다는 것을 보여주는 특별한 기능을 수행하는 규범이다. 우리가 일할 때 입는 옷(불교 승려들이 입는 가사부터 화이트칼라 직장인들이 출근할 때 입는 양복까지), 말하는 방식(친구와 맥주 한 잔을 두고 걸쭉한 농담을 주고받을 때와 직장에서 정중한 표현을 쓸 때는 서로 다르다.), 좋아하는 팀을 응원하는 것까지(보스턴 레드삭스 화이팅!), 이른바 귀속 규범 **Allegiance Norms**이라고도 불리는 이러한 규범의 범위는 매우 넓다. 귀속 규범은 남들에게 보여주기 위한 목적으로만 존재한다. 또한 '우리'를 '그들'과 구분 짓기 위한 것이다. 이제 독자 여러분은 어린 시절의 내가 포크 뒷면으로 완두콩 먹는 법을 배워야 했던 이유를 설명할 수 있게 되었다. 그들은 내게 내가 농장에서 자란 소년이라는 사실을 감추고 대신 '매너'를 잘 배운 아이라는 점을 과시할 수 있도록 교육을 시켜주고 있었던 것이다.

하지만 집단 착각의 원인이 되는 사회적 규범 중 가장 흥미진진한 것은 아직 등장하지 않았다. 내가 개인적으로 가장 선호하는 범주이기도 한 그것을 나는 개인적으로 "나는 개자식이 아닙니다" 규범이라고 부른다. 이런 규범은 두 가지 목적을 동시에 수행한다. 일단 규범을 지키는 사람이 공정함이나 상호의존성 같은 사회적 가치를 지키고 있다는 것을 보여주는데, 거기서 끝나는 게 아니다. 개별적인 구성원들이 이기적인 행동을 할 여지를 최소화함으로써 집단의 복리에 기여하는 것이다. "나는 개자식이 아닙니다" 규범은 어떤 공동체 내에서 누군가가 지니고 있는 도덕적 태도를 결정짓는 것이기 때문에, 그러한 사회적 규범을 어기는 것은 대체로 그에 상응하는 대가를 불러오게 마련이다.

영국 또는 영국의 식민지였던 나라에서 줄 서는 방식을 살펴보자. 맨 앞에 선 사람이 본인의 자리를 주장하면 그 뒤로 사람들이 예의바르고 질서 있는 태도로 그를 따라 줄을 선다. 그냥 우르르 몰려 있거나 새치기하는 것은 안 될 일, 불공정한 일로 여겨진다. 영국의 역사와 사회를 연구하는 이들에 따르면 이러한 줄서기의 관습은 19세기 초에 시작된 것으로 보인다. 도시화가 진행되면서 사람들이 쇼핑을 하는 공간이 달라졌기 때문이다. 이전에는 많은 사람들이 모이고 붐비는 큰 시장에서 장을 봤지만 이제는 상대적으로 작은 규모의 상점들을 이용해야 했다. 그러니 마치 시장에서처럼 아무렇게나 달려들어 상인과 대화하고 물건을 사가는 것은 효율적이지 못하게 되었다. 그보다는 한 줄을 서서 기다리는 것이 도시의 생활 방식에 더욱 잘 맞는 일이었다. 도시의 상점들은 시골 장터보다 격식을 갖춘 모양새였고 대체로 실내에 차려져 있었으니 정숙한 태도가 더욱 잘 어울리기도 했다. 그 후 2차 세계대전이 벌어지면서 차례를 기다리는 줄서기는 국민의 의무 반열로 승격되었다.[10]

이와 같은 "나는 개자식이 아닙니다" 규범을 어기면, 주변 사람들이 그 광경을 보고 감정적인 반응을 보이는 것이 일반적이다. 규범을 어기는 한 사람으로 인해 그 외 모든 이들에게 실제로 피해가 가기 때문이다. 2018년 내 동생 미시Missy는 블랙 프라이데이 쇼핑을 위해 월마트 밖에서 문 열기 전부터 줄을 서고 있었다. 그런데 미시 앞에 누군가 끼어들었고, 미시는 정말이지 불같이 화를 냈다. 그 모습을 떠올리면 아직도 웃음이 난다. 추수감사절 기간이 되면 대형 상점들은 장난감, 게임기, 텔레비전 등 수요가 많은 상품들을 대상으로 큰 할인 행사를 하게 마련인데, 미시는 가장 포근한 옷차림으로 중무장한 후 전날 밤부터 월마트 앞에 낚시의자를 펴놓고 따뜻한 커피를 홀짝이면서 몇 주 전부터 세웠던 쇼핑 전략을 되짚어보며 진을 치고 있었던 것이다.

미시는 대단히 목적지향적 성격을 지닌 사람이다. 평소라면 3,000달러에 파는 최고급 75인치 평면 TV를 월마트는 블랙 프라이데이에 소수의 고객에게만 1,300달러에 팔 예정이었는데, 그것을 노리고 있던 터라 주차장에서도 딱 알맞은 자리를 찾아내어 그곳에 차를 대 놓았다. 미시가 이 할인 전쟁에 얼마나 진심이었는지는 TV 판매 매장으로 달려가 줄을 서기 위해 월마트 매장 전체의 평면도를 그려놓고 최적의 동선을 찾았다는 사실만 봐도 잘 알 수 있다. 미시는 그 거대한 LED TV를 손에 넣어 본인 거실에 가져다놓는 일에 완전히 몰두해 있었다.

"월마트에서 갖다놓은 TV가 몇 대인지는 내가 알 수 없었지만, 나는 열 번째로 줄을 섰었어. 그 정도면 충분히 승산이 있다

김형석, 백 년의 지혜
: 105세 철학자가 전하는 세기의 인생론

김형석 지음 | 값 22,000원

시대의 은사 김형석이 시대의 청춘에게 바치는 이야기

이 시대 최후의 지성이라 불리는 김형석 교수는 이 책에서 일상이 바빠 대중이 잊어버린 사랑과 자유, 평화에 대한 본질과 해답, 다가올 미래를 위해 후손에게 전해줘야 할 정의, 일제강점기와 이념 갈등을 겪는 한국인에게 다정한 일침을 전해준다.

행복의 기원

서은국 지음 | 값 22,000원

인간은 행복하기 위해 사는 게 아니라, 살기 위해 행복을 느낀다

"이 시대 최고의 행복 심리학자가 다윈을 만났다!" 심리학 분야의 문제적 베스트셀러 『행복의 기원』 출간 10주년 기념 개정판. 뇌 속에 설계된 행복의 진실. 진화생물학으로 추적하는 인간 행복의 기원.

당신의 불안은 죄가 없다

웬디 스즈키 지음 | 안젤라 센 옮김 | 값 19,800원

걱정 많고 불안한 당신을 위한 뇌과학 처방전 "불안은 변화를 만들어 내려는 움직임이다!"

불안을 삶을 방해하는 '부정적'인 것이 아닌 삶의 동력이 되는 '긍정적'인 것으로 바라보게 해주는 책! 저자는 '뇌'의 관점에서 자신이 불안과 맺는 관계를 변화시킨 사례와 함께 불안이 주는 여섯 가지 선물을 통해 더 나은 내가 되는 방법, 그리고 나를 지키는 좋은 불안 사용법까지 구체적으로 불안을 다루는 방법을 제시한다.

평균의 종말
다크호스
집단 착각

토드 로즈 지음 | 정미나, 노정태 옮김 | 각 값 20,000원 / 24,000원

하버드대학 교수 '토드 로즈' 3부작! 뿌리 깊이 박혀 있는 편견과 착각에서 벗어나게 하는 책!

고 생각했지." 훗날 미시는 그날 있었던 일을 내게 이렇게 설명해 주었다. "그런데 그때였어. 매장에서 판매가 시작되기 한 시간쯤 전이었는데, 그 남자가 줄 앞쪽으로 쭉 가더니 자기 친구 옆에 가서 그냥 새치기를 하는 거야. 나는 갑자기 11번째가 되었어. 완전 화가 났지! 대체 그 인간은 뭐 하는 작자일까? 정말이지 역겨운 일이었어!" 줄을 서서 기다리던 모든 사람들이 이 대기 규범 위반자를 향해 격분했다. "모든 사람들이 다 그 작자한테 소리를 지르기 시작했어. 대체 뭐 하는 짓이냐고 말야. 당장 줄에서 빠지던가, 아니면 우리가 **끌어내겠다**고 소리를 쳐댔지. 조금만 더 그러고 있었다면 사람들이 실력 행사를 했을지도 모르지만, 결국 그 남자는 포기하고 빠졌어."[11]

미시는 새치기하는 사람을 두고 "역겹다"고 말했다. 독자 여러분에게 그런 감정을 불러일으키는 장면을 지금 눈앞에서 목격하고 있다고 상상해보자. 그때 우리에게는 신경과학적으로 어떤 일이 벌어지고 있을까? 가령 벌레가 잔뜩 파먹은 사과를 한 입 베어 물었을 때라거나, 길가에서 똥을 누고 있는 사람을 목격했다면? 놀랍게도 우리 몸의 반응은 동일하다. 구체적으로 역겨운 장면을 보았을 때와 누군가 새치기하는 장면을 봤을 때, 우리의 뇌는 정확히 같은 방식으로 반응한다. 혐오Revulsion는 자연적인 반응이다. 자신을 해로운 것으로부터 지키기 위해 우리의 뇌가 스스로에게 내리는 명령인 것이다. 그러니 역겹다는 감정이 느껴지는 것은 결코 우연이 아니다. 우리의 규범 준수에는 뇌도Insula라는 부위가 할당되어 있는데, 규범의 위반을 발견하면 우리는 그 느낌을 역겨움으로 인지하게 되어 있다. 독자 여러분을 fMRI에 눕혀 놓고 누군가 새치기 하는 모습이 담긴 영상을 보여드리면 여러분의 뇌도에는 마치 브로드웨이처럼 환하게 불이 들어올 것이다. 반대로 말하자면, 여러분들이 개자식처럼 행동할 때, 여러분은 다른 이들에게 마치 썩어서 냄새나는 고깃덩어리처럼 보인다는 뜻이기도 하다.[12]

사회적 규범은 사람들 사이의 관계에 기름칠을 해주고 협동을 증진시킨다. 사회적 규범이 집단에게 도움이 된다는 건 전혀 놀랄 일이 아니다. 하지만 우리는 어떤 집단에 속해 있을 때에만 그 집단의 사회적 규범에만 신경 쓰는 것이 아니다. 사실 우리의 뇌는 사회적 규범을 절대적으로 **갈망**하고 있다. 그래서 우리는 말 그대로 매우 희박한 근거만을 가지고도 사회적 규범을 만들어내곤 하는 것이다.

두뇌는 예측 가능한 규범을 갈구한다

지금 여러분은 1927년 컬롬비아대학교의 학부생이다. 한 심리학 실험에 참여하기로 했다. 연구실에 도착해보니 대학원생들이 실험에 대해 간략히 적혀 있는 유인물을 나누어주고 있다. 읽어보니 지각Perception에 대한 실험이라고 한다. 대학원생은 여러분을 칠흑 같이 어두운 방으로 이끌고 들어가 테이블이 놓인 의자에 앉혔다. 테이블에는 버튼이 하나 달려 있다. 이제 여러분은 불빛을 하나 보게 될 것인데, 그 불빛이 얼마나 멀리 이동했는지 추측하는 것이 오늘의 실험 내용이다. 대학원생은 문을 닫고 나갔고, 이제 여러분은 어두운 방에 혼자 앉아 있다.

잠시 후 "준비하세요"라는 대학원생의 목소리가 스피커를 통해 들린다. 그리고 여러분의 눈 앞에는 작은 불빛 하나가 나타나 멀지 않은 곳에서 떠다니는데… 잠깐, 저게 가까운 것일까, 아니면 먼 것일까? 실험실은 너무도 깜깜하기 때문에 이렇다 저렇다 말할 수가 없다. 빛은 그저 한 지점에서 다른 쪽으로 움직이고 있을 뿐이다. 그러고는 사라져버린다.

이 불빛이 이동한 거리는 얼마일까? 사실, 말할 수가 없다. 달의 크기에 대해 생각해 보자. 달은 지표면과 가까울수록 크게 보이고 하늘 높이 떠오르면 작게 보인다. 하지만 그렇게 보는 것만으로는 달의 진짜 크기에 대해 이야기할 수가 없다. 지표면에 가까이 있을 때, 나무나 건물 등에 견주어 상대적인 크기를 논할 수 있을 따름이다. 그와 같이 판단의 잣대가 될 만한 것이 아무것도 없다면 우리는 대체 무엇을 기준으로 우리가 보는 것을 지각할 수 있단 말인가?

사실 그 실험에서 움직이는 것처럼 보였던 불빛은 고정되어 있었다.[13] 하지만 우리는 심리학적 착각으로 인해 그 불빛이 움직인다고 생각하는데, 그런 현상에는 자동운동 효과Autokinetic Effect라는 멋진 이름이 붙어 있다. 우리는 눈이 '고정된' 상태로 그 불빛을 바라보고 있다고 생각하지만, 사실 우리의 안구는 완전히 정지된 상태를 유지하는 것이 불가능하다. 우리가 고정된 물체를 응시할 때도 망막을 조절하는 근육들은 미세하게 움직인다. 이런 무의식적 움직임을 통해 다른 의식적 움직임의 영향을 상쇄한다. 그래서 완전히 어두운 방에서 불빛 한 점을 바라보고 있으면 불빛이 움직이는 것처럼 보인다. 근육들이 벌이는 미세한 줄다리기의 영향이 드러나는 것이다.[14]

이러한 착시 현상을 가장 먼저 발견한 것은 19세기의 천문학자들이었다. 그들은 붙박이별과 행성 등을 움직이는 것으로 여기고 있었던 것이다. 1940년대, 2차 세계대전에 참전한 조종사들은 어둠 속에서 다양한 색깔의 불빛이 자신들의 비행기를 따라오고 있다고 생각해 보고한 기록들이 남아 있다. 훗날 이런 현상은 푸 파이터즈Foo Fighters라는 이름이 붙었다. 이 또한 자동운동 효과의 일종인데, 조종사들이 푸 파이터즈에 대해 남긴 이야기들은 비행과 피로로 인한 여러 착시 효과들과 맞물려 다양한 루머와 추측에 의해 부풀려졌다.[15]

1930년대, 컬롬비아대학교에서 박사 과정을 밟고 있던 터키계 대학원생 무자퍼 셰리프Muzafer Sherif는 자동운동 효과에 대한 실험을 중점적으로 연구하기로 했다. 셰리프가 떠올린 의문점은 이런 것이었다. "모든 외재적 참고 기준이 없다면 우리는 어떻게 인식하는가?" 그의 발견에 따르면, 이 질문에 대한 답은 우리가 혼자 있느냐 아니면 어떤 집단에 속해있느냐에 따라 달랐다. 자동운동 효과에 반복적으로 노출된 이들은 개인적으로 특정한 거리값을 갖게 된다. 사람마다 다른 근육 움직임에 따른 개인적 표준을 갖게 되는 셈이다. 우리의 두뇌는 아무것도 없는 상황에서

조차 무의미한 신호들을 긁어모은 후, 필요하다면 자기 스스로 안정적 기준 내지는 규범을 만들어낸다는 뜻이다.

하지만 다른 사람들이 있다면 이야기가 달라진다. 모든 사람들이 각자 떠오르는 정답을 큰 소리로 말하고 있다면("불빛이 왼쪽으로 20센티미터 움직였어요!"), 우리는 동일한 자기 운동 효과에 대해 퍽 다른 대답을 내놓는다. 이렇게 집단적으로 실험을 할 때 피험자들은 본인의 개인적 기준이 아니라 가장 많은 사람들이 내놓는 시각을 따라가는 경향이 있다.[16] 셰리프에 따르면 심지어 다수의 응답이 비현실적이거나 이성적으로 따져보면 말이 되지 않을 때, 혹은 그룹을 이루고 있는 피험자들이 기존에 아무런 관계 없는 사람들일 때에도 이런 현상이 발견되었다.

이렇게 만들어진 집단적 기준의 영향은 오래도록 지속되었다. 심지어 피험자들 개개인을 나중에 따로 불러 모은 후 다시 같은 실험을 하며 본인의 생각을 말하도록 지시해보아도, 그들은 (지금은 존재하지도 않는) 집단에서 공유했던 규범에 입각해 본인의 눈에 보이는 자동운동 효과를 묘사했다.[17] 훗날 셰리프가 발견한 바에 따르면, 다수의 견해에 영향을 받은 사람들 중 많은 이들은 그들의 생각이 바뀌었다는 사실을 인정하는 것조차 거절하는 경향이 있었는데, 이는 퍽 흥미로운 일이다. 셰리프의 실험에 참여한 이들은 적극적으로 자신의 생각을 드러냈다. 남들의 의견을 수동적으로 따라가지 않았다. 하지만 동시에 규범의 영향을 받고 있었으므로, 그들의 선택이 전적으로 자유롭다고 볼 수도 없었다.[18]

우리의 두뇌는 혼돈에서 질서를, 어두운 방에서 움직이는 빛을 찾는다. 기준이 될 만한 새로운 틀을 요구한다. 그러니 사회적 규범은 마치 우리의 근육, 피부, 의복 아래에 있는 뼈처럼 우리의 삶 전반의 기층에 깔려 있는 것이다. 하지만 그래도 여전히 의문은 남는다. 왜 우리는 사회적 규범에 이토록 의지하고 있는 것일까?[19]

답은 간단하다. 우리의 뇌가 게으르기 때문이다.

우리의 두뇌는 에너지를 게걸스럽게 먹어치운다. 우리가 규범에 의존하는 이유는 바로 이런 신경학적 차원의 사실 때문이다. 신경과학에 따르면 우리의 인지 활동 중 95퍼센트는 무의식적으로 벌어지는데, 이런 격렬한 활동을 지속하고 있는 탓에 대략 우리의 두 주먹을 합친 정도 크기에 지나지 않는 두뇌는 신체 활동의 에너지 중 20퍼센트 가량을 소비하고 있다. 외국어를 배운다거나 악기를 연주하는 등 강도 높은 인지 활동을 할 때면, 인체는 가령 집에서 편안히 TV를 볼 때와 비교해서 약 100칼로리 정도를 더 소비한다(불행하게도 이 정도로는 체육관에서 운동할 때의 칼로리 섭취를 따라잡을 수 없다.).[20] 하지만 두뇌가 하는 일은 대부분 그저 우리 몸이 정상적으로 작동하도록 기능을 유지해주는 것이다.

두뇌가 이토록 많은 에너지를 잡아먹는 기관이기 때문에 규범은 핵심적인 역할을 수행하게 된다. 마치 사람 대신 짐을 짊어지고 가는 가축처럼, 규범은 우리의 인지적 부하 중 상당수를 줄여준다. 우리는 그렇게 아낀 에너지를 보다 시급하고 당면한 과제를 처리하며 의사결정하는데 투입할 수 있게 되는 것이다. 기초적인 수준의 예측 가능성을 제공한다는 면에서 규범은 믿음직한 자동 주행 모드와 유사하다고 할 수 있다. 우리가 쓸데없는 일을 덜 할 수 있게 해줌으로써 우리의 신경학적 회로가 과열되지 않도록 도와주는 것이다.

우리의 두뇌는 예측 가능한 규범을 말 그대로 갈구하고 있다. 그래서 우리는 기회가 되는 족족 규범을 찾아내어 스스로에게 적용하려 든다. 심지어 셰리프가 발견한 바와 같이 우리는 우리 스스로가 느끼는 현실감각을 왜곡하면서까지 규범을 얻고자 한다. 통상적인 기준을 따르는 편을 선호한다. 가령 중앙선을 지키면서 한쪽으로만 운전한다거나, 남들이 줄을 서고 있으면 얌전히 가장 뒤에 가서 서는 것 등이 그렇다. 자신만의 기준을 만들고 고집하는 경우는 흔치 않다. 간단하다. 남들의 기준을 따르는 게 더 편하기 때문이다. 그 옛날 교회 체육관에서 나를 비롯한 농장의 어린이들을 두고 완두콩 먹는 법을 가르쳤던 숙녀 여러분들은, 바로 그런 몸가짐을 가르침으로써 농장 어린이들이 앞으로 겪게 될 수많은 갈등과 난관을 해결해주었던 셈이다. 그 교회 체육관에서 우리는 고급 식탁 위의 도로교통법을 배웠고, 그리하여 우리의 두뇌는 많은 에너지를 소비하는 다른 과제에 시달리지 않을 자유를 얻었다. 가령 앞으로는 격식 있는 저녁 식사 자리가 생기면 어떻게 핑계를 대고 도망가야 할지 고민하지 않아도 되는 것이다.

다른 사람이 사회적 규범을 어길 때 우리의 머릿속에서는 마치 사과를 한 입 베어 물었는데 벌레 반 토막이 남아있는 것을 목격했을 때와 유사한 감정이 솟구친다. 마찬가지로 우리는 다른 이들이 제시해놓은 사회적 규범을 어길 때 감정적 저항을 느끼게 된다. 사실 어떤 규범 위반에 대해 우리가 느끼는 내적 반응은 전기 충격을 받을 때만큼 사실적이고 강렬하다. 그만큼 뭔가 잘못되었다는 신경학적 오류 신호가 강력한 것이다. 그 오류 신호는 우리가 집단의 흐름에 크게 몸담고 있을수록 더욱 강해진다. 심지어 뭐가 옳고 그른지 정확히 알 수 없는 경우에도 오류 신호만은 강렬하게 울려 퍼진다.

내가 난생 처음 홍콩에 갔을 때 겪었던 일이다. 나는 무의식적으로 줄서기 규범을 어겼다. 아들과 함께 지하철을 타려고 기다리던 나는, 보스턴이나 뉴욕에서 그렇듯 승강장의 가장 오른쪽에 서서 열차가 오자마자 올라탈 수 있도록 앞쪽으로 바싹 다가서 있었다. 하지만 나는 그때 놓치고 있었다. 나와 아들을 제외한 모든 이들은 플랫폼에서 적당히 멀리 떨어진 채 다가올 열차를 예의 바른 태도로 기다리고 있었던 것이다. 우리를 둘러싼 차가운 시선을 아들이 먼저 알아채고는 나에게 조용히 말했다. "아빠, 이쪽으로 오세요." 그러고는 나를 적절한 대기 위치로 끌고 갔다. 나는 이 암묵적인 협동 규범을 어겼다는 사실에 적잖이 당황하고 말았다. 그야말로 전형적인 '어글리 아메리칸' 여행객, 그게 바로 나였다. 그 사실을 깨달았을 때 내 얼굴에는 혈액이 몰려 빨개졌고 가슴은 당장 어디 가서 숨어야 할 것처럼 쿵쾅거리며 뛰고 있었다. 전측대상화 피질Anterior Cingulate Cortex, 대뇌에서 오류를 담당하는 곳이 뜨겁게 과부화되어 있었다.[21]

이 지점에서 주목해야 할 점이 있다. 아들이 지적해주기 전까지만 해도 나는 내가 사회적 규범을 어겼다는 것을 몰랐고, 그러니 오류 신호("아이고, 부끄러워라!")도 받지 못했다는 것이다. 일단 나는 어떻게 행동해야 올바른 것인지 판단의 기준을 전혀 가지고 있지 못했다. 그 전에 홍콩에 가본 적도 없었고, 아들과 공들여 여행 계획을 세우긴 했지만 대부분은 어디에 가서 뭘 먹을지 따위에 관한 것이었지 문화적 규범 따위는 신경도 쓰지 않았다. 여행 가이드북을 아무리 뒤져봐도 지하철을 기다릴 때 어디에서 있어야 한다는 식의 이야기는 없었다. 그러니 그저 한 사람의 보스턴 시민으로서 익숙한 방식으로 행동했을 뿐이다. 하지만 아들이 나의 규범 위반을 지적하자 내 몸은 즉각 반응했다. 실수를 저질렀다고 느끼자 신체적 반응이 나타난 것이다.

다른 경험도 있었다. 상하이에 방문했을 때의 일이다. 나는 여행 가이드에게 감사의 뜻을 표하고자 그가 택한 고급 레스토랑에서 같이 식사를 했다. 미국과 정반대로 상하이에서는 종업원에게 팁을 주는 것이 공격적이며 모욕적인 일로 여겨질 수 있다고, 그곳에 가는 길에 가이드가 내게 언질을 해주었다. 나로서는 정말이지 놀랄 일이 아닐 수 없었다. 웨이터로 일해본 적이 있던 나로서는 특히나 믿기 어려운 이야기였다. 혹시 이 가이드가 그런 말로 나를 속여서, 내가 웨이터에게 줄 팁을 모두 자신에게 주기를 바라고 있는 건 아닐지 잠깐 의심스러울 지경이었다.

식사 내내 나는 주변 상황에 촉각을 곤두세웠다. 가이드가 내게 했던 말이 사실인지 아닌지 확인할 수 있을만한 근거를 찾고 있었다. 하지만 중국인 고객들 중 그 누구도 현금으로 계산하는 사람은 없었던 탓에 그 어떤 판단도 내리기 어려웠다. 또한 웨이터는 영어를 할 줄 모르고 나는 중국어를 할 줄 모르는데다가, 당시는 핸드폰으로 인터넷에 접속하여 이것저것 곧장 찾아볼 수 있던 시절도 아니었던 탓에, 내게는 여행 가이드를 믿는 것 외에 다른 선택지가 주어져 있지 않았다. 이 문제로 머리가 복잡해져 있다보니 어느새 나의 두뇌는 오류 신호를 내뿜으며 웅웅거리기 시작했다. 찌르는 듯한 불편함을 느끼며 뭔가 바로잡고픈 욕망에 사로잡혔던 것이다. 나는 그 지역의 풍습을 잘 모른다고 쉽게 용서받을 수 있는 외국인이었지만, 그럼에도 불구하고 얼결에 웨이터에게 무례를 저지를지 모른다는 불안감을 떨쳐낼 수가 없었다.

결국 나는 팁을 줘도 되는지 아닌지에 대한 고민을 해결할 방법을 찾아냈다. 우리의 테이블은 아주 큰 창문 옆에 있었는데, 그래서 나는 식사를 마칠 무렵 조용히 테이블이 아닌 창틀 위에 약간의 현금을 올려두었다. 이건 실패할 리가 없는 계획이라고 나는 스스로를 설득시켰다. 만약 팁 문화가 중국에서 낯선 것이라면, 글쎄, 그렇다 해도 돈이 테이블 위에 있던 것은 아니니까, 웨이터는 내가 실수로 돈을 흘리고 갔다고 생각할 것이다. 반대로 웨이터가 팁 받기를 **원하고** 있었다면, 그 경우에는 내가 팁을 엉뚱한 곳에 놓고 가는 이상한 사람이 되는 것으로 이야기가 마무리될 수 있다.

사실 그 경험 전체가 내게는 너무도 불편한 느낌을 주었다. 그래서 그날 저녁은 다른 레스토랑에서 마찬가지로 불편한 기분을 느끼는 대신, 그냥 호텔에서 먹기로 결정했다. 나도 모르는 규범을 어길 수 있다는 불편한 감정을 하루에 두 번이나 느끼고 싶지는 않았던 것이다. 이 일을 통해 나는 우리가 규범을 어기는지 아닌지, 우리가 지각하는 바가 현실을 반영하고 있는지 아닌지 등에 대해, 신체적 반응을 해석함으로써 판단하는 경향이 있다는 사실을 배울 수 있었다. 내가 고용한 가이드가 뭐라고 하건 그건 내 귀에 들어오지 않았다. 팁을 주지 않고 가는 것은 내게 나쁜 일로 **느껴졌다**. 이 사건은 사회적 영향력이 작동하는 모든 방식에 대한 토머스의 정리는 사회적 규범에 있어서도 마찬가지라는 점 또한 확실하게 각인시켜 주었다. 설령 우리의 믿음이 실제 현실과 아무 상관없을지라도, 그 신념으로 인해 그것이 현실인 것과 다를 바 없는 결과를 낳는다. 이는 사회적 규범, 심지어 그 중에서도 가장 어처구니없는 사회적 규범 역시 마찬가지다.

캉디드의 오류

지금 여러분은 16세기 스페인의 귀족이 되어 있다. 레이스로 장식한 옷을 입은 부자다. 본인이 가진 성의 거대한 식당 테이블에 앉아 벽난로의 장작이 터지는 소리를 감상하고 있던 어느 날 저녁의 일이다. 식탁에는 향긋한 살구 소스로 맛을 낸 호화로운 야생 멧돼지 구이와 온갖 뿌리채소들, 갓 구워낸 향긋한 빵, 짙은 루비 색을 띈 와인 병이 놓여 있다. 잘 세공된 주석 쟁반과 접시에는 낯설지만 탐스러운 과일들이 가득 차려져 있다. 최근 아즈텍을 점령한 탐험가 에르난 코르테즈Hernán Cortés가 보내온 선물들이다. 붉은 과육을 한 점 떼어낸 후 호기심과 기대감을 품고 한 입 베어문다. "으으음! 맛있는지고!" 행복하게 식탁을 점령해 나간 당신은 도저히 못 먹겠다 싶을 때까지 배를 채웠다.

그런데 곧 입에서 이상한, 마치 쇠를 핥는 것 같은 맛이 느껴진다. 그날 밤 당신은 격렬한 복통을 느끼며 쓰러지고 만다. 망치로 맞은 것처럼 머리가 얼얼해지더니, 손가락과 발가락이 꼬이기 시작한다. 침대로 기어들어간 당신은 바닥에 모든 것을 게워낸다. 다음날 아침 당신은 뇌사 상태에 빠지고, 며칠 가지 못해 죽고 말았다.

틀림없이 바로 그 이상한 과일이 문제일 것이다.

코르테즈가 아즈텍산 토마토를 유럽 땅에 처음 들여놓은 바로 그 후부터 귀족들은 그 과일이 지닌 치명적인 속성에 주목하기 시작했다. 절대 먹어서는 안 될 음식이라는 결정이 내려진 것도 순식간이었다. 그 후로 수백여 년이 넘도록 사람들은 토마토에 독이 있다고 생각하고 있었다. 사실 귀족들의 목숨을 빼앗아 간 진짜 원인은 세련된 주석 쟁반과 접시 및 식기들이었다. 다량의 납 때문에 결국 죽음에 이르는 것이다. 토마토의 강한 산성으로 인해 주석 접시가 부식되면 음식이 유독해지고, 귀족의 만찬은 오늘날 우리에게 납 중독이라고 알려진 신비로운 병의 원인이 되고 마는 것이다. 유럽 귀족들이 수백여 년에 걸쳐 토마토를 먹지 않았던 이유가 그것인데, 그러면서도 그들은 절대 그 이유를 궁금해 하지 않았다.

그들 입장에서 보면 궁금해할 게 뭐가 있단 말인가? 토마토가 범인이라는 당연한 결론에 도전하는 것은 바보나 할 짓이었다. 결과적으로 토마토가 치명적으로 위험한 음식이라는 잘못된 생각이 사회적 규범으로 자리잡아버렸다. 실제 사실이 어떻건 별 상관없는 일이었다.[22] 대부분의 사람들은 나무 쟁반과 접시를 쓰고 있었는데, 돈을 좀 벌어서 부자 행색을 내고자 하는 이들은 상류층의 예쁜 식기를 갖추게 마련이었고, 그런 사람들은 토마토가 유독한 야채라는 동일한 결론에 도달할 수밖에 없었던 것이다. (1800년대 무렵이 되어서야 이 소동은 행복한 전환점을 맞이했다. 너무도 고된 노동에 시달리고 있어서 음식을 접시에 담아 먹을 정신도 없었던 이탈리아의 노동계급 덕분이었다. 밀가루로 도우를 만든 후 그 위에 토마토소스를 얹어 굽는 가난한 자의 음식, 이름하여 '피자'를 발명한 것이다.[23])

사람들은 규범을 정당화하기 위해 엄청난 힘을 쏟곤 한다. 특히 그 규범이 체제에 대한 충성이나 도덕적 가치 등을 표방하고 있다면 더욱 그렇다. 그런데 여기서 어떤 사람은 이렇게 반론할 수도 있다. "그래서, 그게 뭐가 어쨌다는 건가? 어떤 사람들이 토마토를 안 먹는 게 그렇게 대단한 문제인가? 물론 유럽인들이 강렬한 햇살을 덩굴째로 빨아들이고 자란 토마토의 맛을 모르고 살았다는 것은 정말 슬픈 일이다. 올리브오일에 절여 약간의 소금을 치고 그 위에 바질을 얹는다면 더욱 완벽하니 말이다. 그래도 목숨 걸고 먹어야 할 건 아니지 않나?"

하지만 이런 질문이 놓치는 더 중요한 사실이 있다. 그 많은 사람들이 몇 세기 동안 진실이 무엇인지 묻지도 따지지도 않고 살아왔다는 바로 그 점이다. 그러면서 그들은 본인들의 무지를 해소하는 대신 애먼 토마토나 탓하고 있었다.

우리는 생각 없이 규범에 협응한다. 이런 성향 때문에, 충분히 주의를 기울이지 않는다면 우리는 사회적 규범을 집단 착각으로 바꿔버리는 오류에 곧잘 빠지곤 한다. 이런 현상을 나는 개인적으로 '캉디드의 오류'라 부른다.

18세기 유럽, 계몽주의의 여명이 밝아오면서 합리주의와 과학에 대한 믿음이 퍼져나갔다. 그러한 믿음은 프랑스의 신학자, 수도사, 학자, 정부와 군사 지도자들이 가지고 있던 권위주의적이며 신비주의적인 세계관을 서서히 대체해 나갔다.《캉디드 혹은 낙관주의》는 바로 이 시기를 살았던 프랑스의 문제적 논객이자 철학자였던 볼테르가 쓴 짧지만 재기발랄한 책이다.

이 책은 팡글로스 박사라는 고리타분한 교수가 순수한 청년인 캉디드에게 가르치는 철학에서 출발한다. 팡글로스 박사는 이 현실이 '모든 가능한 세계 중 최선'이라는 철학을 가지고 있다. 그러나 캉디드는 지진, 화재, 기근, 이교도들의 방화, 불공정, 거절당하는 고통, 그 외에도 온갖 끔찍한 일을 겪는다. 팡글로스 박사가 캉디드에게 해준 조언은 한낱 허언에 지나지 않게 되는 셈이다. 하지만 팡글로스 박사의 태도는 요지부동이다. 캉디드가 겪은 온갖 끔찍한 일과, 아울러 따라오는 고약한 사회적 규범 등을 모두 그저 어깨를 으쓱하고 떨쳐 내거나 수용해야 할 삶의 자연스러운 일부로 취급해버리고 마는 것이다.[24] 포르투갈의 수도 리스본이 엄청난 지진과 화산 폭발로 뒤덮이고 말았을 때, 팡글로스 박사는 이렇게 이야기하며 캉디드를 위로하려고 든다. "이것이 최선이라네. 왜냐하면, 만약 화산이 리스본에 있었다면, 다른 곳 어디에도 화산이 있지는 않았을 테니 말일세. 사물이 본질과 다르게 존재한다는 것은 불가능한 일이니 말이야. 모든 것은 있는 그대로 최선이지 않겠는가."[25]

캉디드는 팡글로스의 장밋빛 망상으로부터 서서히 벗어나기 시작한다. 그러자 캉디드는 '모든 것이 최악인 상황에서도 모든 것이 최선이라는 완고한 믿음을 고집하는 것'이 얼마나 현실 도피적이고 맹목적이며 미성숙하고 규범에 속박된 어리석은 짓인지, 깨달음이 밝아오고 만다.[26]

우리는 규범이 존재한다는 이유만으로 규범을 (마치 팡글로스 박사처럼) 선량하고 바람직한 것으로 믿는 경향이 있다. 만약 아무도 진정 원치 않고 신경 쓰지도 않는다면, 낡은 개념이 우리 곁에 떠나지 않고 달라붙어 있을 수가 없지 않겠는가? 그러나 사회적 규범을 떨쳐내는 일은 믿기 어려울 정도로 어렵다.

스웨덴에서 있었던 일이다. 1967년 9월 3일 새벽 5시를 기해, 스웨덴은 차량 운행을 좌측통행에서 우측통행으로 바꾸었다. 모든 운전자는 도로의 왼쪽이 아니라 오른쪽에서 차를 몰아야 했다. 스웨덴인들은 그 날을 다겐 HDagen H(Dagen은 스웨덴어로 날Day에 해당하며, H는 우측통행이라는 뜻의 Högertrafik의 앞글자다.)라 부르며 만반의 태세를 갖췄다. 이제 사람들은 하루아침에 습관을 바꿔야만 할 참이었다. 왜 그래야 했을까? 스칸디나비아 반도에서 좌측통행을 하는 나라는 스웨덴 밖에 없었다. 이것이 다른 나라에 비해 높은 교통사고 발생율의 원인일 것이라는 것이 스웨덴 정부의 판단이었다. 그러나 대다수의 스웨덴인들은 우측통행으로의 전환을 그리 반기지 않았다. 스웨덴 정부가 몇 년에 걸쳐 수백만 달러를 투입해 홍보와 교육 캠페인을 벌인 것은 그런 이유 때문이었다. 여성 속옷부터 우유곽까지, 다겐 H를 상징하는 로고가 온갖 곳에 인쇄됐다. 모든 지자체가 차선을 다시 그리고 신호등을 재정비해야 했음은 물론이고 다겐 H 전날까지 교체된 도로표지판만 해도 36만여 개에 달했다.[27]

효과는 어땠을까. 우측통행으로 바꾸고 나자 잠시 동안은 교통사고 발생률이 다소 줄어들었다. 하지만 이듬해인 1969년이 되자 교통사고 발생률은 이전과 다를 바 없는 수준으로 올라왔다.[28] 이 결과를 두고 스웨덴인들은 대체 그 많은 비용을 들인 게 무슨 소용이 있었는지 의문을 품었고, 일부는 지금까지도 회의적인 태도를 보이고 있다. 스웨덴 정부는 새로운 사회적 규범을 설정하기 위해 노력했지만 그러한 변화는 단지 도로 표지판을 바꾸고 법을 고치는 것보다 훨씬 더 복잡한 일이었다는 사실을 깨닫게 되었다. 마치 왼손잡이들을 상대로 갑자기 오른손만 쓰라고 요구하는 것과 비슷하다. 깊숙이 자리 잡아 세대를 넘어 전해져오는 습관을 바꾸는 일은 대단히 어렵다.

단순한 습관을 넘어, 보다 깊은 연유를 지니고 있는 규범이라면 그것을 없애는 일은 훨씬 더 어려워진다. 가령 악수를 나누는 관습에 대해 생각해 보자. 악수는 먼 옛날 메소포타미아 지방에 살고 있던 어떤 사람들이 서로 빈손을 마주잡아서 무기를 들고 있지 않고 상대에게 해를 끼칠 의향이 없음을 드러냈던 것에서 출발했다.[29] 말하자면 악수란 서로가 서로에게 개자식처럼 굴지 않을 것임을 보여주는 한 방법이었던 것이다. 그럴듯하고 실용적인 발상이 아닐 수 없었다.

그런데 문제가 하나 있었다. 악수를 하는 것은 질병을 퍼뜨리는 아주 탁월한 방법이라는 사실을 당시 사람들 중 누구도 알지 못했다는 것이다. 오히려 19세기까지 의사와 과학자들은 콜레라나 흑사병 같은 질병들이 '독기毒氣, Miasma'에 의해 확산된다고 생각했다. 악취를 뿜어내는 무언가 혹은 썩은 물에서 나오는 어떤 것이 병을 옮긴다고 보았다.[30] 그런데 1847년, 비엔나의 병원에서 일하던 헝가리의 산부인과 의사였던 이그나스 제멜바이스Ignaz Semmelweis가 이상한 패턴을 발견했다. 당시만 해도 여성들이 출산 후 산욕열로 사망하는 일이 자주 벌어졌다. 그런데 제멜바이스가 관찰해보니 산모가 누구의 도움을 받아 아이를 낳느냐에 따라서 산욕열에 걸려 목숨을 잃는지 여부가 크게 달라지고 있었다. 병원에 온 산모들은 경우에 따라 산부인과 의사와 의대생들의 조력을 받았고 수술참관실에서 견학의 대상이 되기도 했다. 그럴 때면 병원 밖의 산파를 통해 아이를 낳을 때에 비해 산욕열에 걸릴 가능성이 세 배나 높아지고 있었다.[31]

의사와 의대생들의 손에 묻어 있는 '시체 입자Cadaverous Particles'가 산모들에게 영향을 미쳐 이런 결과가 벌어지고 있다는 것이

제멜바이스의 가설이었다. 그래서 그는 의사와 학생들에게 아침 회진을 돌기 전, 그리고 임산부와 접촉하기 전, 석탄에서 추출한 석탄수로 손을 씻도록 했다. 이렇게 습관을 바꾸고 나자 1842년 16퍼센트에 달했던 산후 사망률은 1848년 고작 2퍼센트를 조금 넘는 수준까지 떨어졌다.[32] 의료계의 기득권은 제멜바이스가 주장한 세균전파설을 두고 볼멘소리를 내뱉었지만, 결국 손씻기는 의료계 전체의 습관으로 자리 잡을 수 있었다.[33] 그리고 우리는 매년 독감이 유행하는 계절마다 공중 보건 관계자들의 (대부분의 경우 효과가 없는) 호소를 들을 수 있게 됐다. "제발 악수는 자제하고 최대한 자주 빨리 손을 씻읍시다!"

우리의 손바닥에 달라붙어 있던 그 끈끈한 규범을 떼어내는 일은 전 지구적 팬데믹으로 인해 겨우 가능해졌다. 코로나19가 확산되면서 우리는 낯선 이를 반기면서도 손바닥을 맞대지 않는 방법을 배워나가야만 하는 처지가 된 것이다. 하지만 나 역시 악수하지 않는 지금이 어색하다. 상대를 존중하지 않는 것 같고, 주먹이나 팔꿈치 부딪치기는 악수만큼의 만족스러운 친밀감을 주지 못한다. 나 역시 낡은 규범에 묶여 있는 셈이다.

이쯤에서 엘름 홀로우로 돌아가 보자. 기억하실지 모르겠지만, 그곳에 깔린 여러 규범 중 하나는 트럼프 카드놀이를 금지하는 것이었다. 리처드 샹크에 따르면, 그러한 관습은 그가 '청교도적 편견'이라 부르는 것에 연원을 두고 있었다. 이는 청교도들이 가진 계급적 반발을 담은 것이었다. 마치 인스타그램을 통해 우리가 다른 사람들의 멋진 삶을 엿보는 것처럼, 트럼프 카드는 왕

궁과 그 질서를 추앙하게 하는 방편으로 여겨졌다고 할 수 있다. 그러니 청교도들은 트럼프 카드놀이를 금지함으로써 그들이 지닌 반계급적이고 반신분주의적 정서와 연대를 다질 수 있었다. 하지만 20세기 엘름 홀로우에 사는 사람들은 사정이 달랐다. 왕족이 다스리는 나라에서 벗어난 것도 이미 오래 전의 일이었다. 이제 트럼프 카드놀이 금지라는 규범은 더 이상 유용하지도, 합리적이지도 않았지만, 선량한 시민들은 그것을 여전히 준수했다. 왜냐하면 다른 사람들이 동의하고 있다고 생각하고 있기 때문이었다. 물론 실은 그렇지 않았지만 말이다.

규범은 바로 이래서 문제다. 규범이 존재하고 대부분의 사람들이 따르고 있다면, 모든 사람들이 거기 동의하고 있을 거라고 생각한다. 실은 아무도 원하고 있지 않을 때조차 우리는 잘못된 믿음에 사로잡혀 곧잘 불문율을 준수하고 복종해버리곤 한다. 점점 더 많은 사람들이 캉디드의 오류에 빠지고, 규범에 순응하며, 규범이 그들의 개인적 가치를 침범하도록 내버려둘 때, 결국 우리 모두는 집단 착각의 유령을 쫓는 신세로 전락하고 말 우려가 있다.

사회적 규범이 이렇게 오염된 상황에서 순응 편향은 우리를 정말 나쁜 방향으로 이끌어갈 수도 있다. 가령 인종차별, 성차별, 그 외 다른 형태의 차별과 편견처럼, 실은 사람들이 환영하지 않는 파괴적인 행태에 사회 전체가 동참하는 일이 벌어질 수도 있는 것이다. 게다가 우리는 우리의 내면에서 이런 일이 벌어진다는 사실을 인식하지 못한다. 타락한 규범은 마치 방울뱀처럼 우리의 발치에서 우리를 노리고 있다. 대부분 그 독사를 보지 못하기 때문에 아무렇지 않게 춤을 추고 있지만, 만약 그 뱀에게 물린다면 극히 위험한 상태에 빠지게 될 것이다. 나쁜 규범과 헤어지기 위한 첫 단계는 무시가 아니다. 오히려 모든 나쁜 규범들을 하나도 빠짐없이 경계하고 있어야 한다.

이 대목에서 우리 사회에서 중요한 역할을 하지만 대체로 무시당하는 사람들, 즉 예술가들이 지니는 엄청난 중요성을 이야기하지 않을 수 없다. 예술 앞에서 우리는 일상을 멈추고 생각하게 된다. 대부분의 위대한 예술은 규범을 다시 숙고하게 만들고, 새로운 방식으로 세상을 인식하게끔 청중을 일깨운다. 이고르 스트라빈스키의 〈봄의 제전〉, 빈센트 반 고흐의 〈해바라기〉, 에우리피데스부터 바츨라프 하벨까지 이어지는 위대한 시인들의 희곡을 떠올려 보자. 이 영원불멸한 예술작품들을 바라보고 있노라면 지금 우리가 허우적대고 있는 규범들에 대해 생각하지 않을 수 없다. 때로는 예술 앞에서 우리가 벌이는 인간적인 어리석음을 깨닫고 웃음을 터뜨리기도 한다. 예술이 우리를 어리석음의 선잠에서 깨워줄 때도 있다. 우리 스스로의 위선과 유해함을 폭로하는 예술 때문에 불편한 기분이 들 수도 있을 것이다. 하지만 이 모든 것들이 바로 예술의 본질이다.

가령 셰익스피어의 희곡들은 사회적 규범이 흔들릴 때 벌어지는 모습들을 정교하게 반영하고 있다. 그가 쓴 희극들은 대체로 사회적 혼동의 접점에서 벌어진다. 우리가 서로를 잘못 이해하고 엉뚱하게 받아들일 때 벌어질 수 있는 결과를 보여주는 것이다. 남자는 여자를 오해하고 여자도 남자를 오해한다. 서로 다른 계급을 지닌 사람들의 위치가 뒤바뀐다. 가장 훌륭한 예술은 이렇듯 우리에게 주어진 규범에 질문을 던지게 할 뿐 아니라 그 중 가장 나쁜 것을 파괴한다. 그런 파괴가 예술의 영역에서는 정당하다. 그렇게 인식이 바뀌고 우리는 결국 더 좋은 사회에 살 수 있게 된다.

거대한 하마는 붉은 찌르레기가 자신들의 피부를 쪼아대도록 기꺼이 허용한다. 그 새들이 귀찮은 기생충을 잡아먹음으로써 서로 이득이 된다는 것을 알고 있기 때문이다. 인류는 이러한 호혜적 관계를 사회적 규범으로 정착시켰다. 집단은 더 큰 협력을 하는 방향으로 발전했으며, 우리는 삶의 예측 가능성을 얻었다. 물론 생존에 필요한 에너지도 크게 줄어들었다. 대부분의 경우 진정한 윈윈 게임이었다. 규범이 포용적이고 사회 친화적일 때, 특히 규범이 우리의 개인적 가치를 반영하고 있을 때, 규범은 우리의 내면에 있는 선한 천사의 날개에 힘을 실어준다. 개인과 그룹 모두가 그 규범에 힘입어 한층 더 나은 경지로 나아갈 수 있게 되는 것이다.

그러나 규범은 모든 곳에 퍼져 있는 강력한 힘이다. 또한 우리는 규범에 대해 두 번 고민하지 않는다. 그러니 지난 날 만들어진 사회적 규범이 오늘날까지 영향을 미칠 위험은 언제나 존재한다. 사회적 규범이 부패할 때, 우리의 개인적 가치를 침해하고 다수의 몫을 빼앗아 소수에게 집중하는 역할만을 수행할 때, 규범은 급속도로 파괴적으로 바뀐다. 우리를 순응에 빠뜨리고 집단 착각의 늪으로 끌어들인다.

물론 구시대의 규범이 집단 착각을 불러일으키는 유일한 원인은 아니다. 그렇다면 이렇게 긴 책을 쓸 필요도 없었을 것이다. 규범에 대한 건강한 회의주의를 자극하는 것만으로도 충분했을 테니 말이다. 집단 착각이 형성되는 두 번째 방식은 첫 번째보다 훨씬 광범위하며 즉각적이다. 게다가 불행하게도 그런 경우, 우리는 단지 피해자에만 머물지 않는다. 우리 스스로가 집단 착각을 만들어내는 존재가 되고 마는 것이다.

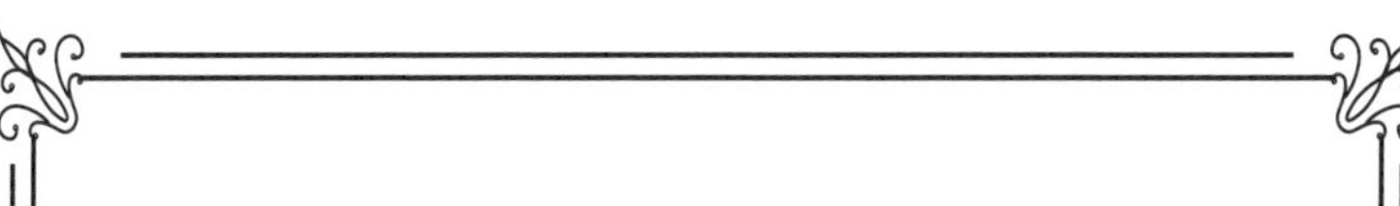

6장

오류의 왕국
THE REIGN OF ERROR

우리가 가장 잘 알고 있다는 것, 그러므로 검증하거나 질문할 필요가 없다는 것, 그것이야말로 가장 잘못된 말이다.

— 스티븐 제이 굴드

나의 내면에 자리 잡고 있는 사회적 순응의 어두운 면. 내가 처음 그것을 발견한 것은 열두 살 때의 일이었다.

나는 유타주의 후퍼라는 농촌 마을에 살고 있었다. 그레이트 솔트호Great Salt Lake의 연안에 위치한 그곳은 엘름 홀로우와 크게 다를 바 없는 작은 마을이었다. 초등학교 6학년들이 대체로 그렇듯이, 나는 특정 집단에 속하기 위해 안달이 나 있었다. 내 경우는 나와 나이가 비슷하고 땀냄새가 나는 다섯 명의 소년들이 바로 그 집단이었다. 물론 그런 무리라면 마치 통과의례라도 되는 양 어른들이 만들어놓은 규칙을 어기게 마련이다. 그래서 우리는 마치 사물이 중력에 끌리듯 담배를 향해 이끌려갔다.

그 무렵 우리에게는 키가 크고 호리호리하며 록스타처럼 생겼던 친구 조가 가장 쿨하고 멋져 보였다. 그런 조에게는 마틴이라는 형이 있었는데, 반항적이었던 마틴은 씹는 담배를 즐기는 습관이 있었고, 동생인 조는 어린 나이에 해서는 안 될 씹는 담배를 통해 니코틴을 흡수하는 것이야말로 뭔가 특별하고 멋진 일이라는 생각에 사로잡혔다.

그리하여 조는 어느 날 저녁 친구들을 집합시켰다. 부모님들의 눈을 피하려면 로스 씨네 밭에 딸린 큰 수로가 그런 모임에 적격이었다. 조는 외투 호주머니에서 둥글게 생긴 케이스를 하나 꺼내더니 조용히 말하기 시작했다. "내가 너희들한테 지금부터 뭔가 보여줄게. 너희들도 하는 거야! 야구선수들도 다 이걸 한다고. 그리고 여자애들이 좋아하지!"

금단의 영역에 발을 들여놓는 짜릿한 쾌감이 우리들을 꿰뚫고 지나갔다. 조는 조심스럽게 씹는 담배갑을 열어, 잘게 썰린 담배 잎을 조금 떼어내고는 그것을 윗입술과 잇몸 사이 공간에 끼워 넣었다. 우리들을 향해 담배갑을 내밀며 조가 말했다. "이제 너희들도 해봐!"

담배갑을 바라보던 나는 고개를 들어 친구들을 살펴보았다. 몇 명은 눈을 피했다. 나는 그 상황이 매우 불편했지만 더는 외면할 수 없었다. 나는 할 수 있는 한 최소한의 씹는 담배를 집어 든 후, 조가 했던 것처럼 그 담배를 내 윗입술과 잇몸 사이에 끼워 넣었다. 담배에서 나는 냄새와 맛은 뭐랄까, 매운 향이 나는 썩은 풀을 억지로 태우고 있는 것만 같았다. 그 얼얼한 맛이 니코틴과 함께 나를 자극해서 내 눈은 금방 눈물로 가득차고 말았다.

모두가 지켜보는 앞에서 조는 내게 말했다. "이제 그 담배를 씹어봐." 나는 그렇게 했다. 정말이지 끔찍했다. 하지만 나는 마치 소가 여물을 되새김질하듯 계속 담배를 씹어댔다. 그 후로도 조는 우리 모두를 몰아붙였다. 그 고약한 물건을 우리의 입에 집어넣으라고 부추기고 있었던 것이다.

결국 진흙처럼 되어버린 담배를 나는 더 이상 입에 넣고 있을 수 없었다. 하지만 다른 사람들이 보는 앞에서 입 안에 있는 걸 뱉는 걸 부끄럽게 여겼던 나는 그 담배를 꿀꺽 삼켜버렸다.

"네가 씹은 담배 어디 있어?" 다른 아이들이 모두 뱉는 모습을 본 조는 기다리다 못해 내게 물었다. "삼켰는데." 이렇게 말하는 나는 곧장 부끄러움을 느꼈다. 나를 뺀 모든 사람들이 새파랗게 질려서 소리쳤다. "그거 삼키는 거 아니야!"

바로 그때부터 내 배가 정말 아프기 시작했다. 나는 집으로 뛰쳐 들어갔다. 뱃속에 있는 걸 몽땅 게워낼 참이었다.

나는 집에 도착하자마자 곧장 욕실로 달려갔다. 내가 변기를 붙잡고 주저앉는 모습을 보자 어머니가 따라 들어왔다. 간호사인 어머니께 눈물 콧물 범벅이 된 채로 내가 전후 사정을 실토하자 어머니는 창백해진 채 땀을 흘리는 말썽꾸러기의 이마에 손을 짚으며 차분하게 사실만을 말씀해 주셨다. "글쎄, 죽지는 않을 거야. 하지만 다시는 이런 짓을 하지 않겠지?"

10년 후, 고향에 방문한 나는 가족과 친구들을 만났다. 옛 친구들과 모닥불을 피워놓고 둘러앉아 추억담을 나누던 그때, 나는 문득 말을 꺼냈다.

"로스 씨 농장 배수로에서 씹는 담배를 물었던 그때 일 기억나?"

"당연하지." 친구들이 대답했다. 누군가는 웃음을 터뜨렸다. "그땐 참 이상한 기분이었어." 마크가 말했다. "이쯤 됐으니 솔직하게 말해야 할 것 같다." 조가 말했다. "사실 나는 진짜 그러고 싶지는 않았어."

갑자기 대화가 끊겼다.

"장난하냐?" 결국 내가 침묵을 깼다. "네가 시켜서 우리가 다 그런 짓을 했잖아!"

잠시 침묵을 지키던 조는 이렇게 말했다. "솔직히 말해볼까? 형이 나한테 그렇게 하라고 한 거야."

또래 집단의 압력에 굴복한 십대 소년이 세상에 나만 있었을 리 없다. 나의 일탈은 배탈로 끝나고 말았다. 그때 나는 달리 선택의 여지가 없다고 생각했다. 집단의 분위기에 맞서는 건 씹는 담배를 삼키는 것만큼이나 고통스러운 일이었을 테니 말이다. 하지만 그런 요구에 순응함으로써 나의 가치관과 어긋나는 일을 하게 된 나는 결국 다른 방향에서 어떤 식으로건 고통을 받을 수밖에 없었다. 게다가 당시에는 깨닫지 못했던 사실도 있다. 그 자리에서 씹는 담배를 피우고 싶었던 사람은 실은 아무도 없었다. 그러니 나는 침묵함으로써 다른 이들을 어색한 분위기로 몰아넣는데 일조하고 있었던 것이다. 그렇게 집단 착각에 사로잡힌 우리는 한 사람씩 차례대로 똑같은 바보짓을 하고 말았다. 나이 많은 형들이 하는 멋진 행동이라고 생각하는, 건강에 전혀 도움 되지 않는 그런 짓을 한 것이다.

물론 모든 이들의 십대 시절은 비슷하다. 어른이 되면 후회하게 되는 바보 같은 짓을 한다. 속하고 싶은 동료 집단에 순응하거나, 적어도 문제를 만들지 않기 위해 침묵한다. '담배 사건'을 겪은 나는 의문에 빠졌다. 다른 사람들의 생각에 대한 우리의 판단은 올바른가? 전혀 엉뚱한 착각을 하고 있지 않을까? 내가 겪은 작은 사건은 우리 스스로가 집단 착각에 빠질 수 있을 뿐만 아니라 집단 착각을 만들어내는 원인이 되어 일조할 수도 있다는 것을 보여준다. 그저 다른 이들의 의향을 잘못 읽는 것만으로도 그런 결과를 불러일으킬 수 있다.

당신이 누구인지, 어떤 문제와 맞닥뜨려 있는지, 그런 것은 아무 상관이 없다. 우리는 어떤 상황에서 우리가 스스로 만들어낸 파괴적인 집단 착각 속에 있다는 사실을 알 수 있다. 이런 일이 왜 벌어지는지, 어떻게 그 문제를 제대로 다룰 수 있는지 탐구하기 위해, 우리의 두뇌가 지니고 있는 생물학적 한계에 대해 살펴보아야 한다. 우리가 이해할 수 있는 것보다 훨씬 크고 복잡한 세상을 헤쳐 나가기 위해 우리의 뇌가 어떻게 스스로를 기만하는지 알아야만 하는 것이다.

생각의 함정

우리의 뇌는 엄청난 양의 에너지를 소비한다. 가령 우리의 뇌로 들어오는 시각 정보는 1초당 11메가바이트에 달할 정도지만, 우리가 정말 '보는' 것은 고작 1초당 60비트 정도에 지나지 않으며, 오직 그 정도의 분량만이 우리의 뇌로 '업로드'된다. 이것은 마치 프랑스 파리의 모든 사람들을 다 살펴보면서 그중 고작 여덟 명만을 바라보는 것과 마찬가지다.[1]

시간과 정신적 에너지를 아끼기 위해, 뇌는 두 가지 역할을 수행한다. 첫째, 어떤 정보를 업로드할지 여부를 결정한다. 새로운 정보가 나타나면 뇌는 질문을 던진다. "여기 뭐 새로운 게 있나? 뭔가 바뀌었나? 만약 바뀐 게 있다면, 중요한 건가? 그렇지 않다면 나는 에너지 절약 모드로 들어갈 거야. 이미 알고 있고 이해하고 있는 규범과 패턴에 의존할 거라는 거지."

둘째, 뇌는 전광석화 같은 속도로 예측을 한다. 기존의 지식과 경험에 기반을 두고 빠진 정보를 채워 넣는데, 그러한 과정은 우리의 의식적 사고 행위보다 더 빨리 수행된다. 우리의 뇌는 정보가 부족한 자리에 무엇이 올지 신속하게 해석하고 개입하는 그런 일을 썩 잘 해내는 편이다.

다시 말해 우리의 뇌는 현실을 있는 그대로 반영하는 객관적 컴퓨터처럼 작동하지 않는다. 모든 것을 100퍼센트 정확하게 이해하고 받아들이겠다는 시도는 실로 인지적 에너지의 낭비로 이어질 수밖에 없다. 그래서 뇌는 입력된 정보 가운데 중요하지 않은 디테일은 재빨리 넘겨버리고 우리가 정말 필요로 하는 것에 집착한다. 이렇게 우리는 세상이 어떻게 돌아가고 있는지 파악하며, 변화를 감지하고, 할 수 있는 대응을 하는 것이다.

예컨대 우리가 무단횡단을 하던 중 차 한 대가 후진으로 다가온다고 해보자. 우리는 멍하니 서서 무슨 일이 벌어질지 기다리지 않는다. 자동적으로 몸을 움직여 차를 피하려 할 것이다. 하지만 우리의 뇌는 예상치 못한 상황에 대해 스스로를 대비시킨다. 후진하던 차가 갑자기 방향을 바꾸어 전진한다면 뇌는 그 차의 운행 방향에 대한 예측을 무의식적으로 비교한 후, 실제로 벌어지는 상황에 맞춰, 필요하다면 미래에 대한 관점을 바꾼다. 무슨 일이 **벌어질지** 예측하는 기능에 크게 의존하고 있는 만큼, 우리의 뇌는 **있는 그대로의** 현실을 잘못 해석할 가능성은 언제나 존재한다고 볼 수 있다.[2]

증거가 필요한가? 아래 그림을 살펴보도록 하자. 체크무늬 바닥에서 A와 B의 차이를 살펴보자. 어느 쪽이 더 어두워 보이는가? 분명 A가 더 어두운 색깔처럼 보인다. 그렇지 않은가?

사실 A와 B는 **정확하게 같은 회색**이다. 그렇다면 왜 이렇게 보이는 걸까? 우리의 뇌가 그렇게 해석하기 때문이다. 지금까지의 경험에 비추어볼 때 그림자 밑에 있는 회색은 그림자가 없을 때 좀 더 밝은 색이라고 간주하는 것이다(반대로 외부의 조명이 없다면 일반적으로 회색은 좀 더 어둡게 보인다.). 그래서 원통이 체크무늬 바닥에 그림자를 드리우고 있는 이 그림에서 우리는 A와 B가 정확히 같은 색의 회색이라는 분명한 사실을 인지하지 못한다. 대신 그림자 아래에서 빛을 받는 부분은 빛을 못 받는 부분보다 더 어둡다는 기존 지식을 바탕에 깔고 A가 B보다 어두운 색이라고 '보는' 것이다. 이 경우를 통해 확인할 수 있다시피 '예측하는 뇌'는 '관찰하는 뇌'를 쉽게 이긴다. 우리의 뇌는 예측과 맞도록 현실을 말 그대로 편집해버리는 것이다.

그래도 못 믿겠다는 분들을 위해 두 번째 그림이 준비되어 있다. 체크무늬 바닥에 두 개의 회색 선을 긋고 A와 B를 연결시켜 보았다. 이제 두 칸의 색이 똑같다는 게 보인다.

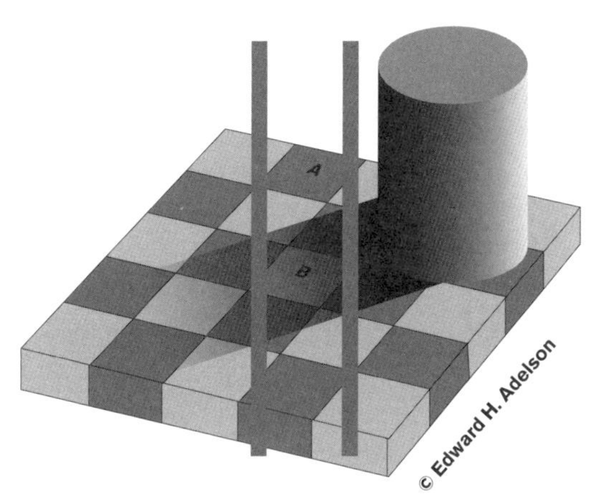

착시 현상은 바로 이런 식으로 벌어진다. 우리의 두뇌는 인지의 공백을 채우는 경향이 있고, 많은 경우 뭔가를 잘못 해석해버리는 것이다. 패턴에 따른 예측이 틀리면 우리는 혼란에 빠진다. 그래서 우리의 두뇌는 우리가 이미 알고 있는 패턴에 맞도록 우리가 지각한 내용을 자동적으로 끼워 맞춤으로써 그 문제를 해결해버린다.

세상은 바삐 움직이는 곳이다. 그런 세상에 적응하기 위해 우리는 끝없이 예측하고 그에 따라 움직여야만 한다. 이는 자기 보호 본능의 일부이기도 하다. 하지만 우리가 받아들이는 모든 정보의 흐름이 이러한 예측 체계로 인해 편향된다는 것은 문제가 된다. 특히 사회적 상황 속에서 그렇다. 우리는 다른 사람이 무언가를 어떻게 생각할지 예측하는데, 잘못된 예측 위에 또 잘못된 예측이 쌓여나갈 수 있는 것이다. 스스로가 '객관적 현실'을 파악할 수 있다고 믿고 싶지만, 사실 불가능한 일이다. 우리의 두뇌는 정보를 걸러내면서 동시에 예측하기 때문이다. 우리가 다른 사람이나 집단에 대해 내놓는 예측의 객관성이란 앞서 살펴본 체크무늬 바닥 색깔의 인식이나 다를 바 없다. 이러한 해석의 문제로 인해 우리는 집단 착각에 빠질 뿐 아니라 집단 착각을 만들어내고 만다.

하얀 거짓말의 폐해

2015년 나는 유타주의 고향을 방문했다. 병원에서 누워 계시던 루스 할머니의 임종을 지키기 위해서였다. 나는 코에 연결된 플라스틱 튜브로 산소를 공급받고 있던 할머니의 떨리는 손을 붙잡았다. 아마도 마지막이 될 대화에서 할머니와 추억을 주고받던 나는, 오랜 세월 내 가슴 속에 얹혀있던 질문을 기어이 꺼낼 수 있었다.

"할머니, 꼭 말씀드리고 싶었던 게 있어요."

"무슨 일이니, 애야." 할머니는 따스한 목소리로 물어보셨다.

"할머니와 할아버지가 저를 시즐러에 데려가서 저녁 사주셨을 때마다 저는 알고 있었어요. 두 분이 그렇게 돈이 많지는 않다는 걸요. 패밀리 레스토랑에 가서 식사하는 게 두 분 입장에서는 큰 지출이었잖아요. 늘 그래서 죄송한 마음이었어요."

할머니는 한숨을 내쉬고 내 손을 도닥여 주셨다. "맞단다. 우리가 그렇게 넉넉하지는 않았지. 하지만 가끔 네게 배불리 먹이는 게 우리한테는 더 행복한 일이었어."

나는 말을 이어갔다. "그러니까, 저는 그냥 두 분이랑 같이 있는 게 좋았거든요. 할머니가 담그신 피클을 곁들여서 집에서 만든 샌드위치면 충분했어요. 시즐러에 가는 게 그렇게까지 좋지는 않았었어요."

"무슨 말이니. 너는 좋아했단다. 스테이크를 특히 좋아했지. 지금도 그렇지 않니."

"맞아요, 하지만 음식 이야기가 아니라요, 음식은 나쁘지 않았어요. 하지만 시즐러는 늘 시끄럽고 사람이 많았어요. 두 분 말씀도 잘 안 들릴 정도였죠. 게다가 테이블에 앉으면 공손하게 행동해야 했고요."

내 머릿속에는 할머니 댁의 작은 거실이 떠올랐다. 파란 커튼과 피아노, 오랜 세월 잘 길든 가구들로 장식된 그곳…. 나는 어린 시절과 학창시절 내내 힘든 시절을 보냈다. 할머니 댁은 학교 끝나고 내가 틀어박히는 성스러운 대피소와도 같았다. 루스 할머니는 결코 "내게 똑바로 앉아라" "조용히 해라" 같은 식으로 다그치지 않았다. 할머니 댁에서 나는 내 모습 그대로 받아들여졌다. 그런 편안함이야말로 할머니가 내게 줄 수 있었던 가장 값진 선물이었다.

"계속 말해보렴." 할머니가 말했다.

"그러니까, 저는 그냥 두 분과 같이 있는 게 좋았어요. 두 분과 같이 단어 맞추기 게임을 하고 팝콘을 먹으면서 〈캐롤 버닛Carol Burnett〉 같은 TV 프로를 보는 게 가장 좋았죠. 굳이 나가서 외식을 할 필요가 없었어요."

할머니는 웃음을 터뜨렸다. 한참 웃다가 기침을 하셨다. 숨을 다 고른 후 할머니도 내게 고백을 하셨다. "그거 알고 있었니? 사실 우리도 시즐러를 그렇게 좋아하지는 않았어. 너를 데리고 시즐러에 갈 돈을 마련하기 위해 우리는 둘만 나가서 데이트하던 걸 그만둬야 했단다. 우리가 그랬던 건, **네가** 시즐러를 좋아하기 때문이라고 생각했기 때문이었지."

해묵은 규범들은 우리를 집단 착각의 길로 이끈다. 게다가 우리 스스로가 그 길에 세워놓은 이정표들은 엉망진창이다. 사람의 마음을 올바로 읽어내는 일은 어렵다. 심지어 오래도록 알아온 사이에서조차 그렇다. 마치 우리 스스로가 그렇듯, 다른 사람들 역시 사회적 영향을 받아 스스로의 행동을 바꾸어 나가기 때문이다. 하지만 우리는 그 사실을 깨닫지 못한다.

우리는 언제나 다른 사람들의 생각을 이해하기 위해 노력한다. 문제는 상대방의 머릿속에 뭐가 들어 있는지 확신할 방법이 도무지 없다는 것이다. 그들의 말과 행동 및 우리가 이미 가진 지식을 바탕으로 추측하는 것만 가능하다.[3]

그래서 우리는 '정신화Mentalizing'라 불리는 과정에 많은 노력을 기울이게 된다(정신화란, 다른 사람의 생각을 추측하는 인지적 작업을 의미한다.). fMRI를 통해 두뇌의 활동을 실시간으로 관찰해본 결과, 인지과학자들은 사회적 환경을 이해할 때 쓰이는 두뇌의 영역(내측 전전두피질Medial Prefrontal Cortex, 전방 측두엽Anterior Temporal Lobe, 측두두정 접합Temporoparietal Junction, 내측 두정엽Medial Parietal Cortex)과 우리가 정신화를 할 때 작동하는 영역이 동일하다는 사실을 확인했다.[4] 하지만 이와 같은 두뇌 작용은 오류 발생률이 높은 편이다. 다른 사람이나 집단의 마음을 읽기 위해 얼마나 노력하는지 여부와 무관하게 우리는 쉽게 잘못된 판단을 한다. 이유는 간단하다. 다른 사람들이 미치는 사회적 영향을 너무도 간과하기 때문이다.[5]

또래 집단의 압력이 작용한다는 사실은 우리 모두가 알고 있으며 부정하지 않는다. 하지만 우리는 그 영향이 얼마나 큰지 제대로 이해하지 못하고 있다. 분노나 당혹감과 달리 사회적 불안은 그리 공공연한 화제로 취급되지 않기 때문이다. 내가 어린 시절 겪었던 담배 사건을 보면 알 수 있듯, 조롱감이 될까봐, 또는 귀속집단에 속하지 못하게 될까 하는 두려움 때문에, 다른 사람들이 얼마나 두려워하고 있는지 알 방법이 없다. 내가 그 끔찍하게 쓴맛을 내는 무언가를 삼켰을 때 당혹감으로 내 볼이 붉어졌는지 아닌지는 기억이 나지 않는다. 하지만 분명, 그 자리에 모여 있던 우리들은 다른 사람의 감정에 큰 관심을 기울이지 않고 있었다.

결국 우리는 불확실하고, 잘못된 가정을 하며, 준거 집단으로부터 쫓겨날지 모른다는 공포의 폭풍에 사로잡히고 만다. 심지어 그런 공포로 인해 스스로 깨닫지 못한 채 다른 사람뿐 아니라 스스로의 감정, 생각, 행동을 잘못 읽는다. 우리는 모든 사람들이 하는 말이 정직할 뿐더러 그들 스스로의 관점을 반영하고 있을 것이라고 가정하는 자연적 성향을 지니고 있는데, 이런 성향으로 인해 문제는 더욱 심각해진다. 왜냐하면 사실이 아니기 때문이다. 운전을 하는데 누군가 갑자기 추월을 한다고 해보자. 우리는 자연스럽게 상대방 운전자의 인격을 문제 삼는다. 사실은 그 사람이 누군가의 임종을 고하기 위해 병원으로 달려가는 중일 수도 있을 텐데 말이다. 우리는 다른 사람의 마음을 읽을 수 없는 관계로 오직 불완전한 정보에 바탕을 둔 추측만 할 수 있다.[6]

나와 할머니의 이야기에서 확인할 수 있었다시피 사회적 규범은 타인에 대한 오독을 더욱 나쁜 방향으로 이끌어갈 수 있다. 그러니까, 할머니와 나 사이에 있었던 사회적 규범인 '선량한 거짓말' 같은 것 말이다.

추수감사절을 맞이하여 여러분이 친구네 집에 초대받았다. 칠면조를 비롯해 온갖 음식이 한껏 잘 차려져 있다. 고기를 한 입 베어 문 당신은 '이 고기 정말 **퍽퍽하네**'라고 생각하며 접시를 슬쩍 밀어놓고 으깬 감자로 허기를 달래는 중이다. 그런데 그때, 친구 어머니가 질문을 던진다. "칠면조 맛이 좀 어떠니?"

"맛있어요!" 당신이 뭐라고 하기도 전에 누군가 벌써 대답해버린다. 식탁에 앉은 모든 이들이 고개를 끄덕이고 친구 어머니의 얼굴에는 화색이 돈다. 당신도 한 마디 덧붙이고 만다. "끝내주네요!"

이런 상황에서 우리는 솔직하게 말하지 않는다. "이 칠면조는 마치 골판지를 씹는 것만 같습니다" 따위 말은 하지 않는다. 그 누구라도 마찬가지일 것이다. 그런 상황에서 정직한 또라이가 될 사람이 누가 있겠느냐는 말이다. 우리는 음식을 차려주신 분께 좋은 사람이라는 인상을 심어드리고 친구(또는 그 자리의 친구 전부)를 잃지 않기 위해, "끝내주네요"라고 말한다.

퍽퍽한 칠면조 고기를 두고 마음에 없는 소리를 하는 것 정도는 별 일이 아니다. 사회, 도덕, 경제, 정치적 사안을 두고 진실을 말하지 않는 것은 다른 차원의 문제가 된다. 음식에 끼얹을 그레이비 소스를 주고받을 때 누군가 인종차별적인 '농담'을 하고 그것을 아무도 말리지 않는다고 해보자. 분명 다들 거북하게 느끼고 있을 그런 발언이 마치 그 자리에서는 그래도 되는 일처럼 여겨질지도 모른다. 이러한 작용이 밥상머리 대화 수준을 넘어서는 중대한 사회적 사안으로 이어진다면 이는 매우 크고 심각한 거시적 문제로 이어질 수도 있다.

나와 우리 연구진이 조사한 바에 따르면 우리는 삶의 거의 모든 영역에서 진실을 감추고 있다.[7] 진실을 말하지 않음으로써 추수감사절 식탁의 평화를 지킬 수 있을지 모르지만, 더 큰 차원에서라면 이야기가 달라진다. 침묵은 그 누구도 대세와 어긋난 의견을 접할 수 없도록 만들고, 그 결과 정치적 양극화가 심해지는 것이다.[8] 자신의 진짜 생각을 드러내지 않는 사람들의 숫자가 어떤 임계점을 넘어서게 되면, 침묵은 스스로를 강화하는 나쁜 피드백을 형성하게 되며, 결국 자기충족적 예언이 된다.

할머니와 내가 이루고 있던 집단 착각이라거나, 추수감사절 만찬에서 칠면조 고기의 맛을 놓고 하는 거짓말은 상대적으로 사소하고 그리 해롭지 않다. 하지만 훨씬 중요한 사안을 두고 오해가 퍼져나간다면, 그리하여 수십억 명의 사람으로 거짓이 퍼져나간다면 어떻게 될까?

보고 싶은 정보만 보는 세상

리처드 샹크 박사가 엘름 홀로우를 방문한 이후 약 100여 년이 흐르면서, 작은 마을의 생활 방식은 조금씩 달라졌다. 당시 전 세계의 인구는 20억 명을 약간 넘는 수준이었고, 미국의 총인구는 오늘날의 3분의 1에 지나지 않았다.[9] 대부분의 노동력은 사람이나 가축에서 나왔다. 기차를 타고 장거리를 여행하는 일이 불가능한 것은 아니었으나, 사람들은 대체로 걸어 다니거나 마차를 타고 다녔다. 빨래를 하고 싶다면 빨래판과 큰 빨래통을 꺼내어 침대보와 옷가지들을 넣고 뒷마당에서 불을 피워 빨래를 삶고 끓여야 했다. 자동차는 여전히 사치품이었으며 전화, 텔레비전, 전기냉장고는 대부분의 가정에서 사용하기에는 너무도 비싸고 특별한 최신식 발명품이었다. 라디오 역시 갓 태동한 수준이었기 때문에 엘름 홀로우 사람들은 외부 세계의 소식을 그저 신문을 통해 접할 수밖에 없었다. 신문 지면은 지역 사회 소식으로 대부분 채워져 있었다. 매일매일이 예측 가능했다. 오늘과 똑같은 나날이 몇 주, 몇 달, 몇 년씩 이어질 것이었다. 그렇게 사람들은 당시의 평균 수명인 60년쯤 살다가 죽었다.[10] 세상이 느리게 움직이고 있었기 때문에 사람들이 새로운 정보를 따라잡는 일은 그리 어렵지 않았다.

오늘날 지구라는 행성은 80억 명에 달하는 인류로 가득 차 있다. 민주주의, 기술 발전, 세계화가 뻗쳐 나가면서 많은 이들이 사회적 혜택을 누리는 중이다. 이전에 비해 더 많은 교육을 받으며 가난에서 탈출한 삶을 살고 있는 것이다. 동시에 오늘날 우리는 세계 각지의 사람들과 손쉽게 연결될 수 있는 삶을 살고 있다. 다시 말해 우리는 이전 어느 시대보다 더, 실체 없는 집단에 속해 있다는 것이다. 우리는 인터넷을 통해 전 세계의 소식을 쉽게 접할 수 있게 되었지만 우리의 뇌는 이 막대한 정보를, 수백만 수천만 명으로부터 쏟아지는 정보를 소화할 수 있을 정도로 복잡한 메커니즘을 갖출 수 있도록 진화할 시간을 갖지 못했다.

가령 스스로에게 질문을 던져보자. "어느 날 술집에서 우연히 마주쳤을 때 서로 부담 없이 합석이 가능할 정도로 편하게 느끼는 사람이 몇 명이나 있는가?" 영국의 인류학자 로빈 던바Robin Dunbar에 따르면 그 숫자는 정확히 150이다. 1990년대에 던바가 발견한 바에 따르면 영장류의 두뇌 크기와 해당 영장류의 사회적 집단의 평균적 크기 사이에는 상관관계가 있다.[11] 영장류에 대한 관찰을 바탕으로, 던바는 한 사람이 편하게 유지할 수 있는 안정적인 관계가 150명일 것이라고 추론해 냈다.[12] 나머지는 그저 스쳐가는 관계일 뿐이다.

소셜 미디어에 힘입어, 오늘날 우리는 각자의 하이테크 커뮤니티 속에 틀어박혀 있다. 그런데 시간과 공간을 뛰어넘어 우리에게 큰 영향을 미치는 사이버 공동체의 경우, 우리는 그 구성원들 중 대부분의 사람들이 누구인지 알지 못하며 알 수도 없다. 엘름 홀로우 사람들이 그랬던 것처럼 우리는 여전히 가까운 이들이 무엇을 생각하며 무엇을 원하는지 어림짐작하며 살아가고 있다. 이렇게 우리는 가족, 친구, 가장 신뢰하는 사회적 부족에게 조응하는 원시인의 투박한 두뇌를 지닌 채 살아가고 있기 때문에, 인터넷이 만들어내는 착각이 쏟아져 들어오는 지금, 그에 맞설 방도가 없다. 이것이 바로 우리가 오늘날 겪고 있는 현실이다.

2015년 11월 22일, 〈버즈피드Buzzfeed News〉에 이런 내용을 담고 있는 기사가 실렸다. "캘리포니아, LA - 2015년 11월 22일 이른 아침, '드레이크'라는 예명으로 팬들에게 잘 알려진 래퍼 오브리 드레이크 그레이엄Aubrey Drake Graham이 교통사고로 세상을 떠났다."

〈버즈피드〉가 이런 특종을 얻은 출처는 어디였을까. 유튜브에 올라온 드레이크의 히트곡 중 하나에 달린 댓글이었다. 그 댓글에는 래퍼 드레이크의 때 이른 죽음을 애도하는 답글이 수없이 달리고 있었다. 24시간 후 그 영상은 1,700만 뷰를 넘어섰고 베스트 댓글 역시 슬픔과 애도의 댓글들이 차지하고 있었다. 온라인에서 이미지를 공유하는 사이트 4Chan 역시 그 흐름에 동참했으며 수많은 이들이 '좋아요'를 누르기 시작했다. 그 뉴스는 곧 트위터twitter와 텀블러tumblr로 이어졌으며, 2015년 11월 22일은 드레이크가 세상을 뜬 날로 위키피디아wikipedia에 등재되기까지 했다.

결국 이 소식은 건강하게 잘 살아있던 드레이크의 귀에도 들어갔다.

이 사건은 4Chan의 이용자들 중 일부가 짜고 친 사기극이었다. '드레이크 작전'이라고 이름까지 붙인 그들의 농담은 실로 거대한 규모로 커져나갔던 것이다.[13]

이와 유사한 인터넷 괴담은 언제나 어디서나 발생하고 있다. 2018년, 누군가가 'Breaking-cnn.com'이라는 웹사이트를 만들었다. 공신력 있는 언론인 CNN과 혼동하기 쉽게 만들어진 그 사이트에서는 조지 W. 부시 전 미국 대통령의 아내인 바바라 부시가 '평화롭게 영면에 들었다'는 소식이 실렸는데, 물론 그녀는 잘 살고 있었지만, 그 이야기는 페이스북을 기준으로 2백만 건 이상의 좋아요, 공유, 기타 반응을 끌어내는데 성공했다.[14] 한 해 전인 2017년에 인터넷에서 인기를 끈 이야기 중 일부를 살펴보자. "FBI, 영안실 직원의 집을 압수수색하여 3천 개 이상의 남성 성기 압수", "트럼프 대통령, 오바마 전 대통령이 사면했던 5마리의 칠면조를 죽여", "65마리의 고양이를 훈련시켜 이웃집을 턴 혐의로 노인 여성이 체포돼" 등, 이 모든 가짜 이야기들은 입

소문을 타고 널리 널리 퍼져나갔다.[15]

소셜 미디어를 통해 익명의 집단이 숨 쉴 틈 없이 거짓말을 생산하고 유포할 수 있게 된 것이 현실이다. 실체 없이 퍼져 있는 수많은 인터넷 모임에서 다수의 정서와 감정, 믿음을 억누르는 일은 극히 어려워졌다. 직접 알고 있는 사이라고 해도, 적은 숫자의 사람들로 이루어진 집단이라 해도, 그들 모두의 내면을 속속들이 아는 것은 불가능하다. 그렇다면 우리가 거대하지만 실체가 분명하지 않고 대체로 익명으로 구성된 이들의 의견을 어떻게 짚어볼 수 있단 말인가? 광막한 인터넷 속에서 우리가 할 수 있는 일이라고는 그저 미리 알고 있던 개념과 정보에 기반을 두고 추론해나가는 것밖에 없다.

미국 독립 전쟁의 애국자 폴 리비어Paul Revere가 "영국군이 오고 있다"며 소문을 퍼뜨리던 시절부터 지금까지, 우리는 언제나 한 다리 건너 전해진 소식을 열성적으로 소비하고 있다. 간접정보Second-hand Information가 가진 한계는 우리 스스로도 이미 잘 알고 있다. 간접정보는 사태를 단순화하고 자극적으로 바꾼다. 입에서 입으로, 손에서 손으로 전해지면서, 원래의 정보는 흐려진다. 대부분의 풍문이나 어떤 사건의 현장에서 자기 눈으로 직접 목격한 사람이 아닌 누군가가 하는 말을 법정에서 증거로 채택하지 않는 이유이기도 하다. 〈가족오락관〉 같은 예능 프로그램에서 귀마개를 쓰고 소리를 질러 메시지를 끝에서 끝으로 전달하는 '고요 속의 외침' 같은 게임을 본 적이 있다면 누구나 알고 있는 사실이다. 처음 시작했던 말과 최후에 도달하는 말은 같지 않다. 때로는 터무니없이 달라서 웃음을 터뜨리게 만든다.

오늘날, 우리는 간접정보를 파악하기 위해 전례 없을 정도의 노력을 기울여야만 한다. 이제 전 세계 수십억 명의 사람들이 스마트폰을 들고 '고요 속의 외침' 게임을 하고 있기 때문이다. 그렇게 많고 다양한 타인들이 우리에게 요구하거나 기대하는 것이 무엇인지 우리가 이해할 수나 있을까? 수천여 명, 혹은 수백만 명으로 이루어진 집단의 심리란 우리가 가까운 집단을 이해하기 위해 발전해온 기존의 인식 체계를 훌쩍 뛰어넘는 것이다. 그런데 애국심을 앞세운 국가가 됐든 익명의 페이스북 그룹이 됐든, 우리는 마치 그것을 소규모 집단처럼 받아들인다. 온라인을 통해 서로 모순되고 충돌하는 정보가 봇물처럼 밀려들어올 때, 누구를 믿어야 할지 또는 어떤 정보의 출처에 신뢰를 주어야 할지 우리가 쉽게 파악하지 못하는 것은 그래서다. 마치 폴 리비어 행세를 하는 사람이 300명은 되는 것과 다를 바 없는 상황이다. 적군이 쳐들어오고 있다고는 하는데 어디에서 누가 어떻게 오는지 의견이 서로 엇갈린다. 심지어 수많은 폴 리비어 중에는 '영국군'이라는 것이 존재하지 않는다고 주장하는 사람까지 있을 지경이다.

엘름 홀로우의 연구가 수행되고 60여 년이 흐른 후, 인터넷이 탄생했다. 인터넷은 전 세계인들의 사회적 경험을 다른 차원으로 탈바꿈하기 시작했다. 처음에는 한정된 이메일과 정부 기관 사이 네트워크에 지나지 않았으나, 1990년대가 되자 웹 브라우저 넷스케이프와 AOL(America Online, Inc.) 등이 출현하면서 사람들이 가진 컴퓨터가 서로 연결되기 시작했다. 그리고 이제는 인터넷을 당연시 여기는 세대가 성인이 되어 있다. 오늘날 인터넷 사용자들은 매일 250경 바이트의 데이터를 생산해낸다. 250경이란 전 지구에 존재하는 모든 개미의 숫자보다 100배나 많은 수다.[16] (1페니 동전 100경 개가 있다면 지표면 전체를 한 번 덮고 절반 가량 더 덮어버릴 수 있다.) 그 많은 정보 중 90퍼센트가 2018년부터 2020년 사이에 생성된 것이다.[17] 세계에서 가장 큰 소셜 미디어 플랫폼인 페이스북은 매일 20억 명의 활성 사용자가 이용하고 있는데, 그 사용자들은 1분당 평균 51만여 개의 댓글과 29만3천여 개의 게시물을 올리고 있다. 인스타그램을 통해 사용자들이 공유하는 사진과 비디오만 해도 9,500만여 건에 이른다.[18] 이 수치는 세계에서 가장 통행량이 많은 다리인 조지 워싱턴 대교를 통해 맨해튼으로 넘어오는 차량의 숫자보다 조금 적은 수준이다.[19]

이 무지막지한 분량의 정보는 말 그대로 우리의 정신을 아득하게 한다. 이런 압도적인 홍수를 경험해본 사람은 인류 역사상 방주를 만든 노아가 유일할 것이다. 깨어 있는 시간 대부분을 컴퓨터나 스마트폰 화면을 보면서 보내는 우리는 인류 역사상 그 어떤 시대의 어떤 사람들보다 훨씬 많은 정보를 빨아들이고 있다. 정보의 홍수는 업무와 별개로 벌어진다. 우리가 여가 시간에 흡수하는 정보만 해도 매일 34기가바이트, 혹은 10만 단어에 이른다. 2011년, 미국인들이 소비한 정보는 1986년에 비해 다섯 배나 많았는데, 이는 매일 174부의 신문을 읽는 것과 비슷한 수준이다. 텔레비전을 다섯 시간 시청하면 우리의 머릿속에는 대

략 20기가바이트에 해당하는 정보가 흘러들어온다.[20]

물론 인터넷을 통해 우리가 얻게 된 정보의 기적 또한 잊어서는 안 된다. 이제 우리는 구글을 통해 무엇이든지 검색해볼 수 있다. 도서관에서 서랍에 담긴 도서카드를 뒤적거리던 시절은 끝난지 오래다. 암 같은 병에 걸린 환자들은 자신의 병에 대해 스스로 탐색해본 후 의사에게 좀 더 좋은 질문을 해볼 수 있다. 콜센터에 전화를 걸면서 끝없이 대기하고 또 대기하는 대신, 우리는 회사나 관공서의 웹사이트를 통해 원하는 정보를 찾아볼 수 있게 되었다. 하지만 인간 두뇌의 시각 정보 처리 속도는 느리다. 쏟아져 들어오는 정보를 우리가 모두 처리해낼 수 있다는 주장은 그저 우스꽝스러운 소리일 뿐이다.[21] 그 결과 우리는 알고리즘을 통해 개인화되고 재단된 정보만을 제공받는 세상에 살게 되었다. 한마디로 이제는 우리가 '보고 싶은' 정보만을 볼 수밖에 없다는 것이다.

혹자는 이와 같은 정보의 홍수가 우리를 더 지혜롭게 해줄 수 있을 것이라고 주장할지도 모르겠다. 하지만 현실은 그렇게 흘러가고 있지 않다. 우리에게 정보가 제공되는 속도, 그리고 가능한 한 많은 정보를 다운로드 받고 싶어 하는 본능은, 정보를 소화할 수 있는 능력을 멀찌감치 따돌린지 오래다. 케케묵은 두뇌로 디지털 시대를 살아가는 것은 검은 화면에 초록색 글씨와 커서가 번쩍거리던 1980년대의 IBM 컴퓨터를 이용해 페이스북에 사진을 업로드하려고 시도하는 것과 다를 바 없다. 이 간극은 실로 막막하기 짝이 없는 것이다. 그래서 우리의 두뇌는 어떤 정보

를 받아들이고 또 버려야 할지 가늠하기 위해 마치 과열된 하드디스크처럼 돌아간다.[22]

그 해법 중 하나로 우리는 무의식적인 인지적 지름길에 의존한다. 우리는 자신의 부족으로 정보 출처를 좁혀버린다. 우리는 우리 자신이 다른 구성원과 같은 생각을 하고 있다고 믿는 집단에 소속됨으로써 편안함을 느낀다. 그들에 대한 우리의 관점이 옳으냐 그르냐는 아랑곳하지 않는다. 이런 지름길을 통해 우리는 일시적으로나마 평온함을 느끼지만, 그 자체로 인하여 발생하는 문제들이 남게 된다.

의도적인 정보 왜곡과 가짜 뉴스가 그중 하나다. 하지만 이런 사안에만 초점을 맞추면 우리는 더 큰 문제를 간과하게 된다. 폭포수처럼 쏟아져 들어오는 정보 그 자체의 문제를 도외시하게 되는 것이다. 불행하게도 우리의 두뇌와 인터넷의 조합은 단지 이것과 저것을 합친 정도가 아니다. 전례 없이 심각한 몰이해의 폭발을 불러오고 있는 것이다. 그로 인해 우리 모두는 위험에 노출되어 있다.

알고리즘 속에서 살아가다

앞서 체크무늬 바닥의 사례를 통해 확인했다시피 우리의 시각은 믿을만한 것이 못 된다. 마치 나와 우리 할머니가 그러했듯이, 심지어 우리는 가깝고 친하다고 생각하는 이들에 대해서도 잘못 알고 있을 수 있다. 온라인을 통한 의사소통은 이런 효과를 더욱 부추기고 있다. 우리가 서로를 너무도 잘못 이해하는 일이 얼마나 자주 벌어지는지 놓고 볼 때, 특히 소셜 미디어를 통해 부풀려지는 우리의 집단적 착각이 얼마나 무지막지할지 이해하는 일이 몹시 중요해진다.

인터넷은 사용자들이 소비하는 모든 정보를 긁어모으고, 나열하고, 뿌리고, 추적하고, 부풀리는 구조를 지니고 있다. 상대적으로 소수에 지나지 않는 사용자들이 대부분의 정보를 생산해낸다. 그러니 심지어 드레이크의 뮤직비디오 중 제일 좋은 게 무엇인지 같은 그다지 해로울 것도 없는 주제에 대해서조차, 페이스북이나 트위터를 통해서는 진정한 다수의 의견이 무엇인지 읽어내는 일은 결코 가능하지 않다고 장담할 수 있을 정도다.

인터넷은 원하는 음식은 뭐든지 골라 먹을 수 있는 거대한 부페 같은 곳이 아니다. 그보다는 정찬을 파는 고급 식당, 혹은 오마카세 식당 같은 곳이 되었다고 보아야 한다. 인터넷에서 우리는 온라인에서 보인 기존 행태에 따라 **우리를 위해** 맞춰진 알고리즘이 제공하는 정보를 소비하고 있다. 말하자면 우리는 알고리즘이 볼 때 우리가 원할법한 정보에 맞춰져 있는, 극도로 개인화된 디지털 환경 속에 살아가고 있는 것이다. 만약 폭력 시위나 과격한 반파시즘 운동인 안티파에 대해 검색하고 나면 무슨 일이 벌어질까? 우리의 뉴스 피드는 폭력 시위와 안티파에 대한 더 많은 뉴스로 도배될 것이다.

이 문제는 흔히 '반복 편견Repitition Bias'이라 부르는 이상한 행태로 인해 더욱 증폭된다. 한마디로 어떤 이야기를 자주 들으면 들을수록 그 이야기가 참일 뿐 아니라 다른 사람들도 참이라고 생각하고 있다고 믿게 되는 현상이다. 심지어 그 말을 되풀이하는 사람이 단 한 명뿐이라는 것을 알고 있을 때도 반복 편견은 발생할 수 있다. 반복은 마치 서서히 젖어들어 온 몸을 젖게 만드는 빗물처럼 작동하는 것이다. 기업의 광고나 정부의 홍보 역시 반복을 통해 수행된다. 그들은 같은 이야기를 아주 많이 반복하면 이성에 맞서 승리를 거둘 수 있으며, 반복되는 거짓말은 점점 더 진실처럼 느껴진다는 것을 잘 알고 있기 때문이다. 간단히 요약하자면 우리가 뭔가를 자주 보면 볼수록 우리의 뇌는 더 빨리 적응하여 그것을 진실이라고 간주하는 경향을 보인다는 것이다("인류는 냉혈동물이다"처럼 너무도 극단적이고 완전히 틀린 정보는 반복 편견이 통하지 않는데, 이런 경우는 예외적이다.).

가령 지금 발생하고 있는 가짜 뉴스 현상을 살펴보자. 2018년, 예일대학교 연구진이 확인한 바, 사람들은 정보의 신뢰도와 무관하게 같은 정보에 반복적으로 노출되면 그것을 정확하다고 인식하는 경향을 보였다. 진실일 수도 있는 아주 작은 요소만으로도 이런 반응의 시동을 걸 수 있다. 가령 이런 기사 제목을 살펴보자. "트럼프의 군사 개혁안: 미국은 징병제로 돌아갈 것이다."

완전히 불가능한 건 아니지만 분명 사실이 아닌 이런 기사 제목 앞에서조차, 같은 내용을 두 번 본 사람들은 한번 본 사람들에 비해 **두 배**나 많이 이것을 사실이라고 생각했다. 연구진에 따르면 소셜 미디어는 다람쥐 쳇바퀴처럼 가짜 정보를 제공함으로써 우리를 반복 편견에 빠뜨리는 위험한 부화기와도 같았다. 사람들은 사실 확인을 통해 확인되었을 때조차, 심지어는 본인의 정치적 성향과 상반되는 의견일 때조차, 자주 노출된 가짜 정보를 사실이라 믿는 경향이 있었다.[23]

불행히도 현실 속에서 정보를 전광석화처럼 처리하는 우리의 두뇌는 정보의 객관적 품질이나 출처 혹은 기존 지식과의 상관관계보다 앞서, 새로 유입된 정보가 기존의 것과 얼마나 유사한지를 먼저 따진다. 한 연구에 따르면 맥락 없이 분절된 대상에 신경을 쓰고 있을 때 우리의 객관적 기억력은 약화되는데, 이 또한 반복 편견을 확인해준다. 실험의 맥락을 놓고 볼 때 우리에게 제공되는 정보 사이의 유사성은 그 정보들이 실제로 사실이냐 아니냐보다 중요했던 것이다.[24]

반복되는 정보를 우리는 믿는다. 이런 모습을 두고 철학자 비트겐슈타인은 "이는 마치 같은 신문을 두 부 구입해놓고는 처음 산 신문이 맞는지 따져보는 것과 같다"고 비유했다.[25] 이것은 우리의 두뇌라는 생물학적 소프트웨어가 지니고 있는 버그라고 할 수 있다. 어떤 정보가 되풀이된다 해도 그것이 사실이라는 논리적 연결고리는 없으니 말이다. 하지만 반복은 우리가 무언가를 진실이라 믿게 만드는 미끼 노릇을 해낸다. 안타깝게도 정부, 악당, 지도자들은 모두 오래도록 이 미끼를 잘 활용해왔다. 가령 히틀러의 《나의 투쟁》을 읽어보자. 히틀러는 성공적인 프로파간다를 위한 몇 개의 핵심 원칙을 제시하고 있는데, 이 문장은 그 중 하나다. "몇 개의 간단한 생각을 지속적으로 반복할 것. 틀에 박힌 문구를 사용하고 객관성을 피할 것."[26]

소셜 미디어는 정말 지식을 가지고 있거나 전문가인지 여부는 아랑곳없이, 가장 큰 목소리를 가진 사람들의 목소리를 증폭시켜줌으로써 불난 데 기름을 붓는다. 예컨대 트위터 미국 사용자의 경우, 소수의 사용자들이 대다수의 트윗을 작성했다. 2018년 현재 전체 트윗의 80퍼센트가 고작 10퍼센트의 사용자에 의해 작성되었던 것이다.[27] 시간과 공간의 제약을 받지 않게 된 소수의 목소리는 그리하여 그들이 다수를 대변하고 있다는 착시 현상을 불러일으킨다. 게다가 이런 전략은 먹히는 전략이다. 우리 대부분은 반복, 확신, 목청 크기를 진실과 착각하는 경향이 있기 때문에, 목소리 큰 소수는 그 타당성과 무관하게 사실을 반영하고 있는 것으로 받아들여지는 것이다.

러시아의 인터넷 트롤*들은 바로 이런 전략을 통해 2010년대 미국 정치에 성공적으로 개입할 수 있었다. 한 가지 예를 들어보자. 2017년, 한 줌의 미국인 사이에 메인 주 공화당 상원의원 수잔 콜린스Susan Collins를 향한 분노의 바람이 불기 시작했다. 콜린스가 '오바마 케어'를 지지하고 있었던 것이다. 그러자 며칠만에 러시아에서 만든 인터넷 봇들이 트위터에서 폭풍을 만들어냈다. 분노로 가득 찬 트위터는 수잔 콜린스를 '반역자이자 배신자'라고 몰아붙였다. 이렇게 반복되는 분노와 모욕은 사람들의 감정을 증폭시켰고, 그러한 생각이 다수의 의견이라는 인상을 남기

* 편집자 주: 관심이나 재미를 위해 다른 사람을 속이거나 기만하는 행위를 일삼는 사람

게 되었다. 갑자기, 그들이 오바마 케어를 얼마나 지지하는지 여부와 무관하게, 메인 주 거주자들 중 양 정당의 지지자들은 불길에 휩싸이고 말았다.[28]

여기에 불을 지르고 저기를 들쑤시는 식으로, 러시아산 인터넷 트롤들은 대단히 만족스러운 성취를 즐기고 있었다. 2016년 대통령 선거날, 일군의 가짜 트위터 계정들은 '민주당원과의 전쟁WarAganstDemocrats' 이라는 해시태그가 달린 트윗을 무려 1,700개 넘도록 쏟아내기 시작했다. 버니 샌더스가 민주당 경선을 마무리 짓고 힐러리 클린턴 지지를 밝히자, 그 후로 몇 주 동안 페이스북에는 새로운 가입자들이 쓴, '네버힐러리NeverHillary'라는 해시태그를 달고 있는 의심스러운 게시물이 도배되었다. 그들은 하나같이 '혁명'을 계속해야 한다고 외치고 있었다.[29] 러시아 인터넷 트롤들은 미국인인 척하기, 맞춤형 광고 사용, 가짜 뉴스 기사 인용, 소셜 미디어 게시물과 도구 사용 등을 통해 수백 수천만 명의 미국 SNS 사용자들을 혼돈으로 몰아갔다.[30] SNS 봇은 정치적 양극화 속에서 양쪽 모두의 무기로 활용되었기에, 미국인들은 너나 할 것 없이 자신이 지지하는 정당이 위기에 몰려 있다는 생각에 빠졌다. 공화당 지지자건 민주당 지지자건 극도의 흥분 상태에 돌입한 것이다.

클렘슨대학교의 연구자 패트릭 워런Patrick Warren과 데런 린빌Darren Linvill은 2009년부터 2018년까지 3백만여 개의 트윗을 수집하고 분석했다. 그 연구를 통해 인터넷 봇이 대중 여론을 조작하는 방식을 정확히 짚어낼 수 있었다. 러시아는 인터넷 연구

기관Internet Research Agency이라는 조직을 운영 중인데, 그곳에서 마치 공장처럼 대량으로 소셜 미디어 포스트를 찍어낸다. 사용자 정보는 템플릿으로 만들어 대량생산하되 개별적인 상황에서 특수한 목적에 따라 조금씩 차이를 둔다. 이렇게 구성된 이른바 '트롤 공장'은 마치 탄산음료 공장에서 병에 음료수를 채워 넣듯 인터넷 가짜 계정을 만들고 가짜 정보를 살포한다. 그런데 이게 먹혀들었다. 만들어진 봇과 그 게시물들은 그럴듯한 진짜 사용자의 것처럼 보였고, 더 극단적인 의견을 내놓을수록 더 많은 사용자들이 말려들고 흥분했다.[31]

그들이 사용하던 수법들 중 가장 영악한 것을 꼽자면, 게시물을 많이 쓰는 소수의 사용자들을 부추기는 것이었다. 이렇게 하면 뭐가 좋을까? 미국 유권자들의 '진짜' 반응을 활용할 수 있다. 인터넷 봇은 그냥 동의만 하고 있을 뿐인데 미국의 여론은 임계점을 넘어 양극화되고 마는 것이다. 린빌은 본인의 관찰을 이렇게 설명한다. "사람들은 원래 자신이 믿고 있던 것들에 더 쉽게 설득되지, 누군가 고함을 친다고 되는 일이 아니었다. 인터넷 트롤은 사용자들의 적이 아니라 친구 행세를 하고 있었다."[32]

가장 나쁜 건 인터넷 봇과 트롤들이 지속적인 감정적 영향을 끼친다는 것이었다. 설령 여론이 봇과 트롤에 의해 만들어진 것임이 밝혀지고 소셜 미디어 계정이 차단되거나 삭제된다 해도, 사람들이 갖게 된 감정은 그대로 남는다. 이것이야말로 진정한 위험이라고 워런은 주장했다. 인터넷 조작의 영향이 마치 병에 걸린 것처럼 남기 때문이다. "인터넷 여론 조작은 소셜 미디어

생태계를 타고 퍼진다. 병에 나은 다음에도 후유증이 지속되듯, 조작 행위를 제거하고 난 후에도 그 영향은 남는다."[33] 그리하여 병에 걸리는 것은 단지 트위터 사용자만이 아니다. 미국 사회와 민주주의가 모두 병에 걸리고 말았다. 미국 상원 정보 특별위원회가 지적했듯, 러시아 트롤의 목적은 '분노를 자극하고, 저항과 시위를 촉발하며, 미국인들을 서로 멀어지게 만들고, 공적 제도에 대한 불신을 퍼뜨리는 것'[34]이었다.

극단적인 생각일수록 소셜 미디어에서 더 큰 힘을 발휘하며, 대중적 의견과 현실에 대해 가지고 있는 생각을 망쳐놓게 되는 또 다른 이유가 있다. 그 현상은 과학자들이 '우정의 패러독스Friendship Paradox'라 부르는 것과 함께 고민해봐야 한다. 그 역설의 내용이란 다음과 같다. 평균적으로, 당신의 친구들은 당신보다 더 많은 친구를 가지고 있다는 것이다. 얼핏 보면 직관에 반하는 것 같지만 조금만 따져보면 틀림없는 사실이라는 점을 알 수 있다. 기본적으로 모든 사회적 관계 속에서 어떤 사람들은 **대단히** 사교적이기 때문이다. 가령 후퍼에서 내가 보냈던 유년 시절, 나는 약 20여 명의 친구들과 함께했다. 그 친구 중 한 명인 조는 락스타처럼 멋있었고 친구도 많았다. 조는 나와 내 친구들 중 그 누구보다 인기가 많았으므로 그에게는 100명의 친구가 있었다고 해보자. 그러니 집단 전체의 친구 숫자를 평균 내보면 언제나 내 친구들의 숫자보다 많을 수밖에 없다. 조가 전체 평균을 끌어올리고 있기 때문이다.[35] 조는 친구가 더 많았던 만큼 영향력에 있어서도 나의 생각을 훨씬 뛰어넘었다. 그리하여 씹는 담배 사건이 벌어졌던 것이기도 하다.

소셜 미디어는 이러한 역설을 더욱 극단적으로 만든다. 당신의 트위터 팔로워는 1백 명인데, 그 중에는 1천 명의 팔로워를 지닌 사람이 있다고 해보자. 팔로워가 더 많은 사람들은 더 많은 정보를 접하고 더 많은 포스트를 올리고 있다. 그 결과, 트위터 속에서 더 많은 이들과 연결된 소수는 매우 대중적인 다수의 생각을 대변하고 있다는 인상을 주게 된다. 실제로는, 이미 우리가 확인한 바와 같이, 소수의 사람들이 빛의 속도로 자기들끼리 의견을 주고받고 있노라면 마치 그것이 전체의 입장인 양 보이게 되는 것이다. 그 소수가 대다수를 대변할 수 없다는 것은 너무도 분명하지만, 그런 사실은 우리가 그들을 다수 의견의 대변자로 바라보는 것을 막지 못한다.

사실 이것은 전혀 문제될 일이 아닐 수도 있다. 그 시끄러운 10퍼센트가 나머지 전부와 같은 태도와 선호를 가지고 있다면 그렇다. 하지만 인터넷에서 가장 큰 목소리는 분명히 그 밖의 모두와 동일하지 않다. 그들은 엘름 홀로우의 솔트 여사라던가, 영어덜트 판타지 작가 로리 포레스트를 향해 마녀사냥을 벌이던 온라인 자경단과 더욱 닮아 있다. 그들은 종종 극단적 견해를 품고 있으며, 그런 생각을 드러내는 일을 꺼리지 않고, 당신과 나 같은 사람은 감히 따라할 수도 없을 만큼 많은 이들에게 그런 생각을 퍼뜨릴 수 있는 사람들이다.

종합해보자. 우리에게는 다양한 편견이 내재되어 있다. 게다가 인터넷은 그것을 증폭시킨다. 우정의 패러독스는 인터넷을 왜곡된 거울로 가득한 거울의 집으로 만들어버린다. 결국 모든 것이 부풀려지거나 찌그러진 채, 잘못된 것으로부터 진실을 가려내는 일도, 지각된 것과 실제 사실을 구분하는 일도, 거의 불가능해지고 만다.

이 거울의 집에서 탈출하기 위해 무언가 해야 한다. 아무 것도 하지 않는다면 우리는 보다 더 왜곡된 착각을 만들어내고 키우는데 일조하는 결과를 낳게 될 것이다.

환상을 파는 장사꾼

이 책을 시작할 때 인용했던 포퓰레이스의 연구를 떠올려보자. 사람들은 성공에 대해 집단 착각을 품고 있었다. 사람들은 다른 사람들이 무엇을 믿고 있는지 잘 모른 채 엉뚱하게 넘겨 짚고 있었으며, 자신이 개인적 삶에서 원하는 것이 무엇인지도 잘 몰랐다. 조사에 응답한 사람들 중 97퍼센트가 성공을 '본인의 관심과 재능에 따라 최선의 역할을 하며 본인이 아끼는 이들에게 헌신하는 것'이라고 답했다. 하지만 거의 같은 수치인 92퍼센트는 '우리 사회는 성공을 명예와 돈으로 본다'고 응답했다.[36]

달리 표현해 보자면, 성공에 대해 우리가 개인적으로 품고 있는 생각은 '남들은 성공에 대해 이렇게 생각하겠지' 하는 그것과 너무도 달랐다. 대부분의 사람들에게 '좋은 인생'이란 배움, 관계, 인격적 성숙 등으로 표현할 수 있었고 사회적 지위는 가장 낮은 우선순위를 차지했다.[37] 넓게 보자면 우리가 원하는 것은 거의 동일했다. 사랑받으면서 또 사랑하고 싶어 했다. 평온한 삶을 살 수 있을 정도의 물질적 풍요를 원했다. 좋은 부모가 되고 싶어 했고, 즐거운 직장 생활을 원했으며, 건강을 유지하면서 지역 공동체에 봉사하는 삶을 원했다.

하지만 이런 뜻이 다음 세대에 잘 전해지고 있는 것 같지는 않다. 가령 '명예'를 예로 들어보자. 명예라는 게 실은 별 의미 없다고 이야기하는 사람이 이다지도 부족한 세상 속에서, 아이들은 세상에 대해 어떤 인상을 품게 될까?

UCLA의 심리학자들이 진행한 연구에 따르면, 텔레비전이 전달하는 가치관에 주목해볼 필요가 있다. 1967년에는 〈루시 쇼〉라던가 〈앤디 그리핀 쇼〉 처럼 가족과 공동체에 초점을 맞춘 시트콤들이 인기를 끌었다. 1970년대에도 〈레번과 셜리〉, 〈해피 데이즈〉처럼 공동체에 초점을 맞춘 작품들이 인기였다. 1997년까지는 그랬다. 텔레비전이 전달하는 가장 중요한 가치는 공동체적 감수성이었다. 남들에게 너그럽고 도움의 손길을 내미는 관대함 역시 2007년까지 중요하게 다루어지고 있었다. 그러다가 뭔가 바뀌기 시작했다.[38]

그 변화는 인터넷과 함께 찾아왔다. 2007년이 되면 인터넷 사용자는 11억 명에 달했고 이는 전 세계 인구의 17퍼센트에 해당하는 것이었다.[39] 그러한 배경에서 탄생한 인터넷 원주민 세대는 성공에 따르는 명예, 인기, 남들에게 보여지는 이미지, 재정적 자유 등, 새로운 가치관을 빠르게 흡수하기 시작했다. 이런 가치관이 반영된 프로그램이라면 노래 대결을 통해 경쟁하는 리얼리티 쇼인 〈아메리칸 아이돌〉, 밤에는 락스타로 활동하는 고등학생의 이야기인 〈한나 몬타나〉를 꼽을 수 있을 것이다.

이 기간 동안 유튜브, 페이스북, 트위터는 폭발적인 인기를 끌었다. 그러한 공간에서 사람들은 점점 더 스스로에게 관심을 집중하기 시작했다. 특히 자기애를 드러낼 수 있는 새로운 방식인 셀카가 유행하게 되었다. 오늘날 아이들의 가장 큰 꿈은 유튜브 스타가 되는 것이다. 퓨리서치센터에서 2018년 수행한 설문조사에 따르면 십대 중 37퍼센트는 소셜 미디어에서 다른 이들에게 멋진 모습을 보여주고 '좋아요'를 받아야 한다는 압박을 느끼고 있다.[40] 위에서 언급한 UCLA 연구에서 인터뷰한 열한 살 소년의 말을 들어보자. "저는 친구들과 유튜브 채널을 열려고 해요. 우리의 목표는 구독자를 100만 명 모으는 거죠." 이 꼬마의 진짜 목적은 자신의 재능을 남에게 보여주는 것이 아니다. 구독자 숫자 그 자체가 목적이다. 연구자들은 근심 어린 목소리로 독자들을 향해 질문한다. "영상을 찍고, 스스로를 드러내고, 조회수, 좋아요, 댓글 갯수로 드러나는 관심을 얻기를 바라게 만드는 이 디지털 문화 속에서, 과연 우리가 이 어린이를 비난할 수 있을까?"[41]

이렇게 지혜로운 말씀들이 넘쳐나고 있지만 대부분의 미국인 소년 소녀들에게 성공이란 가상 세계 속에서 멋지게 보임으로써 명예라는 허깨비를 좇는 일이다. 광고업계 또한 이런 환상을 파는 일에 매진하는 중이다. 그들 역시 환상을 파는 장사꾼들이기 때문이다. 그들의 눈으로 볼 때 우리는 모두 명성을 원한다. 왜냐하면 우리 모두가 명성을 원한다고 생각하고 있기 때문이다. 그래서 그들은 우리가 원한다고 생각하는 것을 주고자 한다. 이렇게 놓고 보자면 우리 아이들의 교육과 우리 사회의 미래는 모두 집단 착각에 묶여 있다고 할 수도 있겠다.

우리가 이런 착각에 굴복하는 것은 우리 자신만의 문제로 끝나지 않는다. 다른 이들에게도 영향을 미친다. 가장 가까운 가족과 친구들을 접하며 겪게 되는 잘못된 감정 추측의 문제가 더 큰 집단에서도 벌어지고, 결국 커다란 사회 전체의 문제가 되는 것과 마찬가지다. 성공이라는 유령을 쫓는 것은 우리가 서로의 목을 조르는 제로섬 게임의 함정에 빠지게 만든다. 우리는 이런 모습을 내가 이기기 위해서는 남이 패배해야만 하는 리얼리티 쇼를 통해 흔히 목격해 왔다.

하지만 가장 큰 비극은 따로 있다. 지속적으로 강조하고 있다시피, 대다수의 사람들은 스스로의 본심을 말하지 않고 숨기고 있다는 것이다. 그래서 우리는 깨닫지 못한다. 무지막지한 정보의 폭풍, 부풀려진 소수의 목소리, 우리의 두뇌에 내장되어 있는 인지적 지름길 등으로 인해, 우리는 사실 함께 나누고 있는 가치를 깨닫지도 되새기지도 못하고 있다. 이렇게 우리는 솔트 여사의 분노를 자아낼까봐, 혹은 '좋아요'를 얻지 못할까봐, 다들 함께하고 있는 진실 앞에 눈을 감아버리고 만다.

이 끔찍한 흐름은 우리 모두에게 큰 위협이 된다. 다음 세대는 윗세대의 문화적 습속과 사회적 규범을 따라 스스로를 형성해

나가기 때문이다. 젊은 세대는 윗세대를 모방하면서 무엇을 해야 할지, 자신들이 어디에 속해 있는지 등을 배워나간다. 한 세대의 집단 착각이 다음 세대의 개인적 신념으로 돌변하게 되는 것이다.

소셜 미디어는 이제 우리 삶의 일부가 되었다. 우리는 소셜 미디어의 문제를 더 많은 기술적 발전이나 미디어의 변화 등으로 해결할 수 없다. 해법은 우리 자신에게 달려 있다. 우리가 생각하는 다수의 의견이라는 게 실제로 다수의 의견이 아닐 수 있다는 것을, 완전히 틀렸다는 것을 이해하는 일이 그 변화의 시작이 될 수 있다. 집단 착각이 우리의 행동에 영향을 미칠지 말지 우리 스스로 결정할 수 있다. 우리가 현실에서 만나는 사람들을 어떻게 바라볼지, 그들이 우리에게 어떤 영향을 미칠지 등에 대해서도 스스로 결정할 수 있다. 이러한 변화는 결코 불가능한 일이 아니다. 우리 모두가 각자의 힘으로 만들어 낼 수 있는 일이다. 사회와 현실을 바라보고자 할 때는 우리의 뇌를 전적으로 믿어서는 안 된다는 사실을 깨달아야 한다. 우리는 다른 사람들의 진심을 읽어내는 일에 매우 서툴고, 기술의 발전과 변화로 인해 우리는 더욱 간접정보에 많이 노출되었으며, 그래서 서로를 오해하는 일이 너무도 쉬워졌다. 그런 오류에 빠져 있을 때, 우리는 스스로와 서로에게 상처를 주게 된다.

그래도 희소식이 남아 있다. 집단 착각은 강력하지만 그만큼 쉽게 깨질 수도 있다. 집단 착각은 우리가 그 존재를 허용하고 있을 때에만 존재할 수 있다. 우리는 착각으로부터 자유로운 사회를 이룩할 수 있다. 우리 각각을 위해 보다 나은 사회를 세울 수 있는 것이다. 하지만 그러기 위해서는 각자의 책임을 느껴야 한다. 우리는 모두 집단 착각을 만들고 유지하고 있는 장본인이기 때문이다.

3부

회복력 수업

Reclaming Our Power

사람들이 자신의 힘을 포기하는 가장 흔한 방법은 자신이 아무것도 가진 것이 없다고 생각하는 것이다.

— 앨리스 워커

7장

일관성이라는 미덕

THE VIRTUE OF CONGRUENCE

삶의 특권은 자신이 진정 원하는 사람이 되는 것에 있다.

—칼 구스타프 융

둥근 얼굴에 어깨가 떡 벌어진 밥 델라니Bob Delaney는 올해로 70세지만 둥근 얼굴에 딱 벌어진 어깨, 짧게 자른 백발 머리에 짙은 푸른색 눈빛과 짙은 '뉴저지' 억양은 여전하다. 그는 당신이 만날 수 있는 가장 똑똑하고, 사려 깊으며, 윤리적이고 인격적인 사람 중 하나일 것이다. 실제로 수많은 이들에게 진정한 영웅으로 여겨지고 있다. 지금부터 우리는 환상이 우리의 삶을 지배할 때 어떤 일이 벌어지는지, 그의 이야기를 통해 살펴볼 것이다. 이런 일에 밥보다 적임자는 없다.

밥이 유년기를 보낸 곳은 뉴저지주 패터슨Paterson, 아일랜드계와 이탈리아계 이민자들이 뒤섞인 동네였다. 밥의 아버지는 주 경찰이었고 밥은 그의 돋보이는 아들로 가족, 친구, 이웃들의 사랑을 한껏 받았다. 밥은 교칙이 엄격한 가톨릭계 학교에서 규칙적으로 혹독한 훈련을 하는 스포츠 선수로서 매우 만족스럽고 충만하게 지냈다. 심지어는 언젠가 신부가 될 날을 꿈꾸기도 했다. 그는 상황 파악을 잘 했고 사리분별이 명료했기에 자라면서 단 한 번도 문제에 휘말린 적이 없었다("아일랜드계 가톨릭 신자로 자란다는 건 매일 아침 죄책감을 느끼며 일어난다는 것과 같죠"라고 빈정거리긴 했지만). 고등학교에서 밥은 농구선수로 큰 시합을 뛰면서 열정과 환희를 느꼈다. 모범적인 어른이 되기 위해 최선을 다하고 있는 정직하고 근면한 소년이었던 것이다.

그러다가 21세가 되던 해, 밥은 마치 당연하다는 듯 아버지의 뒤를 좇아 주 경찰이 되었다. 밥은 주 경찰 업무에 푹 빠져들었다. 마치 아버지가 그랬듯, 밥은 빳빳한 유니폼과 배지를 차고 반짝이게 닦은 신발을 신고 다니며 자부심을 느꼈다. 경찰 업무에서 느끼는 만족감이 너무도 컸던 탓에 심지어 밥은 비번인 날에도 주 경찰 막사에 들락거리곤 했다. 그는 매일같이 주 횡단 고속도로에 출근 도장을 찍다시피 했다. 자체적인 경찰과 치안 능력이 부족한 작은 마을에 도움을 주는 것이 그에게는 큰 기쁨이었던 것이다. 밥에게는 소명의식이 있었다.[1] "저는 '똑바로 살아라' 같은 신조를 가진 꼬마였죠. 나쁜 놈들을 잡는 일, 그저 그것을 하고 싶었습니다."[2]

1975년 어느 날, 밥은 본청으로부터 수상한 요청을 받았다. 젊고 열성적인 주 경찰 요원인 밥에 대한 소문이 어떤 경위의 귀에까지 들어갔는데, 그 경위가 밥에게 뭔가를 제안하려고 했다. 조직범죄 수사를 위한 6개월 위장근무에 차출될 의향이 있느냐는 것이었다. 당시 뉴저지 해안가는 영세 자영업자들에게 돈을 뜯어내는 깡패들로 몸살을 앓고 있었다. 다른 깡패들로부터 지켜준다는 '보호세' 명목으로 감당하기 힘든 액수를 빼앗고 있었던 것이다. 밥이 주 경찰이 되어 지키고자 맹세했던 약한 사람들, 법을 지키는 선량한 시민들이 바로 거기 있었다. 밥은 주저 않고 기회를 잡았다.

주 경찰과 연방수사국 FBI는 이 특별 프로젝트를 위해 손을 잡았다. 그 유명한 제노비스, 브루노, 감비노, 드카발칸테 패밀리에 잠입하여 그들의 범죄에 대한 증거를 모으는 것이 그들의 목표였다. 열정적이었고 순진했던 젊은 날의 밥은 본인이 하게 될 일을 '쿨하다'고 생각하며 향후 반년 동안 하게 될 일에 대해 동의한다고 서명했다. 언젠가 형사가 되고 싶었던 그는 이 위장 근무가 본인의 꿈을 이루는 데 도움이 될 것이라고도 생각했다. '프로젝트 알파'라는 이름의 작전에는 두 명의 주 경찰관(밥과 파트너), 그리고 세 명의 FBI 수사관이 투입됐다. 프로젝트 알파 팀은 트럭 한 대로 소규모 운송업을 하는 척하면서 깡패들의 주목을 끈 후, 궁극적으로는 그들로부터 '뭘 좀 아는 친구' 대접을 받는 것을 목표로 삼았다.

이 일을 받아들이고 난 후 밥의 예전 인생은 거의 완전히 파괴되어 버렸다. 밥은 갑자기, 아무런 설명도 없이 주 경찰직을 그만두어야 했다. 파트너였던 이를 포함한 밥의 친구들은 밥이 어떤 심각한 문제에 휘말린 것은 아닌지 걱정했다. 하지만 밥은 그들의 질문을 그저 묵살해버릴 수밖에 없었다. 비밀 유지 때문이다. 자신이 무슨 일을 하고 있는지 심지어 가족에게도 말할 수 없었다. 밥은 당시의 일을 이렇게 되짚었다. "저는 지상 위의 삶에서 불현듯 땅속으로 들어가 버리고 말았죠."

위장 잠입 수사를 위해 밥은 다른 사람이 되어야 했다. 그는 '바비 코버트Bobby Covert'라는 완전히 새로운 인물을 창조하여 그 행세를 했다. ('코버트'라는 말은 잠입하다는 뜻을 지니고 있으니 그런 이름을 택하는 것이 이상하게 들릴 수 있지만, 1970년대 초, 코버트는 꽤 흔한 아일랜드계 성씨였고 의심 받지 않을 수 있었다.) 이렇게 만들어진 또 다른 밥이 기존의 밥을 밀어내기 시작했다. 깔끔한 젊은 경찰이었던 과거의 밥은 사라졌다. 대신, 밥 스스로의 표현을 빌자면 '겨드랑이 털이 덥수룩한' 지저분한 남자로 재탄생했다. 밥은 본래의 자신보다 네 살 많은 행세를 하며 13킬로그램을 더 찌웠고, 콧수염을 길게 길러 늘어뜨리고 머리카락도 곱슬머리로 바꿨다. (그 변장을 위해 매주 몇 번씩 헤어롤을 꽂고 있어야 했다.)

곧 깡패들이 나타나 새롭게 트럭 운송업을 시작한 밥으로부터 수익의 25퍼센트를 떼어가기 시작했다. FBI의 정보원이 된 전직 깡패 팻 켈리가 밥의 비즈니스 파트너 겸 일종의 멘토 역할을 하게 되었다. 팻은 감옥에 가고 싶지 않다는 일념으로, 범죄자들이 어떻게 조직하고 작동하는지, 밥이 알아야 할 모든 것을 성실하게 가르쳤다. 또한 본인의 연줄을 이용해 밥이 깡패들의 신뢰를 얻을 수 있도록 도왔다. 깡패들은 밥이 트럭 일을 하는 사무실 위층에서 모여 노닥거리며 TV를 보고 와인을 마시고 다음 범죄를 모의하기 시작했다. 그러는 동안 밥과 팻은 하루에 15시간씩 트럭 일을 해 나갔다. 트럭의 운송 대상은 깡패들이 '스웨그'라 부르는 것으로, 다름 아닌 훔친 자전거, 옷, 전자제품, 뭐 그런 것들이었다. 밥과 팻, 두 사람이 트럭 일을 하기 위해 빌린 사무실까지도 이제는 모든 범죄와 단단히 엮여 있었는데, 모든 곳에 FBI의 귀가 심어져 있었다. 움직임, 대화, 상투적인 욕설까지 모두 녹음되고 있었던 것이다.

이렇듯 '속임수와 위험으로 점철된 세계'에서 살아남기 위해 밥은 더 능숙한 거짓말쟁이가 되어야 했다. 처음에는 의식적으로, 나중에는 무의식적으로, 밥은 새로 사귄 친구들의 허세와 냉혹함에 익숙해져 갔다. 밥의 입은 점점 더 거칠어졌고 공격적으로 변했다. 게다가 점점 더 높은, 저 위에서 많은 것들을 내려다

보며 굴리는 깡패들과 친구가 될수록, 밥은 마치 아메바처럼 '뭘 좀 아는 놈들'의 문화 속에 빨려 들어갔다. 밥이 가지고 있던 예전의 정체성은 풍화되고 있었다. 밥은 이렇게 회상했다. "알지도 못하는 사이에 저는 달라지고 있었습니다. 저는 진짜 깡패처럼 생각하고 있었죠."[3]

밥이 일을 너무 잘 해서 FBI는 흡족했다. 더 많은 증거를 얻고 싶어서 안달이 났다. FBI는 밥의 언더커버 근무 계약을 연장하고 트럭 밀수업을 확장하도록 종용했다. 물론 밥이 그 회사를 이끌 터였다. 몇 개월이 몇 년으로 바뀌면서 밥은 다른 범죄자 두목들처럼 번들거리는 쓰리 버튼 양복을 빼입고, 그들처럼 링컨 마크 V를 몰고 다니기 시작했다. 전문적인 범죄자들과 인사이더 조크를 나누며 그들에게 값비싼 저녁 식사를 접대했다. 심지어 거물 범죄자의 가족들과 어울려 시간을 보내기까지 했다. 밥은 점점 '바비 코버트'로 사는 것에 익숙해지고 있었다.

하지만 그 새로운 삶이 마냥 편안한 것만은 아니었다. 긴장을 놓는 건 거의 불가능한 일이었다. 자신이 어떤 존재가 되고 말았는지 생각할 때마다 차오르는 역겨운 감정을 누구에게도 털어놓을 수 없었다. 밥의 말을 들어보자. "저는 화장실에서 사는 것과 다를 바 없었어요. 화장실에서 너무 오래 있다 보면 몸에서 구린내가 나기 시작하죠."[4]

프로젝트 알파가 시작된 후 3년이 지나자, 밥은 확신했다. 이 깡패들이 자신의 정체를 알고 나면 반드시 죽일 거라고. 밥은 너무 많은 것을 알고 있었다. 언제 들킬지 모른다는 위험 속에 살아가는 불안과 공포가 점점 커지면서 그 한계에 달하고 있었다. 심박수는 늘 높았고, 잠에서 깰 때면 땀에 흠뻑 젖어 있었다. 스트레스 호르몬인 코르티솔의 수치가 너무 높은 탓에 신진대사와 면역 체계, 스트레스 반응을 통제하는 부신Adrenal Glands이 제 기능을 하지 못했다. 밥은 만성 설사에 시달렸고, 토하기 위해 운전하다가 차를 길가에 세워야 했던 일도 있었다. 심장마비가 왔다는 느낌을 받았던 적도 있었다. 이 모든 건강 이상 징후를 무시하고 싶었지만, 평범한 20대 청년이 겪을 일이 아니라는 것은 밥 스스로도 잘 알고 있었다.

두어 명의 깡패들과 함께 자신의 차를 타고 가던 어떤 날의 저녁, 밥의 도덕관념은 바닥을 치고 말았다. 밥은 팻과 함께 차의 뒷좌석에 앉아 있었고, '뭘 좀 아는 놈들' 중 최악인 래리와 티노가 앞자리에 앉아 있었다. 그런데 밥이 서류 가방에서 무언가를 꺼내기 위해 딸깍 소리를 내자, 순간 차에 타고 있던 모든 사람이 긴장하며 뻣뻣하게 얼어붙었다. 마치 권총의 공이를 당기는 소리처럼 들렸기 때문이었다. 아니라는 것을 깨닫고 다들 점점 차분해져가는 가운데 밥의 긴장감은 끊어지기 직전이었다. 그는 머릿속에서 끔찍한 생각을 하기 시작했다. "만약 내가 다음번에는 서류 가방에서 진짜로 총을 꺼내면 어떻게 될까? 이 끔찍한 난장판을 끝장낼 수 있지 않을까? 서류 가방을 다시 열면 티노는 이제 그리 신경 쓰지 않겠지. 권총을 꺼내서 뒤통수부터 날려버릴 수 있다. 래리가 움직이기 전에 래리도 쏴버릴 수 있겠고. 그리고 증인이 남으면 안 되니까, 물론 그러고 싶지는 않지만 팻에게도 총을 겨누고 방아쇠를 당겨야겠지."[5]

끔찍한 일을 겪고 있는 사람은 무슨 짓이든 합리화할 수 있는 법이다.

삶에서 부조화가 일어날 때

밥은 영화 〈좋은 친구들〉처럼 서로 죽고 죽이는 난장판을 벌이기엔 그럴 성격이 아니었고, 제대로 교육받았으며, 올바른 가치관을 지닌 인물이었다. 하지만 이중생활을 하는 동안 그는 엄청난 대가를 치러야 했다. 그 후로도 후유증이 남는 인지 장애가 생겼고 신체적으로도 완전히 망가졌다. 주 경찰로 근무하면서 밥은 스스로를 매우 도덕적이며, 신앙심, 준법정신, 진실과 정의에 대한 사랑이 투철한 사람이라고 믿어 왔다. 하지만 '바비 코버트'로 살면서 이런 자아상은 설 자리가 없었다. 바비 코버트는 후안무치한 도둑과 살인자들에게 사랑받는, 돈만 주면 아무 물건이나 옮겨주는 운송업자에 지나지 않았던 것이다. 바비 코버트라는 삐뚤어진 인물은 '뭘 좀 아는 친구들' 주변을 어슬렁거리며 그들과 친해지려 하는 자였고, 그러면서 그 가짜 친구들을 뉴저지 주 경찰과 FBI에 밀고하고 있었다. 그런 시간이 길어지면 길어질수록 그는 본래의 '밥 델라니'로부터 멀어져만 갔다. 밥의 정체성은 여러 방향으로 갈래갈래 찢겨나가고 있었다. 그가 평생을 걸쳐 소중하게 가꿔온 정체성이 산산조각 난 것이다.

위장 잠입 수사가 끝나고 난 후 밥에게는 24시간 신변 보호가 제공되었지만 몇 주에 지나지 않았다. 그 후로는 자신을 알아서 지켜야 했다. 침대 머리맡에 총을 두고 잤으며 늘 총을 가지고 다녔다. 집 밖 외출은 새벽 2시에 몰래 했고, 누군가 숨어들어와 공격할지 몰라 조심스럽게 샤워 커튼을 열고 확인하기 일쑤였다. 가족과 친구들을 비롯하여 밥을 아는 사람들 모두가 그를 영웅으로 여겼지만, 밥 스스로는 자신을 영웅이라 생각할 수가 없었다. 사소한 일에도 놀라 뒤집어졌다. 한번은 아침에 배달 온 신문을 가지러 현관을 나서 앞마당으로 나갔는데, 하늘 위에 헬리콥터가 낮게 떠서 그의 집 위를 날아갔다. 깡패들이 그를 감시하기 위해 헬기를 띄웠다고 생각한 밥은 헐레벌떡 집 안으로 뛰어 들어와 문을 닫고 처박혀버렸다. 사실 그 헬리콥터는 모기 발생을 막기 위해 살충제 작업을 하고 있었을 뿐이었다.

게다가 위장 잠입 수사를 하는 과정에서 그는 확실히 불쾌하고 바람직하지 못한 습관에 절어버렸다. 그는 범죄자들처럼 욕설을 내뱉으며 분별없이 여기저기 돈을 쓰고 다녔다. 마치 그렇게 해야 사람들 틈에 낄 수 있다는 것 같았다. 폭력적인 충동에 휩싸인 그는 주기적으로 아파트 벽에 주먹질을 해서 구멍을 뚫었다. 그 흔적을 메꾸기 위해 K-마트에서 사온 싸구려 액자와 포스터를 붙여야 했다. (밥은 "우리 집에 놀러온 사람들은 내가 예술을 퍽 좋아하는 줄 알고 놀라더라고요"라고 말하며 웃었다.[7])

밥은 상처 입었다. 칼 로저스Carl Rogers라면 밥이 '부조화Incongruent'한 삶을 살았기 때문이라고 이야기했을 듯하다.[8] 인도주의적인 임상심리학자이며 심리치료의 선구자 중 한 사람이었던 로저스는 자신의 모습을 긍정하며 화합하고 있는 상태를 '조화Congruent'라 칭했다. 그러니 부조화란 누군가의 내면에서 갈등이 벌어지고 있는 상태다. 부조화에 빠진 사람은 스스로에게 정직하지 못하며 결국 부정직한 자아상을 유지하기 위해 큰 노력을 기울여야만 한다.[9] 밥은 바로 이런 부조화 상태의 파괴적인 영향력을 인격의 깊은 곳에서부터 절감하지 않을 수 없었다.

밥의 사례는 극단적이지만 생뚱맞지는 않다. 사실 오늘날 미국은 인격 부조화를 장려하고 있다. 정직하지 않고 냉소적으로 구는 것이 기본이다. 우리는 알지 못하는 사람들이 우리에게 솔직할 것이라고 바라지 않는다. 국가나 사회의 지도자들에 대한 기대치는 더욱 낮다. 우리는 종종 진솔한 것을 어리석고 순진한 것으로 여긴다. 때로는 다른 이에게 더욱 솔직하고 싶다고 생각하면서도, 그렇게 함으로써 비판받지는 않을까 하는 두려움을 곧잘 느낀다. 그래서 우리는 진심으로 믿는 바에 대해 솔직해지는 대신, 다른 사람에게 어떻게 보일지에 초점을 맞추고 마는 것이다. '인상 관리Impression Management'는 소셜 미디어 시대가 준 특별한 선물과도 같다. 인스타그램에 올리는 것이 자신의 진짜 삶이 아니라는 걸 알면서도 그렇게 연출할 수밖에 없는 인스타그램 사용자들을 생각해보면 금방 이해할 수 있는 일이다. 좋건 싫든 우리의 삶은 수천 개의 사소한 거짓말, 가짜 행세, 위선으로 너덜너덜해져 있다.

이렇듯 가짜로 만들어진 삶을 살아가는데 너무도 익숙해져버린 탓에 우리는 그 부조화가 개인적 차원에서, 또 집단적 차원에서 자기 자신에게 끼치는 해악을 잘 인식하지 못하고 있다. 부조화 속의 삶을 살아가는 것은 우리의 사회적 관계망 속에서 거짓말을 해도 괜찮다는 보이지 않는 메시지를 전파하는 것과 같고, 이는 더 많은 거짓말과 파괴적인 규범, 나쁜 행동을 낳는다.[10] 이것은 집단 착각이 싹트고 깊게 뿌리를 내릴 수 있는 풍성한 토양과도 같다. 이렇게 울창하게 자라난 집단 착각은 우리가 공유하는 현실 감각을 파괴하는 거짓을 잉태할 뿐 아니라, 사회 진보의 작은 나무들이 자라지 못하도록 햇빛을 몽땅 가려버리고 만다. 최악의 경우 집단 착각은 우리 스스로와 타인을 이해할 수 있는 능력마저 앗아가 버린다. 그렇게 우리는 더 큰 집단적 시행착오를 겪게 되고, 헨리 데이비드 소로가 말한 '조용한 절망 속의 삶'을 살게 되는 것이다.[11]

어쩌다가 우리는 이런 상태에 도달하고 만 것일까? 다시 한 번 말하자면, 우리의 두뇌가 생물학적으로 그렇게 만들어져 있다는 것, 우리의 개인적 생각과 행동 역시 사회적 토대로부터 깊은 영향을 받는다는 것 때문이다. 우리는 스스로가 지닌 신념들을 마치 우리의 정체성을 단단히 묶어놓는 묵직한 닻처럼 생각하지만, 사실 우리는 눈에 보이지 않는 사회적, 인지적 작용의 영향으로 빚어진 존재이며, 그러한 작용들은 우리의 의식 바깥에서 일어난다. 우리 두뇌의 무의식적 영역의 깊숙하고 후미진 어딘가에서, 인지 부조화가 낳는 불편한 감정은 우리 스스로의 행동을 합리화하도록 작동하며, 궁극적으로는 우리의 작동 방식을 인도한다.

실제로 인지 부조화는 우리가 스스로에게 거짓말을 하도록 압박한다. 그래야 내면에서 부대끼는 감정을 덜 받을 수 있기 때문이다. 객관적 사실이라고 알고 있는 것이 느낌 혹은 소망과 충돌할 때, 믿음과 행동 사이에서 내적 전투가 벌어진다. 게다가 자신의 가치와 반하는 일을 했을 때, 우리는 본능적으로 해도 되는 일이 무엇인지 기준을 바꿔버린다. 그런 일 또한 드물지 않게 발생한다. 우리는 내면의 기준선이 흐트러지지 않았다는 기분을 느끼기 위해 가치관을 이쪽으로 혹은 저쪽으로 슬쩍 옮겨놓음으로써 불편한 상황을 해결해버리는 것이다.[12]

문제는 자아상과 자기 이익 사이에 정신적 균형을 맞추려는 이 노력으로 인해 우리의 행태마저도 달라진다는 데 있다. 우리가 평소에 객관적이고 이성적인 사고라 여기는 것을 조금씩 옮기고 왜곡하는 것은, 부조화스러운 생각과 행동에 맞춰 합리성을 뜯어고치는 것이다.[13] 작은 속임수를 정당화하기 위한 변명이 그 뒤를 잇는다. 그러나 곧 우리 스스로가 져야 할 책임을 완전히 놓아버린 채 우리가 한 행동을 두고 다른 이들을 비난하기 시작한다. 우리는 우리가 무엇을 했는지 왜 했는지 교묘하게 뒤바꿈으로써 스스로의 행태를 합리화한다. 이것은 결코 쉬운 일이 아니지만 일단 습관이 되고 또 규범으로 자리 잡고 나면, 머잖아 점점 더 심각한 일을 저지르고서도 논리적으로 정당화하는 스스로를 발견하게 되는 것이다.

거짓말과 기만의 차이

제이슨 블레어Jayson Blair는 2003년 〈뉴욕타임스〉를 그만 뒀다. 그가 쓴 기사가 표절이며 다른 글을 짜깁기했다는 비난을 받은 후였다. 그는 본인이 겪은 일을 인지 부조화로 인해 가속되는 '미끄러운 비탈길Slippery Slope' 효과로 설명했다. 2012년 CBS 뉴스에 출연한 블레어는 이렇게 말했다. "뭔가 저질렀다는 걸 알게 되거나 어떤 선을 넘었다는 걸 깨닫고 나면, 사람은 어떻게든 그걸 합리화해야 합니다. '나는 좋은 사람인데 이걸 했어. 그러니 이건 해도 되는 일이어야 해. 나는 이 일을 나쁜 일이 아니도록 만들 거야.' 그렇게 합리화하고 나면 한결 편안해지죠."[14] 최초의 작은 균열은 눈덩이처럼 커지고, 훨씬 큰 도덕적 파국으로 이어지며 잘못을 합리화하는 식으로 나아간다. 실제로 연구자들이 밝혀낸 바에 따르면, 심각한 비윤리적 행태(혹은 '미끄러운 비탈길 조건')에 점진적으로 노출된 피실험자들은 그러한 행태를 스스로 저지를 가능성이 그렇지 않은 경우에 비해 두 배 이상 높았다.[15] 간단히 말해 스스로의 행태를 정당화하며 스스로를 괜찮은 사람이라 보는 관점을 유지하고 있을수록 우리는 제지당할 때까지 나쁜 짓을 계속해 나간다는 것이다.

앞서 2장에서 살펴본, 따분한 테스트를 보도록 해놓고 재미있다고 거짓말하라고 시킨 사람들에게 1달러 혹은 20달러를 지급했던 실험을 기억하는가? 객관적으로 볼 때 어안이 벙벙하리만치 황당한 실험을 해놓고 1달러를 받은 후 재미있었다고 한 사람들은 20달러를 받은 사람들보다 훨씬 긍정적인 답을 내놓았다. 레온 페스팅거에 따르면 이 실험의 결론은 1달러를 받은 피험자들이 자신들의 거짓말을 정당화하기 위해 현실을 더욱 곧잘 왜곡해버린다는 것이었다. 페스팅거에 따르면 "마치 사람들이 허기를 느끼면 무언가를 먹게 되듯, 부조화를 느낀 사람은 본인의 의견이나 행동을 바꾸고자 하는 충동을 느끼게 된다."[16] 작은 개인적 이익을 위해 부조화한 행동을 할 때, 그러면서 '이건 그렇게 나쁜 건 아니야'라고 스스로에게 나름대로 선의의 거짓말로 둘러댈 때, 우리는 그 나쁜 행동의 이면에 있는 가치관을 내면화하는 쪽으로 나아가게 마련이다. 그렇게 알지도 못하는 사이에 그것들은 습관이 되어버린다.

방향이 어느 쪽이 됐건 우리의 뇌는 언제나 우리를 둘 중 한 방향으로 이끌어 정렬하고자 한다. 밥의 경험을 통해 알 수 있다시피 지속되는 기만은 사람을 지치게 만든다. 매일 그는 위장 잠입 수사관이면서 동시에 깡패들의 친구로 살아가기 위해 엄청난 두뇌 에너지를 소모해야 했다. 양쪽 모두를 감추기 위해 너무도 오래 긴장한 나머지 그의 뇌는 쉬는 방법조차 잊어버렸다. 밥은 과긴장Hyper Vigilant 상태에 빠지고 만 것이다.[17] 이렇게 타인과 자신을 기만하기 위해서는 인지적 반응과 상호작용의 연결망이 매끄럽게 작동해야 하는데, 심리학자들에 따르면 그러한 작용은 인간 두뇌가 다룰 수 있는 가장 고도의 지적 활동이기도 하다.[18] 거짓말은 그저 허구의 답을 만들어 제공하는 것에 지나지 않으나, 기만Deceiving은 진실을 은폐하면서 동시에 남들을 속일 수 있는

허구를 만들어내는 일이다. 그런 일을 할 때 우리의 두뇌는 가속 페달을 끝까지 밟고 달려 나간다.[19]

문제는 겉으로 드러나는 것만이 아니다. 밥의 진짜 감정과 그가 하는 거짓말을 조율하고 균형을 맞추기 위해 정신적 활동이 벌어지는 가운데, 부조화한 상태에 놓인 밥의 장기 기억력과 인지 조절 능력에 장애가 생기기 시작한다. 그렇게 밥에게는 극도로 긴장한 상태가 정상적인 상태인 것처럼 되어버리고, 그의 두뇌는 감정적인 영역을 억누르는 동시에 그의 결정과 행동을 보다 의식적으로 통제하는데 훨씬 많은 힘을 쏟는 식으로 기만 행위를 이어가고자 노력한다.[20] 이와 같이 가짜 정체성을 유지하는 것은 그저 다른 사람들의 말을 추종하거나 진실을 이야기하며 살아가는 것보다 훨씬 복잡한 두뇌 활동을 요구한다.[21]

컬럼비아 대학의 신경과학자 조이 허시Joy Hirsch와 《와이어드》의 필자인 스티브 실버만Steve Silberman의 대화를 통해, 부조화가 우리의 두뇌에 미치는 영향이 얼마나 막중한지 엿볼 수 있다. 2006년, 실버만은 거짓말 탐지기 실험에 응했다. 단, 숙달된 거짓말쟁이라면 속여 넘길 수 있는, 우리가 흔히 아는 그래프를 그리는 형식의 거짓말 탐지기가 아니었다. fMRI를 이용한 전혀 다른 형식의 거짓말 탐지기였다.

실험의 첫 단계에서 실버만은 마치 '전화로 심문을 받는 듯한' 기분으로 본인 인생사에 대해 속으로 독백을 했다. 그리고 신호가 온 후 그는 조용히 거짓말을 하기 시작했다. 그는 이런 생각을 하고 있었다. "나는 결혼해본 적이 없다. 나는 텍사스에서 고등학교를 다녔고 그때 린다라는 이름의 여자친구가 있었다. 우리가 헤어지던 날 린다의 집 현관문 앞에 서 있던 것이 지금도 기억난다." 사실 실버만은 뉴저지에서 성장했고, 대학교에 들어갈 때까지 연애를 해본 적도 없었으며, 2003년 이후로는 행복한 결혼 생활을 유지하고 있었다.[22]

실험을 해보니, 실버만이 정직한 생각을 하고 있을 때와 스스로에게 거짓말을 하고 있을 때 두뇌는 퍽 다르게 작동하고 있었다. 실버만이 정직한 생각을 하고 있을 때, 그의 두뇌 중 감정, 갈등, 인지 조절과 관련된 부분들 즉, 스트레스를 받아 '싸우거나 도망가거나' 반응을 내놓는 일과 관여되는 그 부분들은 모두 잠잠했다. 하지만 그가 거짓말을 하자 바로 그런 영역에서 신경 활동이 감지되었다.[23]

이 연구가 보여주는 또 다른 사실이 있다. 본인이 어떻게 생각하든 우리의 뇌는 우리 자신보다 스스로를 더 잘 파악한다는 것이다. 게다가 그러한 평가는 지속된다. 말하자면, 얼마든지 자신을 속이며 스스로에게 거짓말을 할 수 있지만, 우리 스스로의 내적 평가로부터 절대 벗어날 수 없는 것이다.[24]

밥은 무의식적으로 알고 있었다. 그는 스스로에게 거짓말을 하고 있었다. "저는 스스로에게 자부심을 느낄 수 없었습니다. 거짓말 속에 살고 있고, 범죄자라는 걸 뻔히 알면서도 그런 사람들과 친구 행세를 하고 있었으니까요."[25] 지난 인생과의 접점을 거의 상실해버린 채 밥은 자기 회의에 빠져 스스로를 갉아먹고 있었다. 본인이 가치 있는 사람이긴 한지 의심하기 시작했다. 결국 깡패들이 체포될 때, 심지어 밥은 그들 중 일부와는 진짜 친구가 되어 있었고, 그렇게 부조화 속에서 살아온 3년은 밥을 누더기로 만들어버리고 말았다.

인생의 만족도를 높이는 가장 간단한 방법

낡고 고장나기 일쑤였으며 녹슬어 있던 쉐보레 셰베트Chevy Chevette. 우리 가족을 싣고 다니던 그 차는 1996년 무렵의 내 삶을 상징하는 아이콘이다. 눈에 보일 정도로 큰 구멍이 뒷좌석 바닥에 뚫려 있어서 달릴 때면 차선과 도로가 뒤로 흘러가는 모습이 보였다. 다른 사람을 태우면 그 구멍에 발이 빠지지 않도록 주의하라고 따로 당부를 해야 할 지경이었다.

나의 어린 시절은 거칠고 힘들었다. 우리집은 사랑으로 뭉친 안정적인 가정이었으나, 나의 학창 시절은 끔찍했다. 고등학교 1학년 당시 내 성적은 정말이지 형편없었고, 장학사는 나에게 내가 학교에서 사랑하는 유일한 것이었던 스포츠를 하지 말라고 금지했다. 심지어 고등학교를 졸업하지도 못했다.

노력을 안 했다고 생각하지는 않는다. 하지만 내가 손대는 모든 것들은 마치 그 낡은 자동차처럼 부스러졌다. 스물한 살의 내게는 아내와 두 어린 자녀가 있었지만 나는 그들을 부양할 능력이 없었다. 나는 유타주 오그던Ogden의 한 베이글 가게에서 최저 시급을 받는 하잘것없는 일을 하고 있었고, 우리 가족은 사회 복지와 푸드 스탬프에 의존해 살아갔다. 흔히 하는 말처럼, 나는 너무도 밑바닥이었기에 모두가 나를 깔보는 것처럼 느껴졌다.

나는 자기혐오에 빠져 스스로를 부적절하며 부조화스러운 존재라고 여기고 있었고, 이런 감정은 마치 자기실현적 예언처럼 나를 다른 이들로부터 멀어지게 만들었다. 나에게는 친구가 거의 없었다.[26] 하지만 나는 카멜레온처럼 주변 분위기에 맞추는 것을 퍽 잘 하는 편이기도 해서, 어딘가에 속하기 위해 끝없이 적응하려고 들기도 했다. 모르몬교 신자들 속에서는 종교적인 사람인 척했고, 운동밖에 모르는 운동부 틈에서는 그들의 일원인 것처럼 굴었다. 거칠게 구는 친구들 틈에서는 마찬가지로 터프가이 행세를 했다. 나는 실수를 할 때마다 다른 사람을 비난하며 나를 옹호할 핑계를 만들어냈다. 내 인생이 실패로 점철되어 있다는 것을 인정하지 않은 채 쿨한 태도를 연출하고 있었다. 스물한 살을 갓 넘겼을 나이였을 뿐이지만, 내 가슴속에서는 자기가치Self-worth에 대한 의식이 적출당한 것이나 다름없었다. 내 삶을 갱신할 수 있다는, 나 자신을 더 나은 존재로 만들기 위해 노력할 수 있다는, 사람들의 존중을 받으며 살아갈 수 있다는 모든 희망을 포기해버린 상태였다.

"하지만 너는 똑똑하잖아!" 나를 평가하는 눈빛으로 바라보면서 이렇게 말하는 사람들도 있었다. "진짜 열심히 노력하면 성공할 수 있을 거야!" 그들의 실망하는 표정은 나를 더욱 비참하게 만들었다. 마치 나는 고약한 농담거리가 된 것 같은 기분이었다. "패배자가 되는 것보다 더 나쁜 일은? **똑똑한 패배자가 되는 것**."

나는 그저 "집어치워" 같은 소리나 하며, '똑똑한 패배자'라는 문구를 내 이마에 써 붙이고 다닐 수밖에 없었다. 자신의 가능성을 스스로 날려먹은 놈, 나는 그것을 나의 정체성으로 삼아버렸다. 그러니 나는 결코 똑똑한 패배자 이상의 존재가 될 수 없을 터였다.[27] 내 인생이 제대로 돌아가고 있지 않다는 것을 나도 알고 있었다. 하지만 무엇을 어떻게 바로잡아야 할지 알 수가 없었다. 나는 희망을 버렸다.

그러던 어느 날, 베이글 가게의 짧은 점심시간을 이용해 나는 근처에 있던 서점의 자기 개발 서적 코너를 둘러보았다. 내가 서가에서 꺼내든 책의 제목은 심리학자 나다니엘 브랜든Nathaniel Branden이 쓴《자존감의 여섯 기둥The Six Pillars Of Self-Esteem》이었다. 흥미롭게 보였지만 그 책을 살 돈도 없었던 나는 서점에 앉아 곧장 다 읽어버렸다.[28] 브랜든에 따르면 자존감을 갖는다는 건 '스스로의 마음을 믿고 본인이 행복할 가치가 있는 존재임을 아는 것'이었다.

책에 담긴 몇몇 구절은 내 뇌리를 강타했다. "자존감은 내밀한 경험이다. 인간 존재의 핵심에 자리 잡고 있다. 다른 사람이 나를 어떻게 생각하느냐가 아니라, 내가 스스로에 대해 어떻게 생각하고 느끼는가가 중요하다." 브랜든의 글은 계속됐다. "자존감의 궁극적인 근원은 오직 내면으로부터 비롯하는 것일 수밖에 없다. 다른 사람들이 아닌 나 자신의 행위에서 나온다. 자존감을 외적인 것에서, 다른 사람들의 행동과 반응에서 찾는다면, 우리는 비극적인 결말을 맞이할 수밖에 없다."[29]

다른 사람들이 나를 어떻게 보고 있는지, 나는 늘 집착하고 있었다. 그것이 나의 자기 가치의 근원이라고 나는 늘 생각해왔다. 하지만 어떤 심리학자는 그 반대가 정답이라고 말하고 있었다. 그는 설령 어떤 나쁜 일이 내게 벌어진다 해도 그것은 오직 내 탓일 뿐이라고 했다. 나는 내가 겪는 비참의 근원이다. 왜냐하면 나는 스스로의 완전성을 배반하고 있기 때문이다. 내 머릿속에서 뭔가 퍼즐이 맞춰지면서 나는 그 사람이 하는 말을 이해할 수 있었다. 내 삶이 엉망진창인 것은 내가 실패자로 태어났기 때문이 아니었다. 내가 가지고 있는 근본적인 가치관과 믿음이 나의 외면적인 행동과 맞지 않기 때문이었다. 이런 결론에 다다르자 내 몸에는 소름이 돋았다. 만약 내가 제법 똑똑하지만 가난하게 태어나 인생이 꼬인 패배자가 아니라면? 나는 내 신념과 가치관을 진지하게 재검토할 필요가 있다.

사람이 스스로의 기준을 충족시키지 못하는 것이 얼마나 자존감을 망가뜨리는지, 그리하여 스스로를 더 큰 위험에 노출시키고 마는지, 나는 아주 힘든 길을 돌아서 배웠던 셈이다.[30] 스스로의 신념에 따라 생각해본 적이 없다는 것을 깨달은 나는 일기를 쓰기 시작했고, 이 습관은 놀라울 정도로 큰 치유 효과를 가져다주었다.[31] 글을 쓰면서 내가 순응하고 있던 것들을 향해 질문을 던졌다. 내가 무엇을 잘하는지, 어디에서 좌절하는지, 무엇에 대해 어떻게 스스로에게 거짓말을 하고 있는지 규명해 나갔다. 예전에는 그저 잊어버리기 위해 애를 썼지만, 이제는 부정적인 반응을 들으면 그 내용을 살펴보기 시작했다. 결국 나는 내가 사실

신경 쓰지도 않는 사람들에게 거절당하고 배척당한다고 불안해하며 힘들어 했던 이유를 이해했다.[32]

나는 다른 이들에게 도움을 요청해도 괜찮다는 사실을 천천히 받아들이기 시작했다. 나는 질문을 하기 시작했다. 마치 허물을 벗어던지는 뱀처럼 내가 그동안 가지고 있던 낡고 조화롭지 못한 '똑똑한 패배자의 순응하는 삶'을 내다버렸다. 그 가죽 아래에는 빛나는 새로운 나의 모습이 있었다. 나는 자기 신뢰를 회복했다. 진정한 희망을 느꼈다. 마침내 나는 스스로에게 말할 수 있었다. "이제 나는 좋은 선택을 할 수 있어."

성인이 된 후 처음으로 나는 스스로를 이해하면서 조용한 평온에 도달할 수 있었다. 궁극적으로 나는 자신의 가치를 인정하는 것과 내적 조화를 갖추는 것이 동일하다는 사실을 배웠다.

조화로운 사람이란 개방적이고 신실하며 타인을 수용하고 공감할 줄 알며 진실된 사람이라고 칼 로저스는 주장한다. 이러한 사람은 에이브러햄 매슬로우Abraham Maslow가 말한, 본인의 잠재력을 이 세상 속에서 온전히 실현해내는 자기실현Self-actualization에 도달할 수 있다(매슬로우의 욕구위계 중에서 자기실현은 가장 높은 단계에 해당한다.).[33] 좀 더 쉽게 말하자면, 본인의 개인적 가치에 따라 조화롭게 살고 있는 사람은 인생에서 더 큰 만족감을 누린다. 더 행복해진다.

더 큰 조화 속에 살아가던 나는 검정고시 학위를 취득했다. 대학에 간 나는 심리학을 전공했다. 최우등 졸업생이 되었다. 그 서점에 발을 디딘지 5년여가 흘렀을 때, 나는 하버드대학원생이 되어 있었다. 2007년의 어느 날, 베이글 가게에서 내 인생의 바닥을 친지 11년이 지난 후, 나는 하버드를 상징하는 소매에 세 개의 검은 벨벳 띠가 수놓인 크림슨 색 가운을 입고 박사학위를 받았다. 만약 11년 전의 '똑똑한 패배자'에게 이런 이야기를 해주었다면 그는 헛소리 하지 말라고 웃어넘겼을 것이다.

내 이야기는 이제 충분히 한 것 같다. 이제 데이터를 찾아볼 시간이다.

스스로에게 정직해지는 것은 우리가 인생에서 진정한 성공을 거둘 수 있는 유일한 방법이다. 나와 우리 연구진의 연구에 따르면 그렇다. 사실 '성공'은 다른 사람들의 생각을 따르는 것과 전혀 상관이 없다. 오히려 매우 깊숙한 개인적인 차원의 것이다. 우리의 연구는 5천 명 이상을 대상으로 삼았지만 개인적 성공의 의미에 대해 두 사람 이상이 같은 답을 한 경우는 단 한 건도 없었다.[34] 실제로 우리가 '성공적인' 삶을 살고 있다고 느끼게 해주는 요소는 우리 각자가 지니고 있는 지문처럼 개별적이고 고유한 속성을 지닌다. 다시 말해 완성된 성취감을 얻는 실질적이고 유일한 방법은 다른 사람들이 뭐라 하든 상관없이, 본인에게 개인적으로 가장 의미 있는 일을 잘 해나가는 것, 말하자면 조화로운 존재가 되는 것이다.

자기 자신과 더욱 조화로운 존재가 되는 것은 우리를 성공으로 인도하는 검증된 방식이지만, 그 외에도 긍정적인 영향이 있다. 더욱 믿음직한 사람이 되고, 더 나은 관계를 형성할 수 있으며, 더 큰 삶의 만족도를 누리게 함으로써 조화로운 삶은 우리가 더욱 행복해질 수 있도록 적극적인 도움을 준다.[35] 정원 가꾸기, 반려동물과 시간 보내기, 노래를 만들거나 연주하기, 자식이나 손주들과 좋은 시간을 보내기, 다른 사람들이 선호하는 바닐라 아이스크림 대신 내가 좋아하는 초코 아이스크림 먹기 등 뭐가 됐든 개인적인 만족감을 느끼는 일에 20퍼센트 이상의 시간을 더 쓰면 어떤 일이 벌어질까. 포퓰레이스의 연구 결과, **마치 수입이 50퍼센트 늘어난 것처럼 인생의 만족도가 높아졌다**. 잠깐 책 읽기를 멈추고 그 의미를 생각해 보자.

우리가 발견한 사실이 또 있다. 많은 돈을 번다거나, 큰 집을 산다거나, 유튜브에서 유명해지는 등 **다른** 사람들이 바라고 있기 때문에 무언가를 할 경우, 거기서 성공을 거둔다 해도 본인 삶의 질이 더 나아지거나 하지는 않았다.[36]

물론 '너 자신만의 길을 가라'는 말은 말이 쉽지 실천하기는 어렵다. 그 원인 중 일부는 우리가 새로운 것을 배우는 방식 자체와 관련이 있다. 요즘은 부엌 찬장 서랍을 갈아 끼울 때조차 일단 인터넷에 접속하고 필요한 것을 뭐든지 배울 수 있는 세상이다. 하지만 만약 우리가 어떤 공방에서, 이미 자신들에게 익숙한 방식으로 그들이 늘 쓰는 찬장 서랍을 교체하고 있는 사람들과 같이 일하고 있다면 어떨까? 그런 상황에서 우리는 어떻게 행동하게 될까?

우리는 자연스럽게 다른 사람들을 모방할 것이다. 우리는 뭘 해야 할지 어떻게 해야 할지 잘 모를수록, 본인이 가진 지식과 능력에 확신이 없을수록, 더욱 다른 사람들을 참고하고 모방하는 경향이 있다. 지식이나 기술이 부족하다고 느낄 때면, 개인뿐 아니라 심지어 집단 전체가 선도자의 행동을 따라 움직일 가능성이 높아진다. 이럴 때 사람들은 자신들이 모방하는 행태가 선한지 혹은 악한지 등에 대해 진지한 관심을 기울이지 않는다.[37] 이와 같은 따라쟁이의 함정은 집단 착각으로 이어지는 지름길이며, 실로 무서운 결과를 초래할 수 있다는 것을 우리는 이미 잘 알고 있다.

경제학자들의 연구에 따르면, 우리의 자기 확신이 점진적으로 늘어날 때마다 우리가 다른 사람들의 행동에 주는 가중치는 세 배씩 줄어든다.[38] 말하자면 우리가 지닌 기술이 늘어나고 숙달됨에 따라 우리는 다른 사람을 덜 모방하게 되는 것이다. 우리는 사회적 피드백에 덜 민감해지고, 우리의 자존감이 자람에 따라 우리의 전반적인 건강과 행복 역시 증진된다.[39] 이는 우리의 심리학적 면역 체계를 강화함으로써 역경 앞에서 더욱 큰 회복탄력성을 지니게 할 뿐 아니라 우울, 불안, 섭식 장애에 빠져들 위험을 줄여준다.[40]

이처럼 스스로를 발전시키는 일은 생각하는 것보다 훨씬 쉽다. 사실 우리는 적극적으로 배우고 훈련함으로써 스스로의 조화를 키워나갈 수 있다. 마치 주방 선반 서랍을 수리하는데 필요한 기술을 배우고 자신감을 얻는 것과 다를 바 없다. 우리의 두뇌는 조화로운 삶을 위해 만들어진 맞춤형 시스템 가구 같은 것이기 때문이다.

호모 이코노미쿠스 다시보기

사람을 '호모 이코노미쿠스'로 보는 관점은 모든 사람들이 스스로의 이익에 따라 모든 것을 결정을 하는 경제적 존재라고 전제한다. 하지만 그게 사실이라면, 발각되거나 처벌당할 걱정이 없는 경우 우리는 거짓말을 남발해야 하지 않을까? 부담 없이 손 털고 나갈 수 있다면 그저 자신에게 이익이 된다는 이유만으로 아무런 거리낌 없이 다른 사람을 기만하고 마는 존재이지 않을까?

이 질문에 대한 답을 얻기 위해 연구자들이 모여 공동 실험을 기획했다. 그들은 독일인들을 집에 초대한 후 동전 던지기를 해보라고 시켰다. 피험자들 중 뒷면이 나온 사람들은 상품권을 받았고, 앞면이 나온 사람들은 아무것도 받지 못했다. 실험자들은 동전이 진짜로 앞면인지 뒷면인지 볼 수 없도록 피험자들이 늘어서 있는 줄 끝에 서 있었으므로, 순수하게 경제적인 관점에서 보자면 모든 참가자들은 거짓말을 해서 자신들이 받을 보상을 극대화해야 마땅했다. 참가자들은 그 어떤 외부의 평가나 판단으로부터 벗어나 있었다.

모든 사람들이 뒷면이 나왔다고 말하는 일은 벌어지지 않았다. 대신 앞면과 뒷면의 비율은 약 50퍼센트 정도로 나뉘었고, 심지어 '앞면'이 나왔다고 한 사람들이 조금 더 많았다. 즉 거짓말을 해서 불이익을 볼 상황이 전혀 아니었음에도 불구하고 거의 대부분 혹은 모든 참여자들은 정직한 대답을 한 셈이다. 왜 그들 모두가 거짓말하는 일은 벌어지지 않았을까? 왜냐하면 피험자들 스스로가 자신의 심판 노릇을 하고 있었기 때문이었다. 우리는 흔히 금전적 이윤동기 앞에 도덕적 가치관이 허물어지는 것을 당연하게 여기지만, 그런 일반적이고도 냉소적인 시각과 달리 많은 사람들은 '자신만 아는 정보를 거짓으로 알리는 것에 대한 본능적 혐오'를 지니고 있다는 것이 연구자들이 내린 결론이었다.[41] 그러한 성향에 따라 행동할 때 우리는 기분 좋은 도파민 분비를 경험하게 되며, 그에 따라 단지 행복해질 뿐 아니라 더 사회적이며 다른 이들에게 공정한 태도를 취하게 된다.[42] 거짓말은 보이지 않고 피할 수도 없는 심리학적 비용을 발생시키며, 진실한 태도를 취하면 그에 따른 혜택이 발생한다. 이는 마치 진실의 물약처럼 우리가 진실을 말하도록 촉진한다.

다른 사람을 속이고 있을 때 우리의 뇌에는 신호가 뜬다. '경고!' 이 신호는 파괴적이다. 반면 진실을 말하는 것은 반대의 효과를 불러온다. 그것은 생존을 위해 꼭 필요한 것이었기에 우리에게는 조화, 진실, 공유를 향한 갈망이 태생적으로 내장되어 있다. 지금까지 살펴본 바와 같이 옥시토신 호르몬은 사회적 애착을 강화한다. 인류가 떠돌아다니며 동굴에서 생활하던 시절, 얼마나 자원과 식량을 잘 공유하느냐에 따라 아이, 가족, 부족의 생존이 결정되었다. 매주 주말마다 성당에서는 빵(성체)을 나누는 의식이 거행되는데, 이것은 그냥 생긴 것이 아니다. 인류는 그런 식으로 오랜 세월에 걸쳐 집단적 유대감을 쌓아 왔다.[43] 심지어 아주 어린 아기들조차 공정함에 대한 경각심을 지니고 있으며 좋은 행동과 나쁜 행동이 무엇인지 구분할 수 있다. 심지어 생후 3개월 정도에 지나지 않는 영아들마저도 '나쁜' 성격보다는 '착한' 성격이라고 규정된 인형에 더 호감을 느낀다. 모든 사람들이 똑같은 양의 쿠키를 받아야 한다는 건 한 살만 되어도 이해할 수 있는 일이다.[44]

성인이 된 후에도 선하고 공정한 행위를 추구하는 이러한 성향은 두뇌에 남는다. 우리는 스스로를 선한 의도를 지니고 있으며 그에 따라 행동하는 사람으로 간주하는데, 이는 우리가 미래에 더 좋은 행동을 하도록 유도한다. 실험 참가자들에게 참가비를 제공하면서 자신이 과거에 했던 좋은 일을 목록으로 적어보라고 한 후, 실험 참가비 중 일부를 기부하겠냐고 질문했을 때 사람들은 흔쾌히 기부에 동의했다. 실험을 통해 받은 돈의 절반 이상이 기부금으로 돌아왔다. 반면 자신이 과거에 했던 나쁜 일을 떠올리고 목록으로 적어보라고 한 후 기부금을 낼 것인지 물어봤을 때는 기부금의 액수가 비교군의 절반 이하로 줄어들었다. 해당 실험의 진행자들은 또한 일부 피험자들에게 기부금을 받은 사람들이 좋아할지 싫어할지를 미리 생각해보라는 고통스러운 요구를 했다. 그들이 제공한 기부금의 액수는 그저 자신이 기부를 하고 있다는 사실에 집중하며 기분 좋게 돈을 낸 사람들의 기부금에 비해 확연히 적었다. 말하자면 겉으로 드러나는 것(선한 의도만큼이나 그 의도가 얼마나 좋은 결과를 가져올지 등)에 관심을 기울인 사람들은 그냥 좋은 일이기 때문에 좋은 일을 하는 쪽을 택한 사람들에 비해 덜 관대하게 행동했다.[45]

자신이 다른 이에게 도움이 되었던 일을 의식적으로 회고하는 것 역시 스스로를 도덕적 존재로 인식하는데 도움이 되며, 그런 인식은 지속적으로 남을 돕는 것을 더욱 원활하게 해준다. 하지만 그 반대의 경우 역시 참이다. 자기 자신을 믿지 못할 존재로 보고 있는 사람은 피상적이고 정직하지 못한 이가 될 가능성이 더 높아진다.[46]

인격적 조화는 신성한 가치를 지닌다. 이 점을 이해하는 것은 순응 편향에 맞서기 위한 첫 단계라 할 수 있다. 정직함, 고결함, 관대함, 공감, 그 외에도 우리가 진심으로 믿고 있는 인격적 미덕은 사회적 규범을 초월하는 것이다. 그러한 가치를 통해 우리는 상황과 조건을 뛰어넘어 우리 자신이 진정 어떤 존재인지 규정 짓는다. 우리가 그러한 가치를 깊숙이 받아들이는 이유는 남들 또한 그런 가치를 받아들이고 있기 때문이 아니다. 어떤 경우에도 우리 스스로가 그 가치를 믿기 때문에 믿는다. 그런 가치들 덕분에 우리는 마치 잠복근무를 했던 밥처럼 거울 속 스스로를 바라보며 "나는 고결한 인간이다"라고 말할 수 있다.

결국 우리는 순수하게 경제적이거나 공리주의적인 존재가 아니다. 심지어 자기 이익을 추구하고 있을 때조차 내면의 조화를 추구한다. 우리는 진실을 말하는 경향이 있다. 공동체 생활에 기반을 둔 뇌신경 화학은 우리가 스스로에게 또한 다른 이에게 진실하도록 유도한다. 간단히 말해, 우리는 거짓말을 할 때보다 진실할 때 기분 좋도록 만들어진 존재다.

진실성과 진정성

물론 조화를 향한 투쟁이라는 건 새로울 게 전혀 없는 소리다. 인간 사회 자체가 개인적인 진실과 집단 착각 사이의 긴장과 갈등으로 수백여 년을 보내왔던 것이 사실이다.

셰익스피어의 희곡 〈햄릿〉에서, 왕실의 조언자로 늙고 병든 재상 폴로니어스는 아들인 레어티즈에게 이렇게 조언한다. "무엇보다도 스스로 진실한 자신이 되어라. 그러면 밤이 낮의 뒤를 따르듯, 그 누구에게도 거짓된 이가 되지 않으리라." 폴로니어스가 줄곧 거짓말을 하며 장막 뒤에서 남의 말을 엿듣고 비틀대며 돌아다니는 늙고 어리석은 인물이라는 점을 놓고 볼 때, 그의 입에서 나오는 이 말은 퍽 역설적으로 들린다. 폴로니어스는 결국 그런 이유로 목숨을 잃으니 말이다. 하지만 이 조언 자체는 아버지가 아들에게 해주는 조언으로서 나쁠 게 없다.

그래도 여전히 의문이 남는다. 조화롭다는 게 뭔지, 진정 "스스로에게 진실한 자신이 된다"는 게 뭔지, 구체적으로 무슨 뜻일까? 평범한 말로 옮겨보자면, 그것은 두 개의 하위 범주로 나눠볼 수 있다. 진실성Sincerity과 진정성Authenticity이다.

서구권의 문화 속에서 누군가 진실성을 지니고 있다는 것은 그가 '겉치레, 기만, 위선으로부터 자유로운' 존재라는 것을 뜻한다. 이는 윤리적 삶의 절대적 중심에 놓이는 가치로 그 기원은 적어도 아리스토텔레스의 시대까지 거슬러 올라간다.[47] 진실성은 '깨끗하다, 건강하다, 순수하다'는 뜻을 지니는 라틴어

sincerus에서 파생된 단어다. 누군가가 다른 이에게 공언하고 있는 바와 내면에서 실제로 느끼는 것 사이에서 조화를 누리며 키워나간다는 뜻을 지니고 있다. 고대인들은 위조되거나 수선했거나 불순물이 섞이거나 하지 않은 물건을 두고 그 단어를 사용했다. (그러니 만약 한 무리의 스파르타인들이 와인 항아리를 열고 그것이 '변질된' 것을 알았다면, 그들은 아마 그 와인이 '진실되지' 않다고 말했을 것이다.) 그 단어를 도덕적인 의미에서 사용하기 시작한 것은 훗날 청교도로 발전하는 17세기 초의 프로테스탄트 개혁가들이었다. 그러니 누군가 진실된 삶을 살고 있다는 것은 그가 외면적인 가치보다 내적인 가치를 추구한다는 것을 뜻하며, 거짓과 허례허식의 온상으로 여겼던 가톨릭교회로부터 벗어난 자유롭고 존경받을 만한 삶을 산다는 말과 같았다. 진실성을 지닌 사람의 말과 뜻은 그가 지닌 신념과 조화를 이룰 수밖에 없을 것이었다.[48]

진실성의 미덕은 르네상스 시기 프랑스의 작가였던 미셸 드 몽테뉴에 의해 보다 구체화되었다. 세네카(와 셰익스피어)의 영향을 크게 받은 몽테뉴에게, 진실성이란 자기 인식의 문제였다. 몽테뉴는 말했다. "내가 종교적인 태도로 나 자신에 대해 스스로 고백하자면, 내가 가진 최고의 미덕 속에 악의 씨앗이 들어있다는 사실을 알게 된다."[49] 진실성을 지닌 존재가 된다는 것은 그러므로 단지 정직함만으로 이루어지지 않는다. 우리 각자가 또한 우리 사회가 완벽할 수 없다는 사실 앞에 개방적인 태도를 보여야 하는 것이다. 몽테뉴의 에세이는 스스로에게 정직하고자 노력하는 한 남자의 고백이다. 그는 내밀한 자기 자신과 동일한 모습을 공개적으로 드러낼 수 있게끔 노력하고 있었던 것이다.

서구 문명은 진실성에 대해 처음부터 다소 의아한 관계를 맺어 왔다. 진실성을 미덕으로 여기면서 (때로는 **유일한** 시민적 덕목으로 보기도 하면서), 때로는 진실성을 기만에 비해 현실과 동떨어져 있고 어리석으며 천진난만한 무언가로 폄하하기도 했던 것이다. 가령 르네상스 시기의 논쟁적인 철학자 니콜로 마키아벨리 같은 사람은 정직함을 바보의 덕목으로 취급했다. 반면 진실성을 가진 척하는 것, 그렇게 타인을 기만하는 것은 행위자를 또 다른 차원으로 인도할 수 있다고 여겼다. 프랑스의 왕 루이 13세와 그의 이름을 물려받은 아들 루이 14세, 일명 '태양왕'은 겉치레와 궁궐의 농간을 고급 예술의 경지로 끌어올렸다. 진실성은 불합리하고 과시적이며 폭군적인 규범에 떠밀려 자취를 감추었고 대신 그 자리에는 분칠한 가발, 두꺼운 화장, 하이힐 등이 채웠다. 왕의 권위를 돋보이게 하는 것만이 목적인 그런 규범들은 개인 위생 관리부터 왕이 있는 방의 문을 노크하는 방식까지 그야말로 모든 영역에 걸쳐 있었다(왕의 방을 노크하기 위해서는 문틀을 긴 새끼손톱으로 긁어야 했고 대신들은 오직 그 노크를 하기 위해 손톱을 길렀다.).[50] 계몽주의의 초창기 볼테르는 캉디드의 천진난만한 진실성을 조롱하고 농담거리로 삼았으며, 《캉디드》의 말미에 이르러 주인공을 보다 현실주의에 가까운 인물로 변모시켰다.[51]

그러나 제네바 출신의 철학자이자 작가인 장 자크 루소는 진실성을 보다 고결한 것으로 바라보고 접근했으며, 그리하여 궁극적으로는 진실성이라는 미덕을 완전히 새로운 경지로 끌어올렸다. 루소와 낭만주의자들은 내적 완결성을 함양하고 가슴과 영혼에서 자아의 조화를 찾는 것이야말로 절대적인 중요성을 지니는 일이라 믿었다. 고대인들은 진실성을 깨끗하고 건전하며 순수한 것이라 보고 있었는데, 낭만주의자들은 그 위에 도덕적 가치뿐 아니라 무거운 개인적 책임을 부여했다. 그런 관점은 대서양 건너편에서도 호응을 얻었다. 그들의 뒤를 따른 벤자민 프랭클린은 개인의 내적 완결성과 조화의 토대 위에 미국의 민주주의를 정초했던 것이다.

그러나 진실성을 이상적인 가치로 바라보는 관점은 곧 빛을 잃고 말았다. 비아냥과 조롱, 아이러니 같은 훨씬 자극적인 취향에 밀려나고 만 것이다. 문화평론가 로라 키프니스Laura Kipnis가 〈뉴욕타임스〉에 기고한 글의 표현을 빌자면, 진실성은 '그 왕관이 진흙탕으로 떨어지기 전'부터 정점에서 밀려났고 들판으로 쫓겨나 있었다.[52]

이제 우리는 진실성 대신 도덕적인 느낌이 덜한 '진정성'이라는 표현을 사용한다. 거짓과 반대되는 의미로 진짜라는 의미를 지니는 단어다. 진정성은 좋은 말처럼 **들린다**. 하지만 그 속에는 윤리적 실천의 요구가 반드시 포함되어 있지는 않다. 비즈니스 업계에서 칭송받는 진정성 있는 리더란 성실하고, 자기 절제력을 갖추고 있으며, 자기 인식이 있고, 가치에 따라 움직이는 인물로 묘사된다.[53] 그런데 진정성은 미덕과 상관이 없다. 진정성 있는 사람은 진정성 있게 선한 인물일 수도 악한 인물일 수도 있으며, 좋은 가치를 추구할 수 있지만 나쁜 가치를 추구할 수도 있다. 찰스 디킨스의 소설 〈크리스마스 캐롤〉의 주인공 스크루지 영감에게 세 망령이 찾아왔을 때, 스크루지는 스스로를 '두 주먹을 꽉 쥐고 숫돌에 벼려진 부싯돌처럼 단단하고 예리한 사람'이라고 묘사하고 있었다. 그 말은 맞는 말이다. 하지만 찰스 디킨스가 잘 보여주고 있다시피, 스크루지가 지니고 있던 돈에 대한 이 불굴의 집착 역시도 진정성 있는 것이었다. 스크루지의 현실을 고스란히 반영하고 있었으니 말이다.[54] 그런데 그 진정성이 스크루지를 좋은 사람으로 만들어준 것은 아니었다.

그렇다면 진실함이 이토록 허무하게 져버리고 진정성으로는 턱없이 부족한 지금, 우리는 어떻게 살아가야 할까?

동양의 성誠을 배우다

서양 철학자들이 진실성이라는 개념을 붙들고 씨름하기 한참 전부터, 동양에는 '성'이라는 개념이 알려져 있었다. 아리스토텔레스보다 167년 빨리 기원전 551년에 태어난 중국의 공자는 그 개념을 더욱 정교하게 다듬었다. 공자가 말하는 '성'이란 자기 자신과 화합을 이루는 개인적 조화를 타인에 대한 의무와 결합한 것이다.

클렘슨대학교에서 중국어와 중국철학을 가르치는 얀밍 안Yanming An 교수에 따르면 '성'은 자신이나 타인과의 관계에만 국한되지 않는다. 우주 전체와의 관계를 다루는 개념이다. 낭만주의자들은 진실성을 통해 스스로의 내면에, 가슴과 영혼에 섬세하게 귀를 기울일 것을 요구했다. 반면 모든 이는 다른 모든 사람들과 공통된 특질을 공유하고 있다는 점에서, '성'은 개인적인 관점에 대한 관심을 줄여나갈 것을 요구한다. 실제로 '성'에는 개인적인 것과 사회적인 것의 구분이 없다. 자신과 마찬가지로 다른 이들에 대해서도 일관되게 진실할 것을 요구한다.

'성'은 신뢰, 진실성 (혹은 공유된 현실에 대한 인식), 그리고 우리의 개인적 감정과 우리가 세계를 향해 보이는 태도 사이의 조화에 대한 것이다. '성'은 진실을 포괄하고 있으며, 그렇기에 우리 자신과 넓은 의미에서의 사회 모두에 긍정적인 결과를 제공한다. '성'은 본질적으로 이기적이지 않은 높은 책임감을 내포하고 있다. '모든 사람들에게 언제나 어디에서 이로운' 것이다. 안 교수의 말을 길게 인용해볼 필요가 있겠다.

> '성' 개념은 보편성에 방점을 두고 있다. 사회적 문제들을 다르게 이해하고 있는 두 집단이 서로를 향해 보이는 '존중'의 감정이다… 당신이 믿는 것이 무엇이든, 내가 볼 때 그 믿음이 옳건 그르든, 당신이 스스로의 신념에 대해 정직한 태도를 유지하고 있으며 그 신념을 지키기 위해 진정한 희생을 하고 있다면, 당신은 여전히 나의 존중과 존경을 받을 만하다는 사고방식이다. 여기서 핵심은 내가 당신의 믿음에 대해 그 내용물의 진위를 평가하지 않는다는 것이다. 대신 나는 그 진리를 향한 당신의 태도를 존중할 따름이다. 믿음의 내용은 나와 당신을 갈라놓지만, 신념을 향한 태도는 우리 모

두에게 공통의 기반을 제공한다.[55]

안은 추가적인 설명을 덧붙였다. "'성'은 그 기원을 따지고 보더라도 독립적인 가치를 지니고 있다. 다른 모든 가치의 뿌리 혹은 기반이 되는 것으로, 지식과 실행 사이의 모순을 극복하는 유일한 해법이기도 했다. '성'은 '나쁜 행동을 진심으로(마치 앞서 말한 **진정성** 있는 탐욕처럼)' 수행할 가능성을 원칙적으로 배제한다. 그러니 적어도 이론적으로 '성'은 결코 부정적인 사회적 결과로 이어지지 않는다."[56]

'성'이 시민적 덕목으로 작동할 수 있는 것은 이런 이유 때문이다. 벤자민 프랭클린이 미국을 건국하는 과정에서 심고자 했던 가치와도 맞닿아 있다. '성'이라는 개념을 접한 적도, 친숙했을 일도 없었지만, 프랭클린은 새로운 공화국이 다양한 형식을 취할 수 있음에도 그 속에서 진실함이 절대적인 요체로 자리 잡아야 한다고 보고 있었다. 진실함은 마키아벨리즘과 정 반대에 놓이는 가치이기 때문이다. 그 구성원들이 각자의 동기에 대해 공개적으로 의사소통할 수 있는 곳이 최선의 사회라고 프랭클린은 생각했다. 그는 자신의 자서전에서 '13가지 덕목'을 소개하며 진실함에 대해 설명하고, 독자들에게 다음과 같은 조언을 했다. "해로운 거짓말을 하지 마라. 순수하고 올바르게 생각하며, 말할 때는 그 생각에 따라 말하라."[57]

불행히도 우리의 민주주의는 그렇지 않다. 프랭클린의 조언은 프랭클린이 입고 다녔을 18세기 옷차림처럼 시대와 걸맞지 않게 보일 지경이다. 하지만 오늘날 여러분이 전략적이면서도 완벽하게 진실된 사람이라는 명성을 얻고 있다면 어떤 일이 벌어질지 상상해보자. 당신은 '성'을 구현한 사람, 믿음직하고 진실된 이로 여겨질 것이다. 다른 사람들이 믿고 의지할 수 있는 사람, 흠 없는 유형의 인물이 될 것이다. 자신의 아집이나 환상을 보호하는 것보다 진실에 더욱 신경을 쓰는 모든 사람들에게 당신은 매우 소중하고 잃을 수 없는 자산으로 여겨질 것이다. 당신은 '성'을 통해 단지 존중 받고 오래 가는 관계를 맺을 뿐만 아니라, 당신이 속한 집단의 착각을 깨는데 도움을 주고 공유된 현실을 회복하는데 일조함으로써 그들에게 큰 기여를 할 수 있다. 그렇게 당신과 주변 사람들이 공통의 기반을 다져나갈수록 당신과 주변인들의 관계는 단단해지고 당신의 자존감 역시 확고해질 것이다. 진정한 자기 자신으로서 실천해나갈 때, 그렇게 본인의 잠재력을 극대화하는 쪽으로 나아갈 때, 당신은 매슬로우가 말한 자기 현실화의 높은 꼭대기를 향해 나아갈 수 있게 되는 것이다.

'성'은 모든 이들과 사회 전체에 막대한 혜택을 안겨주는 중심축과도 같다. 이 글을 쓰고 있는 나는 오늘날 우리가 어떤 변곡점 위에 있다고 생각한다. 나를 이상주의자라고 불러도 좋다. 하지만 우리가 역사를 통해 알 수 있다시피, 우리는 긴 오류의 세월을 지나 깨달음의 시기로 들어갈 수 있다. 궁극적으로 뭔가 새롭고 더욱 조화로운 세상이 꽃을 피울 것이다.

조화로운 삶이 주는 행복

뉴저지 해안가의 깊고 어두운 수렁에서 빠져나온 밥 델라니. 그가 이전의 자아를 회복하는 데에는 상당한 시간이 필요했다.

심리학 학위를 지닌 한 형사가 있었다. 그는 프로젝트 알파에 참여한 이들을 추적 관찰했는데, 그 과정에서 위험 징후를 발견했다. 그는 밥을 초청하여 밥의 경험에 대해 이야기를 나누었다. 밥은 대학 시절 심리학을 가르쳤던 교수와도 만나 본인이 겪고 있는 고통을 공유한 바 있는데, 그 교수는 밥이 겪고 있는 일이 무엇인지 그 이름을 가르쳐주었다. 외상후 스트레스 장애, 이른바 PTSD였다. 그림자 속에서 살아갔던 그 삶에 대해 이야기를 나눌수록 밥의 기분은 점점 더 나아졌다.

몇 년의 시간이 흐르며 천천히 밥은 새로운 삶에 적응해 나갔다. 더 조화로운, 보다 '성'의 가치에 가까운 그런 인생이 돌아왔다. 처음에는 습관을 바꾸는 게 그리 쉽지 않았으나 밥은 스스로를 잘 관찰하는 사람이었으며, 열정적이고 굴하지 않는 성격의 소유자였다. 밥은 구할 수 있는 모든 자기개발서를 구해서 읽고, 그 속에서 자신에게 도움 될 것들을 찾아냈다. 거울 앞에서 문자 그대로 자기 자신과의 대화를 나누었다. '네가 겪어온 일은 정상적인 일이 아니었어, 하지만 깊은 곳의 너는 좋은 놈이야'라고 다독였다. 이렇게 바비 코버트와 밥 델라니가 마주보고 대화를 나누는 과정은 밥에게 해방감을 선사했다. 밥은 깡패가 되어 있던 자기 자신의 가죽을 벗어던지는 것 같은 기분을 맛보았다.[58]

밥은 이렇게 말했다. “마치 눈길에서 차 모는 법을 배우는 것 같았습니다. 차가 미끄러지는 방향으로 핸들을 꺾는 건 직관에 반하는 일이지만, 실제로는 그렇게 하는 게 훨씬 도움이 되죠.”[59]

이러한 자기 확인 과정을 통해 자존감을 회복할 수 있다는 것을 밥은 본능적으로 깨달았다.[60] 또한 밥은 열심히 글을 쓰고 기록했다. 그 내용들을 한데 모으고 나니 훗날 한 권의 책이 되었다. 《잠입Covert: My Years Infiltrating The Mob》이라는 제목의 회고록을 통해 밥은 자신의 경험을 이렇게 설명했다. “오랜 세월 뒤집힌 세상 속에 살아온 나는, 사실 지금까지도 여전히 삶의 균형을 되찾고 의미를 회복하기 위해 노력하고 있다. 내가 찾고자 했던 것은 결국 어린 시절 농구를 하던 체육관의 나무 바닥 위에 있었던 것이다.”[61]

밥은 운동에 소질이 있었다. 대학 시절 전국 대회에 출전할 정도로 실력이 좋았던 그는 경기장에서 느끼는 스릴과 쾌감을 단 한 번도 잊은 적이 없었다. 다시 농구를 시작한 밥은 농구를 통해 자신이 회복되고 있다는 사실을 알았다. “농구에는 규칙과 경계선이 있었다. 나의 과긴장 상태가 누그러졌으며 농구를 하면서 건강한 도파민이 분비됐다.” 밥은 그 경험을 이렇게 회상했다. “농구에 대한 열정은 나를 완전히 다른 직업으로 이끌었다.”

바비 코버트로 살면서 불어났던 13킬로그램 넘는 체중을 밥은 다이어트를 통해 감량했다. 그리고 농구 심판 자원봉사를 시작했다. 국제 공인 농구 협회 194 위원회Board 194의 회원이 되어 뉴저지고등학교 일대의 농구 시합에 심판으로 참여했다. 인생의 즐거움을 되찾은 밥은 잠복근무를 통해 받았던 스트레스를 회복할 수 있는 길을 드디어 찾아낸 것이다. 어느 날, 저지 해안 여름 프로 리그Jersey Shore Summer Pro League의 커미셔너가 밥을 찾아왔다. 프로 경기의 심판이 되어보지 않겠냐는 제안이었다. 결국 밥은 미국 프로 농구 협회, 즉 NBA를 총괄하는 대럴 개럿슨Darrell Garreson의 눈에 띄었다. 1980년대 중반에 벌어진 그 일을 밥은 이렇게 회상한다. "나는 깡패들의 바구니에서 뛰쳐나가 세계에서 가장 주목받는 스포츠의 골대로 들어가게 되었다."[62]

밥은 자신을 새로운 존재로 바꿀 수 있는 길을 찾아냈다. 그는 경찰직에서 조기 은퇴하고 NBA 심판이 되었다. 리더십 관련 분야의 석사 학위를 취득했다. 각자 나름의 끔찍한 일을 겪은 PTSD 생존자들에게 스스로 헤쳐 나오는 법을 가르치는 일도 시작했다. 행복한 결혼에 성공했고, 두 권의 책을 썼다. 결국 그는 NBA의 부대표까지 올랐으며 이사회장직을 맡기도 했다. 셀 수 없이 많은 상을 받았다. 그 중에는 전미 대학 경기 협회National Collegiate Athletic Association의 가장 높은 상인 시어도어 루즈벨트 상도 포함되어 있었다. 2020년의 일이었다.

밥은 나의 좋은 친구다. 최고의 삶을 살고 있는 그는 그 삶을 얻기까지 먼 길을 헤쳐 나왔다. 70세지만 여전히 원기 왕성한 그는 우리가 스스로의 삶을 어떻게 변화시킬 수 있는지 보여주는 모범적인 사례가 되고 있다. 우리는 거짓과 위선으로부터 벗어나 조화와 '성'으로 나아갈 수 있는 것이다.

우리는 지금 정치적 양극화와 사회적 갈등, 급격한 속도로 진화하는 디지털 테크놀로지 속에서 말 그대로 '퍼펙트 스톰'을 맞이하고 있다. 이런 상황일수록 우리는 밥이 보여준 선례를 따라 스스로의 도덕적 책임을 다잡아야 한다. 삶에서 어떤 처지에 놓여 있든 상관없다. 사적인 자아와 공적인 자아를 정렬하는 일은 언제 시작해도 늦지 않다. 조화로운 존재가 되기 위해 헌신할 때, 우리는 헤아릴 수 없을 만큼 더 나은 삶을 살게 된다. 그렇게 내면과 외면이 일치하는 이들은 집단 착각을 만들고 키워나가는 데 기여하지 않는다. 집단 착각에 빠져 있는 다른 사람들이 탈출하는데 도움을 줄 수 있다. 조화의 미덕을 받아들이는 것은 한마디로 진정한 윈윈 게임인 것이다. 그것은 우리가 자기 자신과 다른 이들을 위해 내릴 수 있는 최선의 결정이다.

8장

낯선 이를 향한 신뢰

TRUSTING STRANGERS

상호 이익보다 상호 신뢰가 사람 사이를 더 튼튼하게 묶어준다.

— H. L. 멘켄

내가 그 낡고 바닥에 구멍 뚫린 쉐보레 셰베트를 타고 다니던 바로 그 시절, 내가 하던 일 중 하나는 집에서 치료 받고 있는 환자들에게 관장을 해주는 것이었다. 여러분의 귀에는 끔찍하게 들리겠지만 당시 나는 그 일을 베이글 가게에서 일하는 것보다 낫다고 생각했다. 왜냐하면, 당시 최저임금은 시간당 4.25달러였는데 환자의 집에서 관장을 해주면 시간당 7달러라는 어마어마한 돈을 받을 수 있었기 때문이었다. 아내는 혈장血漿을 팔아서 생활비에 보탰다. 우리 부부는 서로 번갈아가며 신문배달도 했다. 같은 길을 돌아다니며 다른 사람들의 앞마당에 조간신문을 던져 넣어주고 있었던 것이다. 나는 부모님의 도움을 받아서 야간학교를 다니고 있었는데, 내게는 어린 동생들이 있었고 그 동생들을 돌보는 것은 부모님의 몫이었다. 우리 가족에게 더 이상 기댈 수 없다는 것을 나는 잘 알고 있었다.

그때까지 나는 내 인생이 망가졌다고, 혹은 절망에 빠졌다고 생각하고 있지 않았다. 오히려 자부심을 느끼고 있었다. 누구로부터 그 어떤 도움을 받는다는 발상도 진저리를 치며 거절했다. 그런데 결국에는 아버지가 내게 새로운 관점을 제시했다. 지금 나는 도움을 필요로 하고 있고, 정부의 보조를 받으면 삶이 훨씬 쉬워질 거라는 것이었다. "토드야, 복지는 너와 우리 가족 같은 사람을 위해 존재하는 거란다. 복지는 공짜로 주는 게 아니야. 일종의 투자라고 생각해보면 어떻겠니. 우리 이웃들을 둘러보자. 이 성실한 납세자들이 그들이 버는 많은 돈 중 일부를 너한테 투자해주는 거야. 너는 그 도움을 받아서 더 나은 인생을 개척하는 거고. 그러니 네가 그 도움을 약간이라도 받아들인다면, 너는 나중에 네가 받은 것보다 더 많은 걸 세상에 돌려줘야 할 의무를 지게 되는 것이지."[1]

나 스스로 생각해볼 때에도 그것이 현명한 일이었다. 그 후로 나는 매달 푸드 스탬프를 받아 식비를 충당하는 걸 조금이나마 덜 꺼리게 되었다. 하지만 그렇다고 슈퍼마켓에 장 보러 가는 일이 더 쉬워지지는 않았다. 가급적 늦은 밤에 식료품점에 가고자 아내와 나는 늘 특별한 노력을 기울였다. 낯선 이들이 우리를 바라보는 경멸하는 시선을 피하고 싶었던 것이다. 푸드 스탬프는 납세자의 돈으로 내 먹을거리를 사는 것이어서, 이유식, 분유, 우유, 치즈, 시리얼, 과일, 야채, 계란, 땅콩버터 등이 포함되지만 오직 몇몇 브랜드로 구매 대상이 제한된다. 내 돈으로 사야만 하는 것들을 따로 골라내야 할 때, 계산대 앞에 설 때마다 나는 겁에 질리고 위축됐다.[2]

당시 아장아장 걷던 나이였던 아들 네이선을 위해 굵은 땅콩 알갱이가 들어간 청키 피넛 버터 한 병을 샀던 일은 아직도 잊히지 않는다. 네이선은 청키 피넛 버터에 완전히 빠져 있었다. 밤인데도 가게는 사람들로 붐볐다. 계산대마다 줄이 길게 늘어서 있었고 지친 사람들은 짜증을 내는 중이었다. 계산대 점원은 푸드 스탬프를 들고 온 우리가 장바구니에 담아온 물건들을 쓱 훑어보더니, 청키 피넛 버터를 집어내어 쳐다보고 내게 말했다. "푸드 스탬프로는 청키 피넛 버터는 못 사요!" 그냥 말한 게 아니라 소리를 질렀다. 할 수만 있다면 매장 전체에 안내방송이라도 했을 기세였다.

나는 쥐구멍이라도 찾아 들어가고 싶었다. 가뜩이나 양심의 가책을 느끼고 있었는데 그 위에 잿물을 끼얹은 것처럼 쓰라렸다. 나를 향해 쏟아지는 수많은 따가운 눈초리가 매서웠다. 나는 점원을 비롯한 모든 사람들에게 평가당하고 있는 기분이었다. 어느 모로 봐도 부정할 수 없는 '수급자', 그게 바로 나였다.[3]

이런 일을 겪고 난 후 나와 아내는 식료품점마다 좀 더 선량한 점원이 누구인지 살펴보고 그 사람이 있는 곳에만 줄을 서는 습관을 갖게 되었다. 어느 날 한 점원은 정부에서 허락한 물품 여부를 확인한 후 공감의 뜻으로 고개를 끄덕여 주었다. "무슨 기분인지 잘 알아요." 그는 내게 이렇게 속삭였다. "저도 푸드 스템프 지원을 받거든요." 그때부터 우리는 그 점원의 교대 시간에 맞춰 그 가게로 장을 보러 갔다.

연방정부에서 지원하는 푸드 스탬프와 관련된 경험을 통해 나는 관료제가 나를 믿지 않는다는 것을 배웠다. 그들은 우리가 아이들에게 '올바른' 음식을 먹일지 아닐지 신뢰하지 않고 있었던 것이다.[4] 당시 나는 그 상황에 대해 매우 화가 났고, 실은 지금도 그렇다. 그런 감정적인 부분과 별개로 나는 우리의 정부가 전반적으로 가난한 미국인들을 통제하기 위한 수준을 넘어서는 불신을 깔고 있다는 것을 이해하기 시작했다. 이것은 훨씬 크고 보다 근본적인 문제를 드러내는 징후이기도 하다. 국민 전반을 향한 불신이 전제되어 있으니 말이다. 우리 사회 전체는 이렇게 불신을 칭칭 감고 있으며 그것은 우리의 규범이 되고 제도로 정착한지 오래다. 그런 불신은 우리를, 개인적으로든 미국인으로든, 끔찍한 방향으로 이끄는 거짓말이다.

우리는 의심하기 위해 태어난 존재가 아니다. 우리가 선조로부터 물려받은 인식과 사고의 체계는 의심을 부정적인 경험으로 받아들이는데, 우리는 그런 불신을 체계화하는 쪽으로 나아가고 있다. 의심이라는 독을 내면화하면서 스스로를 비참하게 만드는 결과를 낳고 있는 것이다. 이유는 간명하다. 조화는 오직 신뢰 속에서만 달성될 수 있기 때문이다. 불신이라는 더 큰 문제를 상대하지 않는 한, 모든 이가 조화 속에서 살아갈 수 있는 문화를 이룩할 수 있는 방법은 없다. 해로운 집단 착각을 해체하는 것 역시 어림도 없는 일이 된다. 그렇다면 보다 넓은 신뢰 형성을 배우고 연습할 수 있는 방법은 뭐가 있을까? 이 질문에 답하기 위해 우리는 어쩌다 우리가 이토록 서로를 의심하게 되었는지부터 알아볼 필요가 있다.

가부장주의의 대가

우리 사회에 만연한 불신의 뿌리는 가부장주의에 있다고 나는 생각한다. 가부장주의Paternalism란 라틴어로 '아버지'를 뜻하는 'pater'에서 파생된 단어로, 사전에 따르면 '혜택을 주거나 보호한다는 의도를 품은 채 한 사람 혹은 집단의 개인적 자유와 자율성을 억압하는 것'[5]을 뜻한다. 간단히 말해 가부장주의는 너를 위해 너를 통제하고 있다고 생각하는 것, 다른 이를 마치 아이처럼 대하는 것이다. 오늘날 우리가 무언가를 두고 '가부장적'이라고 한다면, 그것은 단지 권위주의적이며 고압적이라는 뜻만 지니는 게 아니다. 거만하게 내려다본다는 뜻도 내포하고 있다.

물론 가부장주의는 언제나 존재해온 현상이었다. 플라톤부터 칸트에 이르기까지 철학자들은 가부장주의를 수용했을 뿐 아니라 옹호하기도 했다. 가부장주의는 자연의 위계질서를 반영하고 있다는 것이었다. 그런 관점에서 볼 때 사회의 질서를 관리하고 발전시켜 나아가야 할 책임을 지는 이들은 관대한 독재자로 여겨질 수밖에 없었다. 왕, 종교 지도자, 귀족, 그 외 모든 국가 지도자들은 지배의 주체로서 의문의 대상이 아니었다. 대부분 남자인 이 권력자들은 다른 이들보다 '더 잘 아는' 존재로 여겨졌으며, 따라서 그 집단의 법이 무엇이며 사회적으로 가치를 인정받아야 할 미덕이 무엇인지도 그들이 결정했다.[6]

청교도들이 메이플라워호를 타고 플리머스 바위 Plymouth Rock에 상륙하면서 가부장주의도 미국 역사에 출현했다. 대체로 우리는 가부장주의라는 말을 들으면 성차별과 종교적 억압 등을 떠올리곤 하지만, 가부장주의는 노예제, 차별적이고 억압적인 이민 정책, 미 대륙 원주민에 대한 학대 등을 정당화하는 역할도 수행했다.[7]

1911년 프레드릭 윈슬로우 테일러 Frederick Winslow Taylor가 《과학적 관리의 원칙 Principles Of Scientific Management》을 펴내면서 미국의 가부장주의는 새로운 경지에 도달하게 되었다. 2001년 경영학 학회에 의해 '지금껏 나온 출판물 중 가장 영향력 있는 경영학 저서'로 꼽히기도 한 그 책을 통해, 테일러는 화이트칼라 노무 관리의 아버지로 자리매김했다. 그 책의 영향으로 가부장주의는 산업화되었고 동시에 불신은 체계화되었다.

산업은 전통이 아닌 과학과 지식의 기반 위에 작동해야 한다는 것이 테일러의 신념이었다. 그는 그러한 혁신에 '과학적 관리법 Scientific Management'이라는 이름을 붙였다. 보다 인간적인 접근이 함께했다면 그러한 전환은 긍정적인 결과를 낳았을지도 모르겠다. 하지만 테일러는 순전히 잘못된 이유에서 과학적 관리법을 추구하고 있었다. 근본적으로 엘리트주의자였던 그는 자신의 영향력을 활용해 산업에 대한 대중적 관점을 바꾸어놓았다. 노동자들을 싫어했던 그는 노동자를 가장 약한 고리로 묘사했다.

젊은 시절 테일러는 하버드대학교에 진학할 예정이었지만 시력 저하로 인해 계획을 바꿀 수밖에 없었다. 명성 높은 필립스 엑서터 아카데미 Phillips Exeter Academy를 졸업한 후 학업을 더 이어나갈 수 없게 된 테일러는 상업의 실무를 익히는 쪽으로 방향을 틀었다. 필라델피아 출신으로 부유한 집안에서 태어났던 테일러는 부모님의 친구가 경영하던 철강 회사에서 견습생으로 일했다. 그는 빠른 속도로 승진했고 다른 회사에서 수석 엔지니어의 자리에 올랐다.[9] 테일러가 불러온 혁신은 일련의 핵심적 변화를 품고 있었다. 테일러는 그 회사의 생산성을 두 배로 끌어올린 후 다른 곳으로 떠났다.[10]

테일러는 그 경험에서 얻은 지식을 밑천 삼아 자신의 야망을 개척해 나갔다. 공장에서 알게 된 사람들에 비해 본인이 우월하다는 생각 역시 확고해져만 갔다. 테일러의 새로운 경영 이론에는 '교육받은' 사측과 '멍청한' 공장 노동자 사이에 엄격한 선이 그어져 있었다(사측은 사업으로부터 '최대한의 생산성과 최대한의 이윤'을 뽑아내야 할 터였다.). 그러니 문제의 본질은 '노동자들이 원하는 바와 사용자들이 원하는 바가 근본적으로 다르다는 것'[11]에 있다고 테일러는 주장했다. 테일러 본인이 남긴 표현에서 우리는 노동자를 그가 얼마나 경멸어린 투로 평가하고 있는지 확인할 수 있다. "주철 작업을 주업으로 삼는 것에 적합한 이가 가져야 할 최우선 자질은 대단히 멍청하고 우둔해야 한다는 것이다. 그의 정신세계는 다른 그 어떤 동물보다 황소를 연상시키는 것이어야 한다… 너무도 멍청하기에 '퍼센트' 같은 단어가 무슨 뜻인지도 모르는 자는, 그래서 그보다 더 지적인 사람에게 과학 법칙에 입각하여 지속적인 직업 훈련을 받아야 하며 그래야 성공적으로 일할 수 있다."[12]

동물과 다를 바 없는 공장 노동자들은 본질적으로 무가치한 존재이며, 그들은 엄격하게 통제될 때에만 가치를 지닐 수 있다고 믿었던 테일러는 노동자들을 가능한 한 기계처럼 조직화할 수 있는 체계를 고안해냈다. 노동자들의 모든 동작을 '과학적' 계산에 입각해 제한한 것이다. 공장 관리자들은 최대한의 생산을 위해 컨베이어 벨트의 속도를 전략적으로 조절했다. 노동자들이 가장 일하기 좋거나 노동자들의 몸에 적합한지 여부 등은 고려의 대상이 아니었다. 모든 것은 측정 대상이었고 모든 행위의 시간을 시시콜콜하게 측정했다.

찰리 채플린은 1936년 영화 〈모던 타임스〉를 통해 이 새로운 생산 시스템을 풍자했다. 채플린이 연기하는 리틀 트램프Little Tramp는 공장 조립 라인에서 일하고 있다. 직장 상사는 충분히 빨리 일하지 못하는 그를 다그친다. 하지만 컨베이어 벨트가 움직이는 속도가 너무 빨라서 찰리는 따라잡지 못하고 애를 먹는다. 벌 한 마리가 그의 얼굴 근처에서 날아다니자 공장 관리자는 친절하게도 그걸 쫓아내주기 위해 손을 휘두르는데, 벌은 날아가 버리고 대신 애꿎은 찰리의 이마만 후려치고 만다. 작업 속도를 따라가지 못하는 찰리는 컨베이어 벨트 이곳저곳을 뛰어 다니다가 기계 속으로 빨려 들어가 버린다. 기계 속에서 톱니바퀴에 눌리고 깔린 찰리는 결국 그 자신이 하나의 기계 부품이 되었단 착각에 빠지고 만다. 사고 이후 정신을 놓은 그는 렌치 두 개를 가지고 다니며 동료와 관리자의 코를 마치 볼트라도 되는 양 비틀어댄다. 사회적 규범으로부터 벗어나버린 찰리는 기계의 행동을 하며 사적 영역을 마구 침범하면서 아가씨들을 희롱한다. 그의 눈에는 세상 모든 것이 조여야 할 볼트로만 보이는 것이다. 이렇게 노동자는 자동화되었으나 그 결과는 재앙과도 같았다.[13]

테일러의 책은 출간된지 벌써 100년도 더 넘었지만 전 세계의 온갖 조직들은 그 내용을 받아들이고 내재화했다. 가부장적으로 사람들을 관리하려 든 테일러의 생각을 수용한 것이다. 그가 만든 방법론은 테일러 본인의 배만 불리고 끝나지 않았다. 전 세계의 기업 소유주 및 기업 조직도에서 윗자리를 차지하고 있는, 과학적으로 훈련된 관리자들이 그 혜택을 보았다. 그리하여 경영 컨설턴트, 비즈니스 스쿨('경영 방식을 개선'하는 것을 매체의 목적으로 삼는), 〈하버드 비즈니스 리뷰〉 등의 지원 사격을 받으며 조직인간Organization Man이 탄생했고, 훗날 여성들도 그 대열에 합류했다.[14]

테일러주의를 빨아들인 것은 비즈니스 세계만이 아니었다. 현대 사회를 살아가는 노동자들마저도 테일러주의에 물들고 말았다. 학교, 법원, 감옥, 기업, 정부 등 아무거나 뭐든 떠올려보자. 오늘날 미국에 존재하는 모든 조직과 단체는 관리하는 자와 관리 당하는 자로 나뉘어 있다. 관리 당하는 자들이 스스로를 위해 좋은 결정을 내릴 수 없을 것이라는 전제 하에 만들어진 구조 속에 살고 있다.

하향식 테일러주의는 너무 광범위하게 퍼진 탓에, 마치 물고기가 물을 알아채지 못하듯 우리는 그 존재를 인식하지도 못할 지경이다. 100년 하고 조금 더 옛날, 찰스 테일러라는 사람이 우리의 일터와 생활뿐 아니라 우리가 다른 이들을 대하는 관점에 '과학적' 접근법을 도입한 후, 그러한 사고방식은 마치 중력의 법칙처럼 의심받지 않는 자명한 것으로 여겨지게 되었다.

조지메이슨대학교의 경제학 교수 알렉스 타바로크Alex Tabarrok는 테일러주의의 부정적 후폭풍에 대해 연구했다. 테일러리즘은 경제적 피해뿐 아니라 광범위한 사회적 불신도 낳았다. 가부장주의는 보다 더 부패하는 성향을 보인다는 것이 그의 주장이었다. 게다가 가부장주의는 사람들을 잘못된 제로섬 게임의 사고

방식으로 이끄는 경향이 있다(가령 이런 식이다. "파이는 단 하나뿐. 내가 더 갖는다면 네 몫은 줄어든다"). 이렇게 사람들은 탐욕스럽고 이기적이며 남들과 공유하기 어려운 분야에 투자를 하는 경향을 보이게 된다. 사람들은 부의 재분배에 있어서도 자신들의 이익을 앞세우는 경향을 보이는데, 이는 인구 대다수에게서 신뢰를 떨어뜨리고 경제 전반에 피해를 끼친다.[15] 타바로크는 이러한 현상을 '불신의 덫Distrust Trap'이라 이름 지었는데, 하버드대학교의 연구자들에 따르면 이 덫에 빠진 공무원과 사업가들이 사람들을 험하게 대하면서 문제가 점점 더 커지는 경향이 있다.[16]

테일러의 영향을 받은 조직의 수장들은 우리에게 '나는 당신들을 믿지 못하겠다'는 메시지를 보낸다. 우리는 그 영향을 받아 스스로를 믿지 못할 존재로 여기게 된다. 이런 가부장적인 거짓말에 굴종하면서 불신과 편견은 눈덩이처럼 커져 간다. 우리가 스스로를 믿을 수 없는 존재로 여기게 되면서 우리는 다른 사람들을 바라볼 때에도 믿을 수 없는 존재로 여기게 되는 것이다. 우리는 다른 사람들을 의심의 눈초리로 바라보고 그들을 믿지 않으려 든다. 그들이 신뢰할만한 이들로 보이려 하는지부터 의심하고 있기 때문이다. 하지만 이건 상대방 역시 같은 식으로 우리를 불신한다는 말과 같다. 이렇게 상호간에 신경을 곤두세우면서 우리 사회에는 자기 파괴적이고 자기실현적 예언이 되어버린 불신이 마치 독처럼 퍼져나간다.

개인적 차원으로 내려와 보면, 이러한 불신 편향은 자아의 분열을 가속화한다. 타인을 향한 의심으로 가득한 우리는 모방, 소속, 침묵의 함정에 보다 쉽게 빠져들게 된다. 우리는 집단 압력과 음모론적 사고에 더욱 취약해지며 조화를 이루는 일은 극히 어려워진다. 불신으로 인해 인간관계가 망가지며 불안과 스트레스가 높아진다. 명료하게 생각하는 것조차 어려워진 우리는 보다 긴장하고 뻣뻣한 상태로 분노를 쉽게 느끼게 된다.[17] 사회 전체에 불신이 가득한 가운데 개인의 내면마저 불신에 사로잡히면 그 결과는 실로 치명적일 수밖에 없다.

제도를 향한 신뢰

신뢰는 다양한 얼굴을 지니고 있다. 근본적으로 신뢰란 다른 사람에 대한 확신을 갖는 것이다. 다른 사람들이 맡은 바 역할을 제대로 해낼 것이며 그들이 우리에게 지니고 있는 책임을 다할 것이라고 기본적으로 가정하는 것, 그것이 신뢰다. 또한 신뢰에는 공유된 현실에 대한 내재적이고 암묵적인 인정이 반영되어 있다. 만약 당신이 미국 어딘가에서 아무렇게나 찻길을 건넌다고 해보자. 설령 당신이 무단횡단을 하고 있더라도 우리는 그럴 때 누군가 나를 차로 뭉개버릴 것이라고 생각하지는 않는다. 다름 아닌 신뢰가 있기 때문이다. 우리는 길 위에서 다른 사람들과 함께 운전을 하고 다닌다. 우리가 따르는 도로교통법과 규칙을 다른 사람도 따를 것이라고 믿는다. 그 믿음이 우리를 안전하게 지켜준다. 식당에서 우리는 식당 주인이나 종업원이 내 음식을 몰래 훔쳐 먹지 않을 것이라고 신뢰한다. 전기수리공은 수리가 끝나고 나면 집 주인이 일당을 제대로 줄 것이라고 신뢰한다. 직장에서 일하는 우리는 회사가 매달 내 일에 걸맞게 월급을 줄 것이라고 생각한다. 이렇게 수많은 상호 신뢰가 얽혀서 작동하는 덕분에 우리는 개인적으로, 또 집단적으로 안심하고 살아갈 수 있는 것이다.

고속도로에서 처음으로 주행하던 기억을 떠올려 보자. 신뢰란 스스로를 어느 정도 위험에 노출시키는 것이다. 시속 100킬로미터로 달린다면 앞사람이 급정거를 해서 사고가 날 위험은 언제나 있다고 보아야 한다. 하지만 우리는 고속도로의 편리함과 그로 인한 혜택을 누리기 위해 그런 위험을 감수한다. 우리는 다른 운전자들이 술에 취하지 않았고 졸고 있지도 않다고 믿으면서 운전한다. 그러한 상호 신뢰는 언제나 유효하다. 도로에서든 어디에서든 상호 신뢰를 통해 우리가 같은 현실을 공유하고 있으며 서로 연결된 존재라는 사실을 확인하는 것이다. 서로를 향한 신뢰, 제도를 향한 신뢰가 얼마나 큰지 여부는 해당 사회를 다른 나라와 비교하여 판단할 수 있는 지표가 된다.[18]

테일러주의가 미국의 사회 각층에 남긴 어두운 그림자를 들여다보고 있노라면, 우리는 1940년 이후 미국의 모든 세대들이 전에 비해 서로를 불신하게 되었다는 사실을 알 수 있다.[19] 퓨리서치센터가 2020년 발표한 설문조사에 따르면, 1997년의 미국인들 중 64퍼센트는 동료 시민들에 대하여 돈독한 신뢰의 마음을 가지고 있었다. 하지만 2020년이 되자 그 비율은 거의 절반 정도로 급락해버렸다. 2020년 설문조사의 응답자 중 대부분은 처음 만난 다른 미국인을 신뢰하지 않는다고 응답했다.[20]

이는 우리 사회가 직면하고 있는 심각한 구조적 위기를 보여주고 있다. 미국 사회의 신뢰는 산소호흡기에 의존해 간신히 살아 있는 상태다. 2020년 말, 〈뉴욕타임스〉 칼럼니스트 데이비드 브룩스David Brooks는 〈애틀랜틱〉 지면을 통해 그 엄청난 문제가 낳을 결과에 대해 다음과 같이 지적했다. "제도에 대한 신뢰가 사라지는 것만으로도 충분히 나쁜 일이지만, 사회가 정말로 망가지는 것은 사람들이 서로에 대한 믿음을 잃어버리기 시작하면서다." 브룩스는 미국 사회에 대한 우울한 분석을 늘어놓는다. 2020년 현재, 우울증 진단을 받은 사람들, 자살한 사람들의 숫자는 전에 없이 높이 치솟아 있다.[21] 2020년 6월 갤럽 설문조사에 따르면 미국인들의 자국에 대한 자부심은 2001년 이래 최저를 기록했는데, 이는 해당 문항이 등장한 이후 가장 낮은 수치다.[22] NBC 뉴스와 〈월스트리트저널〉이 진행한 또 다른 설문 조사에 따르면 미국인 중 71퍼센트는 미국의 현재 상황에 대해 분노하고 있고, 80퍼센트는 미국이 '통제불능' 상태에 빠졌다고 생각한다.[23] "2020년 6월 현재, 미국은 적법성의 전면적인 위기, 소외라는 전염병의 대유행, 현존 질서에 대한 믿음 상실 등을 겪고 있는 것이 분명하다…. 불신과 파멸이 서로 손을 잡고 있다."[24]

유행병처럼 번진 불신은 이제 우리의 민주주의를 위협할 정도로 심각해졌다.[25] 존재하지 않는 위협을 두려워하며 정치적 극단주의와 가부장적 전체주의가 약속하는 허황된 안보 담론으로 끌려 들어가는 미국인의 숫자가 점점 더 늘어나고 있다. 우파 전체주의자와 좌파 전체주의자들, 그리고 그들이 동원하는 온라인 로봇들까지, 그들은 모두 기꺼이 테일러주의를 포용한다. 개인의 정체성과 목소리를 납작하게 만들어버린 후 양극화와 편견의 불꽃에 땔감을 넣는 것이다.

분명하다. 우리가 더 건강하고 안전하며 공정한 사회에서 살고 싶다면 우리는 서로에 대한 신뢰를 회복해야 한다. 하지만 우리가 가장 궁극적인 집단 착각을 다 함께 떨쳐내지 못한다면, 그런 일은 가능하지 않다.

불신 착각

2014년 5월, 캘리포니아주 프레스노Fresno에 위치한 구세군 재활 센터에 사는 조 코넬은 필로폰 중독을 끊기 위해 애쓰고 있었다. 직업 따위 없었고, 그와 아내는 월세도 자동차 할부금도 밀린 상태였다. 그러던 어느 날, 현금 및 귀중품 운반 전문회사 브링스Brinks 트럭 운전수가 실수로 길가에 은행 돈 12만 5천 달러가 담긴 가방을 놓고 갔는데, 코넬이 그것을 발견했다. 다른 사람들이라면 그런 상황에서 돈가방을 들고 달아날 궁리를 했을지 모르겠지만, 코넬은 돈을 은행에 돌려주었다.

나중에 코넬은 그 일에 대해 지역 방송국과 인터뷰를 했다. 돈가방을 발견했을 때 코넬은 그 가방을 잃어버린 일 때문에 누군가 직장을 잃을지도 모른다는 걱정부터 떠올렸다. "이 돈이 없으면 곤란해질 회사들…. 많은 사람들의 일자리에 파급효과가 갈 수도 있죠, 누가 알겠어요? 그래서 옳다고 생각한 일을 한 겁니다. 저는 제 손주들 보기에 떳떳하지 못한 사람이 되고 싶지 않거든요. 저는 손주들이 저를 올곧은 사람, 올바른 일을 하는 사람으로 생각하기를 바라고 있어요."

브링스는 5천 달러가 담긴 체크카드를 보상으로 제공했고, 코넬의 가족은 큰 자부심을 느꼈다. 언론에서 사랑할 수밖에 없는 이야기였다.[26] 하지만 조를 움직인 동력은 개인적 고결함에 대한 신념만이 아니었다. 사회적 신뢰의 중요성을 그는 알고 있었다. 그는 불신이 퍼지면 사람들이 서로 불러오게 될 부정적 효과에 대해 생각했던 것이다.

혹자는 조 코넬 같은 사람은 이 세상에 보기 드문 보석 같은 존재라고 생각할지도 모르겠다. 하지만 그렇지 않다. 실제로는 전 세계 사람들이 매일 수백만 수천만 개의 올바른 일을 하며 살아가고 있으니 말이다. 특히 우리의 시선을 가까운 곳에 둘수록 우리의 불신 착각은 산산이 부서진다. 어째서일까? 마치 조가 그랬던 것처럼 우리는 매일 스스로의 모습을 되돌아보며 반성하기 때문이다.

여러분이 길가에서 지갑을 주웠고 그것을 인근 우체국이나 경찰서, 혹은 분실물 센터에 맡겼다고 가정해보자. 지갑 속 현금에 남이 손을 대지 않을 가능성, 혹은 지갑이 무사히 주인 손에 돌아갈 가능성이 과연 얼마나 될까?

2019년 〈사이언스〉에 실린 논문에서 연구자들은 바로 이 질문에 대한 답을 찾고자 했다. 실험자들은 전 세계 350개 도시에서, 마치 길에서 우연히 발견한 것인 양 지갑을 들고 가 이곳저곳의 안내 데스크에 맡겼다. 지갑에는 또렷하게 보이는 신분증과 이메일 주소, 장보기 목록이 담겨 있었다. 몇몇 지갑에는 현금이 없었고 어떤 지갑은 13달러가 들어 있을 뿐이었지만 어떤 지갑에는 100달러가 담겨 있었다. 이런 지갑을 맡게 된 사람들이 저 가상의 주인에게 연락을 할지 말지 여부를 확인하는 것이 이 실험의 목적이었다.

그래서 무엇을 알게 되었을까? 거의 대부분의 나라에서 사람들은 지갑을 돌려주기 위해 노력했다. 지갑에 돈이 많으면 많을수록 더욱 주인을 찾고자 열심히 노력했다. 특히 가장 열심인 것은 지갑 안에서 열쇠가 나왔을 때였다. 열쇠는 주인 말고 다른 사람에게는 의미가 없지만, 그러니 더욱 주인을 찾아주려고 애를 쓴 것이다.

그 후 미국, 영국, 폴란드의 피험자들을 대상으로 연구자들은 설문을 진행했다. 돈이 없는 지갑, 13달러가 든 지갑, 100달러가 든 지갑 중 뭐가 가장 많이 회수되었을지 생각해보라는 것이었다. 평범한 사람들이건 전문적인 경제학자들이건 지갑에 돈이 없을 때 가장 잘 돌아오고 100달러를 넣은 지갑은 잃어버릴 가능성이 클 것이라 보았지만, 현실은 정 반대였다.[27]

여기서 우리는 집단 착각이 작용하고 있다는 사실을 분명히 확인할 수 있다. "이 실험은 아무도 보는 사람이 없는 가운데 진짜 돈이 주어지는 자연스러운 실험이었지만, 사람들은 물질적 이득보다 도덕적 고려를 더욱 앞세우는 모습을 보여주었다. 지갑을 갖기보다는 돌려주려 한 것이다." 실험의 공저자 중 한 사람인 데이비드 태넌바움David Tannenbaum이 한 말이다. "이와 같이 큰 규모의 다국가적 실험에서 도출된 일관된 결과를 통해 우리는 인간의 조건 중 실로 깊은 곳에 있는 무언가를 더듬어볼 수 있는 것이다." 우리 인류의 대다수는 스스로를 정직하고 도덕적이며 이타적인 존재로 생각하고 싶어 한다. 심지어 다른 사람들은 그렇지 않을 것이라 여기고 있을 때조차 마찬가지다. 쉽게 말해, 우리는 사실 조 코넬과 많이 닮은 사람들이다.[28]

설령 다른 사람은 신뢰할 수 없더라도 나 자신은 신뢰받을 수 있다. 우리는 그런 확신을 가지고 있다. 그 확신은 우리가 자신의 가치를 어떻게 바라보느냐와 엮여 있다. 포퓰레이스는 성공한 삶의 질에 대한 미국인들의 믿음에 대해 조사했다. 그중 '믿음직한 사람으로 여겨진다'는 답은 총 76개의 선택지 중 3위를 기록한 바 있다(물론 사람들이 신뢰에 대해 가지고 있는 집단 착각으로 인해, '다른 사람은 무엇을 중시할까'라는 질문에서는 믿음직한 사람으로 보인다는 응답이 30위에 머물고 말았다). 게다가 응답자 중 93퍼센트는 '나는 좋은 결정을 내릴 수 있는 개인적으로 믿을만한 사람'이라는 문장에 "그렇다"고 대답했다. 대부분은 스스로를 상당히 의존할만한 사람이라 보고 있었던 것이다. 응답자 중 47퍼센트는 해당 질문에 대해 **매우 그렇다**고 응답한 것은, 사람들이 믿음직한 사람으로 보이는지 여부를 매우 중요하게 여긴다는 점을 함의한다.[29]

이 모든 발견은 종합적으로 엄청나게 거대하며 끔찍하게 파괴적인 집단 착각을 가리키고 있다. 테일러주의와 더불어 그 바닥에 깔려 있는 인간 본성에 대한 온갖 잘못된 전제까지 받아들인 우리는 **다른** 사람 대부분이 믿을만한 존재가 아니고 그럴 가치가 없으며 좋은 결정을 내릴 수도 없다는 결론에 도달했다. 그럼에도 우리들 중 압도적인 다수는 우리 스스로가 그러한 자질을 모두 가지고 있다고 믿고 있다. 방금 나온 두 문장은 분명 서로 양립할 수 없는 것처럼 보인다. 그렇다면 포퓰레이스의 설문조사에서 응답자들이 거짓말을 했거나, 사람들은 다른 사람들 대다수의 생각을 오해하고 있었던 것이다. 포퓰레이스의 '성공 인덱스Success Index' 방법론을 속여먹는다는 것은 거의 불가능한 일로, 답은 분명하다. 사람들 전체를 놓고 보자면 그들은 믿을만한 것이 **맞다**. 다만 우리는 사람들이 믿음직하지 않다는 집단 착각 속에 살고 있을 뿐이다.

이렇게 우리는 뭐가 잘못됐는지 알게 되었다. 착각으로 만들어진 불신의 뿌리가 드러났다. 그런데 우리가 대체 무엇을 할 수 있단 말인가?

양극화되는 세상

오늘날 미국인들은 서로의 목을 조르고 있다. 미디어에서 떠들어대는 이야기에 따르면 그런 것 같다. 게다가 피상적으로 보면 진보주의자들과 보수주의자들 사이에는 분명 그 어떤 공통적 가치도 없는 것 같다. 퓨리서치센터의 2019년 10월 설문조사에 따르면 공화당 지지자와 민주당 지지자는 모두 상대편을 '닫힌 마음의', '지적이지 않은', '게으른', '애국심 없는' 존재로 보고 있었다(공화당 지지자들이 민주당 지지자를 향해 품은 적개심이 조금 더 컸다.). 같은 주제로 수행된 2016년 조사와 비교해 보면 양당 지지자들이 상대편 지지층을 두고 다른 미국인들보다 도덕성이 부족하다고 응답하는 비율이 확연히 늘어났다는 것을 알 수 있다.[30] 하지만, 정치적 울타리의 양쪽에서 서로 으르렁대는 사람들은 흔히 생각하는 것과 달리 서로 닮아 있다. 왜 그런지 살펴보자.

모든 신뢰의 도덕적 뿌리는 같다. 일련의 공통된 믿음이다. 그것을 이른바 '현저한 공유 가치 Salient Shared Values'라 하는데, 그 속에는 믿음직함, 정직함, 일관성처럼 우리 각각이 중요하게 여기는 기본적인 윤리적 개념이 모두 들어간다. 현저한 공유 가치는 우리의 근본적 정체성과 목표, 우리가 그것을 도달하기 위해 사용하는 방법론과 관련해 특히 중요한 의미를 지닌다.

특히 우리 사회에 만연한 정치적 적개심을 놓고 볼 때 충격적으로 들릴 수 있겠지만, 우리는 개인적으로 지니는 현저한 가치를 대부분 다른 이들과 공유하고 있다. 포퓰레이스의 주도 하에 수행된 2021년 연구에 따르면, 거의 모든 영역에서 **우리 대부분은 본인의 삶과 이 나라 전체에 대해 동일한 희망과 우선순위를 공유하고 있었다**. 미국인들은 본인들 스스로와 이 나라의 미래를 위해, 개인의 권리, 양질의 건강 보험, 지도자의 책임, 이웃의 안전, 편견 없는 형사 사법 체계, 평등을 중요하게 생각해야 한다는 개인적 의견을 두루 공유하고 있었던 것이다. 또한 우리는 공정함에 대해 같은 개념을 공유하고 있으며, 직장과 교육, 건강보험과 사법 체계 같은 동일한 제도를 공유하고 있다. 서로에 대한 존중, 풍요로운 중산층을 창출하는 것, 현대적인 사회 기반 시설을 갖추는 것, 모든 이들을 위한 공정한 기회를 확보하는 것 등, 응답자들의 최상위권에 올라 있는 가장 중요한 20개의 가치 중 15개는 서로 포개진다.[31]

물론 세상이 더 양극화되어 있다고 여기는 편이 정치인들과 미디어 양쪽의 구미에 더 잘 맞는다. 그래서 그들은 시민들의 차이를 강조하며 현실을 가린다. 우리 스스로가 서로 얼마나 많은 부분을 공유하고 동의하고 있는지 알아채기 어렵도록 만들고 있는 것이다. 기후 변화 문제를 예로 들어보자. 우리가 수행한 연구에 따르면 미국인들은 정치적 성향과 무관하게 기후 변화 대응책이 필요하다는 데 동의했다. 기후변화는 개인적 우선순위에서 3위를 기록하고 있었는데, 이는 개인의 권리와 건강보험의 뒤를 잇는 높은 순위다. 하지만 응답자들에게 '다른 사람들은 무엇이 중요하다고 생각할 것 같은가'라는 질문을 했을 때는 반응이 달랐다. 다른 미국인들은 기후변화를 훨씬 덜 중요하게 여기며 32위에 올려놓을 것이라고 생각하고 있었던 것이다.[32] 우리의 공적인 관점과 사적인 관점은 이토록 엄청나게 다르다. 다시 한번 말하지만, 위험하기 짝이 없는 잘못된 전제가 우리의 믿음을 둘러싸고 있는 것이다.

우리가 동의하는 게 동의하지 않는 것보다 더 많다는 사실을 이해하고 받아들이는 것은 핵심적인 일이다. 왜냐하면 우리가 공유하고 있는 가치는 신뢰를 위한 도덕적 기반이 되기 때문이다. 우리는 개인적으로 알지 못하는 사람에게 의존하지 않는 버릇을 들인지 오래되었다. 타인이 믿을만한 존재라고 입증되기 전까지는 다른 사람을 믿지 않는 것이 기본으로 자리 잡은 것이다. 무죄를 증명하기 전까지는 유죄다. 그러니 우리가 서로를 바라보며 추측하는 바는 본질적으로 근거가 부족한 셈이다. 그런데 우리가 애초에 기회를 주지도 않는다면, 어떻게 낯선 이들이 우리에게 자신들의 믿음직한 모습을 보여줄 수 있단 말인가? 이는 실로 고전적인 '닭이 먼저냐, 달걀이 먼저냐' 문제로 이어진다.

서로를 향한 신뢰의 힘

여러분은 지금 열다섯 살로 돌아가 있다. 타일이 깔린 고등학교 복도에서 다음 영어 수업을 빼먹고, 그러니까, 몇몇 친구들과 담배 흡입 기법을 연마할지 말지 고민 중이다. 물론 여러분은 수업을 빼먹는 행위가 나쁘다는 걸 알고 있지만 아무튼 그렇게 하기로 마음먹었다. 그러니 이제 문제는 부모님에게 들켰을 때 뭐라고 거짓말을 해야 하느냐다.

그런데 만약 여러분의 아버지가 세계 최고의 거짓말 탐지 전문가라면, 그래서 거짓말을 하는 걸 사실 꿈도 꿀 수 없는 상황이라면 어떨까? 이브 에크만에게 이 가설은 현실이었다. 20세기 가장 영향력 있는 심리학자 중 한 사람인 폴 에크만Paul Ekman이 아버지였기 때문이다. 에크만은 감정을 드러내는 비언어적 신호들을 해석하고 거짓말을 밝혀내는 과학적 방법을 개척한 장본인이다. 거짓말을 감지하고 잡아내는 그의 기법은 대학 강단을 넘어 경찰서와 미국 국토안보부까지 다양한 분야에서 활용되고 있다. 이브 역시 질풍노도의 십대 시절을 겪었다. 외박을 하거나 통금을 어기고 집에 들어올 때마다 에크만 박사와 마주쳐야 했을 것이다. 실로 끔찍한 일처럼 들리지 않는가? 놀랍게도, 그렇지 않았다. 스물여덟 살이 되었을 때, 이브는 아버지에게 질문을 던졌다. "제가 아버지를 속이려고 들었을 때 그걸 잡아냈던 순간들이 있을 거잖아요, 기억하세요? 아니면 제가 너무 뻔한 거짓말을 해서 다 보였을 때라던가?" 에크만은 한 마디로 답했다. "아니." 그리고 설명을 시작했다. 에크만은 딸이 거짓말을 하는 것을 잡아내기 위해 애써 노력하지 않았다. 대신 딸이 뭔가 잘못한 것 같은 기색을 보이고 있으면 사실을 이야기하도록 자연스럽게 유도했다. 그가 성장기에 경험했던 가장 큰 도전 과제는 부모를 속여먹는 법을 배우는 것이었는데, 그 결과 그는 '완전히 비밀스러운 삶'을 살게 되었으며, 다 크고 나서 돌아보니 그것은 매우 후회되는 일이었다.

에크만은 이렇게 생각한다. 부모는 자식이 속여 넘기기 쉬운 상태에 있어야 한다. 자식을 믿어야 한다. 그럼으로써 신뢰를 되돌려 받을 수 있게 되는 것이다. 모든 아이들에게 있어서 "가장 중요한 것은 부모를 신뢰할 수 있느냐, 그런 기분인가 하는 것입니다. 아이가 받아들이든 거부하든, 부모는 언제나 아이를 돕고 지지할 준비가 되어 있어야죠." 이러한 관계를 형성하면서 믿음직한 아이를 길러내려면 첫 단추부터 잘 끼워야 한다. 간단히 말해, 부모가 아이들을 먼저 믿어줘야 한다.[33]

그렇다면 신뢰는 구체적으로 어떻게 작동하는가? 우리가 서로를 더 믿도록 가르치는 일이 과연 가능한가?

신경경제학자(이며 신경경제학Neuroeconomics이라는 새로운 분야를 개척한 선구자)인 폴 J. 작Paul J. Zak은 이 질문에 대답하기 위해 오랜 기간 노력해 왔다. 작의 연구는 호르몬에서 출발했다. 쥐를 대상으로 실험해본 결과 한 쥐가 다른 쥐를 안전하다고 느끼면서 접근하기로 결정할 때, 연대와 교감의 호르몬인 옥시토신이 쏟아져 나온다.[34] 사람의 경우에도 옥시토신이 같은 역할을 하는지 작은 알고 싶었다. 우리가 서로를 신뢰하고 믿음직하게 여기는 일은 그저 호르몬 하나의 작용에 지나지 않는 것일까?

그는 사회과학에서 흔히 '신뢰 실험Trust Test'으로 통하는 기법을 사용해보기로 했다. 피험자들은 낯선 이에게 송금할 수 있도록 어느 정도의 돈을 받는다. 피험자들이 돈을 보낼 때 그 액수는 세 배가 된다. 그리고 실험자들은 상대방에게 피험자에게 원하는 만큼 돈을 돌려보내 줄 수 있다고 안내하지만 꼭 그래야 할 필요는 없다. 피험자는 상대방이 그 돈 중 얼마를 돌려줄지 보장받을 수 있는 방법이 전혀 없다는 것이다. 이런 상황이라면 상대방을 신뢰하는 사람일수록 더 많은 돈을 보낼 것이다. 상대가 받은 원래 금액이 커야 나에게 돌려줄 액수도 커질 수 있을 테니 말이다. 물론 이런 선택을 하면 그 신뢰를 배신당함으로써 겪게 될 위험 역시 커진다.

돈 보내는 사람은 상대를 믿으면 믿을수록 배신 앞에 취약해진다. 작은 사람들이 돈을 보낼 때, 얼마를 보낼지 결정하면서 분비되는 옥시토신의 양을 측정했다. 그 수치를 추적하면 낯선 이에 대한 그들의 신뢰와 현찰의 관계를 추적할 수 있을 터였다. (돈 보내는 사람은 본인이 보낼 돈의 액수를 구체적으로 지정할 수 있었다. 그러니 많은 돈을 보낸다는 것은 상대를 그만큼 신뢰한다는 뜻으로 해석 가능했다.) 작은 돈 받는 사람들의 옥시토신 분비량도 측정했다. 누군가에게 신뢰받고 있다는 것을 느낄 때, 그렇게 얻게 된 돈을 얼마나 나눌지 결정할 때, 어떤 변화가 있을지 확인하기 위해서였다.

그렇게 확인된 사실은 충격적이었다. 일단 당연하게도, 실험 참가자들은 더 많은 돈을 받을수록 더 큰 행복을 느꼈다(더 많은 돈을 받으면 옥시토신 생산량이 더 늘어나는 것으로 확인 가능했다.). 그런데 옥시토신 분비량의 증가 수준은 그렇게 얻은 돈을 얼마나 나눌지 여부와도 상관관계를 보이고 있었다. 이 결과의 의미를 밝히고자 추가 연구가 진행됐다. 이번에는 돈 보내는 사람들이 돈을 보내기 전에 코에 약을 뿌려서 혈중 옥시토신 농도를 높였다. 이렇게 옥시토신에 충만한 사람들은 가짜 약을 받은 사람들에 비해 두 배나 많은 돈을 보냈다.[35]

옥시토신의 기능이란 그저 사람들의 유대감을 증진하는 게 아니었던 것이다. 옥시토신은 우리가 서로를 더욱 믿도록, 더욱 믿음직한 존재가 되도록 북돋워준다. (이 효과에는 동전의 양면처럼 어두운 면이 있다. 불안에 사로잡히면 옥시토신 생산이 저해된다는 것이 다른 연구를 통해 밝혀졌다. 이는 우리가 스트레스를 받을 때 왜 심술궂게 굴고 반사회적으로 행동하는지 설명하는 단초가 된다. 이는 옥시토신과 신뢰의 관계에 대한 기존 연구를 지지해준다.)36

에크만과 딸의 이야기는 한 부녀의 관계를 넘어서 보다 큰 그림을 보여준다. 누군가 믿음직한 존재가 되느냐 마느냐를 예측할 수 있는 단 하나의 가장 확실한 지표는 그 사람이 믿을만한 존재로 인정받고 있느냐 아니냐다. 순환논증으로 보일 수 있겠지만, 신뢰는 점점 커지는 선순환을 낳는다. 스스로를 배신의 위험에 노출시킬수록 신뢰의 고리는 더욱 커진다. 침묵의 나선이 사람들을 고립시키고 입을 다물게 하는 것과 정 반대로, 신뢰는 사람들을 연결시키고 서로를 향해 열리게 한다.

신뢰와 배반의 손실 교환

신뢰 실험에는 다양한 변주가 있다. 돈 주는 사람이 자신이 가진 것을 몽땅 주도록 하는 경우가 그 중 하나다. 돈 받은 사람이 제3자에게 또 돈을 주도록 할 경우, 돈 받은 사람은 이전에 그에게 돈을 줬던 사람의 행동 방식을 따라하는 경향이 있다. 달리 표현해보자면 우리는 낯선 이에게 신뢰받을수록 낯선 이를 신뢰하는 경향을 보인다.[37] 해당 연구는 다른 사람을 신뢰하는 사람일수록 그렇지 않은 사람에 비해 다른 이들에게 신뢰할만한 사람으로 보인다는 사실을 밝혀냈다. 이 결과의 함의는 이렇다. 우리가 타인의 배신에 취약해지는 행동을 할 경우, 설령 그것이 우리들 중 한 사람에 불과할지라도, 그러한 행동은 집단의 규범을 형성하고 우리 모두를 그에 따라 행동하도록 이끌만한 힘을 지닌다는 것이다. 이 책을 읽고 계실 익명의 독자를 내가 신뢰하여 지갑을 열고 돈을 보낸다면, 그것은 우리의 집단과 사회 전체에 신뢰와 신뢰성이 기하급수적으로 늘어나게 하는 방아쇠 역할을 할 수도 있을 것이다(농담이다).

여러분이, 오직 여러분 혼자만의 힘으로, 온 세상의 사회적 신뢰를 두 배 늘릴 수 있다고 상상해보라. 다른 사람을 믿겠다는, 조금 더 의지하겠다는 의지를 드러내는 것만으로 충분하다. 데이비드 브룩스에 따르면 "세상 속에 자신의 취약한 면을 드러내고 넓히는 과격한 행동을 통해, 우리는 다른 사람들이 신뢰에 부응하지 못할 수 있을 경우에도 타인에 대한 신뢰를 제시한다. 이와 같은 도약은 변화의 문을 열어주는 것으로 보이게 된다. 때로 신뢰는 당신이 추락할 것이 분명할 때 누군가 그 모든 논리에 맞서 당신의 손을 잡아주면서 피어난다. 그러한 행동은 사회에 잔물결을 일으킬 뿐이지만 그 아름다움에 결국 폭풍으로 증폭될 수도 있다."[38]

가족과 친구들에게 더 많은 신뢰를 부여하고 더 큰 존경을 표현하는 간단한 일을 통해 우리는 이와 같은 큰 변화를 시작할 수 있다. 우리가 서로를 **생각하는** 방식을 바꿈으로써 사회적 신뢰를 확장하는 작업을 시작할 수 있는 것이다. 대부분의 사람들은 스스로를 정직한 이로 여긴다. 마치 조 코넬이 그랬듯 대체로 정직하게 행동하는 경향이 있다.[39] 하지만 이 진실을 마주하기 위해서는, 다른 사람들에 대한 우리의 관점 및 그들에게 부여하는 우리의 가치 체계에 대한 전제 조건이 대부분 잘못되어 있다는 것을 인식해야 할 필요가 있다. 그 잘못된 전제에 빠진 우리는 불신을 키워나가고 있는데, 진실을 마주하여 불신과 맞서 싸워야 한다. 우리가 당연시 여기는 것들에 대해 개인적 책임감을 느끼고 되짚어보는 일이 그 무엇보다 중요하다. 왜냐하면 지금까지 살펴본 바와 같이 우리는 서로를 행동의 모델로 삼아 상호 참고하며 모방하는 경향이 있기 때문이다.

다른 사람을 신뢰하는 일은 가령 어떤 단어를 택할 것인가 같은 일처럼 아주 기초적인 것부터 시작될 수 있다. 신뢰 실험의 또 다른 확장판은 참가자들에게 다른 참가자를 신뢰하거나 불신할 수 있는 기회를 제공했다. 사람들에게 상대방을 '친구' 혹은 '적'으로 인식하도록 선입견을 심어주면 그에 따라 행동의 영향이 있을지 확인하는 것이 심리학자들의 목적이었다. 그래서 심리학자들은 피험자에게 다른 피험자를 소개하면서 '파트너' 혹은 '상대방'이라는 표현을 사용했다. 두 경우 모두 초기의 신뢰 표현에는 영향을 주지 않았지만, '파트너'라는 표현을 쓴 실험 집단의 경우 '상대방'이라는 단어를 제시한 경우에 비해 신뢰에 대한 보답이 두 배 이상 높게 나타났다. 말하자면 사람들은 낯선 이를

경쟁자가 아니라 협력자로 생각할 때, 상대가 보낸 신뢰에 대해 두 배 이상 보답하고 있었던 것이다.[40]

이 글을 쓰고 있는 지금, 독자들의 항의가 들려오는 것만 같다. "잠깐만요, 토드 씨. 지금 퍽 천진난만한 소리를 하고 계신 것 같네요. 제가 사는 이 동네 사람들은 도저히 믿음직한 이웃으로 보이지가 않거든요. 그저 사람들을 믿고 뛰어들라고요? 우리집 열쇠를 복사해서 옆집 사람에게 맡겨놓기라도 하라는 건가요? 게다가 누구나 모든 사람을 다 갑자기 믿기 시작한다는 건, 사기꾼의 밥이 되겠다고 선언하는 것과 뭐가 다른가요?"

물론 나는 모든 사람들이 다 믿음직한 사람이라고 말하고 있는 게 아니다. 세상에는 우리가 믿음을 줘서는 안 될 사람이 수두룩하다. 내가 말하려는 건, 우리에게는 불신 편향이 있다는 것, 그래서 믿음을 줘서는 안 될 사람들을 예외가 아니라 일반적인 현상이라고 여기기 쉽다는 것이다. 제대로 된 이유가 있다면 어떤 사람들을 믿지 않는 건 너무도 당연하고 올바른 일이다. 하지만 스스로에게 이런 질문을 던져보는 것은 매우 중요한 일이라고 나는 생각한다. "저 사람은 정말 못 믿을 사람인 건가, 아니면 나는 그저 불신 편향에 순응할 핑계를 찾고 있을 뿐인가?"

우리는 모든 사람들의 정직한 동기를 인정하지 않거나 폄하하는 경향이 있다. 그러니 세상에는 여전히 더 많은 조 코넬들이 존재한다고 볼 수 있는 것이다.

그럼에도 불구하고 독자 여러분들은 남을 더 많이 믿는 사람일수록 사기꾼의 먹잇감이 되기 쉬울 것이라고 생각할 수 있다.

사실 그 반대가 참이다. 캐나다에서 진행된 한 연구에 따르면 '고신뢰자'들은 '저신뢰자'들에 비해 남의 거짓말을 더 잘 잡아내고 있었다. 저신뢰자들은 모든 이를 의심하고 있을 뿐이다. 반면 고신뢰자들이 타인에 대해 내린 판단과 신뢰는 현실에서 검증받게 된다. 그렇게 쌓인 경험으로 인해 고신뢰자들은 거짓말을 알아채는 지혜를 갖게 되는 것이다.[41]

그래도 의구심을 놓지 못하는 독자분들이 계실 듯하다. "배신당할 우려가 있는 신뢰가 당신이나 다른 사람들에게 실질적인 해를 끼칠 상황이라면 어쩔 셈인가요?" 그런 경우라면 당연히 상대방에 대한 확신을 가질 수 있을 때까지 신뢰를 잠시 미뤄두는 편이 좋겠다. 하지만 동시에 기억해야 할 점이 있다. 우리의 일상적 상호작용 속에 오가는 신뢰와 배신은 대부분 우리에게 그렇게까지 대단한 피해를 끼칠 사안이 못 된다는 것이다. "이 신뢰가 깨졌을 때 나는 그런 손해를 보고도 계속 살아나갈 수 있을까?" 이런 질문을 일상 속에서 타인과 상호작용하고 있는 스스로에게 던져보자. 만약 '그렇다'는 답이 나온다면 우리는 기꺼이 남을 믿으면 된다. 그런 질문을 하는 사람은 엄청난 구조적 이득을 누리고 있다. 마치 도르래를 이용해 벽돌을 들어 올리는 사람처럼, 신뢰자는 스스로를 극히 작은 위험에 노출시킴으로써 타인(과 스스로)에게 엄청난 혜택을 창출해낼 수 있기 때문이다. 신뢰와 배반의 손실 교환 비율은 우리가 사랑하는 일을 하기 위해, 혹은 가족을 부양하기 위해, 우리가 매일 붐비는 고속도로를 이용해 출퇴근하는 것과 같다. 조금만 객관적으로 생각해보면 알 수 있겠지만, 그런 위험은 충분히 감수할 가치가 있다.

여전히 설득되지 않는다면 이건 어떨까. 다른 사람을 신뢰하는 것은 우리 자신의 건강을 위해서도 유익하다. 신뢰가 우리를 더욱 건강하게, 스트레스를 잘 견디며 생산적이게, 전반적으로 행복하게 만들어준다는 것을 보여주는 여러 연구들이 있다.[42] 간단히 말해 다른 사람을 믿을 수 있다고 생각할 때, 우리는 이 세상을 보다 나은 곳으로 느끼게 되는 것이다.

당신의 경영 철학은 무엇인가

1950년대, 어머니, 누이와 함께 멕시코에서 미국으로 돌아왔던 마우리시오 림 밀러는 여덟 살이었다. 그의 어머니는 영리하고 할 줄 아는 게 많은 사람이었지만 미국의 사회경제적 사다리를 올라가지 못하고 있었고, 그 모습이 밀러의 뇌리에 생생히 남았다. 〈이스트 베이 타임스〉와의 인터뷰에서 그는 이렇게 회상했다. "어머니는 최종학력이 초등학교 3학년밖에 되지 않는 라틴계 여성이었죠. 아무도 어머니를 신뢰하지 않았어요. 재능이 있는 분이었지만 세상은 그걸 알아주는 곳이 아니었죠."[43]

밀러의 경력은 대부분이 비영리단체 근무로 채워져 있었다. 사람들이 살 곳과 일자리를 구해 가난에서 벗어날 수 있도록 돕는 것이 그가 해온 일이었다. 하지만 그 일을 20년 넘게 하면서 밀러는 어린이 시절에 복지 프로그램에 등록해온 사람들이 어른

이 되어서도 같은 프로그램의 도움을 받으러 온다는 사실을 알게 되었다. 밀러는 오랜 세월동안 그와 그의 자선단체가 가난한 아이들과 가족을 중산층으로 끌어올리는 역할을 하고 있다고 믿었지만 그렇지 않았던 것이다.[44] 대체 뭐가 잘못된 걸까?

밀러의 가족은 다른 이민자들의 지식, 돈, 자원의 도움을 받아 가난에서 탈출하는데 성공한 바 있었다.[45] 이 경험을 참고하여 밀러는 기존 직장을 그만두고 업투게더UpTogether를 설립했다. (처음에는 '가족 독립 이니셔티브'라 불렸던) 업투게더는 공동체 기반의 비영리 단체로, 신뢰와 지원을 받을 수 있는 네트워크가 부족한 가족들을 지원한다. 그들이 스스로의 삶을 혁신하고 이끌 수 있도록 돕는 것이다. 실제로 가난에 대해 축적된 20년 이상의 데이터를 살펴보면 가난한 가족이 자신들의 일을 스스로 결정할 수 있도록 허락하고, 그들을 뒷받침해주는 공동체를 강화하며, 사람들의 힘을 기를 수 있는 자원의 접근성에 초점을 맞추는 것이 중요하다. 그렇게 불리한 여건에 있는 미국인들의 경제적, 사회적 이동 가능성을 늘릴 수 있는 것이다.[46] 업투게더는 이러한 인식에 바탕을 두고 가난을 바라보는 시선을 전환했다. 구제불능의 가난뱅이들을 돕는 '자선사업'이 아니라 스스로의 삶을 개선하고자 하는 창의적이고 용감한 전사들의 싸움으로 인식하기 시작했다. 업투게더의 목표는 그런 가족들을 신뢰하며 동시에 투자하는 것이다.[47]

업투게더의 온라인 플랫폼은 스스로의 삶을 개선하고자 독립적으로 일하는 가족들에게 매달 사용처에 제약이 없는 현금을 지급한다.[48] 또한 업투게더는 회원들에게 사회적 연결망을 제공한다. 스스로의 경험이나 협력, 도움을 제공하여 다른 이들의 목표 달성을 돕고자 하는 가족이나 개인과 온라인 '그룹'으로 연결될 수 있도록 플랫폼을 만들어주는 것이다. 밀러에 따르면 이는 '가난한 가족에게 그 누구도 이래라 저래라 하지 않는 순수한 모델'이다.[49] 사람들을 관리하는 대신 힘을 북돋워줘서 스스로의 길을 찾아 나아가게 하는 것으로, 가부장주의적인 억압으로부터 자유로운 모델이기도 하다. 텍사스주 오스틴에 살고 있는 업투게더 회원인 이바나 네리는 이렇게 말했다. "사람들이 정말 원하는 건 도움의 손길이 내려오는 게 아니에요. 기회 앞에 손을 들고 나설 수 있기를 바라죠."[50]

업투게더 회원 중 한 사람인 타냐 존스의 이야기를 들어보자. 2019년 업투게더에 가입한 후 타냐는 신용 점수를 높일 수 있었고, 본인 사업의 자본을 더 확충했으며, 매달 갚아나가던 빚을 모두 털어낼 수 있었다. 2020년 3월, 코로나 바이러스가 글로벌 팬데믹이 되고 경제에 큰 타격을 주기 시작하던 무렵, 타냐는 업투게더 펀드를 통해 집을 살 수 있게 됐다. 주택담보대출 승인이 떨어지자 '정말이지 비현실적'인 기분이 들었다고 존스는 말했다. 존스와 가족들은 2020년 5월 새 집으로 이사를 갔다.[51]

2020년 업투게더는 1억3천만 달러 가량의 자금을 긴급하게 투입했다. 코로나19 팬데믹의 영향으로 재정적 어려움에 처한 20만여 개인과 가정을 돕기 위해서였다.[52] 업투게더 프로그램이 실행 중인 지역 공동체의 경우 평균적으로 사회 복지 보조금 수

혜자가 36퍼센트 줄어들었고 해당 계층의 월 소득은 23퍼센트 늘어났다. 업투게더의 회원들의 경우는 더욱 극적으로, 월간 사업 소득은 77퍼센트 늘어났으며, 퇴직 연금 저축은 두 배 늘었고, 그 자녀들의 학교 성적 역시 개선되는 모습을 보였다.[53] 보스턴의 업투게더에 참여자 중 처음에 빈곤선 아래에 있던 가족들 가운데 41퍼센트는 3년 내에 빈곤선에서 탈출했다. 업투게더 참여 가족들의 건강이 개선되었고, 저축을 늘렸으며 빚은 줄어들었다는 것이 확인되었다.[54] 업투게더 회원 에어리얼의 말에 따르면, "우리는 빡빡한 상황 속에서 더 나은 삶을 위해 싸우고 있었어요. 그리고 이제는 작지만 강한 조직이 되었죠. 같이 싸우면 더 강합니다!"[55]

가난에 직면한 사람들을 돕고 그들에게 힘을 실어주는 방법으로, 나는 그 무엇보다 현금 지급을 선호한다. 업투게더의 성공을 바로 그 논거로 들 수 있을 듯하다. 사람들의 존엄을 세워주고 독립성을 존중하는 것이야말로 긍정적인 변화를 불러올 수 있다는 증거가 전 세계적으로 늘어나고 있다. 가난한 사람들에게 부가적인 조건 없는 현금을 주면 그들은 스스로의 삶을 개선하고 미래 소득 잠재력을 늘린다. 공동체 내 모든 가족들에게 이런 일이 벌어질 때, 공동체 내의 협력과 사회적 신뢰 역시 상승한다.

가령 캘리포니아에서 진행된 한 실험에서 피험자들은 한 달에 500달러씩 2년간, 어떻게 써야 할지 아무런 지시가 없고 조건도 없는 돈을 받았다. 그 중 26퍼센트는 빚을 모두 갚았고, 제대로 된 일자리를 구했을 뿐 아니라, 정신 건강 측면에서도 괄목할만한 개선을 보여주었다.[56] 멕시코의 농촌 지역에서는 사람들에게 현금을 주는 것이 나은 일인지 아니면 식품을 지원하는 것이 더 효율적인지에 대한 실험이 진행된 바 있다. 조사 결과 현금 지급은 건강에 긍정적 영향을 미치는 것으로 드러났다. 이는 사람들이 의약품이나 교통비처럼 건강을 유지하는데 필수적인 항목에 그 돈을 쓸 수 있게 된 결과로 어느 정도 설명이 가능했다.[57] 게다가 현금 지급을 통해 운영 관리비가 20퍼센트나 절감되기도 했다. 캐나다에서는 50명의 노숙자를 대상으로 5,700달러의 목돈을 제공한 후, 그들이 어떻게 스스로의 삶을 개선하는지 1년 반에 걸쳐 추적 관찰하는 연구가 수행되었다. 돈을 받은 사람들이 사회 보조 프로그램에 가입한 사람들보다 더 빨리 식량과 주거지를 마련하는 것을 확인 가능했다. 그들이 술, 담배, 마약에 쓰는 돈의 액수 역시 사회 보조 프로그램의 경우보다 39퍼센트나 낮았다.[58]

이렇게 다양한 연구가 드러내고 있듯, 테일러주의는 언제나 제로섬 게임에 지나지 않았다. 가부장주의적인 뿌리는 여전히 우리의 사회와 제도에 깊숙이 박혀 있다. 우리가 진정 불신 편견을 몰아내고자 한다면, 그런 편견을 뒷받침하고 있는 제도적 토대를 해체해야만 한다. 그런 일은 이미 시작되고 있다. 그것도 테일러주의가 처음 시작된 바로 그곳, 비즈니스의 영역에서.

캘리포니아주 농업의 심장부에 위치한 모닝 스타는 미국에서 가장 큰 토마토 생산 업체다. 모닝 스타는 전통적인 위계질서에 기반을 둔 조직론과 정반대의 방향을 추구한다. 근로자의 생산성을 유지하기 위해 관리자와 감독관을 두는 대신, 모닝 스타는 '자기 관리' 기법에 의존한다. 근로자들이 본인의 작업 위치와 목표를 설정하고 그것을 회사와 공유하도록 하는 것이다. 모닝 스타는 직원들이 필요로 하는 것이 있다면 무엇이든 구매를 허락해 준다. 윗선의 관리나 승인은 필요 없다. 직원이 하는 일에 대해 의견을 제시하고 결정을 내리는 것은 '동료들'의 역할이다. 직원들은 채용 절차를 시작하는 일을 맡고 있으며, 회사의 모든 영역에서 벌어지는 어떠한 일에 대해서도 자유롭게 우려를 표현하고 의견을 개진하는 것이 당연하게 받아들여진다. 이런 식으로 작업 혁신이 이루어지는 가운데, 그 영향 하에 '동료'들은 매년 자신의 기술과 관심사에 따라 '개인적 성과 목표'를 제시하게 된다.[59]

얼핏 보면 주먹구구 엉망진창 시스템 같지만 놀라울 정도로 잘 작동하고 있다. 모닝 스타는 지난 20년간 연이어 두 자릿수 성장률을 기록했고, 550명의 정규직 종업원들이 매년 8억 달러 이상의 매출을 올리고 있다.[60] 심지어 테일러주의의 관점에서 보더라도 괄목할만한 결과다. 대체 비결이 뭘까? 이 회사는 어떻게 무정부주의적 경영을 통해 이토록 번창하는 사업을 원만하게 운영해나갈 수 있는 것일까?

정답은 신뢰다. 신뢰는 테일러의 경영 처방과 정반대되는 지점에서 출발한다. 말하자면, 기업은 회사 일의 결정권을 노동자에게 양도해야 하는 것이다. 관료주의적 억압과 재정적인 무게로부터 벗어나, 동료들은 윗사람이나 관리자의 눈치를 보지 않고 자유롭고 창의적으로 일할 수 있는 힘을 얻는다. 그럴 때 일하는 사람들의 역량이 극대화될 수 있다. 모닝 스타의 동료들은 서로 총 3천여 건에 달하는 메시지를 주고받으며 업무 내용을 정하고 할 일을 찾아 나선다. 이렇게 모닝 스타는 헌신과 책임의 연결망을 만들어 관리자들이 해야 할 일을 단 한 푼의 추가 비용도 없이 해내고 있다.[61]

누군가는 모닝 스타가 약점을 노출하고 있다고 주장할 수 있다. 종업원들의 좋은 판단력에 너무 많이 의존하도록 회사가 구성되어 있다고 말이다. 하지만 그런 약점에도 불구하고 신뢰를 통해 고도의 수익률을 낼 수 있다는 사실을 입증하는 중이다. 게다가 모닝 스타는 구직자들에게 매력적인 직장으로 인식된다. 다른 조건이 모두 같다면 대부분의 사람들은 테일러주의를 구현하고자 하는 회사보다는 이곳에서 일하고 싶을 것이다.

모닝 스타 같은 기업을 경영학자들은 '고신뢰High-trust' 회사라 부른다. 고신뢰 회사가 아닌 그 밖의 모든 기업들 역시 모닝 스타 같은 회사들의 지혜를 오랜 시간에 걸쳐 천천히 깨달아가고 있다. 신뢰가 관건이다. 폴 작과 다른 이들이 수행한 연구에 따르면 가장 높은 수준의 신뢰를 부여하는 회사에 일하는 사람들일수록 더욱 행복하고, 생산적이며, 회사의 일에 적극적으로 참여하고 있었다. 고신뢰 회사를 일터로 삼고 있는 피용자들은 사용자의 의도를 잘 이해하고 그에 부응하는 경향을 보였다. 회사에 대한 충성심, 동료들과의 친밀함 등에서도 고신뢰 회사의 종업원들이 앞서는 모습을 보였다. 게다가 돈도 더 많이 벌고 있었

다. 그러니 고신뢰 회사는 더 생산적이고, 혁신적이며, 궁극적으로 더 수익성이 좋은 회사다.[62]

노르웨이의 감옥에서 미래를 보다

높은 신뢰의 긍정적 기능을 국가적 차원으로 확장해서 볼 수는 없을까? 이웃 간의 신뢰 순위를 놓고 보면 노르웨이는 언제나 세계 1등이거나 1등 후보로 꼽힌다. 그러한 관점을 넓혀보면 스칸디나비아 반도에 위치한 북유럽 국가 사람들은 전반적으로 미국인에 비해 두 배 가량 다른 사람에 대한 신뢰를 품고 있는 것으로 확인된다. 공동체와 정부 프로그램이 제공하는 사회적 지지와 구조를 바탕으로, 북유럽 국가들은 안전과 신뢰의 문화를 육성해 왔다. 그 결과 북유럽 사람들은 법과 행정 절차의 제약을 덜 받고 있다. 국가의 일관성을 유지하기 위해 들어가야 하는 비용이 훨씬 줄어든다.[63]

사회적 신뢰가 높아짐으로써 열리게 될 미래의 모습을 알고 싶은가? 노르웨이의 수형 시스템만큼 좋은 본보기를 찾기란 어려울 것이다. 노르웨이의 감옥은 최대한 많은 이를 가두고 벌주는 것을 목표로 삼지 않는다. 그들을 교화해서 제몫을 하는 시민으로 만들고, 사회 공동체로 돌려보내는 것을 목표로 한다. 노르웨이의 형사 사법 체계의 기본 태도는 이런 것이다. "당신은 바깥 세상에 참여할 수 있는 자유를 상실했습니다. 하지만 갱생의 기회가 있습니다. 담장 안에서 스스로를 성찰하고 자신의 잘못을 뉘우치며 스스로 성찰하는 시간을 갖기 바랍니다."

노르웨이에서 가장 보안이 삼엄한 할렌Halden 교도소를 예로 들어보자. 마약 밀매, 폭행, 강도, 강간 등 중범죄를 저지른 250여 명이 수감된 시설이다.[64] 미국에서 이정도 중범죄자들이 모이는 곳이라고 하면 마치 영화 〈쇼생크 탈출〉을 연상시키는 커다란 벽으로 둘러싸인 요새가 지어질 테지만, 노르웨이의 중범죄자 감옥 할든은 마치 작은 마을 혹은 작은 대학의 캠퍼스 같은 인상을 준다. 감방은 마치 대학 기숙사 같다. 거실에는 평면 TV가 있고 죄수들은 각자 따로 화장실을 쓴다. 공동 생활 공간에는 현대적인 부엌과 편안한 의자까지 마련되어 있다. 벽에는 예술작품이 걸려 있으며 커다란 창문으로 충분한 햇살이 쏟아져 들어온다. 감옥 건물들의 내부 공간인 중정뿐 아니라 바깥쪽까지, 전반적으로 조경이 잘 되어 있어서 온통 녹색이다. 노래와 합주 연습을 하고 녹음까지 할 수 있는 스튜디오, 체육관, 육상 필드도 마련되어 있다.[65] 죄수들은 직원들과 함께 생활하고 일한다. 그들에게 지역 사회의 봉사하는 일원으로 참여할 기회를 주고, 자동차 수리부터 컴퓨터 프로그래밍에 이르는 값진 기술을 배울 수 있도록 한다.[66] 할든 교도소의 선임 설계자 중 한 사람인 구드룬 몰덴Gudrun Molden에 따르면, 이 감옥은 모든 측면에서 심리적 불만과 제소자간 상호 갈등을 최소화하며 갱생을 촉진하도록 설계되었다.[67] 그 결과는 숫자가 말해준다. 평균적으로 미국의 전과자 중 70퍼센트 가량이 출소 후 2년 내에 재수감되는 반

면 할든에서 복역한 이들의 재수감 비율은 고작 20퍼센트에 머물고 있다.[68]

미국의 행형 체계와 비교해보면 이보다 더 우울할 수가 없다. 전통적으로 미국의 감옥은 교화가 아니라 처벌에 중점을 두고 설계된다. 미국의 감옥은 사람들의 독립성, 정체성 등을 포기하도록 강요하며, 이는 많은 경우 존엄성의 박탈로 이어진다. 범죄자들을 철창 너머로 보내는 것은 사회를 보호하고자 한 의도된 행위의 결과지만, 미국의 감옥 시스템은 복수와 희생양 만들기를 향한 열망을 강하게 드러내고 있다. 큰 열망에는 큰 대가가 뒤따르게 마련이다. 미국은 인구 10만 명당 7백 명을 수감하고 있는 나라인데 이것은 엄청나게 놀라운 수치다. 그리하여 매년 1,800억 달러 이상의 세금이 쓰이고 있다.[69]

물론 모든 나라는 자국의 범죄를 다루는 나름의 방식이 있다. 하지만 노르웨이의 사례를 통해 우리는 미국이 상상하지 못하는 가능성이 있다는 것을 알 수 있다. 미국의 감옥 시스템은 테일러주의에 뿌리를 둔 집단 착각의 산물이며, 훈육과 처벌에만 몰두해 있다는 것이 노르웨이의 감옥을 통해 드러나기 때문이다. 우리는 노르웨이의 감옥을 통해 행형 체계 전반을 어떻게 바로잡아야 할지 더듬어볼 수 있다.

우리 사회가 품고 있는 신뢰 문제를 하룻밤에 뜯어고칠 수는 없다. 그건 정말 멀고 먼 길이다. 하지만 우리는 문제가 있다는 것을 인식하면서 개선을 시작할 수 있다. 미국의 행형 체계는 미국 사회의 신뢰 문제를 고착시키며, 우리가 서로에게 의존하는 힘을 기르지 못하도록 가로막고 있는 것이다.

우리가 가지고 있는 수많은 공통의 가치에 기반을 두고 더 나은 의사소통을 시작할 수 있다. 언론이 우리의 차이에 대해 떠들어대는 것을 무턱대고 믿지 말아야 한다. 개인적인 차원에서 우리는 각자 더욱 정직하고 내적인 일관성을 지니는 삶을 살 수 있도록 노력할 수 있다. 그런 습관은 지수함수처럼 큰 보상을 돌려줄 것이다. 우리 사회의 제도를 뜯어고치는 일은 마치 헤라클레스가 받았던 12개의 커다란 과제처럼 막막해 보인다. 하지만 우리가 업투게더, 모닝 스타, 할렌 교도소 등의 사례를 면밀히 살피고 연구한다면, 교육, 형사 사법, 의료, 정부 등 다른 공적 기구들도 그 뒤를 따르도록 할 수 있을 것이다.

그러나 이 모든 일은 신뢰 없이는 불가능하다. 신뢰는 우리가 서로에게 빚지고 있는 것이다. 우리 사회의 사회적 연결도, 우리가 조화로운 삶을 살 수 있는 능력도, 신뢰가 없다면 형해화되고 말 것이기 때문이다. 우리는 신뢰와 함께 관용을 취한다. 다양한 관점을 환영하게 된다. 사람들의 선택권을 존중하며 그들에게 힘을 실어 준다. 이렇게 관용과 자기결정권이 조화를 이루면서 사람들은 본인의 내적 자아와 외적 자아를 통합해나갈 수 있게 된다. 우리가 서로를 신뢰할 때 우리는 우리에게 진정 유익한 방향으로 사회적 규범을 작동하게끔 할 수 있다. 누구라도 타인을 침묵시키거나 그들의 존엄성을 침해하지 못하도록 만들어나갈 수 있는 것이다.

만약 우리가 조금만 더 스스로를 취약하게 노출할 수 있다면,

아주 조금씩이나마 신뢰가 싹트도록 할 수 있다면, 미국은 문화적 급강하로부터 벗어날 수 있을 것이다. 우리는 우리 사회의 제도에 대해 더 큰 신뢰를 품을 수 있을 것이며, 사회의 공적인 영역은 그 구성원인 우리에게 더 큰 신뢰를 보냄으로써 영향력을 키우고 스스로를 개선해나갈 수 있을 것이다. 이렇게 작은 행동을 통해 우리는 선순환의 수레바퀴를 굴려나갈 수 있다.

9장

거짓 위에 세워진 세상

LIVING IN TRUTH

세계는 사람들이 보는 방식에 따라 달라진다. 그러니 사람들이 현실을 바라보는 방식을 단 1밀리미터라도 움직일 수 있다면, 우리는 세상을 바꿀 수 있을 것이다.

— 제임스 볼드윈

1970년대, 당시 공산주의 국가였던 체코슬로바키아에서 어떤 남자가 과일과 야채를 팔고 있었다. 매일 아침 그는 가게 문을 열면서 창문에 푯말을 내걸었다. "만국의 노동자여, 단결하라!"

아무도 그 푯말에 신경을 쓰지 않았다. 모든 가게와 사무실에 같은 팻말이 걸려 있었기 때문이었다. 공산주의 정권에서 그 푯말은 상투적인 선전 문구에 지나지 않았다. 그 푯말은 청과물가게가 억압적인 독재 정권에 속해 있을 뿐 아니라 그 정권에 협조하고 있다는 것을 보여주는 것이기도 했다.

창문에 푯말을 내거는 것은 청과상 주인 본인의 생각이 아니었다. 단지 그는 자신에게 해가 될 일을 피하려 했을 뿐이다. 그 푯말은 생존을 위한 필수품 같은 것이었다. 만약 체코 정권의 권위주의적 규범에 순응하는 모습을 보이는데 실패한다면 참혹한 대가를 치러야 한다는 것을 그는 잘 알고 있었다. 어쩌면 도매상들이 갑자기 거래를 끊어버릴 수도 있었다. 갑자기 가게 문을 닫아야 할지도 모를 일이었다. 자녀들의 대학 입학이 불현듯 허가되지 않을 수도 있었다. 현재의 질서를 따르지 않는다는 이유로 따돌림과 배척을 당할지도 모를 일이었다. 그러니 본인과 가족의 안녕을 위해서라면, 자신이 믿지 않고 동의하지 않으며 지킬 생각도 없는 내용이 쓰여 있는 푯말을 내거는 일쯤은 성실하게 수행할 수 있었다. 그는 그런 행동을 통해 속으로 반대하고 경멸하는 체계를 존속하는데 일조하고 있었다.

이 청과상의 이야기는 1978년 발표된 유명한 에세이 〈힘없는 자들의 힘〉의 핵심 테마 중 하나다. 하벨은 구 체코슬로바키아의 시인, 극작가, 반체제인사, 정치인, 그리고 결국 대통령까지 역임한 사람이다.[1] 이 에세이가 출간될 당시 하벨의 조국은 서로 감시의 눈을 번뜩거리는 공산주의 관료 체계가 틀어쥐고 있었다. 공산당은 국민을 체포하거나 더 심한 일도 할 수 있다고 위협하면서, 사람들이 해도 되는 말과 해도 괜찮은 행동을 규정짓고 있었다. 달리 말하자면, 하벨이 관찰한 바와 같이, 체코슬로바키아의 지배 체제는 청과상이 실제로 그 푯말을 믿는지 아닌지 따위는 신경 쓰고 있지 않았다. 그저 그 청과상이나 다른 모든 사람들이 스스로의 안위를 위해 공산당을 지지하는 척하는 것만으로도 충분했다. 그럼으로써 모든 이들은 거짓말 속에 안주하게 되고, 시스템도 유지될 수 있을 터였다.

그러던 어느 날, 청과상 주인은 결심한다. 이제 거짓말을 하면서 살아가는 것도 질렸다. 그는 창문에 푯말 내걸기를 거부한다. 엉터리 선거에서 투표하는 것도 그만둔다. 마을 모임에서 발언하기 시작한다. 그런데 놀랍게도 엄청난 속도로 사람들이 그를 향해 지지를 보내기 시작한다. 이유는 간단하다. 알고 보니 도시 사람들 전체가 청과상 주인과 같은 마음이었던 것이다. 억압적인 체제 하에 살아가는 것에 지쳤던 양복점 주인, 빵집 주인, 사무직 근로자 등이 그의 뒤를 따른다. 청과상 주인이 체제와의 협조를 거부한 순간, 그는 다른 모든 이들에게 그런 일이 가능하다는 신호를 보낸 것이다.

하벨은 이렇게 설명한다. "사실 황제는 벌거벗고 있었다. 그래서 뭔가 극히 위험한 일이 벌어지고 만 것이다. 청과상 주인은 폿말을 내걸지 않는 행위를 통해 온 세상을 향해 선언했다. 모든 이들이 장막 너머의 진실을 내다볼 수 있도록 한 것이다. 진실 속에서 살아가는 일이 가능하다는 것을 모든 사람들에게 보여주었다." 갑자기 마술사의 속임수가 밝혀지면서 대단히 강한 여파가 발생했다. 게임의 규칙을 파괴함으로써 청과상은 그 게임 자체를 망쳐버렸다. 지금 벌어지고 있는 일이 한낱 게임에 지나지 않는다는 것을 폭로하고, 거짓 속에서 살아가는 사람은 거짓 속에서 살아갈 수밖에 없다는 것을 보여준 것이다.[2]

이 기념비적인 에세이를 출간한 후, 이미 유명인사였던 하벨은 체코 독재 정권에 의해 4년형을 선고받고 감옥에 갇혔다. 하지만 그가 감옥에서 고통스러운 시간을 보내는 동안, 조용한 불꽃이 튀면서 점점 큰 불길로 번져가고 있었다. 온 나라 사람들이 하벨에 대한 존경심을 품기 시작했던 것이다.

'힘없는 자들의 힘'이 등장한지 10년 후, 체코슬로바키아의 모든 것이 변했다. 그것도 순식간에, 거의 하룻밤 만에 달라졌다. 1989년 11월 17일, 프라하에서 벌어진 학생 시위를 전투경찰이 진압했다. 일주일도 채 지나지 않아 거의 1백만 명에 가까운 사람들이 몰려나와 반정부 시위를 벌였다. 며칠 후 체코슬로바키아 시민들이 나서서 총파업이 시작됐다. 그 후 24시간이 지나자 공산주의 정부는 단 한 발의 총도 쏘지 않고 권력을 이양했다. 그 다음 달, 하벨은 연방 의회에 의해 만장일치로 대통령에 선출되었다. 하벨은 즉각 소련군 철수를 두고 협상을 벌였고, 1990년 6월, 하벨의 조국은 44년 만에 처음으로 민주적인 선거를 치르

게 되었다.[3]

'부드럽고' 폭력적이지 않았기에 '벨벳 혁명'이라는 이름으로 불리게 된 이 과정은 역사적으로 결코 흔한 일이 아니다. 대부분의 혁명은 수년에 걸쳐 지속되는 피의 투쟁이었고, 수백 수천에서 많게는 수백만 명까지 목숨을 잃는다. 하지만 벨벳 혁명은 정반대였다. 벨벳 혁명의 규모와 속도는 오랫동안 전문가들을 의아하게 만들었다. 왜 그리고 어떻게 체코슬로바키아의 공산 정권이 그런 식으로 무너지게 되었는지 이해하기 위해 여전히 많은 이들이 골몰하고 있다. 아무도, 심지어 하벨 스스로도, 이렇게 될 줄은 몰랐다. 그 어떤 저항도 손쉽게 제압할 수 있는 권위주의적인 정권이 학생 시위 하나로 흔들릴 것이라 생각할 수는 없었다. 심지어 외국 정부들 역시 그 시위와 저항 운동에 대해 그리 심각하게 여기고 있지 않았다.

나는 개인적으로 벨벳 혁명의 가장 중요한 요소가 가장 간과되고 있다고 생각한다. 공산주의 체코슬로바키아가 무너진 것은 집단 착각에 기대고 있었기 때문이며, 그 집단 착각이란 유리처럼 쉽게 깨질 수 있다는 것을 하벨은 이미 알고 있었다고 생각한다. 청과상 주인이 내거는 푯말은 만국의 노동자의 단결과는 아무 상관이 없었고, 공산당의 관료들이 권력을 잡는 것에만 도움이 되고 있었다. 체코슬로바키아에서 공산당과 소련의 지배는 하벨이 그 진실을 말했고 사람들이 귀를 기울였기 때문에 끝날 수 있었다. 하벨은 집단 착각에서 벗어나 저항하도록 온 나라를 이끌었고 결국 성과를 거두었다.

하벨은 이미 몇 년 전부터 대중의 이목을 끌던 사람이었다. 1963년 그는 〈가든 파티〉라는 희곡을 썼고 엄청난 성공을 거두었다. 카프카적 부조리를 담고 있는 희극인 〈가든 파티〉는 어리석고 무능한 정부를 희화화하고 있다. 중산층 가정에서 태어난 휴고라는 소년이 주인공이다. 휴고의 부모는 휴고가 칼라비스 씨라는 힘 있는 사람을 만날 수 있도록 자리를 마련한다. 휴고는 정부가 운영하고 있는 '청산 사무소Liquidation Office'가 주관하는 가든 파티에서 그 대단한 사람을 만날 것이라고 기대하고 있었다. 하지만 휴고는 괴상망측한 이데올로기적 용어를 남발하는 관료들 틈에서 헤매게 되는데, 그 관료들이 하는 말은 체코의 대중들에게 끔찍하리만치 낯익은 것들이다. 관료들에게 눈도장을 받고 싶은 마음에 휴고는 그들을 따라하며 말도 안 되는 상투어를 내뱉는 법도 익히게 된다. 결국 휴고는 자랑스럽게도 '중앙 취임 청산 위원회'의 회장자리에 오르지만 동시에 본인의 정체성을 모두 잃고 만다. 너무도 완벽하게 그 관료들과 똑같아진 나머지 부모조차 휴고를 알아볼 수 없는 지경이 되고 말았다.[4]

이 연극은 문화 현상으로 등극했다. "심지어 노파라고 해도 대마 씨앗을 혼자 다락에 올릴 수는 없소", "모기장 너머로 야단법석을 떠는 사람은 절대 염소와 춤추기를 꿈꿀 수 없지" 같은 이상한 대사들과 함께, 마치 오늘날의 브로드웨이 뮤지컬 〈해밀턴〉에 견줄만한 히트작이 되고 만 것이다.[5] 〈가든 파티〉의 명대사들은 그 시대를 살아가던 체코슬로바키아인들의 언어 속으로 녹아들어갔다. 마치 요즘 영국과 미국인들이 〈몬티 파이선〉의

명대사를 줄줄 읊는 것과 비슷한 일이다. 가장 중요한 건 이 연극이 공산주의 정권이라 해도 억압하기 어려운 방식으로 정권을 풍자하는데 성공했다는 것이다.[6]

이 연극을 통해 하벨은 유명해졌다. 체코슬로바키아에서 가장 영민한 반정부인사 중 한 명의 입지를 굳혔다. 그의 예술 세계는 너무도 지능적인 유머를 담고 있었기에, 하벨은 그를 향한 폭력적인 억압을 직접 담지 않고도 권력의 억압을 드러낼 수 있었다. 연극 〈가든 파티〉를 즐기고 훗날 발표된 1978년의 에세이를 받아들인 사람들이라면 그 아래 깔린 메시지를 금방 이해할 수 있었다. 어리석은 정권의 관료제가 지배하는 세상 순응하는 것은 어리석은 일이라는 것이었다.

벨벳 혁명 이야기는 우리의 현재 상황에 대해 많은 것을 알려주지만 그보다 더 많은 내용이 담겨 있다. 벨벳 혁명을 통해 우리는 평범한 사람들이 집단 착각 문제를 해결할 수 있는 방법이 무엇인지 엿볼 수 있는 것이다.

힘없는 자들의 힘

〈힘없는 자들의 힘〉에서 하벨이 보여준 것처럼, 규범에 대한 맹목적 순응은 그 규범에 항복하는 것과 정확히 같은 일이다. 억압적 체계에 굴종함으로써 체코 사람들은 그들을 억압하고 있는 것들을 스스로 지탱하고 있다는 사실이 분명해졌고, 결국 자기 자신을 고통에 빠뜨리고 있다는 사실이 드러나고 만 것이다. 수십 년간 소련 체제의 수레바퀴 밑에 깔려 있던 체코의 지배 계층은 국민들에게 종종 총구를 들이댔다. 국민들은 스스로에게 힘이 없다고 느꼈다. 하지만 어느 날 그들은 공산주의의 공허함을 깨달았다. 벨벳 혁명이 보여준 바와 같이, 체코 사람들은 결코 힘없는 존재가 아니었던 것이다.[7]

이는 오늘날 우리가 미국에서 겪고 있는 일과 비슷하다. 테일러주의와 체계화된 가부장주의의 톱니바퀴 아래 짓눌린 미국인들은 스스로를 무력한 존재로 보는 경향이 있다. 그러나 현실은 우리가 우리의 힘을 포기하고 있는 것이다. 그럼으로써 우리는 순응자에게 보상을 주고 반대자에게 벌을 내리는 시스템의 일부로 참여하고 있다. 우리는 부족에 소속되기 위해 맹목적인 순응이라는 대가를 치르고 있다는 사실을 인정해야 한다. 스스로 깨닫거나 깨닫지 못하거나, 그런 행위를 통해 우리는 우리 모두를 해치는 끔찍한 집단 착각의 그물망 속의 동조자로 전락하고 있는 것이다. 게다가 벨벳 혁명 이전의 체코 사람들과 달리, 우리는 총칼로 위협당하고 있지 않음에도 불구하고 기꺼이 순응하고 있다.

다른 사람을 모방하기 때문이든, 피해자의 구렁텅이로 굴러 떨어져서든, 우리 자신과 다른 이들이 침묵하고 있어서든 부조화 상태에 놓여 있을 때 우리는 자신의 자존감에 상처를 주고 그 상처는 오래 지속된다. 평온한 삶은 훼손되고, 우리의 잠재력을 완전히 구현하는 일은 더욱 어려워지고 만다.

역설적이게도 순응할수록 우리가 속한 집단은 피해를 본다. 우리가 침묵에 빠지면 집단의 개선과 성장에 필수적인 것들을 제대로 이룰 수 없기 때문이다. 진실, 신뢰, 정직함, 새로운 관점 등이 무시당하고, 억압되며, 처벌받거나, 단박에 부정당할 때, 진보는 멈추고 만다. 그렇게 만들어진 집단 착각으로 인해 집단의 구성원들은 더 성장할 기회를 잃어버린다. 그렇게 집단 착각에 굴복한 집단의 구성원들은 자신에게 도움이 되지 않는 방향으로 움직이게 된다. 이쯤 되면 사람들은 마치 좀비처럼 생각 없이 의례적인 행동만을 하게 된다. 집단에 속해 있기 위해 집단 행위를 하는 것이다. 사회에서 소외되고 쫓겨날 가능성이 있다는 것만으로도 그들은 겁에 질린다. 그 공포를 이유로 자신들의 행동이 불러올 개인적·집단적 비용을 정당화하는 것이다.

바로 이런 이유 때문에, 맹목적인 순응은 어쩌면 우리가 저지르거나 관여할 수 있는 가장 이기적인 행동일지도 모른다.

여러분도 알다시피, 집단 착각은 심지어 우리가 단결해있을 때조차 내부의 갈등을 도드라져 보이게 만든다. 우리가 공유하고 있는 가치를 가려버린다. 집단 착각은 서로를 향한 공포를 부추기며, 협동 능력을 제대로 작동하지 못하게 하고, 사회적 진보를 가로막는다. 그리하여 우리는 자신감을 잃었을 때, 스스로 무력한 존재라는 어둡고 위험한 감정에 멍들어 있을 때, 위기에 빠진 자기 자신을 발견하게 된다. 하지만 진실은 우리가 전혀 힘없는 존재가 아니라는 것이다. 집단 착각은 만들어낸 환상에 불과하다. 타노스처럼 손가락을 튕기는 것만으로, 혹은 그와 유사한 작은 움직임만으로도 사라지게 할 수 있다.

독자 여러분과 나는 《오즈의 마법사》에 나오는 도로시와 같다. 우리는 빨간 구두를 신고 있다. 아직 우리 자신의 힘을 깨닫지 못했다. 우리의 힘은 우리의 손에 있다. 단지 그냥 봐서는 그 힘을 알아볼 수 없을 뿐이다. 하벨의 말을 직접 빌려보자. "진정한 질문은 더 밝은 미래가 언제나 정말 그토록 멀리만 있느냐 하는 것이다. 만약 그렇지 않다면, 오히려 정반대로 그 미래는 이미 여기에 오래 전에 와 있었는데, 우리가 나약한 채 눈뜨지 못하고 있어서 우리 주변과 우리의 안에 있는 미래를 보지 못하고 있다면, 그래서 그 미래로 향해 나아가지 못하고 있는 것이라면 어떻게 해야 할까?"[8]

규범을 깨부술 용기

1990년, 베트남 정부는 세계적인 비정부기구NGO인 세이브더칠드런 미국 지부에 도움을 요청했다. 베트남에 만연해 있는 심각한 아동 영양실조를 해결하기 위해서였다. 당시 베트남 어린이 중 63퍼센트가 영양실조 상태였다. 심지어 상대적으로 충분히 잘 사는 집의 어린이들도 예외가 아니었다. 세이브더칠드런은 프로그램 디렉터인 제리 스터닌Jerry Sternin과 그의 아내이자 동료인 모니크Monique를 하노이로 파견했다. 무슨 일이 벌어지고 있는지 확인하고 대응하라는 것이었다.

스터닌 부부는 평생토록 이어진 로맨틱한 커플이었지만 그들의 관계는 단지 그것만으로 설명되는 것이 아니었다. '소명'으로 묶인 결혼이었다고 할 수 있었다. 하지만 그런 스터닌 부부조차 베트남에 도착하고 나니, 이번 임무는 거의 불가능에 가깝다고 느낄 지경이었다.

일단 언어의 장벽이 있었지만 그게 전부가 아니었다. 미국인 남편에 프랑스인 아내로 이루어진 부부는 어딜 가도 의심의 눈초리를 받았다. 베트남은 프랑스의 식민지였고, 독립전쟁을 했으며, 베트남이 시작한 전쟁을 미국이 이어받아 수십 년 넘도록 싸워왔기 때문이었다. (게다가 당시는 미국이 베트남에 무역 제재를 가하고 있기도 했다.) 스터닌 부부가 맞닥뜨린 문제는 그것만이 아니었다. 국제 '구호' 단체의 전통적이며 가부장적인 행동 모델 자체가 문제 해결을 방해하고 있었다. 국제 구호 단체들은 '우리는 현장에 간다, 우리는 먹을 것을 준다, 우리는 떠난다'는 식으로 행동해왔는데 이는 상처 위에 반창고만 붙이는 격이었고, 지속 불가능했으며, 피구호국의 의존성만 높여오고 있었다. 제리는 그러한 모델을 '참이지만 쓸모없다', 혹은 '참쓸없'이라 불렀다. 그러한 전략이 가져오는 효과를 그는 이렇게 요약했다. "우리가 가 있는 동안에는 사정이 나아집니다. 하지만 우리가 떠나고 나면 상황은 원래 수준으로 되돌아오죠."[9]

베트남 정부가 스터닌 부부에게 허락한 시간은 고작 6개월에 불과했다. 그 기간 동안 스터닌 부부는 영양실조에서 벗어날 수 있는 아이들을 만나고 장기적으로 지속 가능한 구호 모델을 개발해야만 했다. 아이들의 영양실조에 대해 확연한 변화가 나타나지 않는다면 6개월 후 스터닌 부부는 쫓겨날 상황이었다. 완전히 새로운 전국 단위의 구호 캠페인을 펼치는데 필요한 시간은 평균적으로 1년, 대대적인 작전을 펼칠 여지조차 없었다. 스터닌 부부에게는 별도의 직원도, 사무실도, 보급품도, 베트남 내 실권자의 도움도, 심지어 영양학에 대한 전문적인 지식조차 없었다. 하지만 그들이 가진 특별한 무기가 하나 있었다. 제리가 세이브더칠드런 방글라데시 지부 사람들과 함께 일하며 익혔던, 지역 사회에 대한 새로운 접근법이 바로 그것이었다.

가난한 마을로 향하는 그들은 가부장적인 전문가의 태도를 버렸다. 이미 준비된 해결책을 들고 와서 사람들을 내려다보는 대신 스터닌 부부는 두 개의 핵심 개념을 갖고 있었다. 당시에는 그것을 구체적으로 서술하고 행동 강령으로 만들고 있지는 않았지만, 그 내용은 이랬다. 첫째, 모든 공동체에는 지역의 문제를 해결할 수 있는 열쇠를 쥐고 있는 사람이 있다. 둘째, 해법을 찾고 나면 그것을 공유하고 실천에 나서는 것은 전문가가 아니라 현지인들의 몫으로 돌아가야 한다.

스터닌 부부는 스스로를 문제 해결자로 여기지 않았다. 대신 겸손한 자세로 질문을 던지며 촉매 역할을 하고자 했다. 현지인들이 알고 있지만 자신들이 모르는 것이 무엇인지 궁금해 하면서 문제에 접근해 들어갔다. 베트남 여성 연합의 협조를 받아 마을 어린이들의 체중을 측정하고, 그 아이들이 얼마나 가난한 처지인지 알아내어 등급을 매겼다. 그렇게 확보한 자료를 바탕으로 현지 자원봉사자들에게 간단한 질문 하나를 던지고 다니도록 했다. "여기서 아주 가난한 집 아이를 잘 먹이는 게 가능할까요?"

스터닌 부부가 얻은 답은 '그렇다'였다!

그렇다면 당연히 다음 질문이 뒤따랐을 것이다. "그렇게 아이들을 잘 먹이고 있는 집이 어디죠?"

여성 연합의 도움을 받아 스터닌 부부는 이례적으로 아이들을 잘 먹이고 있는 집들의 위치를 확보했다. 그러한 가정의 경제 사정은 아이들이 영양실조에 걸려 있는 다른 집에 비해 특별히 더 나을 게 없었다. 하지만 굶지 않는 아이들의 엄마들은 베트남 사회의 통상적 규범을 벗어난 행동을 하고 있었다. 가령 그 엄마들은 농사 지어 나온 쌀을 아이들에게 먹이고 있었지만 동시에 그 위에 약간의 새우와 게를 얹어 주었다. 또한 (질 낮은 음식으로 여겨지는) 고구마순도 먹이고 있었다. 대부분의 부모들은 아이들에게 하루에 두 번 밥을 먹이는데, 영양실조에 걸리지 않은 아이들의 엄마는 하루에 세 번 혹은 네 번씩 먹이는 것 또한 달랐다.

그 엄마들이 아이들에게 추가적으로 먹이고 있는 음식은 베트남 어디에서나 흔하게 구할 수 있는 것들이었다. 하지만 대다수의 베트남 사람들은 그걸 먹을 생각조차 하지 않고 있었다. 왜냐하면 그저 그때까지 먹어본 적 없는 것이기 때문이었다. 그 잘못된 규범에 순응하고 있는 동안 아이들은 필요한 칼로리를 얻지 못한 채 영양실조에 시달려야 했다. (영양실조에 걸린) 베트남 아이들의 식사 시간과 패턴은 되는대로 정해졌다. 일하느라 너무 바쁜 부모들이 아이들의 식사에 주의를 기울이지 않고 있었던 것이다. 쌀 수확량은 종종 부족했고, 외부의 식량 구호가 주어질 때에만 넉넉하게 먹을 수 있는 가족들이 많았다. 대부분 쌀과 나머지 약간의 부식으로 된 식사를 하루에 한 끼 혹은 두 끼 먹는 것이 전부인 게 일반적이었다. 게다가 베트남 사람들은 새우가 아이들에게 해롭다고 생각하고 있었다. 대부분의 가정에서는 아이들에게 새우를 먹여볼 생각조차 하지 않았다. (16세기 유럽인들이 토마토에 '독'이 있다고 믿었던 것과 크게 다르지 않아 보인다.) 그러다보니 아이들을 좀 더 잘 먹이고 있었던 엄마들은 본인들이 뭘 하고 있는지 감히 다른 사람들에게 이야기하지 못하고 있었다. 규범을 어기는 것은 두려운 일이기 때문이다.

결국 모든 사람들이 집단 착각으로 고통을 겪고 있었다. 아이들의 영양실조는 그들이 가난하기 때문이며, 해외 원조 단체가 제공하는 분유, 식용유, 단백질 비스킷, 그 외 여러 가공식품들이 더 많이 제공되지 않는 한 아이들을 충분히 먹이는 것은 불가능하다고 생각하고 있었다. 대부분의 마을 주민들은 그들 중 일부가 해답을 찾아내어 실행하고 있다는 사실조차 깨닫지 못하고 있었다. 그리고 스터닌 부부가 집단 착각의 장막을 걷어냈다. 그들은 가장 가난하지만 아이들을 잘 먹이고 있는 가족들을 '밝은 지점'이라고 이름 붙였다.[10]

어떤 착각에 빠져 있는지 알았으니 다음 단계는 더 중요했다. 소수만 알고 이는 이 핵심적인 정보를 공개하는 것이었다. 스터닌 부부는 메시지만큼이나 메신저도 중요하다는 사실을 잘 알고 있었기에, 흔히 해왔던 것처럼, 말 그대로 커다란 스피커로 방송하는 틀에 박힌 공식 선전으로는 효과가 없을 것임을 잘 알았다. 공허한 가이드라인 제공 따위도 의미가 없을 터였다. 소수가 알고 있는 최고의 해답을 세상에 널리 퍼뜨리기 위해 스터닌 부부는 그들과 대화가 통하면서도 현지인들이 '우리와 다를 바 없는 사람들'이라고 여길만한 이들에게 물어보기 시작했다. 이 새로운 지식을 어떻게 전파해야 할까? 몇 번의 공동체 회의를 거친 후, 스터닌 부부의 협력자들은 아이들을 건강하게 기르고 있는 엄마들을 초청해서 다른 엄마들에게 그 지식을 전달하는 자리를 마련해 주는 것이 최선이라는 결론에 도달했다.

노하우를 지닌 여성들은 각각 영양실조에 걸린 아이를 기르고 있는 8명에서 10명의 엄마들을 초대해 일종의 포틀럭 파티를 열었다. 초대받은 사람들은 새우, 게, 고구마순 등을 싸들고 와야 했다. 이렇게 모인 엄마들은 다 함께 나눠먹을 수 있도록 함께 음식을 만들었다. 이렇게 몇 주간의 노력을 들인 끝에 영양실조 아동의 엄마들은 두려움을 떨쳐내고 건강한 아이들의 엄마가 찾아낸 최선의 방법을 받아들이기 시작했다. 새로운 음식이 자신들의 아이를 건강하게 만들고 있다는 걸 엄마들이 깨닫기까지 그리 오랜 시간이 걸리지 않았다. 새로운 규범은 순식간에 퍼져나갔다.

스터닌 부부가 새로운 실천 방식을 퍼뜨린 것은 결국 이 오래된 속담 두 개의 교훈을 충실히 따른 덕분이었다. "백 번 듣는 것보다 한 번 보는 게 낫고, 백 번 보는 것보다 한 번 하는 게 낫다."

그리고 "새로운 생각을 하고 그에 맞춰 행동하는 것이 기존의 행동을 새로운 것처럼 생각하는 것보다 낫다."[11]

약속된 6개월이 채 지나기도 전에 스터닌 부부는 베트남 정부를 상대로 성과를 보여줄 수 있었다. 음식에 대한 기존의 규범을 깨뜨린 가정의 아이들은 정상 체중을 회복했다. 훗날 모니크는 그 경험을 이렇게 회고했다. "어떻게 아이들을 다시 건강하게 만들었는지 설명하는 부모들의 표정, 그건 정말 안 본 사람에게 설명할 수가 없어요."[12] 베트남은 스터닌 부부의 체류 연장을 허락했고, 그들은 불과 2년 만에 기존에 영양실조 상태에 빠져 있던 아이들 중 80퍼센트를 영양 회복 프로그램에 참여시킬 수 있었다.[13] 베트남 정부는 스터닌 부부가 만든 프로그램의 열혈 추종자가 되었다. 사람들이 모여 새로운 영양 공급 방식을 배우고, 냄새도 맡아보고, 만져보고, 구경하며, 이야기를 듣고 따라해 볼 수 있는 곳은 '생활 대학'이라고 불렸다. 그런 대학을 나온 '졸업생'들은 더 많은 이들에게, 더 멀리까지 그 방법을 가르쳤다. 1990년대가 끝날 무렵, 자녀를 영양실조 상태에서 구제한 가정은 총 5백만 가구를 넘었다. 그보다 늦게 태어난 아이들 역시 더 나은 영양 공급의 혜택을 듬뿍 누리며 성장했다.[14]

긍정적인 일탈

스터닌 부부의 겸허하면서도 독창적인, 조사 중심 접근법에는 공식적인 명칭이 있다. '긍정적인 일탈Positive Deviance'이다. 부정적인 규범에서 벗어나 긍정적인 방향으로 향하는 일탈을 의미한다.[15] (스터닌 부부는 그들이 세계 각지에서 유사한 사고방식과 표현을 얼마나 자주 접했는지 언급하고 있다. 가령 방글라데시 사람들은 "왜 안돼?"라는 질문을 던졌고, 모잠비크의 모쿠아 부족 사람들은 "멀리 있는 막대로는 가까이 있는 뱀을 죽일 수 없다"[16]고 말하곤 했다. 기존의 사고방식을 깨서 의외의 결과를 얻는 것을 '다윗과 골리앗'이라 부르는 경우도 존재한다.[17]) 긍정적인 일탈 원칙은 현장의 맥락에 대한 존중에 기반을 둔다. 문제에 대한 답을 이미 가지고 있는 공동체에 힘을 불어넣어 주면서 그들 스스로 문제를 풀게 하는 것에 방점을 찍는다. 인간의 자발성이란 어떤 집단에게도 가장 강력한 자원이라는 믿음을 깔고 있는 것이다.

스터닌 부부의 접근법은 어느 곳에서든 소기의 목적을 달성해 냈다. 르완다 청년들의 건강이 크게 개선되었고, 항생제 내성을 지닌 포도상구균이 미국의 병원에서 퍼지는 것을 막는데 도움을 주었고, 인도네시아의 성전환 성매매 종사자들 사이에 에이즈가 확산되는 것을 막았을 뿐 아니라, 심지어 〈포춘〉에서 선정한 500대 기업의 실적을 높이는 데에도 도움을 주었다.[18]

긍정적인 일탈은 특히, 어느 곳이건 집단 착각이 뿌리내리고 있는 곳의 문제를 해결하는데 유용한 것으로 확인되었다. 대단히 까다로운 문제를 하나 꼽자면 소위 '할례'라 불리는 여성 성기 절제FGM를 예로 들 수 있다. 이는 잔혹하고 위험하며 수백 년도 더 된, 굉장히 강력한 규범이다. 대체로 북아프리카 지역에서 수행되는 이 시술은 면도날을 이용해 여성 어린이 혹은 청소년의 음핵, 포피, 음순 등 성기 중 일부 혹은 전부를 도려내는 것이다. 극단적으로는 외과수술적 방법을 통해 질 입구를 좁히거나 아예 막아버리는 경우까지 있다.[19] 여성의 도덕성을 지키고 혼인 상대로 적합하게 만들며 성욕을 차단한다는 목적 하에 수행되는 이 악습은 말하자면 '정결함'을 보장하기 위한 수단으로 여겨진다. 여성 성기 절단을 받지 않은 여아와 청소년은 매력적인 결혼 상대가 아니며 부도덕한 존재로 취급당하는 것이다. 이 습속은 누군가의 사회적 위신과 여성성을 보장받는 방법으로 여겨지는 측면이 있으며 그래서 여전히 존속하고 있다. '비할례자'로 남아 있는 것은 명예롭지 못한 일이며 해당 소녀뿐 아니라 가족들의 미래까지도 위협하는 일로 간주된다.[20]

여자 아이들이 성기 절제를 하게 만들려고 엄마를 비롯해 삶의 규범을 제시해주는 어른들은 사탕이나 다른 보상을 제안하면서 아이들을 속이고 꾀여내는데, 이것은 육체적 고통과 위험을 넘어서는 외상 후 스트레스 장애PTSD의 원인이 된다.[21] 이런 배신을 당한 여성들은 가족에 대한 신뢰를 잃어버렸고, 이렇게 성기 절제를 당한 경우 정신질환, 불안, 자존감 하락 등의 위험이 더 커진다.[22] 성기 절제를 당한 여성들 중 다수는 그러한 관습을 지지하지 않고 있다. 이집트에서 수행된 조사에 따르면, 성기 절제에 동의하지 않는 여성들이라 해도, 본인이 낳고 기른 결혼 적령기의 딸이 여성 성기 절제를 하지 않았을 경우 혼인 상대로 꺼려질 것을 우려하고 있었다. 그래서 엄마들은 악마와 거래를 하게 된다. 자신에 대한 딸의 신뢰, 딸의 건강과 생명을 걸고서, 딸의 미래를 지키고자 하는 것이다.[23] 하지만 그 누구도 감히 목소리를 높여 사회적 낙인과 추방으로 얼룩진 이 끔찍한 상황에 대해 이야기하지는 못한다.

2002년, 모니크 스터닌은 이 문제를 해결하기 위한 테스크 포스 컨설턴트로 고용되었다. 모니크의 과제는 이집트의 여성 성기 절제에 대해 '긍정적인 일탈 모델'을 적용하는 것이었다. 이집트는 그 관습을 따라야 한다는 문화적 압력이 강한 곳이었다. 제리와 함께 베트남에서 얻은 교훈으로 무장한 모니크는 여성 성기 절제에 대한 질문을 마련하고 사람들에게 그것을 정중하게 물어보며 겸허한 자세로 일을 시작했다. 모니크는 이집트의 현 거주자들 중 긍정적인 일탈을 하고 있는 사람들, 즉 자신들의 딸에게 절제술을 시행하지 않은 가족들을 유심히 바라보았다.

모니크는 스스로에게 질문을 던졌다. "할례를 받지 않은 여성들은 어떻지? 실제로는 여성이 용기를 낸다면 그 시술을 받지 않고 견뎌낼 수 있는 것일까?"

이 질문에 대한 답을 가지고 있을 여성과 가족을 찾는 일은 베트남에서 아이들을 잘 먹이고 있는 엄마들을 찾아내는 것보다 더 까다로운 작업일 수밖에 없었다. 이번에는 뭔가를 하지 **않고** 있는 사람들을 찾는 일이었으니 말이다. 하지만 작은 공동체 모임 자리에서 질문을 던지던 중, 모니크는 숙명론적 비관주의를 호기심으로 바꿔줄 수 있는 대화를 나누게 되었다.

한 관리자가 눈빛으로 나를 불러 세웠다. 마치 거짓말 탐지기 같은 눈빛이었다. 그가 물었다. "당신도 할례를 받았겠죠?"

나는 대답했다. "아뇨. 프랑스에서 여성들은 할례를 받지 않아요."

그는 어안이 벙벙한 듯 말을 잃었다. 불편한 침묵이 끝난 후 자리를 떴다. 그 자리에는 관리자의 여성 조수 한 사람이 남아 있었다. 쭉 그 자리에서 나와 관리자의 대화를 유심히 듣고 있던 조수는 머뭇거리며 물었다. "할례를 받지 않았다면, 늘 성행위를 욕망하게 되지 않나요?"

나는 이렇게 응수했다. "아뇨. 가끔 두통을 앓죠." 이 말을 하자 그 자리에서 많은 웃음이 터져 나왔다. 여자들이 부부관계를 피할 때 쓰는 핑계가 보편적이라는 것을 확인할 수 있었다.[24]

서로에 대해 배워야겠다는 마음으로 가득한 모니크는 공동체 자원봉사자들과 천천히 하지만 단단히 친밀감을 형성해 나갔다. 모니크는 여성 성기 절제로 인해 발생하는 위험에 대해 말할 의향이 있는 소수의 여성과 남성들을 찾아냈다. 일단 그들은 직접 만나서 이야기하기보다 비디오테이프로 녹화해서 증언하는 쪽을 원했다. 할머니 한 명, 의사 한 명, 그리고 4명의 딸을 가진 아버지도 그 속에 포함되어 있었다. 이들 모두는 각자의 공동체에서 대단히 명망이 높은 사람들이었다. 큰딸 둘은 할례를 받았지만, 둘째 딸이 출혈로 거의 죽을 뻔한 일을 겪고 나서, 아버지는 셋째와 넷째만은 할례하지 않기로 결심했다. 집단 인터뷰가 진행되는 자리에서 그 아버지는 목청 높여 말했다. "보세요! 제게는 4명의 딸이 있습니다. 여러분들 모두 아시겠지만 하나같이

착하고 도덕적으로 잘 큰 아이들이죠. 둘은 할례를 받았고 나머지 둘은 아니에요. 차이가 있다면 두 명은 끔찍한 고통을 겪었지만 나머지 둘은 그렇지 않다는 것 뿐입니다."[25]

공동체 모임을 통해, 그리고 그들이 혼자가 아니라는 사실을 알게 되면서, 이 긍정적인 일탈자들은 가족 및 이웃과 함께 이 민감한 주제에 대해 진짜 대화를 나누기 시작했다. 그 일탈자들의 영향권 반경 내에서 규범이 서서히 움직이기 시작했고, 새로운 분위기가 점점 퍼져나갔다. 그렇게 새롭고 긍정적인 유형의 쏠림 효과가 발생했다. 여성 성기 절제의 녹슨 자물쇠가 열리기 시작한 것이다.

모니크가 이집트에 처음으로 발을 들인지 5년이 지난 후, 이집트 정부는 여성 성기 절제 근절 운동을 출범했다. 이 운동에는 앞서 말한 긍정적 일탈자들의 기여가 일부 반영되어 있었다. 2007년 현재 이집트 정부의 프로그램은 40개 공동체 내의 1,693개의 가정과 접촉했다. '우리와 다를 바 없는' 누군가가 그 관습을 버렸다는 걸 사람들이 알게 될수록 더 많은 것이 달라지기 시작할 터였다.[26] 이 변화의 속도를 높이는 일에 여성의 교육을 강화하는 것이 큰 도움이 되었다. 한 연구에 따르면, 여성 성기 절제는 이집트 사회의 전 영역에서 수십 년에 걸쳐 서서히 줄어들고 있는 추세다.[27]

세상에 산적해 있는 그 엄청나게 거대하고 해결할 수 없을 것처럼 보이는 문제들을 생각해 보자. 그 해법 역시 마찬가지로 복잡하리라고 여기는 건 당연한 일이다. 하지만 스터닌 부부가 해온 일은 그렇지 않다는 것을 보여준다. 내가 아는 한, 긍정적 일탈은 복잡한 사회 문제에 대한 가장 강력한 단 하나의 해법이다. 변화의 열쇠는 언제나 일상을 살아가는 개인들의 손에 보이지 않게 쥐어져 있다는 것이 우리가 얻을 수 있는 가장 큰 교훈이다. 집단 착각을 분쇄하는 일에는 여러분도 나도 각자의 역할이 있는 것이다. 마하트마 간디가 했다고 전해지는 말처럼, 우리는 이 세상 속에서 우리가 보고 싶어 하는 변화를 만들어내야 할 책임이 있다.

집단 착각에 균열 내기

우리의 힘을 되찾자는 말은 공허한 구호에 머무는 것이 아니다. 실질적이며 실천적이며, 우리의 가슴에서 출발하는 외침이다. 인격적 조화를 이루기 위해 매일같이 헌신하며, 다른 사람의 신뢰에 스스로를 맡기고, 우리의 집단 착각에 틈을 내기 위해 노력할 때, 그 틈으로 한 줄기 빛이 스며들어올 수 있을 것이다.

하벨은 우리의 개인적 삶의 '숨겨진 영역'에서 '진정성 있는 책임감'을 지니고 우리 스스로의 조화를 꾀할 것을 요청했다. 하지만 내적 조화를 이루는 우리의 정신적 근육은 너무나 사용되지 않은 탓에 늘어져 있고, 우리는 의식적으로 마음을 움직여야 한다. 억압과 침묵의 시기가 수십 년간 이어지는 가운데 하벨의 동료 시민들 또한 마찬가지로 조화로운 삶의 습관을 잃어가고 있었다. 그들은 오래 전에 관료제 앞에 항복해버린 상태였다. 진정성 있는 자기 표현에 대해 강조하는 스스로의 모습이 너무도 천진난만해 보인다는 것을 알고 있었지만, 하벨은 비판자들이 모르는 한 가지를 더 알고 있었다. 거짓말 위에 세워진 체계는 진실의 빛 앞에 견딜 수 없다는 것이었다.[28]

하지만 진실을 아는 것만으로는 충분하지 않다. 개인적 조화를 이루기 위해서는, 마치 밥 델라니가 그랬듯 노력을 해야 한다. 진실에 따라 살면서 자신의 영혼과 양심의 뒤를 쫓고, 우리를 눈 멀게 하는 집단 착각이 뭐가 됐든 그런 외부로부터의 명령을 따르지 않는 것이다.

이 책에서 배운 내용을 혼자 속으로만 알고 동의하고 있는 것 역시 충분한 해법이 되지 못한다. 사실 침묵을 지키는 것은 그 자체로 위험한 일이 될 수 있다는 것을 이미 우리는 배웠다. 그러니 진정성 있는 책임을 지는 것은 다른 이들의 모범이 되고자 하는 의지를 필요로 하는 것이다. 여러분과 나는 바츨라프 하벨이나 제리, 모니카 스터닌 부부 같은 선지자가 아니다. 하지만 우리는 베트남 마을의 엄마들 같은 역할을 해낼 수 있다. 우리는 체코슬로바키아의 청과물상이다. 우리는 딸의 몸을 해치는 관습을 거부하는 엄마와 아빠다. 만약 베트남의 건강한 아이 엄마가 자신의 비관습적인 생각을 수치스러워하며 숨기는 대신 지식을 주변과 나눠야 할 의무감을 느끼고 실행에 옮겼다면, 베트남 정부는 스터닌 부부의 도움을 요청할 필요조차 없었을 것이다. 만약 이집트의 할례 받지 않은 여자 아이의 부모들이 공개적으로 반발하여, 딸을 결혼할만한 여자로 보이게 하기 위해 몸에 상처를 낼 필요는 없다고 항의해왔다면, 모니크는 이집트 현지인들과 어렵게 대화를 시작할 이유조차 없었을 것이다. 그들과 마찬가지로 당신과 나에게는 우리 스스로의 규범에 대해 열린 마음으로 정직한 대화를 이어나가야 할 의무가 있다. 특히 우리 서로를 향해 열린 문이 점점 어둡게 닫혀간다고 느끼고 있다면 더욱 그렇다. 그런 대화를 시작하는 일은 너무 빠를 수도 없고 너무 느릴 수도 없다. 그저 우리에게는 대화를 시작해나갈 용기가 필요할 뿐이다.

공개적으로 입장을 밝히는 일은 당신의 말을(심지어 그 말이 사실인지 아닌지도 상관없이) 뒤틀어버리기 위해 기다리고 있을 실체조차 없는 소셜 미디어 속 군중에게 온라인에서 뭔가를 떠벌리는 것을 뜻하지 않는다. 당신 스스로를 조롱과 위험 속으로 속절없이 내던진다는 말과도 다른 이야기다. 조화로운 존재가 된다는 것은 당신의 신념과 행동을 일치시키고, 그런 상태로 피와 살을 지닌 당신의 주변인들 속에서 살아간다는 것을 의미한다. 스스로를 외부의 진실과 마찬가지로 내면의 진실과도 정렬해내는 그런 일이다.

이 말이 곤란한 요구처럼 들릴 수도 있겠다. 하지만 스터닌 부부가 대량 기근 문제를 얼마나 간단히 해결할 수 있었는지 다시 한 번 생각해 보기를 바란다. 필요한 것은 그저 사회적 관계망의 바퀴를 달고 달려가는 강력한 진실뿐이었다. 당신 역시 경주용 자동차처럼 질주할 수 있다. 이 책에서 배운 기술들을 적용해보는 것에서부터 시작해볼 수 있을 것이다. 양심의 외침이 있을 때 침묵하는 것을 거부하자. "왜?" 혹은 "왜 안 돼?"라는 질문을 던짐으로써 민감하지만 중요한 대화의 물꼬를 트자. 스스로 전제하고 있는 것에 대해 경계하고, 본인의 전제가 틀렸을 가능성을 회피하려 들지 말자. 반드시 믿지 말아야 할 이유가 있는 게 아니라면 낯선 이들을 신뢰하도록 하자.

만약 우리가 집단 착각에 첫 번째 균열을 내는 일에 성공할 수 있다면, 여러분과 나는 우리의 가족, 친구, 이웃, 공동체에 우리가 상상할 수 있는 것보다 더 큰 기여를 해낼 수 있다. 엘름 홀로우의 목사가 마을 사람들과 함께 카드놀이를 하기로 마음먹었을 때, 엘름 홀로우의 사회적 성격은 송두리째 변해버렸다. 그리고 잊어서는 안 된다. 안데르센의 동화에서 임금님이 벌거벗었다는 진실을 공개적으로 대중 앞에 말하기 위해 필요한 사람은 용기를 가진 단 한 명의 꼬마뿐이었다. 하벨의 청과상은 마을 모임에서 진실을 말하기 시작하면서 공산주의 독재의 기반을 뒤흔들었다. 놀랍게도 그는 지지를 받았고, 그보다 더 놀라운 속도로 공감이 퍼져나갔다. 도시의 모든 사람들이 그와 같은 생각을 품고 있었기 때문이었다.

하벨은 이렇게 말하고 있다. "더 나은 체제가 더 나은 삶을 자동적으로 보장하는 것은 아니다. 사실 그 반대가 옳다. 더 나은 체제를 개발하는 방법은 오직 더 나은 삶을 창출하는 것 뿐이다."[29] 당신과 내가 매일같이 만들어내는 아주 작은 선택들이 이 세상을 더 좋은 곳, 혹은 더 나쁜 곳으로 바꿀 수 있다. 거짓 속에서 살아가기를 거부하는 작은 실천은 우리가 누구이며 무엇을 할 수 있는지, 개인적 차원에서 뿐 아니라 사회적 차원까지도 바꿔놓을 수 있는 힘을 가지고 있다. 다시 말해 조화로운 삶을 살기 위해 최선을 다해 노력하는 것은 우리가 스스로를 위해서뿐만 아니라 서로를 위해 할 수 있는 가장 중요한 일 가운데 하나다.

진실을 말해보자. 우리가 함께 풀지 못할 일은 없다. 우리는 그냥 봐서는 보이지 않도록 감추어진 사회적 문제들에 대한 해답을 이미 가지고 있다. 우리는 사람들이 말하는 것처럼 그렇게 서로 다르거나 분열되어 있지 않다. 공통의 가치를 공유하고 있다. 서로에게 최선의 것을 해주고자 하는 믿음직한 사람들이다. 우리가 가진 사적인 힘을 깨닫고, 조화를 위해 헌신하며, 우리가 믿는 것을 위해 공개적으로 일어나 목소리를 높일 때, 우리는 집단 착각의 안개를 걷어내고 더 나은 사회의 약속을 향해 나아갈 수 있다.

모든 사람은 인류의 적법한 존엄성, 도덕적 완결성, 스스로의 자유로운 표현, 눈에 보이는 세계를 넘어서는 초월성에 대한 자각 등을 어느 정도 품고 있다. 그런데 동시에 모든 사람은 크든 작든 거짓 속에 살아가는 시기를 겪게 마련이다. 모든 사람은 본인의 내적인 인간성이 더럽혀지고 사소해지는 일을 겪게 되며, 전체주의에 의해 굴욕을 당한다. 모든 사람에게는 익명의 군중 속에 녹아들어 삶의 흉내를 내는 가짜 삶의 강물을 따라 편안하게 흘러내리고픈 약간의 욕망이 존재하는 것이다.

— 바츨라프 하벨

감사의 말

《집단 착각》을 쓰는 일은 진정한 협업이었다. 그 점을 밝힐 수 있어서 매우 기쁘다. 나의 친구이자 동료이며 이야기의 건축가인 브론윈 프라이어Bronwyn Fryer는 이 책을 쓰는 과정에서 나의 파트너가 되어 주었다. 그는 책에 넣을 아이디어를 끌어 모으는 것부터 스토리텔링, 조사, 말 다듬기, 편집까지 모든 영역에서 나를 도와주었다. 그의 열정, 헌신, 기여가 없었다면 이 책은 지금과 같은 모습으로 나올 수 없었을 것이다. 이토록 재능과 친절한 마음을 지닌 사람과 협업한 것은 절대적으로 즐거운 일이었다.

또한 나는 아세트Hachette 출판사의 내 담당 편집자인 로렌 마리노에게 감사한다. 그는 처음부터 이 책의 잠재력을 믿어주었고 이 책에 담긴 통찰이 최대한 넓은 청중에게 도달할 수 있도록 도움을 주었다. 또한 나는 프레드 프랜시스, 제니퍼 켈런드, 몰리 와이센펠드가 이 책에 기여한 바에 대해 감사를 표하고 싶다.

놀라우리만치 큰 재능을 지닌 출판 에이전트이며 나의 친구인 키스 어반에게도 특별한 감사를 표한다. 그는 나의 거친 아이디어가 상업적인 프로젝트가 될 수 있도록 도와주었으며, 이 책이 최종적으로 나올 때까지 여러 방면에서 다양한 기여를 했다. 재벌린에 속해 있는 프랭크 셈바리, 로빈 스프로울, 맷 라티머, 맷 칼리니로 이루어진 멋진 팀에 대해서도 감사한다.

이 책은 포퓰레이스에서 함께하는 내 동료들의 통찰과 노력에 엄청나게 많은 빚을 지고 있다. 월터 하스, 데비 뉴하우스, 듀이 로세티, 파리사 로하니, 빌 로세티, 미미 겁스트, 켈리 로얄, 브라이언 발리, 테레사 칼리노우스키, 타냐 곤잘레스가 그들이다. 나는 이런 굉장한 팀의 일원이라는 사실이 너무도 기쁘다.

자료 조사, 집필, 판본 편집, 사실 확인까지 너무도 많은 방면으로 기여해준 에밀리 도널드슨에게 특별한 감사의 말을 전한다. 탁월한 데이터 과학자인 그래디언트-톰 블라덱, 카일 블록, 브렌던 엘리스, 스테판 무쉬는 집단 착각을 밝혀내는 발전된 연구 방법론으로 우리의 작업을 도왔다. 밥 델라니는 훌륭한 친구다. 조안 맥파이크는 본인이 알고 있는 것보다 더 큰 영감을 내게 안겨주었다.

아울러 내가 집단 착각을 고민하는데 영향을 준 수많은 학자들을 언급하지 않을 수 없다. 그 중 대표적인 이름만 꼽아보자.

얀밍 안Yanming An, 압히지트 바네르지Abhijit Banerjee, 레지나 베이트슨Regina Bateson, 그레고리 번스Gregory Berns, 크리스티나 비체리Cristina Bicchieri, 수실 비크찬다니Sushil Bikh-Chandani, 로이 바

우마이스터 Roy Baumeister, 마릴린 브루어 Marilynn Brewer, 다니엘 캠벨-마이클레존 Daniel Campbell-Meiklejohn, 타냐 차트랜드 Tanya Chartrand, 니콜라스 크리스타키스 Nicholas Christakis, 존 달리 John Darley, 로빈 던바 Robin Dunbar, 토머스 길로비치 Thomas Gilovich, 마르코 이아코보니 Marco Iacoboni, 바실리 클루샤레프 Vasily Klucharev, 티무르 쿠란 Timur Kuran, 빕 라탄 Bibb Latane, 캐시 맥파랜드 Cathy McFarland, 앤디 멜조프 Andy Meltzoff, 데일 밀러 Dale Miller, 엘리자베스 노엘-노이만 Elisabeth Noelle-Neumann, 에릭 누크 Erik Nook, 데보라 프렌티스 Deborah Prentice, 소니아 로카스 Sonia Roccas, 모니크 스터닌 Monique Sternin, 캐스 선스타인 Cass Sunstein, 알렉스 타바로크 Alex Tabarrok, 키플링 윌리엄스 Kipling Williams, 폴 작 Paul Zak.

케일린, 오스틴, 네이선. 너희들이 나에게 보여준 인내심과 이 책에 기여한 바에 대해 감사한다. 너희들이 지지해준 것은 내게 온 세상을 다 준 것이나 마찬가지란다.

래리 로즈와 리다 로즈, 나의 부모님께도 감사드립니다. 당신들은 훌륭한 롤모델이었고 내가 아는 것보다 저는 부모님께 더 많은 것을 빚지고 있습니다.

나의 대자녀代子女인 오드리, 에밀리, 나탈리, 우리의 삶에 기쁨과 행복을 가져다준 너희들에게도 감사의 마음을 전한다.

주

서문 엘름 홀로우의 비밀

1. 이 인용문은 편집된 것이다.
2. Richard Louis Schanck, "A Study of a Community and Its Groups and Institutions Conceived of as Behaviors of Individuals," Psychological Monograph 43, no. 2 (1932).
3. Schanck, "A Study," 73.
4. Schanck, "A Study," 74.
5. Hans Christian Andersen, Fairy Tales Told for Children, First Collection (Copenhagen: C. A. Reitzel, 1837).
6. Populace and Gallup, "The Success Index," Populace.org, 2019, https://static1.squarespace.com/static/59153bc0e6f2e109b2a85cbc/t/5d939cc86670c5214abe4b50/1569955251457/Populace+Success+Index.pdf.
7. E.g., Douglas J. Ahler and Gaurav Sood, "The Parties in Our Heads: Misperceptions About Party Composition and Their Consequences," Journal of Politics 80, no. 3 (2018): 964–981; Christine M. Baugh et al., "Pluralistic Ignorance as a Contributing Factor to Concussion Underreporting," Health Education & Behavior (2021), https://doi.org/10.1177/1090198121995732; M. Ronald Buckley, Michael G. Harvey, and Danielle S. Beu, "The Role of Pluralistic Ignorance in the Perception of Unethical Behavior," Journal of Business Ethics 23, no.4 (2000): 353–364; Leonardo Bursztyn, Alessandra L. González, and David Yanagizawa-Drott, "Misperceived Social Norms: Female Labor Force Participation in Saudi Arabia" (Working Paper 24736, National Bureau of Economic Research, 2018); Lucy De Souza and Toni Schmader, "The Misjudgment of Men: Does Pluralistic Ignorance Inhibit Ally-ship?," Journal of Personality and Social Psychology (2021), https://doi.org/10.1037/pspi0000362; James J. Do et al., "Gender Bias and Pluralistic Ignorance in Perceptions of Fitness Assessments," Military Psychology 25, no. 1 (2013): 23–35; William P. Eveland Jr., Douglas M. McLeod, and Nancy Signorielli, "Actual and Perceived US Public Opinion: The Spiral of Silence During the Persian Gulf War," International Journal of Public Opinion Research 7, no. 2 (1995): 91–109; Daniel E. Flave-Novak and Jill M. Coleman, "Pluralistic Ignorance of Physi-

cal Attractiveness in the Gay Male Community," Journal of Homosexuality 66, no. 14 (2019): 2002–2020; Nathaniel Geiger and Janet K. Swim, "Climate of Silence: Pluralistic Ignorance as a Barrier to Climate Change Discussion," Journal of Environmental Psychology 47 (2016): 79–90; Julian Givi, Jeff Galak, and Christopher Y. Olivola, "The Thought That Counts Is the One We Ignore: How Givers Overestimate the Importance of Relative Gift Value," Journal of Business Research 123 (2021): 502–515; J. Roger Jacobs, "Pluralistic Ignorance and Social Action on Climate Change," EMBO Reports 20, no. 3 (2019): e47426; Kerry M. Karaffa and Julie M. Koch, "Stigma, Pluralistic Ignorance, and Attitudes Toward Seeking Mental Health Services Among Police Officers," Criminal Justice and Behavior 43, no. 6 (2016): 759–777; Esther Michelsen Kjeldahl and Vincent F. Hendricks, "The Sense of Social Influence: Pluralistic Ignorance in Climate Change," EMBO Reports 19, no. 11 (2018): e47185; Matthew S. Levendusky, "Our Common Bonds: Using What Americans Share to Help Bridge the Partisan Divide" (unpublished manuscript, University of Pennsylvania, 2020); Tagart Cain Sobotka, "Not Your Average Joe: Pluralistic Ignorance, Status, and Modern Sexism," Men and Masculinities (2020), https://doi.org/10.1177/1097184X20901578.

8. Ashley Mandeville, Jonathon Halbesleben, and Marilyn Whitman, "Misalignment and Misperception in Preferences to Utilize Family-Friendly Benefits: Implications for Benefit Utilization and Work-Family Conflict," Personnel Psychology 69, no. 4 (2016): 895–929.

9. Kengo Nawata, LiHua Huang, and Hiroyuki Yamaguchi, "Anti-Japanese Public Attitudes as Conformity to Social Norms in China: The Role of the Estimated Attitude of Others and Pluralistic Ignorance," Japanese Journal of Applied Psychology 42 (2016): 16–24.

10. Takeru Miyajima and Hiroyuki Yamaguchi, "I Want to but I Won't: Pluralistic Ignorance Inhibits Intentions to Take Paternity Leave in Japan," Frontiers in Psychology 20, no. 8 (2017): 1508.

11. Douglas J. Ahler, "Self-Fulfilling Misperceptions of Public Polarization," Journal of Politics 76, no. 3 (2014): 607–620.

12. Joshua Levine, Sara Etchison, and Daniel M. Oppenheimer, "Pluralistic Ignorance Among Student-Athlete Populations: A Factor in Academic Underperformance," Higher Education 68 (2014): 525–540.

13. 포퓰레이스의 미발표 설문조사 자료. "Project Delta 2.0 Results," 2020, 7.

14. 2018년 Reflective Democracy Campaign에 의해 수행된 미국 선거에 대한 연구Women Donors Network가 (미국 정치에서 인구 구조가 미치는 영향을 조사한 것)에 따르면, 연방, 주, 카운티 단위 선거에 나온 3만4천여 명의 후보들을 살펴봤을 때, 여성과 유색인종 후보자들은 백인 남성들과 거의 비슷한 비율로 선거에서 승리했다. "The Electability Myth: The Shifting Demographics of Political Power in America," Reflective Democracy Campaign, June 2019, https://wholeads.us/research/the-electability-myth.

15. Regina Bateson, "Strategic Discrimination," Perspectives on Politics 18, no. 4 (2020): 1068–1087.

16. "Beliefs About Gender in America Drive Perceived Electability," Avalanche Insights, accessed May 17, 2021, https://www.avalancheinsights.com/beliefs-about-gender-in-america-drive-perceived-electability.

17. 실제로 여성들은 유색인종들과 같은 문제에 맞닥뜨리고 있다. 베이트슨은 이집트계 미국인 압둘 엘-사이드 박사가 2018년 미시건 주지사 선출을 위한 민주당 경선에 출마한 직후 벌어진 일에 대해 언급한다. "'당 내에서 매우 힘 있는 사람들'이 그를 앉혀놓고 잡담처럼 말을 꺼냈다. 엘 시이드에 따르면 그 정당 내부자들은 이렇게 이야기했다. '당신이 좋은 후보라고 생각합니다. 박사님은, 알겠지만, 우리는 인종차별주의자가 아니에요. 우리는 그저 미시건 남동부 말고 다른 곳에 사는 미시건 사람들이 인종차별주의자라고 생각하죠. 박사님은 이길 수 없습니다.'" Bateson, "Strategic Discrimination."

18. Kristin Munger and Shelby J. Harris, "Effects of an Observer on Handwashing in a Public Restroom," Perceptual and Motor Skills 69 (1989): 733–734.

19. Erik C. Nook and Jamil Zaki, "Social Norms Shift Behavioral and Neural Responses to Foods," Journal of Cognitive Neuroscience 27, no. 7 (2015): 1412–1426.

20. 비슷한 상황이 1973년에도 발생했었다. 〈투나잇 쇼〉의 조니 카슨이 가상의 화장지 품절 사태를 가볍게 언급하자 소비자들은 화장실 휴지 사재기를 시작했고 이 현상은 4개월간 지속되었다. Kay Lim, "Remembering the Great Toilet Paper Shortage of 1973," CBS News, April 5, 2020, https://www.cbsnews.com/news/remembering-the-great-toilet-paper-shortage-of-1973.

21. William I. Thomas and Dorothy Swaine Thomas, The Child in America: Behavior Problems and Programs (New York: Alfred A. Knopf, 1928).

22. Kari Paul, "Zuckerberg Defends Facebook as Bastion of 'Free Expression' in Speech," The Guardian, October 17, 2019, https://w w w.theguardian.com/technolog y/2019/oct/17/mark-zuckerberg-facebook-free-expression-speech.

23. Shadi Bartsch and Alessandro Schiesaro, eds., The Cambridge Companion to Seneca (Cambridge: Cambridge University Press, 2015).

24. Lucius Annaeus Seneca, Moral Essays, trans. John W. Basore (Cambridge, MA: Harvard University Press, 1928).

25. 세네카가 가장 싫어했던 것 중 하나가 바로 맹목적 순응이었다. 그에 따르면 우리는 스스로를 집단에 휩쓸려가도록 무의식적으로 방치하면서, 우리의 자율성을 포기하고 우리 자신과 우리 주변 사람에게 해를 끼친다. 그가 속한 사회가 부도덕하며 변덕스럽다는 사실을 인지하면서, 그는 이솝 우화의 한 대목을 즐겨 인용했다. "우리는 그 길 자체가 좋은지 나쁜지 따지지 않는다. 우리는 그저 많은 이들이 남긴 발자국을 따라가는데, 되돌아온 발자국은 보이지 않는다." G. D. Williams, Seneca: De otio; Debrevitate vitae. Cambridge Greek and Latin Classics (Cambridge: Cambridge University Press, 2003).

1장 벌거벗은 임금들

1. Michael V. Cusenza, "You Could Be a Hero: Hamilton Beach Man Needs Another Kidney Transplant," The Forum, November 14, 2014, http://theforumnewsgroup.com/2014/11/14/you-could-be-a-hero-hamilton-beach-man-needs-another-kidney-transplant.

2. Steven McCann, Yuanchen Liu, and Faith Bernstein, dirs., Waiting List (Washington, DC: The Atlantic; New York: ShearWater Films, 2016).

3. "Statistics," The Kidney Project, University of California San Francisco, accessed March 5, 2021, https://pharm.ucsf.edu/kidney/need/statistics.

4. Robin Fields, "God Help You. You're on Dialysis," The Atlantic, December 2010, https://w w

w.theat lantic.com/magazine/archive/2010/12/-god-help-you-youre-on-dialysis/308308.

5. "Organ Donation Statistics," United States Health Resources and Services Administration, accessed March 5, 2021, https://www.organdonor.gov/statistics-stories/statistics.html.

6. Olivier Aubert et al., "Disparities in Acceptance of Deceased Donor Kidneys Between the United States and France and Estimated Effects of Increased US Acceptance," Journal of the American Medical Association Internal Medicine 179, no. 10 (2019): 1365–1374.

7. Juanjuan Zhang, "The Sound of Silence: Observational Learning in the U.S. Kidney Market," Marketing Science 29 (2009): 315–335. 병원과 이식 센터 역시 신장이 제공된 후 위급성과 개별적 환자의 구체적인 상황에 따라 수요자를 걸러내는 역할을 수행한다. 국립 신장 재단은 이렇게 언급하고 있다. "여러분에게 (환자가 등록한 이식 센터를 통해) 신장이 제공될지 여부는 많은 요소에 따라 결정됩니다. 혈액형, 환자가 신부전을 겪어온 기간, 의학적 응급성, 환자의 위치(장기는 이식 수술이 가능한 병원으로부터 멀지 않은 곳에서 출발해야 합니다), 장기 기부자와 환자의 신장, 체중 등의 차이. 이 외에도 다른 요소가 고려될 수 있습니다." 가령 이전 수술 과정에서 높은 수준의 항생제 투여가 있었거나, 이미 수혈을 받았거나, 임신 상태인 경우처럼 이식 가능한 신장의 숫자가 적은 경우 추가적으로 우선순위가 부여될 수 있다. 다음을 참고할 것. "The Kidney Transplant Waitlist—What You Need to Know," National Kidney Foundation, accessed March 24, 2021, https://www.kidney.org/atoz/content/transplant-waitlist.

8. Zhang, "The Sound of Silence."

9. 다음을 참고. Fiona Grant and Michael A. Hogg, "Self-Uncertainty, Social Identity Prominence and Group Identification," Journal of Experimental Social Psychology 48 (2012): 538–542.

10. Bibb Latané and John M. Darley, "Group Inhibition of Bystander Intervention in Emergencies," Journal of Personality and Social Psychology 10, no. 3 (1968): 215–221.

11. Kipling D. Williams, "Ostracism: Consequences and Coping," Current Directions in Psychological Science 20, no. 2 (2011): 71–75.

12. Jaime Posada et al., "Death and Injury from Motor Vehicle Crashes in Colombia," Revista panamericana de salud pública 7, no. 2 (2000): 88–91.

13. Deysi Yasmin Rodríguez, Francisco José Fernández, and Hugo Acero Velásquez, "Road Traffic Injuries in Colombia," Injury Control and Safety Promotion 10, no. 1–2 (2003): 29–35.

14. Mara Cristina Caballero, "Academic Turns City into a Social Experiment," Harvard Gazette, March 11, 2004, https://news.harvard.edu/gazette/story/2004/03/academic-turns-city-into-a-social-experiment.

15. "Mimes Make Silent Mockery of Those Who Flout Traffic Laws," video uploaded to YouTube by AP Archive, October 16, 2011, https://www.youtube.com/watch?v=6YcK05z--n8.

16. Antanas Mockus, "The Art of Changing a City," New York Times, July 16, 2015, https://www.nytimes.com/2015/07/17/opinion/the-art-of-changing-a-city.html.

17. Caballero, "Academic Turns City."

18. Caballero, "Academic Turns City."

19. "Crocodile Blamed for Congo Air Crash," MSNBC, October 21, 2010, https://www.nbcnews.com/id/wbna39781214.

20. James Surowiecki, The Wisdom of Crowds (New York: Doubleday, 2004).

21. Abhijit V. Banerjee, "A Simple Model of Herd Behavior," Quarterly Journal of Economics 107, no. 3 (1992): 797–817.

22. Charles Mackay, Memoirs of Extraordinary Popular Delusions and the Madness of Crowds (London: Office of the National Illustrated Library, 1852), viii.

23. Mackay, Memoirs of Extraordinary Popular Delusions, 87.

24. Gregory A. Petsko, "The Wisdom, and Madness, of Crowds," Genome Biology 9 (2008): 112.

25. Mackay, Memoirs of Extraordinary Popular Delusions, 91. 비록 최근 밝혀진 바에 따르면 맥케이는 종종 사례를 부풀렸고 그의 책은 전적으로 사실에 기반을 두고 있지 않다. 하지만 그 이야기를 다룬 맥케이의 화려한 화법은 경제학자들과 은행가들 사이에서 인기를 끌었다.

26. Andrew Odlyzko, "Charles Mackay's Own Extraordinary Popular Delusions and the Railway Mania" (working paper, SSRN eLibrary, 2011), https://papers.ssrn.com/sol3/papers.cfm?abstract_id=1927396.

27. Odlyzko, "Charles Mackay's Own."

28. John H. Cushman Jr., "U.S. Urges Users of New Well Pumps to Drink Bottled Water," New York Times, April 19, 1994, https://www.nytimes.com/1994/04/19/us/us-urges-users-of-new-well-pumps-to-drink-bottled-water.html.

29. Jan Conway, "Per Capita Consumption of Bottled Water in the United States from 1999 to 2019," Statista, November 26, 2020, https://www.statista.com/statistics/183377/per-capita-consumption-of-bottled-water-in-the-us-since-1999; "Global Bottled Water Market Share Expected to Grow USD 400 Billion by 2026: Facts & Factors," IntradoGlobeNewswire, February 10, 2021, https://www.globenewswire.com/news-release/2021/02/10/2172833/0/en/Global-Bottled-Water-Market-Share-Expected-to-Grow-USD-400-Billion-by-2026-Facts-Factors.html.

30. Jan Conway, "U.S. Bottled Water Market—Statistics & Facts," Statista, February 12, 2021, https://www.statista.com/topics/1302/bottled-water-market.

31. 상처 위에 소금을 끼얹는 격으로, 이 회사들은 종종 자신들이 쓰는 수도요금을 제대로 납부하지 않는다. 다사니와 아쿠아피나는 각각 납부 기한이 지난 후에도 내지 않은 수만 달러 이상의 수도요금을 지니고 있다. 이 기업들에 들어가는 수돗물 공급은 끊긴 적이 없다. 반면 디트로이트의 엄격한 수도 요금으로 인해 일반 시민들은 150달러 이상 수도요금을 연체할 경우 수돗물 공급이 중단된다. Ryan Felton, "How Coke and Pepsi Make Millions from Bottling Tap Water, as Residents Face Shut-offs," Consumer Reports, July 10, 2020, https://www.consumerreports.org/bottled-water/how-coke-and-pepsi-make-millions-from-bottling-tap-water-as-residents-face-shutoffs; Julia Conley, "Report: 64% of Bottled Water Is Tap Water, Costs 2000x More," Ecowatch, February 21, 2018, https://www.ecowatch.com/bottled-water-sources-tap-2537510642.html; Conway, "Per Capita Consumption."

32. Conway, "Per Capita Consumption."

33. Conley, "Report."

34. Maria McCutchen, "Here Are the 10 Most Expensive Bottled Water Brands in the World," Money Inc, accessed March 24, 2021, https://moneyinc.com/10-expensive-bottled-waters-world.

35. Laura Parker, "How the Plastic Bottle Went from Miracle Container to Hated Garbage,"

National Geographic, August 23, 2019, https://www.nationalgeographic.com/environment/article/plastic-bottles.

36. "The Great Pacific Garbage Patch," The Ocean Cleanup, accessed March 24, 2021, https://theoceancleanup.com/great-pacific-garbage-patch.

37. Nicholas Christakis, "The Hidden Inf luence of Social Net-works," TED, February 2010, https://www.ted.com/talks/nicholas_christakis_the_hidden_influence_of_social_networks.

38. 감정이 퍼져나가는 방식에 있어서 인류와 벌이 작동하는 방식이 그리 다르지 않다는 것이 밝혀져 있다. 침입자가 둥지로 들어오면 벌들은 페로몬이라는 이름의 호르몬 물질을 분비하여 다른 벌에게 공격하라는 메시지를 전달한다. 대기 중 호르몬 농도가 높으면 높을수록 더 많은 벌이 사회적 영향을 받아서 공격을 시작한다. 인간 역시 마치 벌처럼 스스로 알지도 못한 채 페로몬을 분비한다. 다음을 참고. Henry Farrell, "This Is How Donald Trump Engineers Applause," Washington Post, January 23, 2017, https://www.washingtonpost.com/news/monkey-cage/wp/2017/01/23/this-is-how-donald-trump-engineers-applause.

39. Mary Francis Gyles, "Nero: Qualis Artifex?," Classical Journal 57, no. 5 (1962): 193–200; Karen Rile, "Bring Your Own Applause: What Donald Trump and Roman Emperor Nero Have in Common," JSTOR Daily, February 9, 2017, https://daily.jstor.org/bring-your-own-applause-what-donald-trump-and-roman-emperor-nero-have-in-common.

40. Farrell, "This Is How Donald Trump."

41. Zhang, "The Sound of Silence."

42. Based on a true story.

43. Kat Odell, "Ask a Somm: How Do I Know if a Wine Is Corked?," Eater, June 1, 2016, https://www.eater.com/2016/6/1/11824138/wine-corked-smell-flaw-tca-sommelier.

44. Ángel V. Jiménez and Alex Mesoudi, "Prestige-Biased Social Learning: Current Evidence and Outstanding Questions," Palgrave Communications 5, no. 1 (2019): 1–11.

45. Joseph Henrich, The Secret of Our Success: How Culture Is Driving Human Evolution, Domesticating Our Species, and Making Us Smarter (Princeton, NJ: Princeton University Press, 2015).

46. Jiménez and Mesoudi, "Prestige-Biased Social Learning."

47. Brad J. Bushman, "Perceived Symbols of Authority and Their Influence on Compliance," Journal of Applied Social Psychology 14, no. 6 (1984): 501–508.

48. Charles K. Hof ling et al., "An Experimental Study in Nurse-Physician Relationships," Journal of Nervous and Mental Disease 143, no. 2 (1966): 171–180.

49. Daniel Campbell-Meiklejohn et al., "Independent Neural Computation of Value from Other People's Confidence," Journal of Neuroscience 37, no. 3 (2017): 673–684.

50. Jean Braucher and Barak Orbach, "Scamming: The Misunderstood Confidence Man," Yale Journal of Law & the Humanities 27, no. 2 (2015): 249–290; Karen Halttunen, Confidence Men and Painted Women: A Study of Middle-Class Culture in America, 1830–1870 (New Haven, CT: Yale University Press, 1982).

51. Alan D. Sokal, "Transgressing the Boundaries: Towards a Transformative Hermeneutics of Quantum Gravity," Social Text 46/47 (1996):217–252.

52. Janny Scott, "Postmodern Gravity Deconstructed, Slyly," New York Times, May 18, 1996, https://www.nytimes.com/1996/05/18/nyregion/postmodern-gravity-deconstructed-slyly.

html.

53. Scott, "Postmodern Gravity."

54. Alan Sokal, "A Physicist Experiments with Cultural Studies," Lingua Franca (May/June 1996).

55. Cass R. Sunstein, "Academic Fads and Fashions with Special Reference to Law"(working paper, SSRN eLibrary, 2001), https://papers.ssrn.com/sol3/papers.cfm?abstract_id=262331.

56. 명성의 연쇄 작용의 피해는 매우 심각하기에 제도권은 그것을 막기 위해 막대한 노력을 기울이게 된다. 가령 누군가 미 해군에서 재판을 받을 때 판사들은 계급이 낮은 순서대로 판결을 내린다. 상급자가 내린 판결에 하급자가 영향을 받는 것을 막기 위해서다. Sushil Bikhchandani, David Hirshleifer, and Ivo Welch, "A Theory of Fads, Fashion, Custom, and Cultural Change as Informational Cascades," Journal of Political Economy 100, no. 5 (1992): 992–1026.

57. Zhang, "The Sound of Silence."

58. Diana I. Tamir and Jason P. Mitchell, "Disclosing Information About the Self Is Intrinsically Rewarding," PNAS 109, no. 21 (2012): 8038–8043.

59. Tamir and Mitchell, "Disclosing Information."

60. Tamir and Mitchell, "Disclosing Information."

61. Einav Hart, Eric VanEpps, and Maurice E. Schweitzer, "I Didn't Want to Offend You: The Cost of Avoiding Sensitive Questions" (working paper, SSRN eLibrary, 2019), https://papers.ssrn.com/sol3/papers.cfm?abstract_id=3437468.

2장 소속감을 위한 거짓말

1. Rebecca Moore, "The Demographics of Jonestown," Alternative Considerations of Jonestown & Peoples Temple, San Diego State University, July 25, 2013, https://jonestown.sdsu.edu/?page_id=35666.

2. Chris Higgins, "Stop Saying 'Drink the Kool-Aid,' " The Atlantic, November 8, 2012, https://www.theatlantic.com/health/archive/2012/11/stop-saying-drink-the-kool-aid/264957; "Losses Linger 25 Years After Jonestown," ABC News, January 6, 2006, https://abcnews.go.com/GMA/story?id=128197&page=1.

3. Federal Bureau of Investigation FBI, "Q042 Transcript, FBI Transcription," File RYMUR 89-4286-2303, Alternative Considerations of Jonestown & Peoples Temple, San Diego State University, accessed March 9, 2021, https://jonestown.sdsu.edu/?page_id=29081.

4. "Nightmare in Jonestown," Time, December 4, 1978, https://time.com/vault/issue/1978-12-04/page/34; Higgins, "Stop Saying."

5. Timothy Lisagor, "Jim Jones and Christine Miller: An Analysis of Jonestown's Final Struggle," Alternative Considerations of Jonestown & Peoples Temple, San Diego State University, July 25, 2013, https://jonestown.sdsu.edu/?page_id=30294.

6. Higgins, "Stop Saying."

7. FBI, "Q042 Transcript, FBI Transcription."

8. Michael Bellefountaine, "Christine Miller: A Voice of Independence," Alternative Considerations of Jonestown & Peoples Temple, San Diego State University, July 25, 2013, https://jonestown.sdsu.edu/?page_id=32381; Higgins, "Stop Saying."

9. Bellefountaine, "Christine Miller."

10. Eunice U. Choi and Michael A. Hogg, "Self-Uncertainty and Group Identification: A Meta-analysis," Group Processes & Intergroup Relations 23, no. 4 (2020): 483–501.

11. Nathaniel M. Lambert et al., "To Belong Is to Matter: Sense of Belonging Enhances Meaning in Life," Personality and Social Psychology Bulletin 20, no. 10 (2013): 1–10.

12. Roy F. Baumeister and Mark R. Leary, "The Need to Belong: Desire for Interpersonal Attachments as a Fundamental Human Motivation," Psychological Bulletin 117, no. 3 (1995): 497–529.

13. K. W. De Dreu Carsten and Mariska E. Kret, "Oxytocin Conditions Intergroup Relations Through Upregulated In-Group Empathy, Cooperation, Conformity, and Defense," Biological Psychiatry 79, no. 3 (2015): 165–173.

14. John Hughes, dir., The Breakfast Club (Universal City, CA: Universal Pictures, 1985).

15. Paul E. Smaldino, "Social Identity and Cooperation in Cultural Evolution," Behavioural Processes 161 (2019): 108–116.

16. Adam Smith, The Theory of Moral Sentiments (London: George Bell & Sons, 1892), 497.

17. Smaldino, "Social Identity."

18. Kirsten G. Volz, Thomas Kessler, and D. Yves von Cramon, "In-Group as Part of the Self: In-Group Favoritism Is Mediated by Medial Prefrontal Cortex Activation," Social Neuroscience 4, no. 3 (2009): 244–260; Samantha Morrison, Jean Decety, and Pascal Molenberghs, "The Neuroscience of Group Membership," Neuropsychologia 50, no. 8 (2012): 2114–2120.

19. Russell Golman et al., "The Preference for Belief Consonance," Journal of Economic Perspectives 30, no. 3 (2016): 165–188.

20. De Dreu Carsten and Kret, "Oxytocin Conditions Intergroup Relations."

21. Mina Cikara, Matthew M. Botvinick, and Susan T. Fiske, "Us Versus Them: Social Identity Shapes Neural Responses to Intergroup Competition and Harm," Psychological Science 22, no. 3 (2011): 306–313.

22. "And Stay Out: In Ancient Athens, Ostracism Did the Job of Impeachment," The Economist, January 4, 2020, https://www.economist.com/books-and-arts/2020/01/02/in-ancient-athens-ostracism-did-the-job-of-impeachment; James P. Sickinger, "New Ostraka from the Athenian Agora," Hesperia: The Journal of the American School of Classical Studies at Athens 86, no. 3 (2017): 443–508. 그 탁월한 기사 제목을 여기 차용한 것에 대해 〈이코노미스트〉에 사죄의 뜻을 표한다.

23. Naomi I. Eisenberger, Matthew D. Lieberman, and Kipling D. Williams, "Does Rejection Hurt? An fMRI Study of Social Exclusion," Science 302 (2003): 290–292.

24. Geoff MacDonald and Mark R. Leary, "Why Does Social Exclusion Hurt? The Relationship Between Social and Physical Pain," Psychological Bulletin 131, no. 2 (2005): 202–223.

25. Eisenberger, Lieberman, and Williams, "Does Rejection Hurt?"

26. Mark R. Leary et al., "Teasing, Rejection, and Violence: Case Studies of the School Shootings," Aggressive Behavior 29 (2003): 202–214.

27. John B. Nezlek, Eric D. Wesselmann, and Kipling D. Williams, "Ostracism in Everyday Life," Group Dynamics: Theory, Research, and Practice 16, no. 2 (2012): 91–104.

28. Frank M. Schneider et al., "Social Media Ostracism: The Effects of Being Excluded Online,"

Computers in Human Behavior 73 (2017): 385–393.

29. 배제에 대한 우리의 공포는 생존 본능으로, 그 뿌리는 우리의 공통 조상으로까지 거슬러 올라간다. 사회적 집단에서 배제된 초기 인류는 식량과 자원의 접근에 제한을 받았으며 잠재적 짝짓기 대상을 택할 수 있는 선택지 역시 줄어들 수밖에 없었다. 그들 중 일부는 그 결과 죽었을 것이다. 다음을 참고. Karen Gonsalkorale and Kipling D. Williams, "The KKK Won't Let Me Play: Ostracism Even by a Despised Outgroup Hurts," European Journal of Social Psychology 37 (2006): 1176–1186; Eisenberger, Lieberman, and Williams, "Does Rejection Hurt?"

30. Kipling D. Williams, "Ostracism," Annual Review of Psychology 58 (2007): 425–452.

31. Kipling D. Williams, "Ostracism: Consequences and Coping," Current Directions in Psychological Science 20, no. 2 (2011): 71–75.

32. Gonsalkorale and Williams, "The KKK."

33. Eric D. Wesselmann, Danielle Bagg, and Kipling D. Williams, " 'I Feel Your Pain': The Effects of Observing Ostracism on the Ostracism Detection System," Journal of Experimental Social Psychology 45 (2009): 1308–1311.

34. Gonsalkorale and Williams, "The KKK."

35. Jean Evans, "Case Reports: Johnny Rocco," Journal of Abnormal & Social Psychology 43 (1948): 357–383.

36. National Academy of Sciences, Stanley Schachter, Biographical Memoirs 78 (Washington, DC: National Academies of Science Press, 2000), 224; Stanley Schachter, "Deviation, Rejection, and Communication," Journal of Abnormal & Social Psychology 46, no. 2 (1951): 190–207.

37. Schachter, "Deviation, Rejection, and Communication."

38. T. M. Mills, "A Sleeper Variable in Small Groups Research: The Experimenter," Pacific Sociological Review 5 (1962): 21–28.

39. Eric D. Wesselmann et al., "Revisiting Schachter's Research on Rejection, Deviance and Communication (1951)," Social Psychology 45, no. 3 (2014): 164–169.

40. 선호 착각과 그 영향에 대해 보다 깊게 알고 싶다면 다음을 참고. Timur Kuran's excellent Private Truths, Public Lies: The Social Consequences of Preference Falsification (Cambridge, MA: Harvard University Press, 1997).

41. Leon Festinger, "Cognitive Dissonance," Scientific American 207, no. 4 (1962): 93–106.

42. Thomas Gilovich, Kenneth Savitsky, and Victoria Husted Medvec, "The Illusion of Transparency: Biased Assessments of Others' Ability to Read One's Emotional States," Journal of Personality and Social Psychology 75, no. 2 (1998): 332–346.

43. Gilovich, Savitsky, and Medvec, "The Illusion of Transparency."

44. Gilovich, Savitsky, and Medvec, "The Illusion of Transparency."

45. Thomas Gilovich and Kenneth Savitsky, "The Spotlight Effect and the Illusion of Transparency: Egocentric Assessments of How We Are Seen by Others," Current Directions in Psychological Science 8, no. 6 (1999): 165–168.

46. Jeff Sharlet, "Inside America's Most Powerful Megachurch," Harper's Magazine, May 2005, https://harpers.org/archive/2005/05/inside-americas-most-powerful-megachurch.

47. Bill Gallo, "A New Life Big as Church," Rocky Mountain News, August 11, 2007, https://web.archive.org/web/20090520195128/http:/www.rockymountainnews.com/drmn/local/article/0,1299,DRMN_15_5668662,00.html; "Amid Allegations, Haggard Steps Aside," Rocky Mountain News, November 2, 2006, https://web.archive.org/web/20061107224943/ http://www.rockymountainnews.com/drmn/local/article/0,1299,DRMN_15_5112770,00.html.

48. Rachel Grady and Heidi Ewing, dirs., Jesus Camp (New York: A&E IndieFilms; Brooklyn, NY: Loki Films, 2006).

49. "Evangelical Leader Admits Buying Meth, Denies Gay Sex Claims," CBC News, November 3, 2006, https://www.cbc.ca/news/world/evangelical-leader-admits-buying-meth-denies-gay-sex-claims-1.620653.

50. Dan Harris, "Haggard Admits Buying Meth," ABC News, November 12, 2008, https://abcnews.go.com/GMA/story?id=2626067&page=1.

51. Kevin P. Donovan, "Focus on the Family VP Joins Haggard Restoration Team," Christian Post, November 15, 2006, https://www.christianpost.com/article/20061115/focus-on-the-family-vp-joins-haggard-restoration-team.

52. 좀 더 구체적으로 보자면, 거짓말은 스트레스 호르몬의 분비를 늘리고 심장 박동을 늘리며 혈압을 높일 수 있다고 함의하는 연구가 있다. 다음을 참고. Leanne ten Brinke, Jooa Julia Lee, and Dana R. Carney, "The Physiology of Dishonesty: Does It Impact Health?," Current Opinion in Psychology 6 (2015): 177–182.

53. Hubert J. O'Gorman, "White and Black Perceptions of Racial Values," Public Opinion Quarterly 43, no. 1 (1979): 48–59.

54. Hubert O'Gorman, "Pluralistic Ignorance and White Estimates of White Support for Racial Segregation," Public Opinion Quarterly 39, no. 3 (1975): 313–330.

55. Hubert O'Gorman and Stephen L. Garry, "Pluralistic Ignorance—a Replication and Extension," Public Opinion Quarterly 40, no. 4 (1976): 449–458.

56. O'Gorman and Garry, "Pluralistic Ignorance—a Replication."

57. History.com Editors, "Jonestown," History, October 18, 2010, https://www.history.com/topics/crime/jonestown.

58. Sonia Roccas and Marilynn B. Brewer, "Social Identity Complexity," Personality and Social Psychology Review 6, no. 2 (2002): 88–106; Richard J. Crisp and Miles Hewstone, "Multiple Social Categorization," Advances in Experimental Social Psychology 39 (2007): 163–254.

59. Marilynn B. Brewer and Kathleen P. Pierce, "Social Identity Complexity and Outgroup Tolerance," Personality and Social Psychology Bulletin 31, no. 3 (2005): 428–437.

60. Brewer and Pierce, "Social Identity Complexity and Outgroup Tolerance."

61. Thomas Mussweiler, Shira Gabriel, and Galen V. Bodenhausen, "Shifting Social Identities as a Strategy for Deflecting Threatening Social Comparisons," Journal of Personality and Social Psychology 79, no. 3 (2000): 398–409. 조건이 갖춰질 경우, 우리 스스로의 자아를 지키고자 하는 이 충동은 추한 결과를 낳을 수 있다. 우리는 위협당하고 있다고 느낄 때 다른 사람들의 정체성과 인격을 보다 부정적이고 해로운 고정관념에 끼워맞춤으로써 우리 스스로를 더 나은 존재로 보이게 만들고자 한다. 예컨대 한 연구에서 피험자들은 흑인이 의사라는 것을 단번에 알아볼 경우 그 흑인 의사로부터 칭찬을 받았다. 그런데 사람들이 동일한 흑인 의사로부터 비판을 받을 경우, 사람들은 그 의사가 흑인이라는 사실을 단번에 강조하면서, 그가 의사라는 엘리트 전문직종이라는 점을 간과했다. Lisa Sinclair and Ziva Kunda, "Reactions to a Black

Professional: Motivated Inhibition and Activation of Conflicting Stereotypes," Journal of Personality and Social Psychology 77, no. 5 (1999): 885–904.

62. De Dreu Carsten and Kret, "Oxytocin Conditions Intergroup Relations."

63. Roccas and Brewer, "Social Identity Complexity."

64. 한 연구에서 연구자들은 222명의 오하이오 주 거주민들을 대상으로 그들이 가장 큰 소속감을 느끼는 집단이 무엇이며 그 선호하는 집단에서 밀려난 사람들을 어떻게 보고 있는지에 대해 조사했다. 사람들은 소속 집단의 구성원이 다양하고 복잡할수록 소수집단 우대정책과 다문화주의, 무슬림이나 성소수자 등 집단 외 사람들에 대한 동등한 대우에 찬성하는 것으로 나타났다. Brewer and Pierce, "Social Identity Complexity and Outgroup Tolerance."

3장 달콤한 침묵

1. Vasily Klucharev et al., "Reinforcement Learning Signal Predicts Social Conformity," Neuron 61 (2009): 140–151.

2. 무리의 경계선에 놓여 있는 물고기들은 느리거나, 늙거나, 약해서가 아니라, 그저 포식자가 볼 때 "사회적 경계선에 있는 고립된 먹잇감"으로 보이기 때문에 공격에 더욱 취약하다. John T. Cacioppo et al., "Loneliness Across Phylogeny and a Call for Comparative Studies and Animal Models," Perspectives on Psychological Science 10, no. 2 (2015): 202–212.

3. Klucharev et al., "Reinforcement Learning Signal."

4. Sweta Anantharaman, Majority Influence in Infancy (Auckland: University of Auckland, 2017), 29–30.

5. "노랑 초파리부터 호모 사피엔스까지 모든 사회적 생물종은 고립될 경우 퍽 취약해진다. 의미를 찾고자 하는 본능을 억누르지 못하는 생물종인 호모 사피엔스는 통상적인 상황에서 사회적 고립을 경험할 경우 그 영향을 더욱 극적으로 받게 된다. 연구에 따르면 사회적 고립을 인지하는 것(즉 외로움)은 전반적인 인지 능력 저하, 더 빠른 인지적 퇴행, 실행 기능의 저하, 부정적이고 우울한 인지의 증가, 사회적 위협에 대한 인식 증대 등으로 이어지며, 사회적 인식 차원에서 순응 편향은 자기 보호를 위한 것이지만 역설적이게도 스스로에게 해롭다. 사회적 조화를 저해하고 의인화와 전염을 증대시킨다." John T. Cacioppo and Louise C. Hawkley, "Perceived Social Isolation and Cognition," Trends in Cognitive Science 13, no. 10 (2009): 447–454.

6. Lyn Y. Abramson, Martin E. P. Seligman, and John D. Teasdale, "Learned Helplessness in Humans: Critique and Reformulation," Journal of Abnormal Psychology 87, no. 1 (1978): 49–74.

7. Elisabeth Noelle-Neumann, "The Spiral of Silence: A Theory of Public Opinion," Journal of Communication 24, no. 2 (1974): 43–51.

8. Josh Boak, "Anatomy of a Comeback: How Biden Won the Democratic Presidential Nomination," Detroit News, June 6, 2020, https://www.detroitnews.com/story/news/politics/2020/06/06/biden-comeback-nomination-democratic/111915566.

9. Elisabeth Noelle-Neumann, "Turbulences in the Climate of Opinion: Methodological Applications of the Spiral of Silence Theory," Public Opinion Quarterly 41, no. 2 (1977): 143–158; Elisabeth Noelle-Neumann, The Spiral of Silence: Public Opinion—Our Social Skin (Chicago: University of Chicago Press, 1993), 5.

10. Janine Stollberg et al., "Extending Control Perceptions to the Social Self: Ingroups Serve the

Restoration of Control," Current Issues in Social Psychology: Coping with Lack of Control in a Social World, ed. Marcin Bukowski et al. (London: Routledge/Taylor & Francis Group, 2017), 133–150.

11. 이것은 애나폴리스 주택 당국이 실제로 마주했던 윤리적 딜레마다. 다음을 참고. Lisa Leff, "Cities Face Ethical Dilemma in Drug Wars Evict Juveniles?," Washington Post, August 30, 1989, https:// www.washingtonpost.com/archive/local/1989/08/30/cities-face-ethical -dilemma-in-drug-wars-evict-juveniles/7d31541d- 6210- 46a9-9da3-94c52447d166.

12. "Ivan Beltrami," Jewish Foundation for the Righteous, accessed February 16, 2021, jfr.org/rescuer-stories/beltrami-ivan.

13. "Costly Conversations: Why the Way Employees Communicate Will Make or Break Your Bottom Line," VitalSmarts, December 6, 2016, https://www.vitalsmarts.com/press/2016/12/costly-conversations-why-the-way-employees-communicate-will-make-or-break-your-bottom-line; VitalSmarts, Silent Danger: The Five Crucial Conversations That Drive Workplace Safety (Provo, UT: VitalSmarts, 2013).

14. 직장 내 심리적 안전의 중요성에 대해 더 알고 싶다면 다음의 중요 연구를 확인할 것. Dr. Amy Edmondson, The Fearless Organization: Creating Psychological Safety in the Workplace for Learning, Innovation, and Growth (Hoboken, NJ: Wiley, 2018).

15. Joe Atkinson, "Engineer Who Opposed Challenger Launch Offers Personal Look at Tragedy," Researcher News, October 5, 2012, https://www.nasa.gov/centers/langley/news/researchernews/rn_Colloquium1012.html; Howard Berkes, "Remembering Allan McDonald: He Refused to Approve Challenger Launch, Exposed Cover-Up," NPR, March 7, 2021, https://www.npr.org/2021/03/07/974534021/remembering-allan-mcdonald-he-refused-to-approve-challenger-launch-exposed-cover.

16. "Volkswagen Executives Describe Authoritarian Culture Under Former CEO," The Guardian, October 20, 2015, https://www.theguardian.com/business/2015/oct/10/volkswagen-executives-martin-winterkorn-company-culture.

17. Bobby Allyn, "Ousted Black Google Researcher: 'They Wanted to Have My Presence, but Not Me Exactly,' " NPR, December 17, 2020, https://www.npr.org/2020/12/17/947719354/ousted-black-google-researcher-they-wanted-to-have-my-presence-but-not-me-exactl.

18. Jessica Silver-Greenberg and Rachel Abrams, "Nursing Homes Oust Unwanted Patients with Claims of Psychosis," New York Times, September 19, 2020, https://www.nytimes.com/2020/09/19/business/coronavirus-nursing-homes.html.

19. Molly Gamble, "Indiana Hospital Employee Fired After Speaking to New York Times," Becker Hospital Review, October 1, 2020, https://www.beckershospitalreview.com/hr/indiana-hospital-employee-fired-after-speaking-to-new-york-times.html.

20. Andrew Siddons, "Miners, Fearing Retaliation, May Skip Black Lung Screenings," Medical Xpress, March 1, 2019, https://medicalxpress.com/news/2019-03-miners-retaliation-black-lung-screenings.html.

21. "Mine Safety and Health Research Advisory Committee Meeting Minutes," US Department of Health and Human Services, Centers for Disease Control and Prevention, May 6–7, 2019, https://www.cdc.gov/faca/committees/pdfs/mshrac/mshrac-minutes-20190506-07-508.pdf.

22. "Author Laurie Forest Discusses The Black Witch Chronicles," video posted to YouTube by Harlequin Books, December 4, 2018, https://www.youtube.com/watch?v=v1_Hd0GAnvw.
23. Kat Rosenfield, "The Toxic Drama on YA Twitter," New York Magazine: Vulture, August 2017, https://www.vulture.com/2017/08/the-toxic-drama-of-ya-twitter.html.
24. Rosenfield, "The Toxic Drama."
25. Rosenfield, "The Toxic Drama."
26. 이 반응은 조엘 애덤슨과 엘리사에 의해 게시되었다. "The Black Witch, by Laurie Forest," Goodreads Q&A, accessed March 30, 2021, https://w w w.goodreads.com/questions/1013221-why-is-a-book-that-includes-this-text.
27. "The Black Witch, by Laurie Forest," Goodreads, accessed March 30, 2021, https://www.goodreads.com/book/show/25740412-the-black-witch. 또한 지적해야 할 점이 있다. 포레스트의 경우는 다행스럽게 끝났지만, 애석하게도 비슷한 사례가 흔하다는 것이다. 한 가지 예로 2년 전 젊은 아시아계 이민자인 아멜리에 웬 자오Amélie Wen Zhao가 그의 데뷔 소설인《피의 상속자Blood Heir》를 출간하려 했을 때 벌어졌던 일은 포레스트의 경우와 소름끼칠 정도로 유사하다. 소수의 분노한 독자들, 그 중에 많은 이들은 심지어 책을 읽지도 않은 사람들이, 자오를 인종차별주의자이며 표절을 했다고 손가락질하기 시작했다. 자오의 지지자들이 자오를 지키기 위해 뛰어들면서 격렬한 혼란이 이어졌다. 충격을 받고 겁에 질린 26세의 자오는 사죄문을 올리고 책의 출간을 취소했다. 하지만 몇 달에 걸쳐 모든 이야기 구조와 반전, 캐릭터의 디테일을 확인한 자오는 비판자들에게 동의할 수 없다는 결심을 했다. 자오의 책은 결국 약간의 개정 끝에 2019년 11월 출간되었다. 다음을 참고. Alexandra Alter, "She Pulled Her Debut Book When Critics Found It Racist. Now She Plans to Publish," New York Times, April 29, 2019, https://www.nytimes.com/2019/04/29/books/amelie-wen-zhao-blood-heir.html.
28. Aja Romano, "Why We Can't Stop Fighting About Cancel Culture," Vox, August 25, 2020, https://www.vox.com/culture/2019/12/30/20879720/what-is-cancel-culture-explained-history-debate.
29. Mark Fisher, "Exiting the Vampire Castle," Open Democracy, November 24, 2013, https://www.opendemocracy.net/en/opendemocracyuk/exiting-vampire-castle.
30. Fisher, "Exiting the Vampire Castle."
31. Alex Hern, "Facebook and Twitter Are Being Used to Manipulate Public Opinion—Report," The Guardian, June 19, 2017, https://www.theguardian.com/technology/2017/jun/19/social-media-proganda-manipulating-public-opinion-bots-accounts-facebook-twitter.
32. Noelle-Neumann, "Turbulences."
33. "Platform Manipulation and Spam Policy," Twitter, September 2020, https://help.twitter.com/en/rules-and-policies/platform-manipulation.
34. Juan S. Morales, "Perceived Popularity and Online Political Dissent: Evidence from Twitter in Venezuela," International Journal of Press/Politics 25, no. 1 (2020): 5–27.
35. Morales, "Perceived Popularity."
36. Chun Cheng, Yun Luo, and Changbin Yu, "Dynamic Mechanism of Social Bots Interfering with Public Opinion in Network," Physica A: Statistical Mechanics and Its Applications 551 (2020): 124163.
인터넷 봇의 정치 성향을 이야기한다면, 당시에는 진보보다 보수 쪽의 의견을 만들어내는 봇이 조금 더 많았다. 다음을 참고. Adam Badawy, Emilio Ferrara, and Kristina Lerman, "Analyzing the Digital Traces of Political Manipulation: The 2016 Russian Interference Twitter Campaign" (paper presented at the IEEE/ACM International Conference on Advances in Social Networks Analysis and Mining [ASONAM], Barcelona, Spain, 2018), 258–265.

37. 물론 다수로 보이는 이들 앞에서 대중이 침묵하는 것은 오래된 문제다. 앞서 '들어가며'에서 언급한 바와 같이 이 문제는 19세기 사람인 한스 크리스텐 안데르센의 눈에도 보이는 것이었다.

38. Noelle-Neumann, "The Spiral of Silence"; James L. Gibson and Joseph L. Sutherland, "Keeping Your Mouth Shut: Spiraling Self-Censorship in the United States" (working paper, SSRN eLibrary, 2020), https://papers.ssrn.com/sol3/papers.cfm?abstract_id=3647099.

39. Hugo Márquez, "Persecution of Homosexuals in the McCarthy Hearings: A History of Homosexuality in Postwar America and McCarthyism," Fairmount Folio: Journal of History 12 (2010): 52–76.

40. Rebecca Gibian, "Hollywood Actors Who Were Blacklisted During the Red Scare," InsideHook, October 20, 2017, https://www.insidehook.com/article/history/hollywood-actors-blacklisted-during-the-red-scare; Jack Anderson and Dale van Atta, "Apparently, the FBI Did Not Love Lucy," Washington Post, December 7, 1989, https://www.washingtonpost.com/archive/business/1989/12/07/apparently-the-f bi-did-not-love-lucy/ca6ccf7b-269b-4992-abb8-26afef7bae28; "Danny Kaye," FBI Records: The Vault, accessed April 7, 2021, https://vault.f bi.gov/Danny%20Kaye%20/Danny%20Kaye%20Part%202%20of%203/view; "Einstein's Deeply Held Political Beliefs," American Museum of Natural History, accessed April 7, 2021, https://www.amnh.org/exhibitions/einstein/global-citizen; Josh Jones, "Bertolt Brecht Testifies Before the House Un-American Activities Committee (1947)," Open Culture, November 12, 2012, https://www.openculture.com/2012/11/bertolt_brecht_testifies_before_the_house_un-american_activities_committee_1947.html.

41. Gibson and Sutherland, "Keeping Your Mouth Shut."

42. Emily Ekins, "Poll: 62% of Americans Say They Have Political Views They're Afraid to Share," CATO Institute, July 22, 2020, https://www.cato.org/survey-reports/poll-62-americans-say-they-have-political-views-theyre-afraid-share.

43. 달리 표현해 보자면, "입을 다무는 법을 배우는 것은 사회성을 늘리고, 어떤 입장을 표현하는 것이, 특히 어떤 입장을 표현하지 않는 것이 적절한지 배우는" 것으로, 이러한 과정은 "민주적 학습"으로도 알려져 있다. 이러한 패턴은 교육 수준이 높고 여력이 있는 사람일수록 실제로는 자기 검열을 더 크게 하고 있을 가능성을 시사한다. Gibson and Sutherland, "Keeping Your Mouth Shut."

44. Nathaniel Geiger and Janet K. Swim, "Climate of Silence: Pluralistic Ignorance as a Barrier to Climate Change Discussion," Journal of Environmental Psychology 47 (2016): 79–90.

45. Vernon L. Allen and John M. Levine, "Social Support, Dissent and Conformity," Sociometry 31, no. 2 (1968): 138–149.

46. 목소리를 내는 것이 효과를 발휘하는 경계선이 어떻게 분포되어 있는지 측정하는 것은 어려운 일이지만, 이는 어떤 인구 집단 내에서건 작동하는 침묵의 나선이 어떻게, 얼마나 영향력을 발휘하는지 확인할 수 있게 해준다. 다음을 참고. Eszter Bartha and Joanna Wolszczak-Derlacz, "Why Do People Choose to Be Silent? Simulating Electoral Behaviour" (EUI MWP Working Paper 26, European University Institute, 2008).

47. Tarana Burke, "Me Too Is a Movement, Not a Moment," TED, November 2018, https://www.ted.com/talks/tarana_burke_me_too_is_a_movement_not_a_moment.

48. Stop Street Harassment라는 비영리단체가 2018년 수행한 연구에 따르면, 77퍼센트의 여성이 언어적 성희롱을 경험하였고 51퍼센트는 동의 없는 성적 접촉을 겪은 바 있다. 약 41퍼센트는 온라인에서 성희롱을 당한 적이 있다고 했으며 27퍼센트는 본인이 성폭력 생존자라 응답했다. 다음을 참고. Rhitu Chatterjee, "A New Survey Finds 81 Percent of Women Have Experienced Sexual Harassment," NPR, February 21, 2018, https://www.npr.org/sections/thetwo-way/2018/02/21/587671849/a-new-survey-finds-eighty-percent-of-women-have-experienced-sexual-harassment.

49. Burke, "Me Too Is a Movement."

50. Abby Ohlheiser, "The Woman Behind 'Me Too' Knew the Power of the Phrase When She Created It—10 Years Ago," Washington Post, October 19, 2017, https://www.washingtonpost.com/news/the-intersect/wp/2017/10/19/the-woman-behind-me-too-knew-the-power-of-the-phrase-when-she-created-it-10-years-ago.

51. Ohlheiser, "The Woman Behind 'Me Too.' "

52. Samantha Schmidt, "#MeToo: Harvey Weinstein Case Moves Thousands to Tell Their Own Stories of Abuse, Break Silence," Washington Post, October 16, 2017, https://www.washingtonpost.com/news/morning-mix/wp/2017/10/16/me-too-alyssa-milano-urged-assault-victims-to-tweet-in-solidarity-the-response-was-massive.

53. Burke, "Me Too Is a Movement."

54. Stephanie Zacharek, Eliana Dockterman, and Haley Sweetland Edwards, "Person of the Year 2017," Time, accessed April 7, 2021, https://time.com/time-person-of-the-year-2017-silence-breakers.

4장 작은 카멜레온

1. Solomon E. Asch, "Opinions and Social Pressure," Scientific American 193, no. 5 (1955): 31–35.

2. Asch, "Opinions."

3. Gregory S. Berns et al., "Neurobiological Correlates of Social Conformity and Independence During Mental Rotation," Biological Psychiatry 58 (2005): 245–253.

4. Esther Hermann et al., "Humans Have Evolved Specialized Skills of Social Cognition: The Cultural Intelligence Hypothesis," Science 317 (2007): 1360–1366.

5. Peter J. Richerson, Not by Genes Alone: How Culture Transformed Human Evolution (Chicago: University of Chicago Press, 2006); Joseph Henrich, The Secret of Our Success: How Culture Is Driving Human Evolution, Domesticating Our Species, and Making Us Smarter (Princeton, NJ: Princeton University Press, 2015).

6. Leslie C. Aiello and R. I. M. Dunbar, "Neocortex Size, Group Size, and the Evolution of Language," Current Anthropology 34, no. 2 (1993): 184–193.

7. 다른 사람의 결정 같은 사회적 정보를 해석하는 부분(배쪽 선조체ventral striatum)이 우리 뇌에 별도로 할당되어 있다는 것은 인간의 군집 본능을 설명하는 열쇠가 될 수도 있다. 다음을 참고.

Christopher J. Burke et al., "Striatal BOLD Response Reflects the Impact of Herd Information on Financial Decisions," Frontiers in Human Neuroscience 4 (2010): 48.

8. Aiello and Dunbar, "Neocortex Size, Group Size."

9. 이러한 유대를 형성하지 못한 아기들은 평생에 걸쳐 곤란을 겪게 된다. 다음을 참고. Kathryn L. Hildyard and David A. Wolfe, "Child Neglect: Developmental Issues and Outcomes," Child Abuse & Neglect 26, no. 6–7 (2002): 679–695.

10. Marco Iacoboni, "Neural Mechanisms of Imitation," Current Opinion in Neurobiology 15 (2005): 632–637.

11. Jo-Marie v. d. M. Bothma, "Mirror Neurons and Baby Development," Mind Moves Institute, June 7, 2019, https://www.mindmoves.co.za/2019/06/07/mirror-neurons-and-baby-development.

12. Marco Iacoboni, "Imitation, Empathy, and Mirror Neurons," Annual Review of Psychology 60 (2009): 653–670; Jean Decety and Andrew N. Meltzoff, "Empathy, Imitation, and the Social Brain," in Empathy: Philosophical and Psychological Perspectives, ed. Amy Copland and Peter Goldie (New York: Oxford University Press, 2011), 58–81.

13. Iacoboni, "Neural Mechanisms."

14. Joni N. Saby, Andrew N. Meltzoff, and Peter J. Marshall, "Infants' Somatotopic Neural Responses to Seeing Human Actions: I've Got You Under My Skin," PLoS ONE 8, no. 10 (2013): e77905; Molly McElroy, "A First Step in Learning by Imitation, Baby Brains Respond to Another's Actions," University of Washington News, October 30, 2013, https://www.washington.edu/news/2013/10/30/a-first-step-in-learning-by-imitation-baby-brains-respond-to-anothers-actions.

15. Marcel Brass and Cecilia Heyes, "Imitation: Is Cognitive Neuroscience Solving the Correspondence Problem?," TRENDS in Cognitive Sciences 9, no. 10 (2005): 489–495.

16. Tanya L. Chartrand and John A. Bargh, "The Chameleon Effect: The Perception-Behavior Link and Social Interaction," Journal of Personality and Social Psychology 76, no. 6 (1999): 893–910; Rod Parker-Rees, "Liking to Be Liked: Imitation, Familiarity and Pedagogy in the First Years of Life," Early Years 27, no. 1 (2007): 3–17.

17. Chartrand and Bargh, "The Chameleon Effect," 894–895.

18. Malia F. Mason, Rebecca Dyer, and Michael I. Norton, "Neural Mechanisms of Social Influence," Organizational Behavior and Human Decision Processes 110 (2009): 152–159.

19. Jean-Pierre Dupuy, "Naturalizing Mimetic Theory," in Mimesis and Science: Empirical Research on Imitation and the Mimetic Theory of Culture and Religion, ed. Scott R. Garrels (East Lansing: Michigan State University Press, 2011), 193–214. 혹은, 지라르가 언급한 바와 같이, "모든 욕망은 공유될 때 두 배로 늘어난다." 다음을 참고. Maël Lebreton et al., "Your Goal Is Mine: Unraveling Mimetic Desires in the Human Brain," Journal of Neuroscience 32, no. 21 (2012): 7146–7157.

20. René Girard, Deceit, Desire, and the Novel (Baltimore: Johns Hopkins University Press, 1966), 99.

21. Vittorio Gallese, "The Two Sides of Mimesis: Girard's Mimetic Theory, Embodied Simulation and Social Identification," Journal of Consciousness Studies 16, no. 4 (2009): 21–44.

22. 이 중국식 손가락 함정에서 벗어나는 유일한 방법은 상호 합의된 희생, 즉 희생양 만들기뿐이

라고 지라르는 주장한다. 고대 서구 문명은 황소, 염소, 심지어 사람까지도 신에게 제물로 바쳐 왔다. 희생양은 순결한 존재로 더 큰 공동체의 문제를 끌어안고 비난받는 대상이며, 사람들이 공동의 적에 맞서 단결할 수 있도록 해준다. 종종 외부자가 희생양이 된다. 노예제부터 부족간 전쟁에서 나치즘, 중국의 위구르 수용소, 미국의 정체성 정치까지, 인류의 역사는 사회적 집단화에 기반한 희생양 만들기로 점철되어 있다. 오늘날까지도 찾아볼 수 있는 특히 슬픈 사례로는 파푸아 뉴기니의 '상구마Sanguma'라는 고발 행위를 꼽을 수 있다. 이는 초인적 힘을 통해 이루어지는 일종의 주술이며 이 주술을 당한 사람은 죽임을 당하게 되는데, 그 결과 무고한 사람들이 고문당하고 죽는 일이 반복적으로 벌어져 왔다. 상구마 고발이 이루어지면 부족의 힘이 작용하면서 심지어 가장 가까운 친족마저도 등을 돌리게 되고, 주술사의 구발은 합법적이며 이성적이고 심지어 도덕적인 것으로 받아들여진다. 심지어 주술사의 살인 행위는 부족을 지키기 위한 정당한 일로 여겨지는데, 이는 특히 고발당한 자가 다른 공동체에서 결혼을 통해 이곳에 온 경우, 혹은 사회적 고립으로 인해 "외부자가 되어버린 내부자"인 경우처럼 "내부의 이방인"을 향할 때 더욱 그러하다. 다음을 참고. Philip Gibbs, "Engendered Violence and Witch-Killing in Simbu," in Engendering Violence in Papua New Guinea, ed. Margaret Jolly, Christine Stewart, and Carolyn Brewer (Canberra: Australian National University, 2012), 107–135; Miranda Forsyth, "Summary of Main Themes Emerging from the Conference on Sorcery and Witchcraft-Related Killings in Melanesia, 5–7 June 2013, ANU, Canberra," Outrigger: Blog of the Pacific Institute, June 18, 2013, http://pacificinstitute.anu.edu.au/outrigger/2013/06/18/summary-sorcery-witchcraft-related-killings-in-melanesia-5-7-june-2013.

23. "Weber State University," U.S. News & World Report, accessed March 11, 2021, https://www.usnews.com/best-colleges/weber-state-university-3680.

24. Abraham P. Buunk and Frederick X. Gibbons, "Social Comparison: The End of a Theory and the Emergence of a Field," Organizational Behavior and Human Decision Processes 102 (2007): 3–21.

25. Gayannée Kedia, Thomas Mussweiler, and David E. J. Linden, "Brain Mechanisms of Social Comparison and Their Influence on the Reward System," NeuroReport 25, no. 16 (2014): 1255–1265.

26. Brent McFerran et al., "I'll Have What She's Having: Effects of Social Influence and Body Type on the Food Choices of Others," Journal of Consumer Research 36 (2010): 915–929.

27. Lauren E. Sherman et al., "What the Brain 'Likes': Neural Correlates of Providing Feedback on Social Media," Social Cognitive and Affective Neuroscience 13, no. 7 (2018): 699–707.

28. David T. Hsu et al., "Response of the μ-Opioid System to Social Rejection and Acceptance," Molecular Psychiatry 18, no. 11 (2013): 1211–1217.

29. Yi Luo et al., "Social Comparison in the Brain: A Coordinate-Based Meta-analysis of Functional Brain Imaging Studies on the Downward and Upward Comparisons," Human Brain Mapping 39 (2018): 440–458.

30. Sara J. Solnick and David Hemenway, "Is More Always Better? A Survey on Positional Concerns," Journal of Economic Behavior & Organization 37, no. 3 (1998): 373–383.

31. Bill D. Moyers, "What a Real President Was Like," Washington Post, November 13, 1988, https://www.washingtonpost.com/archive/opinions/1988/11/13/what-a-real-president-was-like/d483c1be-d0da-43b7-bde6-04e10106ff6c.

32. Erik C. Nook and Jamil Zaki, "Social Norms Shift Behavioral and Neural Responses to Foods," Journal of Cognitive Neuroscience 27, no.7 (2015): 1412–1426.

33. 다수를 향한 이 이상한 편향에 대해 1970년대의 사회심리학자 헨리 타지펠Henri Tajfel과 동료들은 연구했다. 사람들은 동전 던지기 결과, 종이 위에 점이 분포된 방식, 두 종류의 추상화에 대한 선호도 등 아무런 의미도 없는 피상적인 정보만으로도 두 개의 "최소 집단"을 형성한다는 사실을 밝혀냈다. 1970년대, 타지펠은 이러한 경향을 더 탐구해보기 위해 14세와 15세의 학생들을 대상으로, 그 학생들이 다른 집단에 손해를 끼치면서까지 자기 집단에 이익을 가져다주려 하는지에 대해 알아보았다. 학생들을 구분하는 방식은 사소한 것이었고(아이들이 입은 티셔츠의 색깔에 따랐다), 실험 참가자들은 서로와 얼굴을 맞대고 의사소통하는 일이 허락되지 않았다. 하지만 참가자들은 자신이 속한 그룹의 보상이 더 많이 나와야 한다고 주장하고 있었으며 때로는 공정하지 못한 주장을 하기도 했다. 그 보상을 얻기 위해 다른 이들의 희생이 필요할 때조차 자신이 속한 집단의 이익을 추구하는 모습을 보였다. 더군다나 학생들은 본인이 개인적으로 얻을 것이 별로 없거나 자신에게 약간의 부담이 가는 경우, 혹은 양쪽 집단 모두에 같은 부담을 주면서 자신의 집단에 혜택을 주는 경우라면 그것을 받아들이는 경향을 보여주었다. 다음을 참고. Henri Tajfel et al., "Social Categorization and Intergroup Behavior," European Journal of Social Psychology 1, no. 2 (1977): 149–178; see also Henri Tajfel, "Experiments in Intergroup Discrimination," Scientific American 223, no. 5 (1970): 96–103.

34. Jessica M. Perkins et al., "Social Norms, Misperceptions, and Mosquito Net Use: A Population-Based, Cross-Sectional Study in Rural Uganda," Malaria Journal 18, no. 1 (2019): 189.

35. "2 Billion Mosquito Nets Delivered Worldwide Since 2004," RBM Partnership to End Malaria, January 16, 2020, https://endmalaria.org/news/2-billion-mosquito-nets-delivered-worldwide-2004.

5장 사회적 규범에 따라

1. 고대 이집트, 그리스, 로마인들은 모두 음식을 꿰고 자르기 위해 다양한 종류의 포크를 사용했지만 식기로 사용하지는 않았다. 현재까지 알려진 최초의 식사용 포크는 기원후 7세기 무렵 중동과 비잔틴 제국의 귀족들이 사용했던 것이다. 비잔틴 황제 바실리우스 2세의 그리스인 조카가 1004년에 베니스로 혼인하러 갈 때 황금 포크 세트를 가지고 갔고 그는 공개적인 조롱감이 되었다. 그는 2년 후 전염병으로 사망했는데, 성 페트로 다미안은 그가 귀족적인 분위기를 풍기며 "두 개의 뿔을 지닌 황금 도구"로 음식을 먹겠다 고집했다며 비난했다. 다음을 참고. Chad Ward, "Origins of the Common Fork," Culinaria, May 6, 2009, https://leitesculinaria.com/1157/writings-origins-fork.html.

2. Sara Goldsmith, "The Rise of the Fork," Slate, June 20, 2012, http://www.slate.com/articles/arts/design/2012/06/the_history_of_the_fork_when_we_started_using _forks_and_how_their_design_changed_over_time_.html.

3. Stephanie Butler, "Of Knives and Forks," History, May 23, 2019, https://www.history.com/news/of-knives-and-forks.

4. See Pascal Tréguer, "Origin of the Phrase, 'To Sit Below the Salt,' " Word Histories, accessed March 17, 2021, https://wordhistories.net/2017/12/20/below-salt-origin.

5. "Online Course: Dining Etiquette—CreativeLive," Emily Post Institute, accessed March 3, 2021, https://emilypost.com/lifestyle/online-dining-etiquette.

6. See Norbert Elias, The Civilizing Process, vol. 1: The History of Manners, trans. Edmund Jephcott (New York: Urizen Books, 1978).

7. Audie Cornish and Mark Vanhoenacker, "Americans' Dining Technique Was Long-Abandoned by French," NPR, July 5, 2013, https://www.npr.org/templates/story/story.php?storyId=199114108.

8. Mimsie Ladner, "10 Superstitions That Koreans Still Believe Today," Culture Trip, May 24, 2018, https://theculturetrip.com/asia/south-korea/articles/10-superstitions-that-koreans-still-believe-today.

9. Jeffrey Rifkin, "Ethnography and Ethnocide: A Case Study of the Yanomami," Dialectical Anthropology 19, no. 2/3 (1994): 295–327.

10. Denise Winterman, "Queuing: Is It Really the British Way?," BBC, July 4, 2013, https://www.bbc.com/news/magazine-23087024.

11. 그렇다. 멜리사는 TV를 손에 넣었다!

12. Jonathan Haidt et al., "Body, Psyche, and Culture: The Relationship Between Disgust and Morality," Psychology and Developing Societies 9, no. 1 (1997): 107–131

13. R. N. Rossier, "The Lessons We Forget—Distraction, Disorientation, and Illusions," Business and Commercial Aviation 95, no. 3 (2004): 50–55.

14. Michele Rucci and Martina Poletti, "Control and Functions of Fixational Eye Movements," Annual Review of Vision Science 1 (2015): 499–518.

15. H. R. Everett, Unmanned Systems of World Wars I and II (Cambridge, MA: MIT Press, 2015), 401; Zoe Krasney, "What Were the Mysterious 'Foo Fighters' Sighted by WWII Night Flyers?," Air and Space Magazine, August 2016, https://www.airspacemag.com/history-of-flight/what-were-mysterious-foo-fighters-sighted-ww2-night-flyers-180959847.

16. Muzafer Sherif, "A Study of Some Social Factors in Perception," Archives of Psychology 27, no. 187 (1935): 1–60.

17. Muzafer Sherif, "An Experimental Approach to the Study of Attitudes," Sociometry 1, no. 1/2 (1937): 90–98.

18. Muzafer Sherif, The Psychology of Social Norms (New York: Harper & Row, 1936).

19. Sherif, "A Study of Some Social Factors in Perception."

20. Markham Heid, "Does Thinking Burn Calories? Here's What the Science Says," Time, September 19, 2018, https://time.com/5400025/does-thinking-burn-calories.

21. Bo-Rin Kim et al., "Social Deviance Activates the Brain's Error-Monitoring System," Cognitive, Affective and Behavioral Neuroscience 12, no. 1 (2012): 65–73.

22. 몇몇 지역에서 토마토 섭취를 금기시하는 관습은 종교적 맥락을 띠고 있기도 했다. 가지과에 속하는 다른 야채 내지 과일들과 마찬가지로 토마토는 마녀들에게 유용한 무언가로 여겨졌고, 악마적인 유혹의 도구로 사용될 수 있다는 것이었다. 다음을 참고. K. Annabelle Smith, "Why the Tomato Was Feared in Europe for More Than 200 Years," Smithsonian Magazine, June 18, 2013, https://www.smithsonianmag.com/arts-culture/why-the-tomato-was-feared-in-europe-for-more-than-200-years-863735; Romie Stott, "When Tomatoes Were Blamed for Witchcraft and Werewolves," Atlas Obscura, October 24, 2016, https://www.atlasobscura.com/articles/when-tomatoes-were-blamed-for-witchcraft-and-werewolves.

23. Gayle Turim, "Who Invented Pizza?," History, July 27, 2012, https://www.history.com/news/a-slice-of-history-pizza-through-the-ages.

24. 《캉디드》를 통해 볼테르는 철학자 고트프리드 라이프니츠를 희화화한다. 라이프니츠는 현존하는 세계를 신이 만들 수 있는 세계 중 최선의 것으로 보았다. 라이프니츠의 이러한 주장은 오늘날 라이프니츠적 낙관주의로 불리는데, 이는 세계에 명백한 악이 있음에도 불구하고 신의 정의로움을 옹호하는 입장이다. 다음을 참고. "Best of All Possible Worlds," Encyclo-pedia Britannica, accessed March 5, 2021, https://www.britannica.com/topic/best-of-all-possible-worlds.

25. Voltaire, Candide: or Optimism, trans. Burton Raffel (New Haven, CT: Yale University Press, 2005).

26. Voltaire, Candide.

27. Elizabeth Flock, "Dagen H: The Day Sweden Switched Sides of the Road Photo," Washington Post, February 17, 2012, https://www.washingtonpost.com/blogs/blogpost/post/dagen-h-the-day-sweden-switched-sides-of-the-road-photo/2012/02/17/gIQAOwFVKR_blog.html; Maddy Savage, "A 'Thrilling' Mission to Get the Swedish to Change Overnight," BBC, April 17, 2018, https://www.bbc.com/worklife/article/20180417-a-thrilling-mission-to-get-the-swedish-to-change-overnight.

28. Doug Bierend, "Throwback Thursday: Hilarity Ensues as Sweden Starts Driving on the Right," Wired, February 6, 2014, https://www.wired.com/2014/02/throwback-thursday-swe-den.

29. Evan Andrews, "The History of the Handshake," History, August 9, 2016, https://www.history.com/news/what-is-the-origin-of-the-handshake.

30. Theodore G. Obenchain, Genius Belabored: Childbed Fever and the Tragic Life of Ignaz Semmelweis (Tuscaloosa: University of Alabama Press, 2016), 32.

31. 두 진료실 사이의 차이는 너무도 분명하고 치명적이어서 심지어 대중의 눈에도 명백해 보였다. 젬멜바이스는 의사의 진료실로 임의 배정된 산모들이 무릎 꿇고 애원하며 자신들을 재배정해서 산파에게 보내달라고 애원했다는 점을 언급하고 있다. Obenchain, Genius Belabored, 68.

32. Obenchain, Genius Belabored, 103, 174; Irvine Loudon, "Ignaz Phillip Semmelweis' Studies of Death in Childbirth," Journal of the Royal Society of Medicine 106, no. 11 (2013): 461–463.

33. Ignaz Semmelweis, Etiology, Concept and Prophylaxis of Childbed Fever, trans. K. Codell Carter (Madison: University of Wisconsin Press, 1983 **1861**), 142–143.

6장 오류의 왕국

1. David DiSalvo, "Your Brain Sees Even When You Don't," Forbes, June 22, 2013, https://www.forbes.com/sites/daviddisalvo/2013/06/22/your-brain-sees-even-when-you-dont.

2. Karl Friston, "Prediction, Perception and Agency," International Journal of Psychophysiology 83, no. 2 (2012): 248–252; see also Jordana Cepelewicz, "To Make Sense of the Present, Brains May Predict the Future," Quanta Magazine, July 10, 2018, https://www.quantamagazine .org/to-make-sense-of-the-present-brains-may-predict-the-future-20180710.

3. Dale T. Miller and Cathy McFarland, "Pluralistic Ignorance: When Similarity Is Interpreted as Dissimilarity," Journal of Personality and Social Psychology 53, no. 2 (1987): 298–305.

4. Juan Manuel Contreras et al., "Common Brain Regions with Distinct Patterns of Neural Responses During Mentalizing About Groups and Individuals," Journal of Cognitive Neuroscience 25, no. 9 (2013): 1406–1417.
5. Miller and McFarland, "Pluralistic Ignorance."
6. Lee Ross, David Greene, and Pamela House, "The 'False Consensus Effect': An Egocentric Bias in Social Perception and Attribution Processes," Journal of Experimental Social Psychology 13 (1976): 219–301. Populace and Gallup, "The Success Index," Populace.org, 2019, https://static1.squarespace.com/static/59153bc0e6f2e109b2a85cbc/t/5d939cc86670c5214abe4b50/1569955251457/Populace+Success+Index.pdf.
7. Emily Ekins, "Poll: 62% of Americans Say They Have Political Views They're Afraid to Share," CATO Institute, July 22, 2020, https://www.cato.org/survey-reports/poll-62-americans-say-they-have-political-views-theyre-afraid-share; Populace and Gallup, "The Success Index."
8. Sarah K. Cowan and Delia Baldassarri, " 'It Could Turn Ugly': Selective Disclosure of Attitudes in Political Discussion Networks," Social Networks 52 (2018): 1–17.
9. "Historical Estimates of World Population," US Census Bureau, accessed March 19, 2021, https://www.census.gov/data/tables/time-series/demo/international-programs/historical-est-worldpop.html; Population Estimates Program, Population Division, US Census Bureau, "Historical National Population Estimates: July 1, 1900, to July 1, 1999," United States Census Bureau, April 11, 2000, https://www2.census.gov/programs-surveys/popest/tables/1900-1980/national/totals/popclockest.txt.
10. "Life Expectancy for Social Security," Social Security Administration, accessed March 22, 2012, https://www.ssa.gov/history/lifeexpect.html.
11. Robin I. M. Dunbar, "Neocortex Size as a Constraint on Group Size in Primates," Journal of Human Evolution 22, no. 6 (1992): 469–493.
12. Dunbar, "Neocortex Size."
13. Abby Ohlheiser, "Did Drake Die? No, That Was—Yawn—a 4chan Hoax," Washington Post, November 24, 2015, https://www.washingtonpost.com/news/the-intersect/wp/2015/11/24/did-drake-die-no-that-was-yawn-a-4chan-hoax.
14. Alex Kaplan, "A Fake CNN Site Started a Viral Hoax. Radio Stations Blamed CNN," Media Matters for America, April 17, 2018, https://www.mediamatters.org/fake-news/fake-cnn-site-started-viral-hoax-radio-stations-blamed-cnn; "Former First Lady Barbara Bush Dies at 92," Archive.today, accessed March 11, 2021, http://archive.li/EGhsB.
15. 다음을 참고. Craig Silverman, Jane Lytvynenko, and Scott Pham, "These Are 50 of the Biggest Fake News Hits on Facebook in 2017," Buzzfeed News, December 28, 2017, https://www.buzzfeednews.com/article/craigsilverman/these-are-50-of-the-biggest-fake-news-hits-on-facebook-in; Kim LaCapria, "Did President Trump Reverse President Obama's Turkey Pardons?," Snopes, January 25, 2017, https://www.snopes.com/fact-check/trump-turkey-pardons-reversed; Bethania Palma, "Did an Elderly Woman Train 65 Cats to Steal from Her Neighbors?," Snopes, November 9, 2017, https://www.snopes.com/fact-check/did-elderly-woman-train-cats-to-steal.

16. Christo Petrov, "25+ Impressive Big Data Statistics for 2020," Tech-jury blog, February 5, 2021, https://techjury.net/blog/big-data-statistics.

17. Jacquelyn Bulao, "How Much Data Is Created Every Day in 2020?," Techjury blog, May 18, 2021, https://techjur y.net/blog/how-much-data-is-created-every-day.

18. Bernard Marr, "How Much Data Do We Create Every Day? The Mind-Blowing Stats Everyone Should Read," Forbes, May 21, 2018, https://w w w.forbes.com/sites/bernard-marr/2018/05/21/how-much-data-do-we-create-every-day-the-mind-blowing-stats-every-one-should-read.

19. Steve James, "The George Washington Bridge Can Be a Motorist's Nightmare," CNBC, January 9, 2014, https://www.cnbc.com/2014/01/09/the-george-washington-bridge-can-be-a-motorists-nightmare.html.

20. Daniel J. Levitin, "Why It's So Hard to Pay Attention, Explained by Science," Fast Company, September 23, 2015, https://www.fastcompany.com/3051417/why-its-so-hard-to-pay-attention-explained-by-science.

21. 정신이 아득해지는 사실들을 조금 더 소개해보도록 한다. 1바이트의 디지털 데이터(7.5비트)는 텍스트 파일의 알파벳 글자 하나의 저장 용량이다. 우리 은하수의 별 하나 하나가(4조 개로 추정) 디지털 데이터의 바이트라면, 우리 은하계는 4백 기가바이트의 별을 담고 있는 셈이다. 그 숫자를 7억5천만과 곱하면 우리가 오늘날 우리가 가지고 있는 정보의 총량이 나온다. 만약 어떠한 이유에서 당신이 인터넷의 모든 자료를 다운받으려 한다면 완료될 때까지 1억8천1백만년이 걸릴 것이다. 다음을 참고. Maggie Masetti, "How Many Stars in the Milky Way?," Blueshift, July 22, 2015, https://asd.gsfc.nasa.gov/blueshift/index.php/2015/07/22/how-many-stars-in-the-milky-way; Petrov, "25+ Impressive Big Data Statistics."

22. 최악의 경우 이러한 과정은 정신과 육체를 망가뜨리는 결과를 낳는다. 과부하된 두뇌는 스트레스, 불안, 무력감, 탈진감으로 이어진다. 아드레날린과 스트레스 호르몬인 코르티솔의 체내 농도가 높아지면서 우리는 항시적으로 고긴장 상태에 놓이며 스트레스의 원인이 되는 것에 중독된다. 잠을 잘 못 자면서 체중이 늘어난다. 결국 두뇌는 기능을 중단하기 시작하는데, 이는 전자 회로가 과부하되었을 때 서킷 브레이커가 작동하여 파손을 막는 것과 같은 원리다. 다음을 참고. Daniel J. Levitin, "Why the Modern World Is Bad for Your Brain," The Guardian, January 18, 2015, https://www.theguardian.com/science/2015/jan/18/modern-world-bad-for-brain-daniel-j-levitin-organized-mind-information-overload; Daniel J. Levitin, The Organized Mind: Thinking Straight in the Age of Information Overload (New York: Penguin, 2015).

23. Gordon Pennycook, Tyrone D. Cannon, and David G. Rand, "Prior Exposure Increases Perceived Accuracy of Fake News," Journal of Experimental Psychology: General 147, no. 12 (2018): 1865–1880.

24. Ian Maynard Begg, Ann Anas, and Suzanne Farinacci, "Dissociation of Processes in Belief: Source Recollection, Statement Familiarity, and the Illusion of Truth," Journal of Experimental Psychology: General 121, no. 4 (1992): 446–458.

25. Anthony Kenny, Wittgenstein (Cambridge, MA: Harvard University Press, 1973).

26. Garth S. Jowett and Victoria O'Donnell, Propaganda and Persuasion (London: Sage Publications, 2006), 230. 반복이 어느 정도까지 작동하느냐에 있어서는 한계가 존재한다. 과학자들에 따르면 정보가 너무 많이 반복되거나 너무 압박한다고 느껴질 경우 수용자에게 의심하는 마음

이 생기며 그 출처에 대한 신뢰를 잃는다. 다음을 참고. Thomas Koch and Thomas Zerback, "Helpful or Harmful? How Frequent Repetition Affects Perceived Statement Credibility," Journal of Communication 63, no. 6 (2013): 993–1010.

27. Stefan Wojcik and Adam Hughes, "Sizing Up Twitter Users," Pew Research Center, April 24, 2019, https://www.pewresearch.org/internet/2019/04/24/sizing-up-twitter-users.

28. Tony Bartelme, "Troll Hunters: 2 Clemson Professors Race to Expose a Shadowy Force of Russian Internet Soldiers," Post and Courier, January 16, 2020, https://www.postandcourier.com/news/2-clemson-professors-race-to-expose-a-shadowy-force-of-russian-internet-soldiers/article_ebdaa49e-0569-11ea-865a-7f0b0aef77e6.

29. Scott Shane, "The Fake Americans Russia Created to Influence the Election," New York Times, September 7, 2017, https://www.nytimes.com/2017/09/07/us/politics/russia-facebook-twitter-election.html.

30. US Senate, "Report of the Select Committee on Intelligence, United States Senate, on Russian Active Measures Campaigns and Interference in the 2016 U.S. Election," Vol. 2, 116th Congress, accessed April 26, 2021, https://www.intelligence.senate.gov/sites/default/files/documents/Report_Volume2.pdf.

31. Darren L. Linvill and Patrick L. Warren, "Troll Factories: Manufacturing Specialized Disinformation on Twitter," Political Communication 37, no. 4 (2020): 447–467

32. Bartelme, "Troll Hunters."

33. Bartelme, "Troll Hunters."

34. US Senate, "Report of the Select Committee."

35. Emerging Technology from the arXiv, "How the Friendship Paradox Makes Your Friends Better Than You Are," MIT Technology Review, January 14, 2014, https://www.technologyreview.com/2014/01/14/174587 /how-the-friendship-paradox-makes-your-friends-better-than-you-are.

36. Populace and Gallup, "The Success Index."

37. Populace and Gallup, "The Success Index."

38. Yalda T. Uhls and Patricia M. Greenfield, "The Rise of Fame: An Historical Content Analysis," Cyberpsychology 5, no. 1 (2011): 1.

39. "Internet Growth Statistics," Internet World Stats, accessed March 11, 2021, https://www.internetworldstats.com/emarketing.htm.

40. Monica Anderson and Jingjing Jiang, "Teens' Social Media Habits and Experiences," Pew Research Center, November 28, 2018, https://www.pewresearch.org/internet/2018/11/28/teens-social-media-habits-and-experiences.

41. Yalda T. Uhls, "Kids Want Fame More Than Anything," HuffPost, January 19, 2012, https://www.huffpost.com/entry/kids-want-fame_b_1201935.

7장 일관성이라는 미덕

1. Bob Delaney, Dave Scheiber, and Bill Walton, Covert: My Years Infiltrating the Mob (New York: Union Square Press, 2009).

2. Bob Delaney, Todd Rose와 Bronwyn Fryer의 인터뷰, January 11, 2021. "올바른 더들리 Dudley

Do-Right"는 〈록키와 불윙클The Adventures Of Rocky And Bullwinkle〉이라는 1960년대 초 만화에 등장한 선량한 캐나다 기마경찰 캐릭터다.

3. Delaney, Scheiber, and Walton, Covert.
4. Delaney, Scheiber, and Walton, Covert.
5. Delaney, Scheiber, and Walton, Covert.
6. Delaney, Scheiber, and Walton, Covert.
7. Bob Delaney, Todd Rose와 Bronwyn Fryer의 인터뷰, January 11, 2021.
8. 로저는 또한 욕구 위계 이론으로 알려진 아브라함 매슬로우의 제자이기도 했다. 다음을 참고. Saul McLeod, "Maslow's Hierarchy of Needs," Simply Psychology, December 29, 2020, https://www.simplypsychology.org/maslow.html.
9. Carl R. Rogers, "The Necessary and Sufficient Conditions of Therapeutic Personality Change," Psychotherapy: Theory, Research, Practice, Training 44, no. 3 (2007): 240–248.
10. Eddie Harmon-Jones and Judson Mills, "An Introduction to Cognitive Dissonance Theory and an Overview of Current Perspectives on the Theory," in Cognitive Dissonance: Reexamining a Pivotal Theory in Psychology, ed. Eddie Harmon-Jones, 2nd ed. (Washington, DC: American Psychological Association, 2019), 1–24; see also Dan Ariely, The Honest Truth About Dishonesty: How We Lie to Everyone—Especially Ourselves (New York: HarperCollins, 2012).
11. Henry David Thoreau, Walden (New York: Thomas Y. Crowell & Co., 1910), 8.
12. Harmon-Jones and Mills, "An Introduction to Cognitive Dissonance Theory."
13. Liane Young, Alek Chakroff, and Jessica Tom, "Doing Good Leads to More Good: The Reinforcing Power of a Moral Self-Concept," Review of Philosophy and Psychology 3 (2012): 325–334.
14. "Plagiarism: Stopping Word Thieves," CBS News, October 21, 2012, https://www.cbsnews.com/news/plagiarism-stopping-word-thieves.
15. David T. Welsh et al., "The Slippery Slope: How Small Ethical Transgressions Pave the Way for Larger Future Transgressions," Journal of Applied Psychology 100, no. 1 (2014): 114–127.
16. Leon Festinger, "Cognitive Dissonance," Scientific American 207, no. 4 (1962): 93–106.
17. Maxim Kireev et al., "Possible Role of an Error Detection Mechanism in Brain Processing of Deception: PET-fMRI Study," International Journal of Psychophysiology 90 (2013): 291–299.
18. Theodor Schaarschmidt, "The Art of Lying," Scientific American, July 11, 2018, https://www.scientificamerican.com/article/the-art-of-lying.
19. Nobuhito Abe et al., "Deceiving Others: Distinct Neural Responses of the Prefrontal Cortex and Amygdala in Simple Fabrication and Deception with Social Interactions," Journal of Cognitive Neuroscience 19, no. 2 (2007): 287–295.
20. Abe et al., "Deceiving Others."
21. 한 연구의 피험자들은 자신들이 진정으로 믿는 바를 감추고 거짓된 방향으로 다른 이들을 인도하도록 요구받았다. 그들은 자신들이 더러워졌고 부도덕해졌다고 느꼈으며, 고통을 느낀 그들은 자신들의 몸을 물리적으로 씻고 다른 이들을 긍정적으로 도울 방법을 찾고자 했다. 그들이 진리를 위반했다는 사실에 대한 보상을 추구하는 것이었다. 다음을 참고. Francesca Gino, Maryam Kouchaki, and Adam D. Galinsky, "The Moral Virtue of Authenticity: How Inauthenticity Produces Feelings of Immorality and Impurity," Psychological Science 26, no. 7

(2015): 983–996.

22. Steve Silberman, "Don't Even Think About Lying: How Brain Scans Are Reinventing the Science of Lie Detection," Wired, January 1, 2006, https://www.wired.com/2006/01/lying.

23. Li Bel, "The Neuroscience of Lying," BrainWorld, June 26, 2020, https://brainworldmagazine.com/the-neuroscience-of-lying.

24. 과학자들은 측면 전두엽 피질Lateral Prefrontal Cortex에 손상을 입은 사람들일수록 돈을 얻기 위해 거짓말을 하는 비율이 높다는 것을 확인했다. 그러므로 측면 전두엽 피질로부터 주어지는 신호는 거짓말을 하는 것이 자신에게 이득이 되는 경우에도 올바른 일을 하도록 돕는다고 볼 수 있다. 다음을 참고. Adrianna Jenkins, Lusha Zhu, and Ming Hsu, "Cognitive Neuroscience of Honesty and Deception: A Signaling Framework," Current Opinion in Behavioral Sciences 11 (2016): 130–137.

25. Delaney, Scheiber, and Walton, Covert.

26. 자존감에 대한 연구를 통해 알 수 있는 사실은, 긍정적인 피드백을 받는 자존감 높은 사람들은 그것을 본인의 가치와 사회적 지위에 대한 자기 인식의 확인으로 받아들이며 긍정적인 피드백을 준 사람에게 마찬가지로 긍정적인 반응을 돌려준다는 것이다. 반대로 자존감이 낮은 사람들은 칭찬을 받았을 때 자존감 높은 사람들과 유사한 사회적 확신을 얻지 못하며, 자신에게 긍정적인 반응을 준 사람에게 긍정적인 피드백을 제공하지도 못한다. 다음을 참고. Charlotte C. VanSchie et al., "When Compliments Do Not Hit but Critiques Do: An fMRI Study into Self-Esteem and Self-Knowledge in Processing Social Feedback," Social Cognitive and Affective Neuroscience 13, no. 4 (2018): 404–417.

27. 두뇌 스캔을 통해 이 과정이 어떻게 진행되는지 실시간으로 확인할 수 있다. 사회적 거절은 감정의 통제가 덜 이루어지도록 하며 내측 전두엽Medial Prefrontal Cortex과 전대상피질Ventral Anterior Cingulate Cortex에서 더 많은 사회적 고통을 느끼게 하는데, 이는 자존감이 낮은 사람의 두뇌에서 더욱 심하다. 반면 같은 거절을 당하더라도 자존감이 높은 사람들의 경우 더 짧은 시간 더 적은 스트레스를 경험한다. 다음을 참고. Van Schie et al., "When Compliments Do Not Hit."

28. 나는 브랜든의 정치적 편향성에 대해 일부 동의하지 않으나, 그의 책은 당시 내게 엄청난 도움을 주었다.

29. Nathaniel Branden, The Six Pillars of Self-Esteem (London: Bantam, 1994).

30. 자존감이 낮은 사람들은 불안과 우울을 비롯한 부정적인 감정을 더욱 자주 느낀다. 더 위험도 높은 행위에 자주 개입하며 흡연, 알코올 남용, 그 외 심장 질환이나 암, 다른 질병을 유발시키는 건강하지 않는 습관으로 자주 빠져든다. 다음을 참고. Huanhua Lu et al., "The Hippocampus Underlies the Association Between Self-Esteem and Physical Health," Scientific Reports 8 (2018): 17141.

31. 상담가들은 사람들이 자신의 핵심적 개인 가치를 글로 쓰는 행위를 통해 스스로에 대한 인식을 확장하고 본인이 사용할 수 있는 역량을 인식하며, 내적 일관성을 강화하고 스스로에 대한 연결을 되찾는데 도움이 된다는 사실을 확인했다. 이러한 활동이 행태, 자기 성찰, 사회적 상호관계에 미치는 영향을 고려할 때, 심리학자들은 그로 인해 자존감이 증대한다고 말한다. 다음을 참고. Geoffrey L. Cohen and David K. Sherman, "The Psychology of Change: Self-Affirmation and Social Psychological Intervention," Annual Review of Psychology 65 (2014): 333–371.

32. 자존감이 낮은 사람들은 자신의 관점과 어긋나는 행동을 하도록 강요당하는 순간에도 갈등을

피하고자 하는 경향을 보인다. 이러한 부조화는 결국 내적 갈등을 자아내며, 당사자가 이해하고 있는 본인의 가치와 행위가 어긋나게 함으로써, 향후 사회적으로 영향을 받을 때 그에 저항할 수 있는 힘도 약하게 한다. 다음을 참고. Katharine L. Cimini, "The Effect of Self-Esteem on Attitude-Behavior Consistency" (undergraduate honors thesis, Lycoming College, 1990).

33. McLeod, "Maslow's Hierarchy."

34. Populace and Gallup, "The Success Index," Populace.org, 2019, https://static1.squarespace.com/static/59153bc0e6f2e109b2a85cbc/t/5d939cc86670c5214abe4b50/1569955251457/Populace+Success+Index.pdf.

35. Rogers, "The Necessary and Sufficient."

36. Populace and Gallup, "The Success Index."

37. Jiménez and Mesoudi, "Prestige-Biased Social Learning."

38. Stefania Innocenti and Robin Cowan, "Self-Efficacy Beliefs and Imitation: A Two-Armed Bandit Experiment," European Economic Review 113 (2019): 156–172.

39. Van Schie et al., "When Compliments Do Not Hit"; Cimini, "The Effect of Self-Esteem."

40. Johannes Klacki, Eva Jonas, and Martin Kronbichler, "Existential Neuroscience: Self-Esteem Moderates Neuronal Responses to Mortality-Related Stimuli," Social Cognitive and Affective Neuroscience 9, no. 11 (2014): 1754–1761; Branden, The Six Pillars. 신경생리학적 차원에서 보자면 더 큰 자존감은 불안과 도덕적 위협을 감지하고 관리하게 하는 우리의 능력을 신장시킨다. 연구에 따르면 뇌의 특정한 영역(양외측 뇌섬엽 Bilateral Insula)은 불쾌하거나 죽음과 관련된 정보의 충격을 흡수한다. 반면 자존감이 낮은 사람들의 두뇌 활동을 보면 죽음과 관련된 생각을 막기 위해 두뇌가 (복측부 전전두엽 피질 Ventrolateral Prefrontal Cortex과 내측 안와전두엽 Medial Orbitofrontal Cortex에서) 더 많은 활동을 해야 한다는 것을 확인할 수 있다. 다음을 참고. Klacki, Jonas, and Kron-bichler, "Existential Neuroscience."

41. Johannes Abeler, Anke Becker, and Armin Falk, "Truth-Telling: A Representative Assessment" (CeDEx Discussion Paper Series No. 2012-15, University of Nottingham, Centre for Decision Research and Experimental Economics, 2012).

42. Diana I. Tamir and Jason P. Mitchell, "Disclosing Information About the Self Is Intrinsically Rewarding," PNAS 109, no. 21 (2012): 8038–8043; Kevan Lee, "Your Brain on Dopamine: The Science of Motivation," I Done This Blog, April 9, 2019, http://blog.idonethis.com/the-science-of-motivation-your-brain-on-dopamine. 거짓말과 우리가 맺는 관계는 우리가 놓인 상황, 그리고 그 거짓말이 타인에게 미치는 영향에 따라 달라진다. 가령 우리는 거짓말을 통해 얻을 수 있는 게 많을수록 거짓말을 하지만 다른 사람이 그 거짓말 때문에 손해를 보는 게 커질수록 거짓말을 하지 않으려 든다. 거짓말을 회피하는 우리의 자연스러운 경향은 그것이 참이냐 거짓이냐 보다는 그 거짓말의 결과에 따라 영향을 받는다. 다음을 참고. Tobias Lundquist et al., "The Aversion to Lying," Journal of Economic Behavior & Organization 70, nos. 1–2 (2009): 81–92.

43. Robin I. M. Dunbar, "Breaking Bread: The Functions of Social Eating," Adaptive Human Behavior and Physiology 3 (2017): 198–211.

44. J. Kiley Hamlin, "The Origins of Human Morality: Complex Socio-moral Evaluations by Preverbal Infants," in New Frontiers in Social Neuroscience, ed. Jean Decety and Yves Christen (New York: Springer, 2014), 165–188.

45. Young, Chakroff, and Tom, "Doing Good Leads to More Good."
46. Young, Chakroff, and Tom, "Doing Good Leads to More Good."
47. Aristotle was born in 384 BC.
48. Laura Kipnis, "I Mean It," New York Times, August 10, 2012, https://www.nytimes.com/2012/08/12/books/review/sincerity-by-r-jay-magill-jr.html.
49. Michel de Montaigne, The Essays of Montaigne, Complete, trans. Charles Cotton, ed. William Carew Hazlitt (Salt Lake City, UT: Project Gutenberg, 1877), https://www.gutenberg.org/files/3600/3600-h/3600-h.htm.
50. Edward Muir, Ritual in Early Modern Europe (Cambridge: Cambridge University Press, 2005), 281.
51. Voltaire, Candide: or Optimism, trans. Burton Raffel (New Haven, CT: Yale University Press, 2005).
52. Kipnis, "I Mean It."
53. 진정성 있는 리더십에 대한 교과서적인 책을 쓴 빌 조지Bill George에 따르면, 진정성 있는 리더란 다음과 같은 사람이다. 사람들의 목적을 이해하고, 단단한 가치를 실행하며, 마음을 다해 이끌고, 튼튼한 관계를 확립하며, 자기 절제의 모범을 보인다. 다음을 참고. Bill George, "Authentic Leadership Rediscovered," Harvard Business School Working Knowledge, November 10, 2015, https://hbswk.hbs.edu/item/authentic-leadership-rediscovered.
54. Charles Dickens, A Christmas Carol (London: Chapman & Hall, 1843), 8.
55. Yanming An, "Western 'Sincerity' and Confucian 'Cheng,'" Asian Philosophy 14, no. 2 (2004): 155–169.
56. An, "Western 'Sincerity'" (강조는 인용자).
57. Benjamin Franklin, The Art of Virtue: Ben Franklin's Formula for Successful Living (New York: Skyhorse Publishing, 2012), 15.
58. Delaney, Scheiber, and Walton, Covert.
59. Bob Delaney, Todd Rose와 Bronwyn Fryer의 인터뷰, January 11, 2021.
60. 두뇌 스캔은 높은 자존감이 두뇌에서 자신에 대한 지식을 담당하는 영역(내측 전전두피질 Medial Prefrontal Cortex) 및 동기와 보상을 담당하는 영역(배측 선조체 Ventral Striatum)의 신경 활동 증가와 관련 있다는 것을 보여준다. 전두-선조체 경로Frontostriatal Pathway라 알려진 이 영역의 크기 및 그것을 따라 발생하는 신경 활동의 양은 해당 인물의 자존감과 직접적 연관을 보인다. 다음을 참고. Robert S. Chavez and Todd F. Heatherton, "Multimodal Frontostriatal Connectivity Underlies Individual Differences in Self-Esteem," Social Cognitive and Affective Neuroscience 10, no. 3 (2015): 364–370.
61. Delaney, Scheiber, and Walton, Covert.
62. Delaney, Scheiber, and Walton, Covert.

8장 낯선 이를 향한 신뢰

1. 아버지의 말은 내게 큰 울림을 주었다. 나는 그 후로 조금씩이나마 되갚으며 살아가고 있다.
2. 코로나 팬데믹을 겪는 동안 일부 엄마와 자녀들은 먹을 게 없는 상태에 놓였다. 여성과 어린이를 위한 영양 보충 프로그램Supplemental Nutrition Program For Women And Children을 통해 특별 할인가로 구입할 수 있는 음식을 더는 살 수 없게 되었기 때문이다. 그들은 자신들이 구입할 수 있는 물품을 사기 위해 여러 가게를 돌아다녀야 했다. 팬데믹으로 인해 직장을 잃고 아이들을 홈스쿨링해야 하며 배고픈 아이들이 차 뒷자리에서 울부짖고 있는 상황을 상상해 보라. 이 얼마나

좌절스럽고 분노가 치밀어오르는 일일까? 다음을 참고. Mike Stunson, "As Shoppers Stockpile Groceries, Moms Have Trouble Finding WIC Items amid Coronavirus," Sacramento Bee, March 24, 2020, https://www.sacbee .com/news/coronavirus/article241456946.html.

3. 물론 연방 공무원인 푸드 스탬프 관리자들은 열두 개의 복지 프로그램의 중복 수혜가 있는지 등을 살피면서 10만 달러 이상의 연봉을 받아간다. 브루킹스 연구소 연구원이 작성한 미국 농무부의 보고서에 따르면 푸드 스탬프 프로그램은 푸드 스탬프 1달러당 60센트의 운영비를 소비하고 있다. 다음을 참고. Julia Isaacs, "The Costs of Benefit Delivery in the Food Stamp Program: Lessons from a Cross-Program Analysis," Contractor and Cooperator Report 39 (Washington, DC: USDA, 2008).

4. Urban Institute에 따르면 2017년 미국의 복지 프로그램 예산 3억 6천1백만 달러 중 96퍼센트가 운영비로 소비되었다. 여기에는 프로그램 관리비와 메디케이드 제공자, 비영리단체, 그 외 저소득층 복지 대상자에게 서비스를 제공하는 민간 사업자에 대한 수당과 보수 등이 포함된다. 연방 프로그램에는 근로소득 세액공제 Earned Income Tax Credit와 자녀 세금 공제 Child Tax Credit 등 저소득과 중위소득 가정을 보조하는 프로그램의 환급비가 포함되어 있다. 자격 요건을 갖춘 개인이나 가구를 상대로 현금을 지급하는 프로그램으로는 고령 혹은 장애를 지닌 빈곤층과 실업보험 가입자를 위한 생활보장금 Supplemental Security Income 및, 영양 보조 프로그램(Supplemental Nutrition Assistance Program, 푸드 스탬프), 학교 급식, 저소득 가정 보조, 자녀 양육 지원, 에너지 요금 보조, 학대받거나 버려진 아이들을 돕는 다양한 프로그램들이 포함된다. 운영비 중 가장 큰 부분(81퍼센트)은 의료 서비스 구입 비용이다. 다음을 참고. "Policy Basics: Where Do Our Federal Tax Dollars Go?," Center on Budget and Policy Priorities, April 9, 2020, https://www.cbpp.org/research/federal-budget/policy-basics-where-do-our-federal-tax-dollars-go. 여기에는 7천억 달러에 달하는 주 정부와 연방 정부 프로그램이 포함되어 있지 않다. 그러한 프로그램으로는 빈곤 가정 임시 구제금 Temporary Assistance For Needy Families, 생활보장금, 연방 저소득 가정 에너지 지원 프로그램 Federal Low Income Home Energy Assistance Program, 여성과 어린이를 위한 영양 보충 프로그램 Supplemental Nutrition Program For Women And Children, "그 외 메디케이드 같은 프로그램 하에 서비스를 제공하는 치료사 및 기타 인력들에게 직접 지급되는 급여"가 포함되어 있다. 다음을 참고. "Public Welfare Expenditures," Urban Institute, accessed February 18, 2021, https://www.urban.org/policy-centers/cross-center-initiatives/state-and-local-finance-initiative/state-and-local-backgrounders/public-welfare-expenditures.

5. Lindsay J. Thompson, "Paternalism," Britannica, accessed March 12, 2021, https://www.britannica.com/topic/paternalism.

6. "Paternalism," New World Encyclopedia, accessed March 10, 2021, https://www.newworldencyclopedia.org/entry/Paternalism.

7. 영국의 철학자 존 스튜어트 밀이 후견주의에 대해 긍정적 기능보다 부정적 영향이 더 클 수도 있다고 지적한 19세기가 되어서야 사람들은 후견주의가 힘없는 이들을 침묵시키기 위한 정당화 기제가 아닌지 의심하기 시작했다. 고전이라 할 수 있는 "자유론"에서 밀은 이렇게 적고 있다. "인류의 본성은, 그가 지배자건 평범한 시민이건, 자신의 의견을 제시하고 다른 이들을 규제하는 규칙으로 하고자 하는 경향이 있다. 이는 인간 본성에서 가장 좋은 감정이자 가장 나쁜 감정인 무언가의 강렬한 지지를 받는 것으로, 권력을 향한 욕구가 아닌 그 무엇으로도 통제되지 않는다." 밀의 주장에 따르면 개인은 자신의 이익을 그 누구보다, 가부장적 규제를 하려는 사람보다 잘 알고 있다. 아마 테일러는 밀을 읽어보지 않았거나 읽었더라도 신경쓰지 않았던 것이 분명하다. 다음을 참고. John Stuart Mill, On Liberty (London: John W. Parker and Son, 1859),

29.

8. Arthur G. Bedeian and Daniel A. Wren, "Most Influential Management Books of the 20th Century," Organizational Dynamics 29, no 3 (2001): 221–225.

9. Debbie Sniderman, "Frederick Winslow Taylor," American Society of Mechanical Engineers, June 22, 2012, https://www.asme.org/topics-resources/content/frederick-winslow-taylor; "Frederick Winslow Taylor," Dictionary of American Biography (New York: Charles Scribner & Sons, 1936).

10. "Frederick Winslow Taylor," PBS: Who Made America?, accessed January 27, 2021, http://www.pbs.org/wgbh/theymadeamerica/whomade/taylor_hi.html.

11. Meagan Day, "We Are All Charlie Chaplin on the Assembly Line," Jacobin, June 17, 2019, https://jacobinmag.com/2019/06/taylorism-scientific-management-worker-power.

12. Frederick Winslow Taylor, The Principles of Scientific Management(New York: Harper & Brothers Publishers, 1919), 59.

13. Charlie Chaplin, dir., Modern Times (Los Angeles: UnitedArtists, 1936).

14. "Company Overview," Harvard Business Review, accessed March 10, 2021, https://hbr.org/corporate/about; see also Justin Fox, "The Bedraggled Return of the Organization Man," Harvard Business Review, June 5, 2013, https://hbr.org/2013/06/the-bedraggled-return-of-the-orga.

15. Alex Tabarrok, "Regulation and Distrust—The Ominous Update," Marginal Revolution, August 16, 2016, https://marginalrevolution.com/marginalrevolution/2016/08/regulation-and-distrust-revisited.html.

16. Philippe Aghion et al., "Regulation and Distrust," Quarterly Journal of Economics 125, no. 3 (2010): 1015–1049.

17. Lindsey M. Rodriguez et al., "The Price of Distrust: Trust, Anxious Attachment, Jealousy, and Partner Abuse," Partner Abuse 6, no. 3 (2015): 298–319; Judith E. Glaser, "Your Brain Is Hooked on Being Right," Harvard Business Review, February 28, 2013, https://hbr.org/2013/02/break-your-addiction-to-being.

18. 다음을 참고. Robert V. Robinson and Elton F. Jackson, "Is Trust in Others Declining in America? An Age-Period-Cohort Analysis," Social Science Research 30 (2001): 117–145; Robert D. Putnam, Bowling Alone: The Collapse and Revival of American Community (New York: Simon & Schuster, 2000).

19. 장기간에 걸친 설문 결과들을 종합해보면 미국인들의 불신이 점점 커지고 있다는 사실을 확인할 수 있다. 오늘날 가장 젊은 세대에 속하는 미국인들은 상호간 신뢰가 가장 낮은 미국인이기도 하다. 이러한 현상의 원인 중 일부는 사람의 연령, 상황, 사회적 구성, 같은 세대에 속하는 다른 이들과 경험하는 역사적 맥락 등에 따른 것이다. 미국인들은 일반적으로 나이를 먹음에 따라 서로를 더욱 신뢰하는 경향을 보인다. 다음을 참고. Robinson and Jackson, "Is Trust in Others Declining."

20. 또한 주기적으로 미국인들의 정서와 가치관을 수집하는 General Social Survey에 따르면, 다른 사람들을 일반적으로 믿을 수 있다고 말하는 응답자는 1976년부터 2006년까지 평균 10퍼센트 가량 감소했다. Lee Rainie, Scott Keeter, and Andrew Perrin, "Trust and Distrust in America," Pew Research Center, July 22, 2019, https://www.pewresearch.org/poli-

tics/2019/07/22/trust-and-distrust-in-america.

21. David Brooks, "America Is Having a Moral Convulsion," The Atlantic, October 5, 2020, https://www.theatlantic.com/ideas/archive/2020/10/collapsing-levels-trust-are-devastating-america/616581.

22. Megan Brenan, "U.S. National Pride Falls to Record Low," Gallup, June 15, 2020, https://news.gallup.com/poll/312644/national-pride-falls-record-low.aspx.

23. Mark Murray, "Poll: 80 Percent of Voters Say Things Are Out of Control in the U.S.," NBC News, June 7, 2020, https://www.nbcnews.com/politics/meet-the-press/poll-80-percent-voters-say-things-are-out-control-u-n1226276.

24. Brooks, "America Is Having." 이 글은 2021년 1월 20일 조 바이든 대통령의 취임 직후 발표된 것이다. 포퓰레이스의 조사는 나쁜 소식이 사실임을 보여준다. 우리의 조사에 따르면 미국인의 82퍼센트는 미국이 이전보다 더욱 분열되었다고 생각한다. (또한 41퍼센트는 극히 분열되었다고 본다.) 다음을 참고. "The American Aspirations Index," Populace, 2021, https://static1.squarespace.com/static/59153bc0e6f2e109b2a85cbc/t/603d422ccfad7f5152ab9a40/1614627374630/Populace+Aspirations+Index.pdf.

25. 다음을 참고. "BU Historian Answers: Are We Headed for Another Civil War?," BU Today, March 27, 2019, http://www.bu.edu/articles/2019/are-we-headed-for-another-civil-war.

26. Eric Rosales, "Man Finds $125,000 in Cash & Gives It Back, Gets Reward!," Fox26News, May 29, 2014, https://kmph.com/archive/man-finds-125000-in-cash-gives-it-back-gets-reward.

27. Alain Cohn et al., "Civic Honesty Around the Globe," Science 365, no. 6448 (2019): 70–73.

28. Jill Suttie, "Why People May Be More Honest Than You Think," Greater Good Magazine, August 13, 2019, https://greatergood.berkeley.edu/article/item/why_people_may_be_more_honest_than_you_think.

29. Populace and Gallup, "The Success Index," Populace.org, 2019, https://static1.squarespace.com/static/59153bc0e6f2e109b2a85cbc/t/5d939cc86670c5214abe4b50/1569955251457/Populace+Success+Index.pdf.

30. 2019년, 한 설문조사에 따르면 공화당원들은 민주당원들이 다른 미국인들에 비해 55퍼센트나 더 부도덕하다고 보고 있었고, 민주당원들은 공화당원들이 다른 미국인들에 비해 47퍼센트나 더 부도덕하다고 보고 있었다. 다음을 참고. "Partisan Antipathy: More Intense, More Personal," Pew Research Center, October 10, 2019, https://www.pewresearch.org/politics/2019/10/10/how-partisans-view-each-other.

31. Populace, "The American Aspirations Index."

32. Populace, "The American Aspirations Index."

33. Paul Ekman, Eve Ekman, and Jason Marsh, "Can I Trust You?," Greater Good Magazine, September 1, 2008, https://greatergood.berkeley.edu/article/item/can_i_trust_you; see also Paul Ekman, Why Kids Lie: How Parents Can Encourage Truthfulness (London: Penguin Books, 1991).

34. Paul J. Zak, "The Neuroscience of Trust," Harvard Business Review, January–February 2017, https://hbr.org/2017/01/the-neuroscience-of-trust.

35. Zak, "The Neuroscience of Trust."

36. Marc A. Cohen and Mathew S. Isaac, "Trust Does Beget Trustworthiness and Also Begets Trust in Others," Social Psychology Quarterly, December 8, 2020, https://doi.org/10.25384/SAGE.c.5236125.v1.
37. Brooks, "America Is Having."
38. Brooks, "America Is Having."
39. 하지만 우리 대부분은 때로 적당히 넘어간다. 다음을 참고. Dan Ariely, The Honest Truth About Dishonesty: How We Lie to Everyone—Especially Ourselves (New York: HarperCollins, 2012).
40. Terence Burnham, Kevin McCabe, and Vernon L. Smith, "Friend-or-Foe Intentionality Priming in an Extensive Form Trust Game," Journal of Economic Behavior & Organization 43 (2000): 57–73.
41. Nancy L. Carter and J. Mark Weber, "Not Pollyannas: Higher Generalized Trust Predicts Lie Detection Ability," Social Psychological and Personality Science 1, no. 3 (2010): 274–279.
42. 다음을 참고. Zak, "The Neuroscience of Trust."
43. "Hometown Hero: Oakland's Mauricio Miller Forges New Path Out of Poverty for Clients," East Bay Times, March 16, 2015, https://www.eastbaytimes.com/2015/03/16/hometown-hero-oaklands-mauricio -miller-forges-new-path-out-of-poverty-for-clients.
44. Anne Stuhldreher and Rourke O'Brien, "The Family Independence Initiative: A New Approach to Help Families Exit Poverty" (Washington, DC: New America Foundation, 2011).
45. Stuhldreher and O'Brien, "The Family Independence Initiative."
46. "Partner: UpTogether Is Not a Program," UpTogether, accessed June 28, 2021, https://www.uptogether.org/partner.
47. "A Community-Centered Approach to Socioeconomic Mobility," UpTogether, accessed June 28, 2021, https://w w w.uptogether.org/approach.
48. "A Community-Centered Approach"; Stuhldreher and O'Brien, "The Family Independence Initiative."
49. "Lunch with a Genius," Nonprofit Chronicles, October 19, 2016, https://nonprofitchronicles.com/2016/10/19/lunch-with-a-genius; "Our Story," UpTogether, accessed June 28, 2021, https://www.uptogether.org/our-story.
50. "UpTogether: Trusting and Investing in Families," video posted to YouTube by UpTogether, May 4, 2021, https://www.youtube.com/watch?v=dUXwFGyozzA&t=43s.
51. Family Independence Initiative, "COVID-19 Impact Report," UpTogether, August 2020, https://www.uptogether.org/wp-content/uploads/2021/05/FII_COVID_ImpactReport.pdf.
52. "Our Story"; Family Independence Initiative, "COVID-19 Impact Report."
53. "Investing in People Has Huge Returns," UpTogether, accessed June 28, 2021, https://www.uptogether.org/impact.
54. "Lunch with a Genius."
55. "Donate," UpTogether, accessed June 28, 2021, https://www.uptogether.org/donate.
56. "Californians on Universal Basic Income Paid Off Debt and Got Full-Time Jobs," The Guardian, March 4, 2021, https://www.theguardian.com/us-news/2021/mar/03/california-universal-basic-income-study; Amy Castro Baker et al., "Mitigating Loss of Health Insurance

and Means Tested Benefits in an Unconditional Cash Transfer Experiment: Implementation Lessons from Stockton's Guaranteed Income Pilot," SSM—Population Health 11 (August 2020): 100578.

57. Jesse M. Cunha, Giacomo De Giorgi, and Seema Jayachandran, "The Price Effects of Cash Versus In-Kind Transfers" (NBER Working Paper 17456, National Bureau of Economic Research, 2011).

58. Francesca Giuliani-Hoffman, "Researchers Gave Thousands of Dollars to Homeless People. The Results Defied Stereotypes," CNN, October 9, 2020, https://www.cnn.com/2020/10/09/americas/direct-giving-homeless-people-vancouver-trnd/index.html.

59. "Aseptic/Packaging Mechanic, Morning Star Company," SmartRecruiters, accessed January 25, 2021, https://jobs.smartrecruiters .com/TheMorningStarCompany/743999724783626-aseptic-packaging-mechanic; Gary Hamel, "First, Let's Fire All the Managers," Harvard Business Review, December 2011, https://hbr.org/2011/12/first-lets-fire-all-the-managers.

60. "Morning Star Videos," Morning Star, accessed March 10, 2021, https://www.morningstarco.com/resources/morning-star-videos; Hamel, "First, Let's Fire All the Managers"; "Join Our Team," Morning Star, accessed March 10, 2021, https://www.morningstarco.com/careers.

61. Hamel, "First, Let's Fire All the Managers."

62. Zak, "The Neuroscience of Trust."

63. 코로나 팬데믹의 맥락 속에서 스칸디나비아 반도 국가들의 정부 주도 의료 체계를 향한 신뢰는 감염을 막기 위한 개인적 노력과 함께 대단히 긍정적인 기여를 했다.(노르웨이와 스웨덴의 예방율은 98퍼센트를 넘겼다). 다음을 참고. Lisa M. Helsingen et al., "The COVID-19 Pandemic in Norway and Sweden—Threats, Trust, and Impact on Daily Life: A Comparative Survey," BioMed Central Public Health 20, no. 1 (2020): 1597.

64. 할든 교도소는 덴마크의 에릭 몰러 아키텍츠Erik Moller Architects와 노르웨이의 HLM 아키텍투어 AS HLM Arkitekur AS에 의해 디자인되었다. 2010년 할든 교도소는 안스타인 아네버그 어워드Arnstein Arneberg Award에서 실내 디자인 상을 받았다. 다음을 참고. Knut Egil Wang, "Inside Norway's Halden Prison," The Story Institute, accessed March 12, 2021, https://www.thestoryinstitute.com/halden.

65. Christina Sterbenz and Pamela Engel, "A Norwegian Who Killed 77 People Is Suing over Prison Conditions—These Photos Show How Luxurious Norwegian Prisons Are," Insider, March 19, 2016, https://www.businessinsider.com/what-are-norway-prisons-like.

66. Jeffrey Kofman, "In Norway, a Prison Built on Second Chances," NPR, May 31, 2015, https://www.npr.org/sections/parallels/2015/05/31/410532066/in-norway-a-prison-built-on-second-chances; Wang, "Inside Norway's Halden Prison." 고독한 상태로 보낸 시간이 심리적 외상을 강화한다는 것을 보여주는 연구는 지속적으로 출간되고 있다. "고립 증후군Isolation Syndrome"은 감옥에서 오랜 시간을 보낸 사람들이 겪게 되는 심각한 장기 지속적 영향을 뜻하는 용어다. 다음을 참고. Stuart Grassian, "Psychiatric Effects of Solitary Confinement," Journal of Law and Policy 22 (2006): 325–383.

67. "About the Norwegian Correctional Service," Norwegian Correctional Service, accessed February 19, 2021, https://www.kriminalomsorgen.no/?cat=536003.

68. 미국의 교도 및 형사정책 전문가들 중 노르웨이의 방법론을 수용하는 이들이 점점 늘어나고

있다. 두 차례 할든 교도소를 방문한 후 노르웨이 모델에 기반한 개혁을 추구하고 있는 북 다코타 주의 교도 행정 관리자 린 버치는 말한다. "가서 직접 보시라는 말밖에 할 수가 없습니다." 테일러주의를 따르는 비판자들은 노르웨이가 2018년 현재 매년 죄수 1인당 12만9222달러를 쓰고 있다고 지적한다. 반면 미시건은 죄수 1인당 3만8051달러를 쓰고 있다. 비판자들은 또한 노르웨이 모델은 미국에서 작동하지 않는데, 왜냐하면 미국과 달리 노르웨이는 인종적으로 균일한 국가이기 때문이다. 다음을 참고. "Is Norway a Model for Better Prison Practices?," The Crime Report, October 10, 2019, https://thecrimereport.org/2019/10/10/is-norway-a-model-for-better-prison-practices; 북 다코다주의 실험에 대해서는 다음을 참고. Dashka Slater, "North Dakota's Norway Experiment," Mother Jones, July/ August 2017, https://www.motherjones.com/crime-justice/2017/07/north-dakota-norway-prisons-experiment.

69. Wendy Sawyer and Peter Wagner, "Mass Incarceration: The Whole Pie 2020," Prison Policy Initiative, March 24, 2020, https://www.prisonpolicy.org/reports/pie2020.html; "Mass Incarceration Costs $182 Billion Every Year, Without Adding Much to Public Safety," Equal Justice Initiative, February 6, 2017, https://eji.org/news/mass-incarceration-costs-182-billion-annually.

9장 거짓 위에 세워진 세상

1. 다음을 참고. Václav Havel, "The Power of the Powerless," in The Power of the Powerless: Citizens Against the State in Central-Eastern Europe, ed. John Keane (London: Hutchinson, 1985). 1993년 체코슬로바키아는 평화롭게, 체코 공화국과 슬로바키아로 분단되었다.
2. Havel, "The Power of the Powerless."
3. M. Mark Stolarik, The Czech and Slovak Republics: Twenty Years of Independence, 1993–2013 (Budapest: Central European University Press, 2016).
4. Václav Havel, The Garden Party: and Other Plays (New York: Grove Press, 1994).
5. Michael Zantovsky, Havel: A Life (New York: Grove Press, 2014), 128.
6. Zantovsky, Havel.
7. See Havel, "The Power of the Powerless."
8. Havel, "The Power of the Powerless."
9. David Dorsey, "Positive Deviant," Fast Company, November 30, 2000, https://www.fastcompany.com/42075/positive-deviant.
10. Richard Pascale, Jerry Sternin, and Monique Sternin, The Power of Positive Deviance: How Unlikely Innovators Solve the World's Toughest Problems (Cambridge, MA: Harvard Business Review Press, 2010), 27.
11. Pascale, Sternin, and Sternin, The Power of Positive Deviance, 34, 38.
12. Monique Sternin, "To Solve Hard Challenges, We Must Look for the Positive Deviants | Monique Sternin | TEDxMidAtlantic," video posted to YouTube by TEDx Talks on October 24, 2014, https://www.youtube.com/watch?v=B8J4fc3XyV4.
13. Pascale, Sternin, and Sternin, The Power of Positive Deviance, 5.
14. Pascale, Sternin, and Sternin, The Power of Positive Deviance, 43.
15. 이 개념은 터프츠 대학의 영양학자 마리안 제틀린이 창안한 것이다. 다음을 참고. Pascale,

Sternin, and Sternin, The Power of Positive Deviance, 23.

16. Pascale, Sternin, and Sternin, The Power of Positive Deviance, 7.

17. "Positive Deviance Approach by Jerry Sternin," video uploaded to YouTube by Positive Deviance approach, April 30, 2015, https://www.youtube.com/watch?v=9Pj4egHN0-E.

18. Stella Babalola, David Awasum, and Brigitte Quenum-Renaud, "The Correlates of Safe Sex Practices Among Rwandan Youth: A Positive Deviance Approach," African Journal of AIDS Research 1, no. 1 (2002): 11–21; Samir S. Awad et al., "Implementation of a Methicillin-Resistant Staphylococcus aureus MRSA Prevention Bundle Results in Decreased MRSA Surgical Site Infections," American Journal of Surgery 198, no. 5 (2009): 607–610; Pascale, Sternin, and Sternin, The Power of Positive Deviance, 156; Gretchen M. Spreitzer and Scott Sonenshein, "Toward the Construct Definition of Positive Deviance," American Behavioral Scientist 47, no. 6 (2004): 828–847.

19. United Nations Children's Fund UNICEF, Female Genital Mutilation/Cutting: A Statistical Overview and Exploration of the Dynamics of Change (New York: UNICEF, 2013).

20. Ronan Van Rossem and Dominique Meekers, "The Decline of FGM in Egypt Since 1987: A Cohort Analysis of the Egypt Demographic and Health Surveys," BMC Women's Health 20, no. 1 (2020): 100; UNICEF, Female Genital Mutilation; Ronan Van Rossem, Dominique Meekers, and Anastasia J. Gage, "Women's Position and Attitudes Towards Female Genital Mutilation in Egypt: A Secondary Analysis of the Egypt Demographic and Health Surveys, 1995–2014," BMC Public Health 15 (2015): 874.

21. 〈가디언〉은 7세 소녀가 겪은 끔찍한 일화를 전한다. 다음을 참고. Maryum Saifee, "I'm a Survivor of Female Genital Cutting and I'm Speaking Out—as Others Must Too," The Guardian, February 8, 2016, https://www.theguardian.com/commentisfree/2016/feb/08/victim-fgm-speaking-out-cut-genitals-culture-of-silence. 2020년, 어떤 이집트의 아버지는 코로나 백신을 맞으러 가자며 딸을 속여서 성기 절제를 받게 했다. 다음을 참고. "Egyptian Girls 'Tricked into FGM' with COVID-19 Vaccine," Aljazeera, June 5, 2020, https://www.aljazeera.com/news/2020/6/5/egyptian-girls-tricked-into-fgm-with-covid-19-vaccine.

22. Peggy Mulongo, Sue McAndrew, and Caroline Hollins Martin, "Crossing Borders: Discussing the Evidence Relating to the Mental Health Needs of Women Exposed to Female Genital Mutilation," International Journal of Mental Health Nursing 23, no. 4 (2014): 296–305; Jeroen Knip-scheer et al., "Mental Health Problems Associated with Female Genital Mutilation," BJPsych Bulletin 39, no. 6 (2015): 273–277; "Health Risks of Female Genital Mutilation FGM," World Health Organization, accessed April 12, 2021, https://www.who.int/teams/sexual-and-reproductive-health-and-research/areas-of-work/female-genital-mutilation/health-risks-of-female-genital-mutilation.

23. 이집트에서 여성 성기 절제를 받은 비율은 부키나 파소의 경우와 유사하다. 15세에서 49세 사이의 이집트 여성 중 95퍼센트 이상이 성기 절제를 받았는데, 그 중 37퍼센트는 해당 관행이 중단되어야 한다고 생각한다. "Female Genital Mutilation FGM," UNICEF, February 2020, https://data.unicef.org/topic/child-protection/female-genital-mutilation. Only Somalia, Guinea, Djibouti, Sierra Leone, 또한 말리에서는 여성 성기 절제가 이집트보다 줄어들고 있다. Van Rossem and Meekers, "The Decline of FGM."

24. Pascale, Sternin, and Sternin, The Power of Positive Deviance, 62.

25. Pascale, Sternin, and Sternin, The Power of Positive Deviance, 73.

26. Pascale, Sternin, and Sternin, The Power of Positive Deviance, 75. 다음도 참고. "As More Families Report FGM Incidents in Egypt, Advocacy Intensifies, and a New Bill Seeks to Increase Penalties," UN Women, February 5, 2021, https://www.unwomen.org/en/news/stories/2021/2/feature--families-report-fgm-in-egypt-and-advocacy-intensifies.

27. Van Rossem and Meekers, "The Decline of FGM."

28. Havel, "The Power of the Powerless."

29. Havel, "The Power of the Powerless."

KI신서10821

집단 착각

1판 1쇄 발행 2023년 5월 26일
1판 10쇄 발행 2024년 11월 15일

지은이 토드 로즈
옮긴이 노정태
펴낸이 김영곤
펴낸곳 ㈜북이십일 21세기북스

정보개발팀장 이리현
정보개발팀 이수정 강문형 최수진 김설아 박종수
디자인 THIS-COVER
출판마케팅팀 한충희 남정한 나은경 최명열 한경화
영업팀 변유경 김영남 강경남 최유성 전연우 황성진 권채영 김도연
해외기획팀 최연순 소은선 홍희정
제작팀 이영민 권경민

출판등록 2000년 5월 6일 제406-2003-061호
주소 (10881)경기도 파주시 회동길 201(문발동)
대표전화 031-955-2100 **팩스** 031-955-2151 **이메일** book21@book21.co.kr

(주)북이십일 경계를 허무는 콘텐츠 리더

21세기북스 채널에서 도서 정보와 다양한 영상자료, 이벤트를 만나세요!
페이스북 facebook.com/jiinpill21 포스트 post.naver.com/21c_editors
인스타그램 instagram.com/jiinpill21 홈페이지 www.book21.com
유튜브 youtube.com/book21pub

서울대 가지 않아도 들을 수 있는 명강의! 〈서가명강〉
유튜브, 네이버, 팟캐스트에서 '서가명강'을 검색해보세요!

ISBN 978-89-509-1094-5 03180

책값은 뒤표지에 있습니다.